国家社科基金
GUOJIA SHEKE JIJIN HOUQI ZIZHU XIANGMU
后期资助项目

包容性绿色发展的中国贡献研究

以构建人类命运共同体为阐释视域

Research on China's Contribution to Inclusive Green Development

Take Building a Community with a Shared Future for Mankind as an Explanatory Perspective

王新建　著

学习出版社

图书在版编目（CIP）数据

包容性绿色发展的中国贡献研究：以构建人类命运共同体为阐释视域 / 王新建著 . -- 北京：学习出版社，2023.10
国家社科基金后期资助项目
ISBN 978-7-5147-1212-4

Ⅰ．①包… Ⅱ．①王… Ⅲ．①中国经济－绿色经济－经济发展－研究 Ⅳ．① F124.5

中国国家版本馆 CIP 数据核字（2023）第 086225 号

包容性绿色发展的中国贡献研究
——以构建人类命运共同体为阐释视域

BAORONGXING LÜSE FAZHAN DE ZHONGGUO GONGXIAN YANJIU

王新建　著

责任编辑：李　岩
技术编辑：朱宝娟
封面设计：杨　洪

出版发行：学习出版社
　　　　　北京市崇外大街11号新成文化大厦B座11层（100062）
　　　　　010-66063020　010-66061634　010-66061646
网　　址：http：//www.xuexiph.cn
经　　销：新华书店
印　　刷：固安县铭成印刷有限公司

开　　本：710毫米×1000毫米　1/16
印　　张：20.5
字　　数：347千字
版次印次：2023年10月第1版　2023年10月第1次印刷

书　　号：ISBN 978-7-5147-1212-4
定　　价：44.00元

如有印装错误请与本社联系调换，电话：010-67081356

国家社科基金后期资助项目

出 版 说 明

　　后期资助项目是国家社科基金设立的一类重要项目，旨在鼓励广大社科研究者潜心治学，支持基础研究多出优秀成果。它是经过严格评审，从接近完成的科研成果中遴选立项的。为扩大后期资助项目的影响，更好地推动学术发展，促进成果转化，全国哲学社会科学工作办公室按照"统一设计、统一标识、统一版式、形成系列"的总体要求，组织出版国家社科基金后期资助项目成果。

全国哲学社会科学工作办公室

序　言

中国特色社会主义进入新时代,习近平总书记十分重视中国话语和中国叙事体系建设,强调"要善于提炼标识性概念"①,"着力打造融通中外的新概念新范畴新表述"②,"用中国理论阐释中国实践,用中国实践升华中国理论"③,要求以卓有成效地"讲清楚中国"的工作,"促使世界读懂中国、读懂中国人民、读懂中国共产党、读懂中华民族"④,以"展现可信、可爱、可敬的中国形象"⑤。《包容性绿色发展的中国贡献》便是本书作者在提炼标识性概念以讲清楚中国、展现中国美好形象方面所做的工作。

从总体上看,王新建教授的这部著作作出了以下几个方面的学术努力。

一是倚仗中国智慧、中国方案、中国力量,打造融通中外的标识性概念,并赋予其全面提升国际话语权和国际传播效能、开拓当代中国马克思主义和21世纪马克思主义发展场域的时代话语使命。

新时代的十年,是党和国家事业取得历史性成就、发生历史性变革的十年。中国共产党和中国人民经过团结奋斗,赢得了彪炳中华民族发展史册的历史性胜利。中国特色社会主义物质文明、政治文明、精神文明、社会文明、生态文明协调发展,开创了中国式现代化新道路,创造了人类文明新形态,为人类实现现代化提供了新的选择,为解决人类面临的共同问题提供了更多更好的中国智慧、中国方案、中国力量。为诠释中国智慧、

---

① 《习近平谈治国理政》第2卷,北京,外文出版社2017年版,第346页。
② 习近平:《论党的宣传思想工作》,北京,中央文献出版社2020年版,第17页。
③ 《习近平谈治国理政》第4卷,北京,外文出版社2022年版,第317页。
④ 《习近平在中共中央政治局第三十九次集体学习时强调　把中国文明历史研究引向深入　推动增强历史自觉坚定文化自信》,《光明日报》2022年5月29日。
⑤ 习近平:《高举中国特色社会主义伟大旗帜　为全面建设社会主义现代化国家而团结奋斗——在中国共产党第二十次全国代表大会上的报告》,北京,人民出版社2022年版,第46页。

中国方案、中国力量，讲清楚中国的发展进步对人类和平与发展崇高事业的贡献，本书作者选择了富含"包容性""绿色化"的中国理论来阐释中国实践，用凸显"包容性""绿色化"的中国实践来升华中国理论，打造出在"讲清楚中国"方面具有重要标识性、标志性意义且具有无可争议的发明权、话语权的"包容性绿色发展"概念，这是难能可贵的，也是本书最主要的一个学术贡献。

本书作者认为，包容性绿色发展理念以五大新发展理念为"国内版本"，以人类命运共同体理念为"国际版本"，其生成和出场记录了中国谋求"包容性""绿色化"的发展实践，忠实地记录了自身健康发展、高质量发展和追求世界和平与发展的足迹，成就了其时空双维取向、多层辩证一体的时代价值意涵：其一，概念内涵上的辩证一体和外延上的全要素观照；其二，"五位一体"全要素、综合性、多主体的推进人类命运共同体建设路向；其三，担当超越西方标识性对抗话语和引领中国话语"走出去"的时代话语使命；其四，其"融通中外的新概念新范畴新表述"的标志性成果地位，以及规范现实的强大实践性品格所必然推动的与习近平新时代中国特色社会主义思想的辩证运动。笔者认为，从概念鲜明而丰富的时代价值意涵来看，"包容性绿色发展"在以标识性概念引领中国话语"走出去"继而提高国际传播影响力、中华文化感召力、中国形象亲和力、中国话语说服力、国际舆论引导力等方面，已经具备了"同我国综合国力和国际地位相匹配的国际话语权"和话语资格，并将在其促进国际传播效能的"全面提升"[①]中，实现当代中国马克思主义、21世纪马克思主义发展场域的新开拓。

二是"以得自现实之道还治现实"，在包容性绿色发展与构建人类命运共同体的内在关联中展开对课题主题的研究，体现出守正创新意识。

其一，两者的内在关联，体现于把"人必群"和"人能群"作为两者的共同思想基础。马克思在《1844年经济学哲学手稿》中，通过对人与动物的生命活动本质的比较，指出人"把类看做自己的本质，或者说把自身看做类存在物"，强调"正是在改造对象世界的过程中，人才真正地证明自己是类存在物"。[②]把人理解为"类存在物"，与马克思在《〈政治经济学批判〉序言》中以"人们在自己生活的社会生产中发生一定的、必

①　《习近平在中共中央政治局第三十次集体学习时强调　加强和改进国际传播工作　展示真实立体全面的中国》，《光明日报》2021年6月2日。

②　《马克思恩格斯文集》第1卷，北京，人民出版社2009年版，第162~163页。

然的、不以他们的意志为转移"为定语的"生产关系"①的内在规定性一道，即与"在改造对象世界的过程中"不得不结成的一种人与人之间的群体性关系一道，被本书概括为"人必群"思想。而本书所说的"人能群"思想，则指的是中华优秀传统文化经典文本《荀子》中的一段描画，即人"力不若牛，走不若马，而牛马为用，何也？曰：人能群，彼不能群也"②。本书在立论上，把"人必群"和"人能群"作为人的"类存在"的必然性和可能性的基础，从而赋予构建人类命运共同体全球大业坚实的人类"天性"基因的强力支撑和对象化为外部存在的现实可能性。既然"人能群"且"人必群"，那么以"人类与自然的和解以及人类本身的和解"③为指向的人类命运共同体理念便具有了整个人类作为"类存在"的"天性"基础，而同样以"人类与自然的和解以及人类本身的和解"为旨归的包容性绿色发展理念也便具有了坚实的人类"类存在"的"天性"基因的强力支撑。显然，"人必群"和"人能群"两种思想的合璧，预设了鲜明的"人类命运共同体"的价值趋向，既坚持了马克思主义理论和中华优秀传统文化的要旨，又为阐释各国人民在历史十字路口对决定其前途命运的"下一步"提供了言简意赅的理论支撑。

　　其二，两者的内在关联，体现于在凸显问题意识中展现两者的时代意蕴和重大意义。本书从逻辑和历史的统一视角，回望和审视国际社会半个多世纪的可持续发展历程，忠实地记录了中国谋求"包容性""绿色化"时空双维发展的理论和实践，继而把包容性绿色发展提升到百年未有之大变局时代的"绝对命令"、世界整体发展的最大"政治"、地球村落的"集体聚焦"的高度。由此，以包容性绿色发展促进构建人类命运共同体的全球事业，就必然成为针对"后西方"时代的各国人民何去何从的"命运性选择"。作者借重恩格斯在《国民经济学批判大纲》中的话，这一命运性选择，将是"我们这个世纪面临的大转变"，即为"两个和解"而开辟道路④，而且是一条现在进行时的道路。这种定位和表述，明确回应了习近平总书记在党的二十大报告中关于"构建人类命运共同体是世界各国

---

　　① 《马克思恩格斯文集》第2卷，北京，人民出版社2009年版，第591页。
　　② 荀子著、方勇、李波译注：《荀子》，北京，中华书局2015年版，第127页。
　　③ 《马克思恩格斯文集》第1卷，北京，人民出版社2009年版，第63页。
　　④ 《马克思恩格斯文集》第1卷，北京，人民出版社2009年版，第63页。

人民前途所在"①的重要性指认,具有鲜明的问题导向,扩展并引领了人们看待构建人类命运共同体全球大业的宽广视界。从人类命运共同体理念数次写入联合国相关决议和文件能够看出,上述定位是恰切的。

其三,这种内在关联,还体现于两者均"胸怀"人类社会发展的全要素观照视域和"天下"眼界。包容性绿色发展理念以得自中国理论和实践之道还治构建人类命运共同体的全球大业,必然要以"五位一体"总布局和"五个坚持"总路径为实践取向和"四梁八柱"。这是新时代中国特色社会主义建设"五位一体"总体布局宏大实践叙事给予构建人类命运共同体事业的重要启示。在党的二十大报告中,习近平总书记还借重中华优秀传统文化经典《中庸》关于"万物并育而不相害,道并行而不相悖"的道理,重申了以对话协商促持久和平、以共建共享促普遍安全、以合作共赢促共同繁荣、以交流互鉴促开放包容、以绿色低碳促清洁美丽的人类命运共同体建设方案②。党的二十大新党章也指出,要在国际事务中弘扬全人类共同价值,维护世界和平,促进人类进步,推动构建人类命运共同体,推动建设持久和平、普遍安全、共同繁荣、开放包容、清洁美丽的世界。鉴于此,从经济共赢、政治自主、文化互融、社会安全和生态共建五大方面阐释以包容性绿色发展促进人类命运共同体的全要素、综合性、多主体建设之路,是本书在述说方略上的不二选择,彰显了在构建人类命运共同体路径上的系统观念思维、人民至上情怀和自信自立的精神面貌。这也为"围绕中国精神、中国价值、中国力量,从政治、经济、文化、社会、生态文明等多个视角进行深入研究,为开展国际传播工作提供学理支撑"③作出了一种研究范式示范。

三是在构建人类命运共同体的全要素路径阐释中,从人类社会发展的全要素领域分别对美国悖逆包容性绿色发展的做派作出起底揭露,提出政策批判。

在深入阐释以包容性绿色发展促进人类命运共同体建设的经济共赢、政治自主、文化互融、社会安全、生态共建五大方面逻辑内涵和建设路径的基础上,本书作者相应地分别作出了针对美西方少数国家悖逆上述五大

---

① 习近平:《高举中国特色社会主义伟大旗帜　为全面建设社会主义现代化国家而团结奋斗——在中国共产党第二十次全国代表大会上的报告》,北京,人民出版社2022年版,第62页。

② 习近平:《高举中国特色社会主义伟大旗帜　为全面建设社会主义现代化国家而团结奋斗——在中国共产党第二十次全国代表大会上的报告》,北京,人民出版社2022年版,第62~63页。

③ 《习近平谈治国理政》第4卷,北京,外文出版社2022年版,第317页。

方面逻辑内涵和建设路径等作派的政策批判，剖析有理有据，揭露全面深刻，提醒人们要警惕美西方逆历史潮流而动的危害性，并在鲜明的对比之中，让读者全面深刻地体会到中国在包容性绿色发展上的巨大贡献，真切地认识到包容性绿色发展作为构建人类命运共同体的现实路径的必要性和可能性。

作为以构建人类命运共同体为阐释视域的基础理论研究著作，本书以包容性绿色发展的中国贡献为主题，在展现中国负责任大国的国家形象、彰显百年大党和中国人民追求命运共同体美好世界的天下胸怀方面作出了应有的学术记录，其间不乏开拓性阐发。但是也应该看到，当下仍然是一个充满挑战的时代，世界霸权主义和强权政治还在横行，单边主义、保护主义、霸凌行径时有发生，美西方主导的国际话语中还充斥着对人类命运共同体理念的污名化和误读现象。这就需要我们针对美西方对抗性话语切实有效地做好以"包容性绿色发展"概念为引领促进中国话语"走出去"等国际传播工作。而当下亟须做的，就是在以中国智慧、中国方案、中国力量为倚仗而生成和出场的"包容性绿色发展"概念及其话语体系的构成和传播策略方面，进行广泛而深入的开拓性研究。笔者期望尽早看到学界在这方面有更多的研究成果面世。

李炳炎

2023 年 6 月

前　言

　　"一切划时代的体系的真正的内容都是由于产生这些体系的那个时期的需要而形成起来的。"[①]包容性绿色发展理念的博大意涵和辩证图景，同样因直面而系统地回答了"世界怎么了、我们怎么办"这一处于大发展大变革大调整时期的全球治理问题的需要而生成，并在适应和满足这一需要中展现其时空双维的实践品格、高远境界和独特魅力。习近平总书记指出，置身于深刻历史巨变中的中国人民，更有资格、更有能力揭示其间蕴藏的历史经验和发展规律[②]。本课题对以包容性绿色发展促进人类命运共同体建设路向的申说，同样是对深刻历史巨变中的中国在发展道路、发展经验和发展规律上的总结，同时也是对世界发展前路的属望。总结和属望旨在表明：当中国"创造了中国式现代化新道路，创造了人类文明新形态"[③]这一具有标志性历史意义的事件之时，毛泽东在《纪念孙中山先生》一文中所说的"对于人类有较大的贡献"[④]，在历史进入21世纪之后，中国已经做到了。正如习近平总书记在党的二十大报告中所指出的：新时代十年的伟大变革，使科学社会主义在21世纪的中国焕发出新的蓬勃生机，中国式现代化为人类实现现代化提供了新的选择，中国共产党和中国人民还将为解决人类面临的共同问题提供更多更好的中国智慧、中国方案、中国力量，为人类和平与发展崇高事业作出新的更大的贡献[⑤]。本课题旨在铺陈和展望的是，倚靠"新道路""新形态"生成、出场的包容性

　　[①]《马克思恩格斯全集》第3卷，北京，人民出版社1960年版，第544页。
　　[②]《习近平谈治国理政》第2卷，北京，外文出版社2017年版，第66页。
　　[③]习近平：《在庆祝中国共产党成立100周年大会上的讲话》，北京，人民出版社2021年版，第14页。
　　[④]《毛泽东年谱（1949—1976）》第3卷，北京，中央文献出版社2013年版，第29~30页。
　　[⑤]习近平：《高举中国特色社会主义伟大旗帜　为全面建设社会主义现代化国家而团结奋斗——在中国共产党第二十次全国代表大会上的报告》，北京，人民出版社2022年版，第15~16页。

绿色发展理念，必然构成建设人类命运共同体等美好生活样态的"命运性选择"①，并将继续"为人类社会作出伟大的、具有世界历史意义的贡献"②。借用恩格斯的话来说，这将是"我们这个世纪面临的大转变"③。

前言主要有3个方面的内容简介和逻辑结构铺陈。一是世界范围内渐趋清晰的"包容性""绿色化"的发展取向，以为课题的核心概念、"第一概念"——"包容性绿色发展"定调；二是"包容性""绿色化"发展取向下的"中国贡献"概说，以为本课题第三章至第九章的"应笔"，即为包容性绿色发展理念的生成和出场、以包容性绿色发展促进人类命运共同体建设的现实路向阐释，以及对以"包容性绿色发展"概念为引领促进中国话语"走出去"的期冀和相关重大问题阐释预设"伏笔"；三是作为前言所理应交代的课题主要内容和研究要旨。

一、渐趋清晰的人类社会"包容性""绿色化"的发展取向

1992年6月，被称为"地球首脑会议"的联合国环境与发展大会通过《21世纪议程》。议程开篇昭告世界："人类处于历史的关键时刻。我们面对着国家之间和各国内部永存的悬殊现象，不断加剧的贫困、饥饿、病痛和文盲问题以及我们福祉所倚赖的生态系统持续恶化。"④在这一"关于发展与环境合作的全球共识和最高级别的政治承诺"的文件鼓舞和推动下，国际社会与上述"悬殊""饥饿""贫困""气候变暖""生态恶化"等严峻现象进行了艰涩斗争。多年来在实施《21世纪议程》的过程中，"包容性""绿色化"的发展取向和潮流逐渐地清晰起来，至21世纪第一个10年后期，对"包容性""绿色化"发展潮流地讨论逐渐上升为世界范围内压倒其他发展议题的显性话语。

联合国《21世纪议程》还指出，把环境和发展问题综合处理并提高对这些问题的注意将会带来满足基本需要、提高所有人的生活水平、改进对生态系统的保护和管理、创造更安全更繁荣的未来的结果。没有任何一

---

① 陈忠：《城市社会：文明多样性与命运共同体》，《中国社会科学》2017年第1期。
② 吴晓明、祁涛：《我们这个时代"唯一不可超越的哲学"》，《文汇报》2018年11月9日。这种贡献，正如《中共中央关于党的百年奋斗重大成就和历史经验的决议》所指出的，中国式现代化道路及其所创造的人类文明新形态，"拓展了发展中国家走向现代化的途径，给世界上那些既希望加快发展又希望保持自身独立性的国家和民族提供了全新选择"。
③ 《马克思恩格斯文集》第1卷，北京，人民出版社2009年版，第63页。
④ 联合国环境与发展大会·里约热内卢：《21世纪议程》，国家环境保护局译，北京，中国环境科学出版社1993年版，第1页。

个国家能单独实现这个目标，但只要我们共同努力，建立促进可持续发展的全球伙伴关系，这个目标是可以实现的①。这里的"没有任何一个国家能单独实现""共同努力"，尤其是"全球伙伴关系"等字眼表明，必须在基于"人能群"这一中国文化底蕴和马克思主义唯物史观"人必群"这一人类生存底蕴的意义上，以面向全球的包容与联合来谋求《21世纪议程》的实施，才能在紧密的、可持续发展的全球伙伴关系支撑下实现"议程"的发展目标。《荀子》记载："力不若牛，走不若马，而牛马为用，何也？曰：人能群，彼不能群也。"②这正是中国传统文化对"人能群"的经典描画。"人必群"的道理，在马克思主义关于人的本质和有关生产关系等基本原理之中得到最权威的诠释。即人的本质"在其现实性上，它是一切社会关系的总和"③以及那种"不以他们的意志为转移的"生产关系④。既然"人能群"且"人必群"，那么构建人类命运共同体的理念便具有了整个人类作为"类存在"的"天性"基础，"包容性""绿色化"的发展取向也便具有了坚实的人类"天性"基因的强力支撑。

二、"包容性""绿色化"发展取向下的中国方案和中国贡献

长期以来，在"包容性""绿色化"的发展取向下，中国共产党带领中国人民在可持续发展方面作出突出成绩，成为包容性发展和绿色发展的积极倡导者和实践者，为人类可持续发展作出了巨大贡献。尤其是在新时代，中国包容性发展、绿色发展的宏大理论和实践叙事，直接促成包容性绿色发展理念的生成和出场，极大地丰富了包容性绿色发展理念的时代意涵。

（一）中国为人类可持续发展作出巨大贡献

一是中国担负起全球实施《21世纪议程》的"旗舰"角色。1994年，中国率先发布联合国议程"国别报告"⑤，对联合国《21世纪议程》作出庄严承诺，其发布速度之快、力度和决心之大、覆盖领域之广都是史无前例

① 联合国环境与发展大会·里约热内卢：《21世纪议程》，国家环境保护局译，北京，中国环境科学出版社1993年版，第1页。

② 荀子著，方勇、李波译注：《荀子》，北京，中华书局2015年版，第127页。

③ 《马克思恩格斯文集》第1卷，北京，人民出版社2009年版，第501页。

④ 《马克思恩格斯文集》第2卷，北京，人民出版社2009年版，第591页。

⑤ 参见《中国21世纪议程——中国21世纪人口、环境与发展白皮书》，北京，中国环境科学出版社1994年版。该"国别报告"近30万字，可谓国际社会率先发布的在"包容性""绿色化"发展历史上的鸿篇巨制。

的。近 30 年之后国际社会看到，原来人口多、底子薄以及人均 GDP、人均可支配收入不足全球平均数 1/10 的中国，目前人均 GDP 超越全球平均水平、人均可支配收入与全球平均水平相当，对世界经济增长贡献率连续十几年超越 30%，人民生活水平实现了全面小康。比如，在人口增长数量的控制、普遍性和绝对性贫困的消除、科教和社会保障体系的发展、节能减排和绿色经济的发展、公众的普遍参与等社会发展和能力的提升方面，均取得了显著成就。多年来，在一穷二白的孱弱基础、经济发展严重滞后、贫困现象普遍存在的背景下，中国坚定地以"包容性""绿色化"为发展取向，担负起整个世界实施联合国议程的"旗舰"角色，为联合国议程各项议题的实施和推进作出巨大努力，并在此过程中创造出具有自身独特性的发展模式和发展道路，显著地增加了全球可持续发展在方式、模式选择上的多样性①。

二是经过多年不懈努力，中国已经成为世界上生态文明建设的重要参与者、主要贡献者和模式、理念引领者②。2013 年，联合国环境规划署开会通过关于推广中国生态文明理念的文件，联合国副秘书长阿齐姆·施泰纳在为《中国资源效率：经济学与展望》所撰写的前言中指出：中国的发展路径已经成为具有世界意义的发展路径，这可由中国对全球市场以及在可持续性方面的积极影响来说明③。这意味着中国早已把自己的命运与全球可持续发展的命运熔铸于一体，对于世界整体可持续发展的积极意义不言而喻。2015 年 11 月，习近平主席在气候变化巴黎大会上回顾了中国多年来在可持续发展上走过的道路，指出中国在生态文明建设上成效显著，已成为世界节能和利用新能源、可再生能源的第一大国④。2016 年，联合国环境规划署发布《绿水青山就是金山银山：中国生态文明战略与行动》报告，向世界展现了作为发展中大国的中国对全球生态治理高度

---

① 郭日生：《〈21 世纪议程〉：行动与展望》，《中国人口·资源与环境》2012 年第 5 期。
② 《十九大以来重要文献选编》（上），北京，中央文献出版社 2019 年版，第 4 页。
③ 转引自陈劭锋、刘扬、李颖明：《中国资源环境问题的发展态势及其演变阶段分析》，《科技促进发展》2014 年第 3 期。
④ 习近平：《携手构建合作共赢、公平合理的气候变化治理机制——在气候变化巴黎大会开幕式上的讲话》，《人民日报》2015 年 12 月 1 日。

负责的国家形象,自此习近平"两山"理论①成为全球最"亮眼"的生态理念。2021年,世界地球日当天的领导人气候峰会上,习近平主席全面而系统阐发的"人与自然生命共同体"的理念获得全世界点赞。2022年,习近平主席在世界经济论坛的视频讲话中指出,努力实现碳达峰、碳中和是中国经济社会高质量发展的内在要求,是中国对国际社会的庄严承诺。国际社会用"有美丽的诗意""好像用诗歌般的语言描述经济和科学""独特的中国礼物""能实现美好未来"②等语言来描述习近平生态文明思想。

三是中国减贫事业成就巨大,尽最大努力护佑了人民的生存权和发展权。改革开放以来,依照现行贫困标准核算,中国甩掉贫困帽子的贫困人口已达7.7亿。按照世界银行制定的国际社会贫困标准,中国减贫人口数量占同期世界减贫人口数量的70%,提前10年实现《联合国2030年可持续发展议程》相关减贫目标,历史性地彻底解决了困扰中华民族几千年的绝对贫困问题。这不仅是中国包容性发展的划时代里程碑,同时也显著促进了这个星球减贫事业的历史进程③。众所周知,消除饥饿和极端贫困,在联合国千年发展目标中居于首要地位。可见,为人类反贫困大业作出重大贡献的中国,在创造减贫的世界奇迹的同时,也为国际社会贡献了中国方案和中国经验。

(二)中国是包容性发展和绿色发展的积极倡导者和实践者

"中国是包容性增长的积极倡导者,更是包容性增长的积极实践者。"④不论是"包容性发展"(其前身即"包容性增长""共享式增长")概念的率先提出、对概念的理论阐发,还是坚定而积极地提倡、推介,都凝聚了中国共产党、中国政府和学界的积极努力。对"两山"理论、党的十八大提出的"着力推进绿色发展、循环发展、低碳发展"以及十八届五中全会提出的绿色发展理念的踔厉践行,使中国的生态环境面貌发生了历史性、转折性、全局性的巨大变革。国际社会用"引擎""火车头"来描画中国

---

① 习近平:《干在实处 走在前列——推进浙江新发展的思考与实践》,北京,中共中央党校出版社2006年版,第197～202页。"两山"理论即"绿水青山就是金山银山",是2005年8月习近平同志担任浙江省委书记在考察浙江省湖州市安吉县时首次提出的科学论断。"两山"理论一经提出,便在国内外产生巨大反响,并逐渐形成一整套深刻的思想理论体系,成为习近平生态文明思想的重要组成部分。

② 《大道笃行系苍生——习近平生态文明思想为可持续发展指明方向》,《工人日报》2022年4月23日。

③ 周进:《为人类谋进步:百年大党的国际担当》,《马克思主义研究》2021年第8期。

④ 《胡锦涛文选》第3卷,北京,人民出版社2016年版,第435页。

的发展进步,认为中国的崛起开创了世界历史发展的新格局、新面貌、新形态,中国的"包容性全球化"①和"绿色发展"理念"重置了人类文明发展与进步的进程与密码"②。作为发展中的大国,中国始终不渝地把自身的发展进步同整个人类社会的共同进步密切关联,主动积极地与世界"建立具有进取性、认同性和共享性的价值关系"③,并通过这种价值关系④而影响世界,为国际社会践行包容性发展和绿色发展作出了光辉榜样,贡献了"中国智慧"和"中国力量"。

(三)新时代中国理论和实践大大丰富了包容性绿色发展理念的意涵

进入新时代以来,中国在包容性发展和绿色发展方面的成绩更加卓著,对全球可持续发展的贡献更加突出。一是闪亮提出构建人类命运共同体的伟大理念,并赋予其经济、政治、文化、社会、生态等"五位一体"全要素发展的结构框架,突出了其时空双维的"包容性""绿色化"的发展取向,从而为"包容性绿色发展"概念的生成和出场提供了可资倚仗的"国际版本"。二是提出和实施创新、协调、绿色、开放、共享五大新发展理念,赋予每一个发展理念以浓重的包容性意涵及以"绿色"为主体和主轴的时代要求,为"包容性绿色发展"概念的生成和出场提供了可资倚仗的"国内版本"。

以下概述学界相关观点,以为佐证。而其较为精细的包容性绿色发展理念的生成和出场逻辑,将在第三章"包容性绿色发展理念的生成"、第四章"包容性绿色发展理念的出场"中作出详细阐释。对包容性绿色发展理念的生成逻辑、出场逻辑的阐释,是"包容性绿色发展的中国贡献"这一课题研究主题的首要内涵。不应该把"生成""出场"仅视为"课题铺垫"而排斥在课题主题即"中国贡献"的范畴之外,"中国贡献"首先最突出地、最鲜明地表征于包容性绿色发展理念的"生成"和"出场"。否则,对"生成""出场"轻描淡写,遑论"中国贡献"?更谈不上对"包容性绿色发展"概念担当超越西方标识性对抗话语的时代话语使命的阐释,谈不上以"包容性绿色发展"概念为引领促进中国话语"走出去"的

---

① 王义桅:《一带一路:开创包容性全球化人类新文明》,《科技中国》2017年第11期。

② 代琼花、戴圣鹏:《世界历史进程中的中国改革开放》,《海派经济学》2021年第4期。

③ 庞中英:《建设中国与世界的价值关系》,《南方都市报》2004年7月19日。

④ 这种价值关系,便是10多年之后的2015年9月,习近平主席在第七十届联合国大会一般性辩论时提出的"和平、发展、公平、正义、民主、自由"的十二字"全人类共同价值"。参见习近平:《论坚持推动构建人类命运共同体》,北京,中央文献出版社2018年版,第253页。

课题主题归结点和落脚点的阐释。

有学者指出，"五大发展理念"与"包容性发展"具有最基本的共同点。"五大发展理念"延续了"包容性发展"的逻辑进路，并从观念形态上拓展了其发展维度。这不仅表明两者之间是彼此贯通、紧密配合、相互照应和相互影响的，而且在两者的耦合处，深刻地揭示了在正确运用"五大发展理念"指导发展实践时所必须把握的重点领域和事项①。有学者指出，构建人类命运共同体思想是"五大发展理念"的国际版，是国内的发展理念在全球战略中的突出反映②。这与我们申报课题的前期成果（2017年省社科基金成果）不谋而合。既然如此，那么同样也可以说，"五大发展理念"就是构建人类命运共同体理念的"国内版本"，是国际社会有关"包容性""绿色化"的发展理念和路向在国内发展理念中的反映。而本课题所率先倡导的把人类命运共同体理念、五大新发展理念分别视为包容性绿色发展的"国际版本"和"国内版本"，受到了包括立项时专家意见在内的学界诸多观点的支撑。

总之，人类命运共同体理念、五大新发展理念等中国理论，包容性发展、绿色发展的中国实践，记录了中国谋求自身健康发展、高质量发展和追求世界和平与发展的足迹，强力支撑起包容性绿色发展理念的生成和出场，并赋予包容性绿色发展理念时空双维、多层辩证一体的时代价值意涵：概念内涵上"包容性发展"与"绿色发展"的辩证一体和外延上的全要素观照；以包容性绿色发展推进人类命运共同体建设的"五位一体"全要素、综合性、多主体路向；"包容性绿色发展"概念担当超越西方标识性对抗话语和引领中国话语"走出去"的时代话语使命；"包容性绿色发展"概念作为习近平总书记殷殷属望的"着力打造融通中外的新概念新范畴新表述"③的标志性成果地位。从规范现实的强大实践性品格上看，包容性绿色发展理念将在与习近平新时代中国特色社会主义思想的辩证运动中，在中国话语"走出去"和国际传播效能的"全面提升"④中，实现其对当代中国马克思主义、21世纪马克思主义发展场域的新开拓。

---

① 唐鑫：《论"五大发展理念"与包容性发展的耦合》，《科学社会主义》2016年第6期。
② 冯颜利、唐庆：《习近平人类命运共同体思想的深刻内涵与时代价值》，《当代世界》2017年第11期。
③ 习近平：《论党的宣传思想工作》，北京，中央文献出版社2020年版，第17页。
④ 《习近平在中共中央政治局第三十次集体学习时强调 加强和改进国际传播工作 展示真实立体全面的中国》，《光明日报》2021年6月2日。

三、课题的主要内容和研究要旨

本课题旨在阐释的主要问题依次有 6 个方面：包容性绿色发展理念的理论基因、直接理论来源和方法论倚仗是什么？这一理念何以生成、因何出场？这一理念有什么时代意蕴和重大意义？以包容性绿色发展谋求人类命运共同体建设的现实路向有哪些？"包容性绿色发展"作为中国话语"走出去"的标识性概念如何担承起超越西方标识性对抗性话语的时代使命？当代中国马克思主义、21 世纪马克思主义观照下的包容性绿色发展理念（概念）在国际传播中可望有什么理论建树？

与之相应的内容有 6 方面阐释：包容性绿色发展理念的唯物史观、普惠哲学和马克思主义生态哲学基因，人类命运共同体理念和新发展理念的直接理论来源以及马克思主义整体性思维、"以得自现实之道还治现实"①的方法论倚仗阐释；这一理念倚仗中国理论、中国实践的生成机理，概念的内涵和外延及其辩证本性阐释；这一理念作为全球治理的核心议题、全人类共同价值的时代彰显以及学科研究的主线与时代标杆等时代意蕴和重大意义，这一理念发挥指导和规范作用的运行机理以及马克思主义整体性思维、"以得自现实之道还治现实"等方法论所决定的促进人类命运共同体建设的实践场域（全要素路向）阐释；以包容性绿色发展促进人类命运共同体建设的经济共赢之路、政治自主之路、文化互鉴之路、社会安全之路和生态共建之路阐释；以"包容性绿色发展"这一标识性和标志性概念为引领促进中国话语体系"走出去"的融通性、超越性、可行性、优越性等重大问题阐释；在推动这一理念与习近平新时代中国特色社会主义思想的辩证运动中实现对当代中国马克思主义、21 世纪马克思主义发展场域新开拓的阐释。

习近平总书记指出，讲清楚我们是什么样的文明和国家，讲清楚国人信奉的宇宙观和天下观、秉持的社会观和道德观，才能让国际社会读懂中国、中国人民、中国共产党和中华民族②。纵观人类文明交往历史，凡以文明交流之初心到过中国的学者，无不为中华文明博大的家国情怀和人文底蕴而感慨系之。哲学家罗素曾在其《中国问题》一书中指出，在中国住的时间最久的外国人就是最热爱中国的人，他们有深思熟虑的智慧，这

---

① 《冯契文集》第 1 卷，上海，华东师范大学出版社 2016 年版，第 27 页。

② 《习近平在中共中央政治局第三十九次集体学习时强调　把中国文明历史研究引向深入　推动增强历史自觉坚定文化自信》，《光明日报》2022 年 5 月 29 日。

种智慧使其他古国都已灭亡之时，唯独中国生存了下来①；汉学家李约瑟曾再三强调，中国文化、传统和精神将对日后指引人类世界作出重大贡献。他认为现在是到了基督教徒从远在基督教世界以外的文化和人民那里学习并"按照东方见解行事"②的时候了。尽管对这些论断必须抱着我们自己的客观冷静认知，但我们也有充分依据认为，包容性绿色发展的中国方案和经验、中国理论和实践、中国精神和力量，将始终鼎力支撑着中国"世界和平建设者""全球发展贡献者""国际秩序维护者""公共产品提供者"③等鲜亮角色和公正形象，成为中国在俯视探察、仰视前瞻全球发展进步方向的征候下，对更多的国际职责和义务的铁肩承担。换言之，是中国理论和实践，尤其是新时代中国的发展理论和发展实践，才如此显著地把"包容性绿色发展"推至人类整体的"命运性选择"④的高度。其间，最能够凸显鲜明现实意义和深远历史意义的，便是在人类命运共同体建设的道路上，人们将见证马克思主义经典作家关于"人类与自然的和解""人类本身的和解"⑤的现实进行时态及其清晰轨迹，并以全球包容性绿色发展为"两个和解"开辟道路。鉴于此，我们岂能在自家作出如此巨大的"中国贡献"后而放弃在"包容性绿色发展"概念原创性上的所有权和解释权？本课题正是在这一发问下所做的响应习近平总书记号召的"讲清楚中国"的工作。

① 参见［英］罗素：《中国问题》，秦悦译，上海，学林出版社1996年版，第150、156页。
② 《李约瑟文集》，沈阳，辽宁科技出版社1986年版，第341页。
③ 习近平：《坚定信心 共克时艰 共建更加美好的世界——在第七十六届联合国大会一般性辩论上的讲话（2021年9月21日）》，《光明日报》2021年9月22日。
④ 陈忠：《城市社会：文明多样性与命运共同体》，《中国社会科学》2017年第1期。
⑤ 《马克思恩格斯文集》第1卷，北京，人民出版社2009年版，第63页。

目　　录

Contents

第一章 导 言

一、选题背景和依据

学界一般认为，背景其实就是选题的根据，而依据也理应成为选题的相关背景。如果首先只用一段简短的话概括选题的背景和依据，那么这段话就是：在进入 21 世纪的第二个 10 年，在中华民族伟大复兴战略全局与世界百年未有之大变局两大趋势深度交汇和历史性关联的同一时空坐标下，作为"世界和平建设者""全球发展贡献者""国际秩序维护者""公共产品提供者"，中国正迈开更加坚定、自信、矫健的步伐走向国际舞台的中央，中国与世界的关系"正在发生历史性变化"，世界人民的目光正在转向"一个立体多彩的中国"①。

（一）人类命运共同体理念多次写入联合国决议或文件

党的二十大报告在阐述"要把握好新时代中国特色社会主义思想的世界观和方法论，坚持好、运用好贯穿其中的立场观点方法"时指出："必须坚持胸怀天下。中国共产党是为中国人民谋幸福、为中华民族谋复兴的党，也是为人类谋进步、为世界谋大同的党。"② 进入新时代以来，习近平总书记以深厚而博大的家国情怀③，不断拓展世界眼光，深刻洞察人类发展进

---

① 《习近平致信祝贺中国国际电视台（中国环球电视网）开播》，《光明日报》2017 年 1 月 1 日。
② 习近平：《高举中国特色社会主义伟大旗帜 为全面建设社会主义现代化国家而团结奋斗——在中国共产党第二十次全国代表大会上的报告》，北京，人民出版社 2022 年版，第 21 页。
③ 不能对"家国情怀"望文生义，抱有褊狭理解。中华优秀传统文化的基本内涵之一就是"家国情怀"，指的是主体对共同体的认同并促使其发展的思想意识和信念。其中的"共同体"，在这里显然是人类命运共同体，而不仅仅指自己的民族或国家。"兼济天下""心怀天下""天下为公""天下大同"显然是家国情怀的核心意涵。

步的潮流，积极回应各国人民的普遍关切，不辞辛劳频繁出访，在地球村的 6 个大洲、60 多个国家百余次阐释构建人类命运共同体的崭新理念，就事关人类的前途命运和全球治理等重大国际问题阐释和推介中国方案。国际社会认为，不论是实施联合国《21 世纪议程》和 2030 国别方案、推进"一带一路"建设，还是倡导和设立亚洲基础设施投资银行（简称亚投行，AIIB）、丝路基金等致力于改善全球治理、推动包容性全球化等实践，归根到底都是以构建人类命运共同体为旨归的。在逆全球化风潮涌动、单边主义和霸凌主义横行的当下世界，中国共产党提出的构建人类命运共同体理念为世界未来发展指明了正确方向。在国际社会取得广泛共识的情况下，联合国于 2017 年三度将人类命运共同体理念载入联合国相关决议[1]，2018年 6 月又一次将之写入联合国外空决议[2]。

　　人类命运共同体理念被数次写入联合国决议，是在中国实践所遵循的"五位一体"总体布局强大实践力对全球可持续发展巨大贡献基础上实现的，并成为包容性绿色发展理念直接理论来源的"国际版本"的学理依据和实践场域。

（二）五大新发展理念越发凸显其巨大指导作用和意义

　　2015 年 10 月在党的十八届五中全会上，习近平总书记提出创新、协调、绿色、开放、共享的新发展理念，并在此后许多重大场合以马克思主义整体性思维等辩证思维方法对之进行全面而深刻的阐释。比如，指出新发展理念的提出和实施均离不开辩证法指导，要注重对其整体性、系统性、辩证性、综合性、全面性、关联性、一体性的把握和理解。他把新发展理念视为我们党在十八大以来提出的"最重要、最主要的"[3]重大理论和理念，并强调新发展理念关涉党在发展问题上的政治和价值取向、发展方式和道路等重大问题。

　　随着五大新发展理念在指导新时代中国特色社会主义建设事业中巨大作用的发挥，学界对五大理念的讨论热情越发高涨。就国内意义而言，学

---

　　① 曹元龙：《为人类命运共同体理念点赞》，《光明日报》2017 年 2 月 13 日；何农：《人类命运共同体重大理念首次载入联合国人权理事会决议》，《光明日报》2017 年 3 月 25 日；《"构建人类命运共同体"理念再次写入联合国决议》，《人民日报》2017 年 11 月 3 日。

　　② 《命运共同体理念写入联合国外空会议成果文件》，《经济日报》2018 年 6 月 22 日。

　　③ 《习近平在省部级主要领导干部学习贯彻党的十九届五中全会精神专题研讨班开班式上发表重要讲话强调 深入学习坚决贯彻党的十九届五中全会精神 确保全面建设社会主义现代化国家开好局》，《光明日报》2021 年 1 月 12 日。

界指出：五大新发展理念是在深刻地总结国内外的发展经验教训、深刻地分析国内外的发展大势基础上而实现的思想凝结①；五大理念是适应新的阶段、应对新的挑战、引领发展新常态的发展新理念，是习近平新时代经济思想的最主要内容，将有力地引领并推动实践和理论上的创新②。就世界意义而言，学界认为五大新发展理念既是对中国发展经验教训的科学总结，也是对世界各国在发展经验教训上的汲取和反思，既把握了中国特色社会主义发展进步的特殊规律，也体现了世界发展进步的共同规律③，是中国共产党解决人类社会发展问题的中国方案④。综合学界研究可以看出，在把握中国和世界发展大势上，五大新发展理念凸显科学性、现实性和前瞻性。

另外，学界对五大新发展理念结构体系的整体性、系统性、辩证性、综合性、全面性、关联性、一体性解说，对其指导和规范实践的科学性、现实性和前瞻性阐释，凸显人类社会实践在空间交往上的"包容性"与时间延续上的"绿色化"的时代交融主题，奠定了五大新发展理念作为包容性绿色发展理念的直接理论来源的"国内版本"的学理依据和辩证底色。

（三）中国方案对人类社会发展时空双维坐标的勾画

"新时代"不仅意味着中国人民逐步跨入了不可逆转的民族伟大复兴历史进程，而且向全球敞开一种文明新形态⑤，即在"和平与发展仍然是时代主题"⑥条件下，中国从人类社会发展的时空双维坐标上贡献给世界的中国方案和中国经验。

一方面，从空间视域谋划和探索人类命运共同体的建设道路，这是"包容性"的发展趋向。"包容性"的发展视域和要求具体体现为"五位一

---

① 任理轩：《关系我国发展全局的一场深刻变革——深入学习贯彻习近平同志关于"五大发展理念"的重要论述》，《人民日报》2015 年 11 月 4 日。

② 《以多维视角认识把握五大发展理念》，《人民日报》2016 年 1 月 12 日。

③ 冯俊：《五大发展理念是对科学发展观的新突破新发展》，《中国浦东干部学院学报》2016 年第 1 期。

④ 任洁：《"五大发展理念"与中国道路——第三届中国道路欧洲论坛综述》，《马克思主义研究》2016 年第 11 期。

⑤ 《中共中央关于党的百年奋斗重大成就和历史经验的决议》，北京，人民出版社 2021 年版，第 64~65 页。

⑥ 《十九大以来重要文献选编》（上），北京，中央文献出版社 2019 年版，第 41 页。

体"①"五个坚持"②的构建人类命运共同体的总布局、总路径之中,如惠及沿线44亿人口、涉及70多个国家的"一带一路"国际合作等实践,体现了中国对国际社会各民族国家共同发展进步的期待。这种包容性胸襟,获得了世界人民的广泛赞誉。

另一方面,人类作为一个命运相连的共同体在时间上能否持存下去,则只能取决于一种"绿色化"的价值理念和发展方向③。20世纪末以来,中国在坚持走绿色发展道路、坚定落实联合国《21世纪议程》方面成就显著。党的十七大提出了"生态文明"概念,十八届三中全会提出了生态文明制度体系建设论断,尤其是享誉全球的习近平"两山"理论,催生出爆发式的研究成果,有力地促进了中国以绿色发展促生态文明建设的步伐。如在绿色发展的制度建设、公共政策设计及实证研究上的丰富成果,有力促进了绿色发展理论与实践的发展。在生态问题上,作为一个发展中的社会主义大国,中国给予世界的,向来都是一个敢于和能够负责任的大国形象。联合国副秘书长阿齐姆·施泰纳对中国可持续发展成就的评价④,在较根本的层面上指出绿色价值和绿色发展方向作为"整个人类的共同追求"⑤的重要性。施泰纳的评价,揭示了中国绿色发展和生态文明建设的巨大成就和世界意义。

2021年4月22日是第52个"世界地球日",在这一天,中国广播电视总台《新闻联播》栏目以"绿色中国美丽画卷彰显生态文明建设巨大成就"为主题报道中国绿色发展的显著成就:随着"两山"理论日益深入人心,中国对生态环境的保护发生历史性、转折性、全局性巨大变革,日益美丽的中国正以实际行动为共建人类美好家园作出积极贡献。在"两山"理论和人类命运共同体理念的指引下,一个努力探索人与自然和谐共生方案的美丽的中国,正在与全球各民族国家一起,共建共享一个清洁、美丽、繁荣的世界。

---

① 习近平:《论坚持推动构建人类命运共同体》,北京,中央文献出版社2018年版,第254~256页。

② 习近平:《论坚持推动构建人类命运共同体》,北京,中央文献出版社2018年版,第418~422页。

③ 甘绍平:《寻求共同的绿色价值》,《哲学动态》2017年第3期。

④ 转引自陈劭锋、刘扬、李颖明:《中国资源环境问题的发展态势及其演变阶段分析》,《科技促进发展》2014年第3期。

⑤ 甘绍平:《寻求共同的绿色价值》,《哲学动态》2017年第3期。

（四）包容性发展与绿色发展合璧上升为人类共同体的"命运性选择"

从概念生成的历史逻辑上看，人类社会"包容性""绿色化"的发展取向，首先应该孕育于可持续发展观萌芽的 20 世纪 60—70 年代[①]。换言之，可持续发展观原本就应该既包含"包容性"又包含"绿色化"的内涵，是"包容性"和"绿色化"的合璧和辩证综合。只是那个时代的社会发展水平和客观世界所给予人们的认知深度和广度，大大"限制"或"压缩"了可持续发展的意涵。而当包容性绿色发展理念倚仗中国方案和经验、中国理论和实践、中国智慧和力量而生成和出场之后，可持续发展观或说人类的可持续发展道路便被赋予了极其鲜明而辩证的丰富内涵和可操作路向。这也是人类认识发展规律性的反映。

包容性发展和绿色发展的合璧，在《21 世纪议程》所强调的"关于发展与环境合作的全球共识"中，或可得到些许朦胧的启示。比如，在联合国环境与发展大会秘书处供职的瑞士专家帕斯特，在参与制订全球《21世纪议程》时曾强调，与传统发展模式相比，可持续发展的关键在于把环境与发展二者融为一体，使两者协调发展[②]。这里所说的合璧，指的就是在"环境"问题上的绿色发展理念与在"发展"问题上的包容性发展理念的合璧，即如果要谋求人类的可持续发展，国际社会就必须建立起一种既是在横向空间共存上具有包容性的，又是在纵向时间延续上具有绿色化的发展新秩序。无论怎么说，能够对"人该做一个什么样的人""人与人的关系该怎么样""人类与其赖以存续的空间该是一个怎样的关系"三大问题作出科学而合理的回答的，只能是"人自身的和谐""人与人的和谐""人与自然的和谐"[③]，继而也必然归结为"包容性"与"绿色化"的"合璧"。这也是马克思主义"两个和解"思想所涵盖的全部内涵。从实施主体即人类自身层面上说，如果要在全球推进和实现包容性的和谐发展，在全球以包容性发展理念推进人类命运共同体事业的健康发展，需要的是地球上每一个人的"合璧"，每一个国家或国际组织之间的"合璧"，是如北京冬奥会闭幕式焰火"天下一家"般的"合璧"。而从实施主体与人的

---

① 程恩富、王新建：《中国可持续发展：回顾与展望》，《中州学刊》2009 年第 5 期。
② 参见荣跃：《跨世纪梦寻——〈中国 21 世纪议程〉出台内幕》，《中国质量万里行》1995 年第 2 期。
③ 郭因：《〈中国 21 世纪议程〉与绿色文化、绿色美学》，《安徽大学学报》（哲学社会科学版）1994 年第 3 期。

"无机的身体"的自然界的关系层面上说，如果要推进和实现绿色化的和谐发展，需要的是地球上人与其"无机的身体"的自然界的"合璧"。

在百年未有之大变局的当下世界，站在人类发展的十字路口，在"世界怎么了、我们怎么办"的世纪拷问之下，人类如何以公正合理的理念去破解治理上的赤字、如何以互商互谅的理念去破解信任上的赤字、如何以同舟共济的理念去破解和平上的赤字、如何以互利共赢的理念去破解发展上的赤字①，从而以主动、积极的姿态建设人类命运共同体？对如何做到上述"四个如何""四个破解"，包容性发展理念、绿色发展理念的"合璧"将给予科学而合理的、符合和高扬"人能群""人必群"理念的人类生存"本性"的应答。

由此，"包容性发展"与"绿色发展"合璧而成的包容性绿色发展理念所昭示和推动的时代发展大潮，便当仁不让且无与伦比地成为这个时代的"绝对命令"、世界整体的最大"政治"、地球村落的"集体聚焦"②，成为整个人类共同体的"命运性选择"③。

二、学术价值和应用价值、创新点和突出特色

（一）学术价值

1. 推出"包容性绿色发展"概念并赋予其时代话语使命

以马克思主义辩证逻辑的具体概念理论为指导，推出并全方位、多层面地论证"包容性绿色发展"概念，在马克思主义整体性思维视域下对这一概念进行辩证性考察，旨在把"包容性绿色发展"概念作为习近平总书记殷殷属望的"着力打造融通中外的新概念新范畴新表述"的标志性成果，并赋予其引领中国话语体系"走出去"以担当起超越美西方④"第一""普世"等标识性对抗话语的时代话语使命，塑造一个在构建人类命运共同体

---

① 参见习近平：《为建设更加美好的地球家园贡献智慧和力量——在中法全球治理论坛闭幕式上的讲话》，《人民日报》2019年3月27日。

② 甘绍平：《寻求共同的绿色价值》，《哲学动态》2017年第3期。

③ 陈忠：《城市社会：文明多样性与命运共同体》，《中国社会科学》2017年第1期。

④ "美西方"这一概念是以美国为首的西方少数霸权主义国家的简称，已广泛运用于中央广播电视总台的新闻报道和时事评论中。

这一全球事业中能够持续性发挥"发酵"作用的"共同价值"理念。

2. 阐释以"包容性绿色发展"为标识性概念引领中国话语"走出去"的若干重大问题

在标识性概念摹写、规范现实的作用基础上,力求全面深刻阐释"包容性绿色发展"的融通性、超越性以及以"包容性绿色发展"概念为引领促进中国话语体系"走出去"的可行性、优越性等若干重大问题,为寻找和打造与"包容性绿色发展"概念相得益彰的、能够胜任"走出去"的时代话语使命的"新概念新范畴新表述",建立一个学术讨论的致思场域。

3. 提出在辩证运动中实现新时代新思想发展场域新开拓的理论创新路向

本课题鲜明地提出,应该在促进世界包容性绿色发展进程并"全面提升国际传播效能"的过程中,促成包容性绿色发展理念与习近平新时代中国特色社会主义思想的辩证运动,以实现当代中国马克思主义、21世纪马克思主义发展场域的新开拓。

(二)应用价值

1. 为人类命运共同体建设谋划一幅全要素、综合性、多主体的整体性推进路线图

用5个章节的篇幅,全面而细致地阐释以包容性绿色发展理念为引领促进人类命运共同体"五位一体"的全要素、综合性、多主体建设的路线图,即"构建人类命运共同体,实现共赢共享"的"中国方案"① 所必然昭示的经济共赢、政治自主、文化互融、社会安全、生态共建之路。这是在"包容性绿色发展的中国贡献"这一成果主题中继"包容性绿色发展理念的生成和出场"之后,对这一理念的"现实性和力量"② 的阐释。

2. 为中国话语"走出去"提供一个具有更大普遍性和直接现实性品格的"关键词"

新时代中国日益走近世界舞台中央,中华民族的伟大复兴已经进入不可逆转的历史进程,把中国的故事讲好,把中国的声音传播好,为改革发展稳定营造有利的外部舆论环境,需要打造典型的标识性话语。包容性绿色发展理念倚仗人类命运共同体思想、五大新发展理念和中华优秀传统文

---

① 习近平:《论坚持推动构建人类命运共同体》,北京,中央文献出版社2018年版,第416页。

② 《马克思恩格斯文集》第1卷,北京,人民出版社2009年版,第500页。

化"和而不同""包容共生"而生成，在引领中国话语体系"走出去"方面具有在"后西方"时代①"人类发展的下一步"②的方向导引上无可置疑的更大普遍性和直接现实性品格。因而本课题认为，"包容性绿色发展"概念在对外话语传播中，应该发挥出比《中国关键词（治国理政篇）》③中各专门性或部门性关键词具有更多普遍性和更强现实性意味的融通性④作用。或可把"包容性绿色发展"概念的"更多普遍性和更强现实性"表述为：为《中国关键词（治国理政篇）》搭建"走出去"的平台和载体，提供"走出去"的桥梁和手段。

3. 提出决不能放弃话语的所有权、解释权和传播权的警示

英国新左派思想家雷蒙德·威廉斯在其《关键词——文化与社会的词汇》等著作中指出，语词是对社会实践的浓缩，是对历史斗争的定性和定调，还是政治谋划和治理策略的载体⑤。他认为，文化及其传播的核心归根结底表现为关键词的传播。本课题赋予"包容性绿色发展"概念担当起向国际社会讲好中国故事、推介中国方案以促进中国话语"走出去"的典型"关键词"使命，旨在塑造一个与"美国优先""美国例外""普世价值"等形成鲜明对比的、能够切实反映世界各国共同发展进步意愿的"新概念新范畴新表述"。鉴于此，本课题提出警示：我们决不能在自家作出如此巨大的"中国贡献"后而放弃"包容性绿色发展"概念原创性所奠基的所有权、解释权和传播权。本课题正是在这一警示之下所做的对外"讲清楚中国"的工作。

---

① 余晓葵：《超越"后西方"语境　关注人类共同命运》，《光明日报》2017年3月7日。

② ［美］查尔斯·P.金德尔伯格：《世界经济霸权1500—1990》，高祖贵译，北京，商务印书馆2003年版，第55页。

③ 由中国外文出版发行事业局、当代中国与世界研究院和中国翻译研究院联合设计和编纂、新世界出版社出版发行的《中国关键词》丛书，以"关键词"汉英对照的形式全面而清晰地阐释了以习近平同志为核心的党中央治国理政的新理念新思想新战略，为中外读者系统地呈现新时代中国共产党治国理政的精神要义和具体展开，集中展示了新时代党和国家领导人的韬略和智慧，回应了世界对中国治理理念和执政方略的重大关切，旨在实现推动中外学者、民众之间的相互理解和思想交流。例如：《中国关键词（治国理政篇）》（汉英对照，套装上下册）以习近平新时代中国特色社会主义思想的核心内容为主轴，分为14个部分，选取121个关键词对当代中国治国理政的实践进行解读。比如，该篇收录的"四个自信""党对一切工作的领导""中国共产党人的初心和使命""全面从严治党"等，对于西方社会的群众来说，理解和接受程度就低一些，甚至会出现一些人因抱有"先天"偏见而拒斥的现象。

④ 从习近平总书记在谈到中国话语"走出去"和国际传播话题时所反复强调的"融通中外"的要求来看，本课题着力打造的"第一概念"——"包容性绿色发展"之于《中国关键词》中的各专门性或部门性关键词，显然兼具国内和国外两种"路径选择"优势。

⑤ ［英］特里·伊格尔顿：《纵论雷蒙德·威廉斯》，王尔勃译，刘纲纪主编：《马克思主义美学研究》（第2辑），桂林，广西师范大学出版社1999年版，第405页。

（三）创新点和突出特色

1. 研究内容的创新点和突出特色

（1）研究内容的创新点。深邃的马克思主义理论依据和中国文化基因——包容性绿色发展理念的生成以唯物史观的"人必群"和中华优秀传统文化的"人能群"为理论基因，突出彰显人类整体作为"类存在"的"天性"，继而这一理念的出场便凸显其博大的时代意蕴并必然构成人类命运共同体建设这一全球事业的路向指引。

坚实的中国理论和实践倚仗——五大发展理念（"国内版本"）、人类命运共同体理念（"国际版本"）及其宏大实践叙事。

宏阔的国际社会视场——奠立于"全人类共同价值"上的顶层设计。

层层递进的主题挖掘和主体内容铺陈——核心概念的生成和出场阐释；超越联合国千年计划筒仓结构并基于人类社会发展全要素彼此交融、综合实现、多主体建设的线路图描画；以"包容性绿色发展"概念为引领促进中国话语体系"走出去"的融通性、超越性、可行性、优越性等重大问题申说。

"立""破"互证的内容——在全要素阐释时均分别相应地揭露美国悖逆包容性绿色发展政策的实质，即从时空双维视角揭露其实质，看得更为全面和深刻。

鲜明而合乎叙事逻辑的研究展望——以当代中国马克思主义、21世纪马克思主义观照下的包容性绿色发展问题，即包容性绿色发展理念与当代中国马克思主义、21世纪马克思主义的辩证运动为研究主题的提升，为寻找和打造与"包容性绿色发展"相得益彰的、能够胜任引领中国话语"走出去"的时代话语使命的"新概念新范畴新表述"，拓开一个学术讨论的致思场域。

（2）研究内容的突出特色。在研究目标的追索上，以全面贯彻习近平总书记"要善于提炼标识性概念"[1]等号召为写作初心和研究旨归。"包容性绿色发展"概念是遵照习近平总书记"着力打造融通中外的新概念新范畴新表述""全面提升国际传播效能"等要求和号召而推出的标识性概念，因其高度的融通性、强大的超越力、多层面的可行性和无与伦比的优

---

[1] 《习近平谈治国理政》第2卷，北京，外文出版社2017年版，第346页。

越性,已经上升为"两个大局"下中国的"生存重器"①,并为世界包容性绿色发展提供了可感触、可借鉴、可信赖的具象典范,成为向世界讲清楚中国是什么样的文明和国家,讲清楚中国人的宇宙观、天下观、社会观、道德观,展现中华文明的家国情怀和人文底蕴,促使世界读懂中国和中国人民、读懂中国共产党和中华民族的具有标志性意义的"新概念新范畴新表述"。

在成果主题的阐释上,紧紧倚仗包容性绿色发展的中国理论和中国实践所构筑的宏大的理论统摄、价值导引和实践叙事。如倚仗这一理论、价值和实践叙事,包容性绿色发展理念得以生成和出场——这是"包容性绿色发展的中国贡献"的首要内涵;人类命运共同体建设的现实路向得以科学擘画——这是"包容性绿色发展的中国贡献"的主体内涵;"包容性绿色发展"概念也才能承担起中国话语体系"走出去"的时代话语使命——这是"包容性绿色发展的中国贡献"的必然归宿和结论。

2.研究方法的创新点和突出特色

(1)研究方法的创新点。即研究和阐释逻辑与中国包容性绿色发展的历史逻辑的统一。

对"中国贡献"这一主题的阐释包含逻辑上层层递进的三大部分,这是遵照中国包容性绿色发展历史逻辑的研究和阐释理路。以包容性绿色发展的中国方案和经验、中国理论和实践、中国精神和力量为研究切点和基点,阐释理念的生成和出场;以理念的生成、出场并被国际社会所接受,支撑起理念引领人类命运共同体建设的经济共赢、政治自主、文化互融、社会安全和生态共建之路。既然如此,我们对自家作出如此巨大"中国贡献"的包容性绿色发展理念的原创性决不能放弃其解释权,于是阐释以"包容性绿色发展"概念为引领促进中国话语"走出去"的融通性、超越性、可行性、优越性等相关重大问题,并以包容性绿色发展理念与当代中国马克思主义、21世纪马克思主义的辩证运动问题这一研究展望为研究主题的提升,如此与前两部分一起,便凸显逻辑的与历史的统一原则。

(2)研究方法的突出特色。除逻辑的与历史的统一方法外,成果整体上综合运用马克思主义整体性思维方法、"经济问题哲学分析,经济问题

---

① 《边芹:谁在主导世界的真实与话语?》,参见观察者网,2021年3月26日,https://baijiahao.baidu.com/s?id=1695247989714865851&wfr=spider&for=pc。

政治解决"方法、"以得自客观现实之道还治客观现实"方法、马克思主义辩证逻辑的具体概念分析方法等，包括对核心理念或概念生成机理的申说、核心理念或概念的辩证性考察及时代意蕴的挖掘，对包容性绿色发展理念发挥指导和规范作用的运行机理的阐释等，都充分地倚仗和运用了上述研究方法。

例如，以下两个方面的阐释，就是综合运用马克思主义整体性思维方法和马克思主义辩证逻辑的具体概念分析方法的体现。一是较为精细的包容性绿色发展理念生成依据和出场逻辑的阐释。即先从人类社会整体性视域确立"包容性""绿色化"这两个时代发展最显性的话语所代表的人类存续和发展的时空双维坐标，再根据人们在讨论"包容性"的发展时很难不涉及太多绿色发展意涵，反之在讨论"绿色化"的发展时也很难不关涉太多的"包容性"的发展意涵这一"一体"关系，把两大发展理念熔铸于一身，推出"包容性绿色发展"概念，以实现发展观上的理念升华、方式变革和实践革命。二是把"包容性绿色发展"作为推介五大新发展理念、人类命运共同体理念等党的治国理政"关键词"的具体概念，使这一具体概念富含更多国际传播的可行性和优越性特质，赋予其更大的普遍性品格和更强的直接现实性品格。如此以"包容性绿色发展"这一具体概念整合、总括和推介五大新发展理念，旨在突出彰显中国共产党对"包容性发展"和"绿色发展"这两大潮流的接纳、倡导和坚定践行，成为"两山理论""美丽中国""健康中国"等习近平新时代中国特色社会主义思想中有关发展理念、发展道路的集中概括，并旨在为"加快提升中国话语的国际影响力"提供可资倚仗的研读"文本"，为"讲好中国故事"提供叙事和推介的现实路向。显然，这都是符合马克思主义辩证逻辑理论所说的具体概念生成、演进和出场要求的。

又如，综合运用马克思主义整体性思维方法、"经济问题哲学分析，经济问题政治解决"方法以及"以得自现实之道还治现实"方法对"中国贡献"的第二部分主体内容的研究，即超越联合国千年计划简仓结构，基于社会发展全要素彼此交融、综合实现和多主体建设的人类命运共同体的经济共赢、政治自主、文化互融、社会安全、生态共建之路的阐释和申说。

再如，综合运用马克思主义整体性思维、"以得自客观现实之道还治客观现实"的方法论对研究主题的提升和扩展。在阐释主体内容和三大部分"中国贡献"的基础上，把以包容性绿色发展理念与当代中国马克思主义、21世纪马克思主义的辩证运动问题作为"中国贡献"这一研究主题的进一步提升，参见第十一章"研究结论"的第三节"研究展望"。包容性绿色发展理念与当代中国马克思主义、21 世纪马克思主义必然要表现为一种相互砥砺、相互促进、相互支撑的辩证运动。一方面是包容性绿色发展理念对当代中国和 21 世纪马克思主义的尊崇、弘扬和全方位突出彰明；另一方面是当代中国马克思主义、21 世纪马克思主义对包容性绿色发展理念含义较早的"预设"和全方位的"规范"。

另有辩证、互证的结构体系，即做到"立""破"一体，弘扬与批判的统一。在对美国悖逆包容性绿色发展的政策和实质的揭示方面，第五章至第九章在阐释"五位一体"的五大路径基础上，在每一章分别提供一个能够深刻揭露美国霸凌主义祸害世界的、具有时空双维意味的观察视角和讨论路向。即美国悖逆包容性绿色发展的政策及实质，从空间结构的包容性和时间延续的绿色化发展视角来看，能够看得更加真切而深刻。历数美国的殖民统治原罪、输出动乱罪魁、种族歧视罪累、侵略干涉罪孽、双重标准罪责、撒谎成性罪恶等，每一桩都是严重悖逆包容性绿色发展所尊崇的"全人类共同价值"理念的。

三、主要内容、研究方法和重难点

（一）内容要点

"中国贡献"的首要内涵——包容性绿色发展理念的理论基础和方法论倚仗阐释；包容性绿色发展理念的生成、出场阐释，其中包括时代意蕴、规范现实的运行机理阐释等。

"中国贡献"的主体内涵——以包容性绿色发展促进人类命运共同体建设的经济共赢之路、政治自主之路、文化互融之路、社会安全之路、生态共建之路阐释。

"中国贡献"的必然归宿或结论——以"包容性绿色发展"概念为引领促进中国话语体系"走出去"的若干重大问题阐释。

"中国贡献"对理论创新场域的新开拓——包容性绿色发展理念与当代中国马克思主义、21 世纪马克思主义的辩证运动阐释。

（二）研究方法

1. 马克思主义整体性思维方法

马克思主义整体性思维方法，是课题研究所运用的首要研究方法。本课题将在第二章的第三节第一目中作出重点阐释。进入新时代，马克思主义整体性思维方法因应"两个大局"的历史性交汇、相互激荡而必然上升为宏大理论与实践叙事的主要申说方式。运用该方法对五大新发展理念逐一进行"富含"包容性发展理念和绿色发展理念的审视，阐述包容性绿色发展理念的生成依据和出场逻辑，从整体联系上凸显通向人类命运共同体的包容性绿色发展之路。这种阐释路向和表达方式凸显全面、系统、辩证、综合的辩证逻辑致思路向，是遵循习近平总书记相关把实践经验上升为系统化的理论和学说[1]等号召的必然要求。

2. "以得自现实之道还治现实"方法

"以得自现实之道还治现实"属于马克思主义实践唯物主义的基本方法论。对这一方法的详细阐释见第二章第三节第二目。本课题综合运用了作为认识自然过程、作为科学认识方法和作为人们趋向于理想的实现的"以得自现实之道还治现实"的方法论，并落脚于对课题核心理念发挥指导和规范作用的运行机理的阐释上。其间，突出强调了冯契先生的"化理论为方法，化理论为德性"所凸显的强烈实践意识及趋向于现实实践的内驱力[2]。课题核心理念的生成，源于长期以来中国和国际社会"包容性的"和"绿色化的"发展取向，源于习近平新时代中国特色社会主义思想的滋养，如人类命运共同体理念这一"国际版本"和五大新发展理念这一"国内版本"，那么，这一发展理念必然能够在"还治"人类命运共同体的建设实践[3]中，发挥其重要的导引和规范作用。

3. "经济问题哲学分析，经济问题政治解决"方法

这一方法的思维逻辑凸显了马克思理论体系的严谨性与科学性。马克思恩格斯在科学研究中，经济学与哲学不是什么"非此即彼"的关

---

[1] 《习近平在中共中央政治局第二十八次集体学习时强调　立足我国国情和我国发展实践　发展当代中国马克思主义政治经济学》，《光明日报》2015 年 11 月 25 日。

[2] 参见《冯契文集》第 1 卷，上海，华东师范大学出版社 2016 年版，第 27~30 页。

[3] 这并非"循环"论证，因为理论与实践的关系就是交促互补的。"得自客观现实"，是指人类命运共同体理念源于中国共产党的治国理政理论与实践，比如，人类命运共同体理念"五位一体"总布局、"五个坚持"总路径，显然来自党的十八大提出并在新时代成为宏大实践叙事的"'五位一体'总体布局"。"还治客观现实"是理论、计划或意识的对象化，即趋向于实践的过程，或说理论与实践的结合。

系，而是"你中有我，我中有你"的相互渗透、相互杂糅、相得益彰的关系。由此可以认为，马克思主义经典作家给人们开拓了一条经济学与哲学彼此支撑、理解和互动的学术研究及社会实践之路。换言之，哲学的"问题"本性，内在地要求从经济问题中寻求解决路径，并且只有把经济问题提升到哲学的高度时，才能揭示其本质并找到根本解决之道。结项成果遵照经典作家经济哲学的运思理路，对"中国贡献"的三大部分即"生成、出场"这一"首要内涵"、全要素建设路向这一"主体内涵"、引领中国话语"走出去"的若干重大问题进行"哲学分析"和"政治解决"。"哲学分析"主要体现在所使用的马克思主义辩证思维方法论上，"政治解决"主要体现在既要以历史主动性看待话语权的极端重要性，把话语权之争上升到国家上层建筑的自我意识层面，同时要避免话语传播中的"意识形态之争"①。这里需要强调的是，若把"包容性绿色发展"视为仅仅适用于经济领域的理念，那实在是大谬也。从词源和词根上说，无论是"包容"还是"绿色"，其初始含义都与经济领域或生态领域相去甚远②，毋宁说反而是人们在讨论经济问题或生态问题时，借用了其他太多领域所先行使用的"包容"和"绿色"用语罢了。

4. 由抽象上升到具体的方法

由抽象上升到具体的方法是马克思主义辩证逻辑所要求的人们在阐述思想或理论体系的产生和发展演进过程中所普遍遵循的逻辑方法。它是考察和研究事物或现象的方法，也是学科理论体系的叙述方法。本课题的研究忠实地继承和遵循了由抽象上升到具体这一"《资本论》的主要方法"。

（三）重点难点

1. 重点

包容性绿色发展理念的生成和出场；以包容性绿色发展促进人类命运共同体建设的经济共赢、政治自主、文化互融、社会安全、生态共建之路。

2. 难点

"包容性绿色发展"作为标识性概念对美西方标识性对抗话语的超越性阐释；以"包容性绿色发展"概念为引领促进中国话语"走出去"的可

---

① 阎学通：《防范意识形态之争的冷战思维》，《国际政治科学》2020年第1期。
② 参见《辞源》，北京，商务印书馆1979年版，第386、2447页。

行性、优越性阐释；包容性绿色发展理念与当代中国马克思主义、21 世纪马克思主义的辩证运动展望等。

四、研究思路、可行性分析和几方面重要问题应答

（一）研究思路

第一步，理论基础阐释（第二章）。这里的理论基础，首先指的是包容性绿色发展理念生成的马克思主义哲学基因，包括马克思主义唯物史观、新时代马克思主义普惠哲学、马克思主义生态哲学等。这部分力求阐释清楚相关马克思主义哲学基因与包容性绿色发展理念的内在关联性，以为包容性绿色发展理念的生成和出场奠定根本的哲学基础理论支撑。其次是对人类命运共同体思想、五大新发展理念等直接理论来源的阐释，包括对其研究现状的评述。

第二步，阐述包容性绿色发展理念的生成（第三章，包括"生成机理""内涵外延""辩证性"），包容性绿色发展理念的出场（第四章，包括"时代意蕴""运行机理""实践方略"）。对"生成""出场"的阐释，是本课题主题"中国贡献"的首要内涵即第一大块内容。没有"理念的生成和出场"，"中国贡献"这一主题便无所依附，也谈不上这一理念与人类命运共同体有什么关系，"包容性绿色发展"作为标识性概念的引领作用也就无从谈起。绝不能把这个"首要内涵"排斥在所谓"中国贡献"之外继而认为是基础理论阐释性的内容。从前述所引"文化及其传播的核心归根结底表现为关键词的传播"等观点来看，"理念的生成和出场"作为关键词传播的前提，更应该是课题主题"中国贡献"的"首要内涵"——"理念"倚仗中国理论和实践而生成、出场，中国理论和实践又大大丰富了"理念"的时代意涵，这本身就是"中国贡献"的题中首要之义。

第三步，从人类社会发展的时空双维和全要素视域，全面阐释以包容性绿色发展理念为导引通向人类命运共同体的经济共赢之路、政治自主之路、文化互融之路、社会安全之路、生态共建之路（第五章至第九章）。这属于本课题主题"中国贡献"的主体内涵即第二大块内容。

第四步，阐释标识性概念在记录宏大理论和实践叙事中的作用，并以此为导引，基于前两大块内容的铺陈，阐释"包容性绿色发展"概念的融

通性及其对西方标识性对抗话语的超越性，阐释其作为引领中国话语"走出去"的可行性、优越性等重大问题（第十章）。这是本课题主题"中国贡献"的"对象化要求"和课题研究的归结点，是"中国贡献"的第三大块内容。

第五步，课题总结性阐释，包括研究回溯、研究结论和研究展望。其中的"研究展望"是对包容性绿色发展理念与习近平新时代中国特色社会主义思想的辩证运动的期许和前瞻，旨在探讨当代中国马克思主义、21世纪马克思主义发展场域的新开拓问题。

（二）可行性分析

1. "包容性绿色发展"作为具体概念何以可能的问题

"包容性绿色发展"作为马克思主义辩证逻辑的具体概念何以可能的问题，其实质即这一理念的生成和出场问题。辩证逻辑的概念理论认为，具体概念的产生依赖一定的契机和条件[①]。首先是理论基础奠基：这一理念倚仗深厚的哲学理论基因（马克思主义唯物史观、中国化马克思主义普惠哲学、马克思主义生态哲学等），具有包含中国理论的直接理论来源（人类命运共同体思想、五大新发展理念等）。其次是时代提供其产生和出场的契机：新时代"两个大局"深度交织和相互激荡，成为对这一理念的时代召唤，即时代需要包容性绿色发展理念的出场。再者是综合使用科学的逻辑方法，促成理念或概念的诞生：如在"生成""出场"即第三章、第四章对逻辑与历史相一致、由抽象上升到具体、辩证地综合等辩证逻辑方法的运用等。最后是在与现实实践的交互运动和辩证互动中实现对具体概念具体性的验证：如中国"一带一路"、亚投行等推进人类命运共同体建设的历史性实践，中国成为全球实施联合国《21世纪议程》的"旗舰"角色，中国 2030 国别方案成为全球实施联合国 2030 议程的表率，中国被公认为全球抗疫的中流砥柱等。由此，对概念进行辩证逻辑理论视域下的解读和阐释便具有了充分的理据。综上可见，"包容性绿色发展"是一个由抽象上升到具体的概念，一个具有活生生内容和辩证结构的概念，一个取得了理想形态的概念，从而整体性地回答了"作为具体概念何以可能"的问题。

---

① 参见彭漪涟:《概念论——辩证逻辑的概念理论》,上海,学林出版社 1991 年版,第 240~249 页。

2. 厚实的研究基础和研究成果

课题结项成果具有较为厚实的前期成果和阶段性成果支撑。前期成果以省社科项目成果为基础并获得省政府优秀社科成果一等奖；前期成果发表权威期刊论文 1 篇并被人大复印资料全文转载；发表在 CSSCI 期刊上的本课题成果的核心内容被人大复印资料转摘 2200 余字，并获市厅级优秀社科成果三等奖。整个成果合计发表 10 篇论文，其中 CSSCI 期刊论文 8 篇，CSSCI 扩展版论文 2 篇。

3. 研究方法的适用性

研究方法大多是主持人结项获"良好"等次的国家社科基金年度项目研究中所使用的方法，因而具有方法上的延续性、有效性和较强的适用性。所不同的是，在本课题中，马克思主义整体性思维方法因应"两个大局"而上升为首要的研究方法。

4. 逻辑结构的合理性

以哲学理论基因和方法论倚仗→直接理论来源→概念的生成和出场→时代意蕴和发挥指导规范作用的运行机理→通往人类命运共同体的全要素、综合性、多主体的建设路向→标识性概念引领中国话语"走出去"的相关重大问题阐释→研究展望为逻辑结构，层层铺陈、步步深入，由抽象到具体，并做到逻辑与历史的一致。

（三）对几方面重要问题的先行应答

在课题申报和研究过程中，立项专家和咨询专家提出了一些较为尖锐的问题，认为在研究伊始就应该注意思考。现作出如下应答。

1. 提出"包容性绿色发展"概念是不是要取代五大新发展理念

回答自然是否定的。学界阐述的关于包容性发展与"五大发展理念"的耦合关系[1]，也能够很好地回答这一问题。作为习近平新时代中国特色社会主义思想的重要理论成果，五大新发展理念在较为全面的意义上吸纳了多年来学界所阐释的包容性发展理念的主要内涵，并深受中国绿色发展实践的积极成效和世界绿色发展浪潮的启示。而用包容性绿色发展理念"整合"[2]或说进一步解读和阐释五大新发展理念，一方面凸显其"包容性"的发展意涵，另一方面也把"绿色发展"置于人类社会各领域发展的"主

---

[1] 参见唐鑫：《论"五大发展理念"与包容性发展的耦合》，《科学社会主义》2016 年第 6 期。

[2] "整合"并非"替代"，而是通过整顿、协调和重新组合，以实现信息共享和发挥其协同作用。

体内容"地位，即其他四大理念的"主体内容"只能是也必须是以"绿色发展"为主轴的。不仅如此，这也是对习近平总书记关于五大发展理念要"一体坚持""一体贯彻"① 要求的全面遵循。也就是说，"包容性绿色发展"概念旨在更全面统一、更辩证综合、更融会贯通地把握"包容性"与"绿色化"两方面意涵的关系，以彰明中国理论和实践在"生成和出场"中的突出贡献。这一概念旨在搭建一个融通中外的、综合性的话语交往平台，即打造成"两山理论""美丽中国""脱贫攻坚""全面小康""人类命运共同体"等标示当代中国马克思主义发展思想的诸多"关键词"能够顺利走向世界的平台。作为其"初心"面向国内的五大发展理念，倚仗"包容性绿色发展"概念的引领和传播，便能够成为被国际社会认可的"世界版本"。中国的发展成就令国际社会对五大发展理念产生了浓厚兴趣，说明五大发展理念已经成为与人类命运共同体理念一样的、包容性绿色发展理念的"国际版本"，即中国共产党为解决人类社会发展问题而提出的又一个中国方案。这才是问题的实质所在，因而"取代"之说是不存在的。

2. 包容性绿色发展理念是否就是"包容性发展"与"绿色发展"的简单加总

回答同样是否定的。任何综合性或整合性的新概念的生成，其具体而丰富的时代内涵和全要素的实践指向（即外延所指向的现实场域），远非原有概念的文字加总或内涵、外延加总所能概括的。比如"包容性绿色发展"概念的内涵（详见第三章第二节），它不仅包含对自然发展规律、经济发展规律、社会发展规律、人自身发展规律的遵循，还包含对人与自然、人与人关系的积极改善和优化，是一种在时代发展高度上汲取了诸如可持续发展、科学发展、包容性发展、绿色发展、高质量发展、和平发展等发展理念精髓的发展模式。尤其是这一概念极具辩证底色的结构，明确否认了有关"简单加总"的看法。如果能够辩证地理解"包容性""绿色化"两大发展潮流及其时空双维的实践场域，便不会产生"简单加总"的念头。

3. 包容性绿色发展理念的理论依据是否过于庞杂

应该说厚重、庞大但并非庞杂、繁芜。这也正是包容性绿色发展理念强大生命力和巨大规范作用的根由所在。

---

① 《习近平在重庆调研时强调　落实创新协调绿色开放共享发展理念　确保如期实现全面建成小康社会目标》，《人民日报》2016年1月7日。

这种生命力体现在，这一理念的内涵和外延表现出超越联合国千年计划简仓结构的、基于人类社会发展全要素的制度机制和辩证结构体系，即人类社会发展的"五位一体"全要素彼此交融、综合实现和多主体建设的路向。这一理念的三大理论基础非常庞大而清晰，这是其作为标识性概念和标志性成果的高度的"融通性""超越性""可行性""优越性"所紧紧倚仗的。正因为如此，包容性绿色发展理念才具有人类社会存续和发展的时空双维场域即"包容性"和"绿色化"深度融会的结构体系，以及人类命运共同体建设的全要素路向。否则，"包容性绿色发展"概念不可能以其融通中外的"新概念新范畴新表述"的标志性成果和身份，承担起引领中国话语体系"走出去"的时代话语使命。

首先，马克思主义唯物史观为包容性绿色发展理念奠定了最厚重的理论基因。其次，新时代马克思主义普惠哲学为包容性绿色发展理念奠定了反映时代精神和实践发展要求，并能够真正发挥导引新时代新实践巨大作用的中国化马克思主义哲学理论。最后，以实现"两个和解"为理论主题的马克思主义生态哲学，其生态贫困和生态危机等不可绕行的当代境遇规定了其当代使命，即在不得不利用资本逻辑发展社会主义社会生产力的当下，如何启发人们做到"利用"和"规避"的具体的和历史的统一，如何启示人们在思想观念、制度安排、政策和相应的技术方面跟上"包容性""绿色化"两大时代脚步，构建起包容性绿色发展的制度体系，应该成为国内发展以至全球治理不可规避和懈怠的肯綮环节。

这里尚需强调，包容性绿色发展理念所倚仗的马克思主义哲学理论基因，并不会也没有必要成为人类命运共同体建设道路上导致意识形态之争的理由。这是两码事，如同作为社会主义的中国提出的"一带一路"国际合作倡议获得国际社会 82% 以上的国家或地区主体的积极参与一样。理论基因与建基其上的新理念新概念发挥规范现实作用的策略和方式，不是一回事。这也是以包容性绿色发展谋划人类命运共同体的建设路径能够成为有底蕴、有资格、有成效地给予国际社会可以信赖、可资借鉴的中国方案和中国经验的一方面根据。

第二章　包容性绿色发展理念的
理论基础和方法论倚仗

包容性绿色发展理念的理论基础有两大方面：一是哲学理论基因，主要包括马克思主义唯物史观、中国化马克思主义普惠哲学、马克思主义生态哲学等；二是直接理论来源，主要包括包容性发展理念、人类命运共同体理念、五大新发展理念、习近平生态文明思想等[①]。包容性绿色发展理念赖以生成的方法论倚仗，主要是马克思主义整体性思维方法和"以得自现实之道还治现实方法"。

一、包容性绿色发展理念的马克思主义哲学基因

包容性绿色发展理念最厚重的马克思主义哲学理论基因，主要有马克思主义唯物史观、中国化马克思主义普惠哲学和马克思主义生态哲学。

（一）马克思主义唯物史观

1. 唯物史观的社会历史主体思想

包容性绿色发展追求"所有人的参与""所有人的发展""所有人的共享"，其理论基因来自唯物史观的社会历史主体思想。

在迄今为止的人类思想发展史上，革命导师马克思恩格斯首先开创了"因为人而为了人"即"以人为根本"的致思范式。他们指出："全部人类历史的第一个前提无疑是有生命的个人的存在。"[②] 即人们为了生活，首先

---

①　两个方面均有少部分交叉的内容，如"人与自然和谐相处"的思想。处理方式是在具体阐述中各有侧重。

②　《马克思恩格斯文集》第1卷，北京，人民出版社2009年版，第519页。

就需要吃喝住穿以及其他一些东西。因此他们认为人类社会的第一个历史活动就是生产满足这些需要的物质和生活资料，即生产物质生活本身。马克思还指出，人不仅是一种合群的动物，还是独立于社会中的动物，从现实性上来说，人的本质是"一切社会关系的总和"①。社会历史活动其本质究竟是什么？马克思说，所谓社会不过是人们交互活动的产物，而所谓历史，不过是追求着自己目的的人的活动而已，"历史活动是群众的活动，随着历史活动的深入，必将是群众队伍的扩大"②。这就清晰地表明，只有最广大的人民群众才是社会生产活动的主体，是社会历史的创造者。人类的任何经济发展和社会活动，只有以人民群众为主体，代表他们的利益，倾听他们的呼声，才能成为顺应社会历史发展方向的活动。

上述社会历史主体思想清楚地说明，一切时代的"迫切问题"，都只能是"人"和"人类社会"的问题。人类的生存和发展，才是人和人类世界最基本、最核心、最根本的问题。社会的进步，社会关系的发展，最终总要通过人而表现出来，通过人自身的生存、发展和解放表现出来，通过人的价值实现程度表现出来。离开了人的发展，就谈不上社会历史的发展。所以，社会进步的根源就在人本身，在人民群众本身，促进和实现每一个人的自由而全面的发展，才是决定人类社会进步的物质前提。这种社会历史主体思想，自然成为包容性绿色发展追求"所有人的参与和所有人的发展"的理论依据。追求所有人的参与和所有人的发展，是一种以主体为中心的"主体理性"，是符合科学的整体主义的类主体性（或人类整体性）③。只有所有人都参与到社会发展和进步之中，并且所有人都得到发展和进步，才是社会发展和人类进步的正确道路。

2. 社会有机体、人与自然的关系等思想

包容性绿色发展追求"健康有序的发展"，其理论基因来自唯物史观关于社会有机体、人与自然的关系等理论。

马克思认为，人类社会的运行存在着和有机体相类似的机制，并进而明确地把人类社会称作"社会有机体"④。马克思说，现在的社会不仅是一个能够变化而且还是一个经常处在发展变化之中的有机体⑤。他在相关论

---

① 《马克思恩格斯文集》第 1 卷，北京，人民出版社 2009 年版，第 501 页。
② 《马克思恩格斯文集》第 1 卷，北京，人民出版社 2009 年版，第 287 页。
③ 陈金美：《论整体主义》，《湖南师范大学社会科学学报》2001 年第 4 期。
④ 《马克思恩格斯文集》第 5 卷，北京，人民出版社 2009 年版，第 21 页。
⑤ 《马克思恩格斯文集》第 5 卷，北京，人民出版社 2009 年版，第 10~13 页。

述中还把国家生活称为现实的、有机的国家生活，国家生活的机体，社会生产机体等。恩格斯也指出，有机体经历了从少数简单形态到今天我们所看到的日益多样化和复杂化的形态，一直到人类为止的发展序列。在马克思主义经典作家看来，社会有机体就是在人的劳动实践过程中，在人们的交往过程中形成和发展起来的，唯物史观则是"在劳动发展史中找到了理解全部社会史的锁钥的"①。

马克思恩格斯阐述了由生产力、生产关系、上层建筑三方面要素所组成的社会有机体的辩证结构和矛盾运动。他们指出，人们用以生产自己的生活资料的方式，首先取决于他们已有的和需要再生产的生活资料本身的特性，取决于他们进行生产的物质条件。生产者与生产的物质资料的结合便构成了生产力，而以一定的方式进行生产活动的一定的个人，发生一定的社会关系和政治关系，社会结构和国家总是从一定的个人的生活过程中产生的。后来，马克思对上述"推广运用于人类社会及其历史的唯物主义的基本原理"作了"完整的"②论述，并称之为一经得到便应用于指导其研究工作的"总的结果"，这便是人们耳熟能详的对"生产关系"和"上层建筑"进行经典定义的那段话③。马克思强调指出：人们为了自身的物质生活而表现出的生产方式，制约和决定着整个社会的、政治的和精神的生活。关于社会有机体的结构，马克思还阐述了作为社会结构重要因素的地区、民族和国家关系也取决于"自己的生产"，取决于"交往的发展程度"④。

在人与自然的关系这一问题上，一方面，马克思深刻地揭示了人对于自然界的依赖性，指出自然界是人为了不致死亡而必须与之处于持续不断的交互作用过程的、人的身体。马克思还通过与动物的生产进行比较，阐述了人类生产的特点，即动物的生产是片面的，而人的生产是全面的；动物只生产自身，而人再生产整个自然界。他还进一步分析了人与自然两者之间的物质变换关系，把劳动视为"人和自然之间的物质变换的过程"⑤。另一方面，马克思恩格斯敲响了人类要保护自然、善待自然的警钟，揭示了历史发展的代际传承关系和影响。马克思揭露了资本主义生产对土地的

---

① 《马克思恩格斯文集》第4卷，北京，人民出版社2009年版，第313页。
② 《列宁专题文集·论马克思主义》，北京，人民出版社2009年版，第13页。
③ 《马克思恩格斯文集》第2卷，北京，人民出版社2009年版，第591页。
④ 《马克思恩格斯文集》第1卷，北京，人民出版社2009年版，第520页。
⑤ 《马克思恩格斯文集》第5卷，北京，人民出版社2009年版，第207~208页。

滥用和破坏①，恩格斯更是提出"不要过分陶醉"的警示②。在谈到代际关系时他们明确指出："前一代传给后一代的大量生产力、资金和环境"，成为"预先规定新的一代本身的生活条件"，并由此得出"人创造环境"的同时"环境也创造人"的结论③。

马克思恩格斯深刻地阐述了正确解决人与自然关系的制度设想。马克思指出，共产主义是人与自然界、人与人之间的矛盾的真正的解决④。他认为在社会生产中联合起来的社会化了的人们，将合理地调节他们和自然之间的物质变换⑤。恩格斯也强调，人们每走一步都必须记住：决不能像站在自然界之外的主宰者那样去支配自然界⑥。

以马克思恩格斯关于社会有机体、人与自然的关系等理论为依据，包容性绿色发展理念所谋求的健康有序的发展，蕴含着多方面的现实追求。首先，健康有序的发展追求各民族国家互利共赢、共同进步。在全球化时代，没有哪个国家或地区能够闭关锁国而实现自身发展，也没有谁能够在全球性的危机或突发事件中独善其身。滥觞于美国的全球金融和经济危机，在10余年之后依然是生动的现在进行时教材。面对经济增长乏力、粮食和能源危机、气候变暖等诸多世界性难题，每个国家或民族应在平等互信、互利共赢的原则基础上协同应对、共谋发展，这才是应对挑战、确保安宁的必由之路。其次，健康有序的发展追求各种文明互相激荡、兼容并包。世界多极化、文明多样性是当代社会的基本特征，不同文明的历史文化、社会制度、发展模式等差异，不能成为国家或民族交往的障碍或对抗的理由。不同文明之间互相尊重、求同存异，少一些对抗和偏见，多一些对话和沟通，才能做到发展进步上的平等、互补、兼容，才能实现和而不同与共同发展。最后，健康有序的发展追求人与社会、人与自然的和谐共生。工业革命以来，经济发展大多以挥霍资源、糟蹋环境为代价，而人类在"陶醉于"战利品之时，却不得不支付自己的"尊严"。尽管一些发达国家通过产业转移和技术进步一定程度上缓解了本国经济发展与资源环境的矛盾，然而在不合理的国际政治经济秩序下，广大发展中国家依然心

---

① 《马克思恩格斯文集》第5卷，北京，人民出版社2009年版，第579~580页。
② 《马克思恩格斯文集》第9卷，北京，人民出版社2009年版，第559~560页。
③ 《马克思恩格斯文集》第1卷，北京，人民出版社2009年版，第545页。
④ 《马克思恩格斯文集》第1卷，北京，人民出版社2009年版，第185页。
⑤ 《马克思恩格斯文集》第7卷，北京，人民出版社2009年版，第928页。
⑥ 《马克思恩格斯文集》第9卷，北京，人民出版社2009年版，第560页。

有余而力不足，仍旧行走在粗放式的发展道路上，甚至成为某些发达国家的"垃圾场"①。在认识和正确运用自然规律、尊重经济和社会发展规律的前提下，建立全球化背景下可持续的经济发展模式、健康合理的生产与消费模式，实现人与自然的和谐发展，才能走上包容性绿色发展的道路。

3. 社会公平正义思想

包容性绿色发展追求"机会平等""利益共享"的发展，其理论基因来自唯物史观关于社会公平正义的思想。

公平正义是人类社会共同的、永恒的追求，是实现包容性绿色发展的基本前提。在马克思恩格斯看来，公平从来都是历史的和具体的，是分阶级的和相对的，不存在任何超越特定历史条件、超越阶级的抽象的"永恒公平"。在《哥达纲领批判》中，马克思详细阐述了他对"平等"的看法。他指出，资产阶级的平等的权利比起封建等级制度是"进步"的，但总还是被限制在资产阶级的框框里。因为"权利，就它的本性来讲，只在于使用同一尺度；但是不同等的个人要用同一尺度去计量，就只有从同一个角度去看待他们"②。马克思指出，资本主义的这种平等实际上只是一种"形式上的公平"，况且这种用同一尺度去对待天赋本来就有差异的个人的"形式上的公平"，在资本主义社会中也不可能真正做到，因为在这个社会中"原则和实践"是"互相矛盾"的。未来共产主义社会第一阶段不可避免地还要实施这种形式上的"公平"，当然也不可避免地要承受由这一"公平"所带来的弊端，区别之处仅在于，"原则和实践在这里已不再互相矛盾"③。马克思强调，在未来社会里人们必须不断地创造条件，如重视社会的普遍调剂，向"事实上的平等"即把个人体力与智力的差异以及个人家庭情况的差异也考虑在内的真正的平等方向前进。在《共产党宣言》中，马克思恩格斯提出了诸如征收高额累进税、废除继承权、把农业和工业结合起来、对所有儿童实行公共的和免费的教育等措施。他们还经常把公平与正义联系在一起，认为公平正义是经济发展过程中所要解决

---

① 《巴塞尔公约》明确规定：遏止越境转移危险废料，特别是向发展中国家出口和转移危险废料。据《人民政协报》2018 年 1 月 11 日第 6 版一篇为《要适应中国对"洋垃圾"说不》的新华社时评报道：中国的经济社会发展和生态文明建设已步入新阶段。从"蓝天保卫战"到实施被称为"史上最严"的新环境保护法，再到对"洋垃圾"说不，"绿水青山就是金山银山"的理念早已深入人心。对于中国而言，这是转变发展方式、破解资源环境瓶颈制约、提升国际竞争力的内在要求，是与全球的可持续发展目标同向而行的。

② 《马克思恩格斯文集》第 3 卷，北京，人民出版社 2009 年版，第 435 页。

③ 《马克思恩格斯文集》第 3 卷，北京，人民出版社 2009 年版，第 434 页。

的核心问题，是对人类的"终极关怀"。恩格斯指出，现代的平等要求应当是从人的共同特性中，"从人就他们是人而言的这种平等中引申出这样的要求：一切人，或至少是一个国家的一切公民，或一个社会的一切成员，都应当有平等的政治地位和社会地位"①，并认为平等是正义的表现，是完善的政治制度或社会制度的原则，"真正的自由和真正的平等只有在共产主义制度下才可能实现；而这样的制度是正义所要求的"②。总之，在马克思恩格斯看来，社会公平正义的基本依据，即生产力和与之相应的"经济事实"，以及在这种"经济事实"中人的生存和发展样态；社会公平正义的标准，即社会的经济、政治和法律制度是促进还是阻碍社会生产力的发展，是促进还是阻碍人的自由全面发展。

包容性绿色发展理念正是奠立于经典作家关于社会公平正义的思想之上，以实现所有人"机会平等、成果共享的发展"为其理论的核心价值取向的。经济发展过程不断产生机会，但由于历史、地理以及人们所处的制度环境不同，往往导致不同群体之间、个人之间发展机会的不均等，这是造成不均衡发展的主要原因。一个积极向上的社会（当然主要指国际社会）其发展机会应具有开放性和普遍性；一个公平正义的政府必须提供机会均等来改善收入分配，使发展所产生的利益和财富惠及所有人。包容性绿色发展理念反对国家之间或人们之间在权利配置上的不公平，也不允许一些社会阶层的垄断特权，不容忍因制度固化而导致人们之间的相互敌视，而是倡导随着社会历史的进步所提供的条件，不断消除人们参与经济发展、分享发展成果方面的障碍，逐步实现"事实上的平等"，让每个社会成员都能够公平地享受基本公共服务，让社会公众共享经济社会持续发展的福利，做到在权利、机会、规则和分配等方面的公平，让全体人民能够体面地劳动，有尊严地生活。尤其是在全球化时代，各民族国家之间发展机会上的公平正义，理应成为包容性全球化的核心意涵。

4. 历史合力论思想

历史合力论是恩格斯在 1890 年 9 月致约瑟夫·布洛赫的信中详细阐述的唯物史观理论。针对一些人对唯物史观教条式的理解，恩格斯明确指出，他和马克思从来都没有说过"经济因素是唯一决定的因素"，马克思的唯物史观所揭示的，就是把"现实生活的生产和再生产"作为人类历史

---

① 《马克思恩格斯文集》第 9 卷，北京，人民出版社 2009 年版，第 109 页。
② 《马克思恩格斯全集》第 1 卷，北京，人民出版社 1956 年版，第 582 页。

发展的"归根到底"的决定性因素①。恩格斯强调，对唯物史观所揭示的这种人类历史发展的"归根到底"的决定性因素，要从两个方面来理解。首先，要肯定人们在创造自己的历史过程中经济条件归根到底是决定性的。这里所用的"归根到底"，已经说明了"经济的前提和条件"并非唯一因素。恩格斯明确指出，"政治等等的前提和条件"、历史的"传统"等也起着一定的作用②，看不到这些，仅仅看到经济因素，只能是"毫无内容的、抽象的、荒诞无稽的空话"③。其次，历史的创造是许多"单个的意志"相互作用的结果，即"历史结果"是"无数个力的平行四边形"所产生的"合力"所致，而且这种"结果"是一种"整体的、不自觉地和不自主地"④作用的产物，即人们创造历史总是表现为一个"像一种自然过程一样地进行"⑤，是一种规律性的运动过程。

恩格斯的历史合力论是以马克思主义整体性思维考察包容性绿色发展理念的生成、出场和发挥其指导现实作用的理论倚仗。尤其是在阐释"包容性绿色发展"概念以其厚重的中国传统文化支撑力、现实的实践说服力、促进人类命运共同体建设的建构力以及促进人类美好生活建设力量的聚合力等优越性方面，在阐释以这一概念为引领促进中国话语体系"走出去"，继而支撑起中国的"世界和平的建设者""全球发展的贡献者""国际秩序的维护者""公共产品的提供者"等形象方面，具有重要的理论指导意义。总之，具有马克思主义整体性思维的历史合力论是阐释话语体系这一全球化时代国家的"生存重器"的深厚理论基础。

（二）中国化马克思主义普惠哲学

新时代在哲学社会科学领域具有重大标志性意义的一次会议，就是2016年5月由习近平总书记主持召开的哲学社会科学工作座谈会。在这次会议上习近平总书记指出，新时代是一个需要理论和思想，而且一定能够产生理论和思想的时代⑥。中国化马克思主义普惠哲学，正是因应新时代新实践的需要而必然产生的，反映当今世界、时代、哲学理论、实践发

① 《马克思恩格斯文集》第10卷，北京，人民出版社2009年版，第591页。
② 《马克思恩格斯文集》第10卷，北京，人民出版社2009年版，第592页。
③ 《马克思恩格斯文集》第10卷，北京，人民出版社2009年版，第591页。
④ 《马克思恩格斯文集》第10卷，北京，人民出版社2009年版，第592页。
⑤ 《马克思恩格斯文集》第10卷，北京，人民出版社2009年版，第593页。
⑥ 习近平：《在哲学社会科学工作座谈会上的讲话》，《人民日报》2016年5月19日。

展总趋势的原创性新概念。

韩庆祥教授是中国化马克思主义普惠哲学理论的率先提出者和系统论证者。他在《江海学刊》上发表的《论普惠哲学》[①]以及在《学术月刊》上发表的《世界多样与普惠哲学》[②]等论文，对中国化马克思主义普惠哲学作出较为系统和全面的阐发，是"阐多样世界之前路，发普惠哲学之先声"的代表性著作。以下参照当代著名马克思主义哲学家陈先达先生尤其是韩庆祥本人对普惠哲学的相关讨论，对在包容性绿色发展理念的生成和出场方面起着"基础理论支撑"作用的中国化马克思主义普惠哲学思想的核心意涵作出简要评介。

中国化马克思主义普惠哲学在国内坚持"以人民为中心"的理念。如经济发展上的共创共建共富共享理念；政治建设上的共治理念，保证人民行使民主选举、民主决策、民主管理、民主监督等当家作主的权利；文化发展上的共识理念，既注重传承又注重创新和交流互鉴，鼓励"百花齐放、百家争鸣"，强调以人民为中心的创作导向；社会发展上的共进理念，强调"天人合一""道法自然"的生活境界，建设社会主义和谐社会，强调国家、集体、个人三者利益的根本一致性；生态建设上的共生理念，以五大新发展理念推动形成全社会的绿色发展方式和生活方式。以上经济、政治、文化、社会、生态等方面所体现的"以人民为中心"理念，是中国化马克思主义普惠哲学的首要意涵，鲜明体现出"必须坚持人民至上"的世界观和方法论。

中国化马克思主义普惠哲学在国际上坚持"和而不同"的理念。如一以贯之地坚持平等协商、和而不同的原则，坚定不移地恪守独立自主、对外开放的原则，促进和启发国际社会其他国度把对外开放作为国家对外政策的现实选择并能够从中受益，这是外交理念与主张上的普惠哲学理念。在实践上，普惠哲学理念的意涵"落脚"于中国为构建人类命运共同体而举世瞩目地铺展开来的中国实践上，如"一带一路"国际合作倡议的全球推进。人类命运共同体理念既具有突出的现实性、必然性，又凸显其巨大的普惠性、崇高性；既是普惠哲学生成和得以发挥指导作用的现实依据，又是对普惠哲学天下观的集中彰明和当下中国外交实践的写实与记录[③]。

---

① 韩庆祥、刘雷德：《论普惠哲学》，《江海学刊》2019 年第 1 期；《新华文摘》2019 年第 10 期。

② 韩庆祥：《世界多样与普惠哲学——构建引领新时代发展的马克思主义哲学》，《学术月刊》2018 年第 9 期。

③ 韩庆祥、刘雷德：《论普惠哲学》，《江海学刊》2019 年第 1 期；《新华文摘》2019 年第 10 期。

中国化马克思主义普惠哲学的时代意涵更显性地彰明于旨在超越"普世价值""山巅之城""上帝的选民""第一""优先"等情结，并在这种超越之中凸显"美人之美，美美与共"的"普惠文明论"。"普惠文明论"的基本内涵和核心要素有：世界多样；共同价值；中国道路；文明互鉴；包容发展；凝聚共识；合作共赢；协商共治；共在文明；共建共享等①。在如何真正理解和把握普惠哲学的本质方面，韩庆祥就"普惠哲学"与"普世价值"的区别作出清晰辨析，指出两者在理论基础、理论实质、理论特点、实践导向等诸多方面，均不可同日而语。

普惠哲学的上述几方面内涵，在较全面的意义上蕴含了包容性绿色发展的时代要求。与其说是普惠哲学、普惠理念和普惠文明论，不若就叫它包容性绿色发展哲学理念，或包容性绿色发展文明观。韩庆祥指出，普惠哲学应该和必将"成为指导新时代中国特色社会主义建设乃至引领当今世界继续前行的先进哲学"②。学界研究成果中能够为此作出理论奠基和思想支撑的，是陈先达先生的明确主张："哲学是普惠的学问。"③由此可见，新时代马克思主义普惠哲学作为时代精神的精华，把握住了包容性全球化时代中国发展的特点和世界发展趋势的脉搏，成为继马克思主义唯物史观之后支撑包容性绿色发展理念生成的又一哲学基础。

马克思主义普惠哲学观照现实的实践伟力，在中国抗疫实践中得到突出彰明。经济全球化的深入发展，令国际社会越发成为一个"地球村"，成为一荣俱荣、一损俱损的命运共同体。既然是命运共同体，那么地球上的问题就是"村民们"所共同面临的问题，必然需要"村民们"包容共进，携手前行。中国共产党提出的构建人类命运共同体理念、五大新发展理念等，展现了不仅"为中国人民谋幸福"而且"为人类进步事业而奋斗"④的博大胸襟和责任担当。"自从新冠疫情暴发以来，全世界的目光都注视着中国"，"中国行动果断值得称道"，中国展现给世界的是"能力、牺牲、决心、坚韧和透明"⑤。尽管美西方媒体出现了一些不负责任的摇唇

---

① 韩庆祥：《世界多样与普惠哲学——构建引领新时代发展的马克思主义哲学》，《学术月刊》2018年第9期。

② 韩庆祥、刘雷德：《论普惠哲学》，《江海学刊》2019年第1期；《新华文摘》2019年第10期。

③ 陈先达：《哲学是普惠的学问》，《人民日报》2017年6月12日。

④ 《十九大以来重要文献选编》（上），北京，中央文献出版社2019年版，第40~41页。

⑤ ［波黑］法鲁克·博里奇：《西方偏见比新冠病毒更令人担忧》，《参考消息》2020年2月24日。

鼓舌，但国际媒体上更多的还是"中国战疫努力彰显高度责任感"[①]"中国抗疫外交赢得世界称誉"[②]等赞佩性的报道。美国有线电视新闻网曾以《新冠病毒每天都提醒着人们中国的全球影响力》为题进行报道[③]，认为这种"全球影响力"犹如中国药学家屠呦呦发现了大大降低全球疟疾患者死亡率的青蒿素一样，抗疫的"中国力量"和"中国药方"再度护佑了世界上数以亿万计的生命。另外，普惠哲学提出的文化、理论、历史和现实等方面的背景和依据也表明，普惠哲学的出场本身，便包蕴并预示着"包容性""绿色化"发展的现实路径和理想境界。

（三）马克思主义生态哲学

马克思主义生态哲学具有鲜明的人与自然辩证一体性关系的理论主旨；而马克思主义生态哲学的理论展开，可以表述为"异化劳动"—物质变换的断裂—资本逻辑的扩张—资本扩张悖论—制度变革等五方面依次铺展的逻辑进路。不论是人与自然的辩证一体性关系，还是通向制度变革的五方面逻辑进路，都为包容性绿色发展理念奠定了深厚的哲学理论基础，体现了鲜明的"人和人之间"的包容性以及"人和自然之间"的绿色化的发展取向[④]。彰显建设人类命运共同体时空双维进路的包容性绿色发展，必然要走在马克思主义生态哲学所昭示的"人类与自然的和解以及人类本身的和解"[⑤]的制度变革道路上。

1. 马克思主义生态哲学的理论主旨

马克思主义生态哲学的理论主旨，即人与自然之间辩证的一体性关系。这是包容性绿色发展理念在其主题主旨上所承继的马克思主义生态哲学基因。

人与自然之间的关系问题，是人类实践活动的首要问题，即社会劳动和物质生产方式的首要问题。马克思主义哲学以实践唯物主义著称于世，于是把人与自然的关系问题作为自己哲学的首要问题之一。一方面，自然界之所以能够引起马克思的特别关注，"比什么都重要的是它首先是人

①　《俄媒认为中国战疫努力彰显高度责任感》，《参考消息》2020年2月25日。

②　《中国抗疫外交赢得世界称誉》，《参考消息》2020年2月10日。

③　《美媒报道：疫情提醒世界中国有多重要》，《参考消息》2020年2月26日。

④　本课题认为，依据包容性绿色发展理念的辩证内涵，把这句话修改为"体现了鲜明的'人和人之间'的绿色化以及'人和自然之间'的包容性的发展取向"，亦未尝不可。如此表述还是为了强调，尽管"包容性""绿色化"是两个词语，但在包容性绿色发展理念的整体意涵中，两者是不可立分的。

⑤　《马克思恩格斯文集》第1卷，北京，人民出版社2009年版，第63页。

类实践的要素"①；另一方面，因为劳动创造了人，也就创造了人的一切关系。而在创造关系的过程中人们第一个遇到的，同时也是首要的和基本的关系，便是人与自然之间的关系。由之，人与自然之间的关系问题便以其在实践唯物主义中的首要地位，成为马克思主义生态哲学必然要回答的问题。在这一问题上，马克思主义生态哲学认为，人与自然之间的关系只能也必须是辩证一体的关系，即"人道的自然主义"与"自然的人道主义"的统一。对这种统一性和一体性关系的认识要通过以下递进式的理论生成或理论阐释过程来实现。

（1）人与自然之间关系的生成及本质。在《1844年经济学哲学手稿》一书中，马克思写有以下集中阐述人与自然的关系的话：自然界是"人的无机的身体"，"人靠自然界生活"，"人是自然界的一部分"。②这几句话，以其对人与自然的关系的高度概括，实现了为马克思主义生态哲学思想奠基。它说明：第一，自然界具有先在性，而人则是自然界发展的产物。第二，从归根结底的意义上说，人只是自然界的一个部分，即人们连同其肉、血和头脑等都是属于自然界的③。第三，人们劳动的前提和基础条件只能是自然界，即只有在劳动实践中才可能逐渐地生成人与自然之间的关系。也就是说，如果没有自然界，没有了感性的外部世界，人们什么也不可能创造出来④。第四，人类的活动要遵循自然界的规律，要善待自然界这个"人的无机的身体"。正如恩格斯所说，人们的自由生活，不在于能够去幻想摆脱掉自然界的规律而为所欲为，而是在于认识自然界的规律，并能够有计划地利用这些自然界的规律来为人们的生产和生活服务⑤。第五，人们必须对自身与自然界的一体性关系有所认识⑥，人们在其所进行的社会实践活动中也必须追求人与自然之间的和谐共生，必须追求人与自然之间的一体化的、和谐统一的发展。

由此可以认为，人类既然是从自然界中靠劳动实践分化出来的，就应该从劳动实践的角度去理解和处理人与自然的当代矛盾。在劳动实践关系之中，包含着多种多样的关系，如客体与主体、人化自然与自在自然、人

---

① ［德］A.施密特：《马克思的自然概念》，欧力同、吴仲昉译，北京，商务印书馆1988年版，第20页。

② 《马克思恩格斯文集》第1卷，北京，人民出版社2009年版，第161页。

③ 《马克思恩格斯文集》第9卷，北京，人民出版社2009年版，第560页。

④ 《马克思恩格斯文集》第1卷，北京，人民出版社2009年版，第158页。

⑤ 《马克思恩格斯文集》第9卷，北京，人民出版社2009年版，第120页。

⑥ 《马克思恩格斯文集》第9卷，北京，人民出版社2009年版，第560页。

的能动性与自然环境的约束性等几方面关系，这些关系应该也只能是统一的、和谐的关系。简言之，劳动实践是从人与自然界的分化开始的，那么对劳动实践（其中主要是实践中必然生成的生产关系）的改造也将是谋求人与自然界和谐统一的根本途径。对劳动实践的改造，就是制定符合人与自然界和谐统一的制度和政策，实现人与自然之间包容性的并且是绿色化的发展。

（2）人与自然关系的现实表征形式。对人与自然关系的现实表征的阐述，集中体现在标志着唯物史观的创立基本完成的《德意志意识形态》这部鸿篇巨制中。马克思恩格斯把人与自然之间的关系放置于社会历史领域之中，详尽地阐释了在人与自然关系方面的现实表现。他们指出，不论是通过劳动而进行的自己生活的生产，抑或通过生育而进行的他人生活的生产，都会表征为自然关系和社会关系[①] 这种双重的关系，相应地，也就有了自然史与人类史的划分。"只要有人存在，自然史和人类史就彼此相互制约"[②]，"人们对自然的作用" 和 "人对人的作用"[③] 这两个方面的作用也必然相互交织。这些论述说明，人类劳动实践具有双重维度，即人与自然的关系和人与人的关系，两种关系深度交织、融会贯通，互为基础和前提。

一方面，人们只有在处理自己与自然界的关系的劳动实践之中，才能实现人与人之间的交往和交流活动，才能形成马克思在其著名的《〈政治经济学批判〉序言》中称之为指导其研究工作的 "总的结果" 的 "一定的、必然的、不以他们的意志为转移的关系"[④]，即马克思早年在《哲学的贫困》中所说的 "社会生产关系"[⑤] 和在《道德化的批评和批评化的道德》中所说的 "生产关系的总和"[⑥]。"总和" 意义上的生产关系作为人与人之间一切关系的总括，它所涵盖的人们在实践交往中的范围、形式乃至性质，均受制于人们处理自己与自然界之间关系的水平。倘若人与自然界之间的关系出现了偏颇和失衡的现象，那么，人与人之间的关系也必然地要出现偏颇和失衡。

---

① 《马克思恩格斯全集》第 3 卷，北京，人民出版社 1960 年版，第 33 页。
② 《马克思恩格斯全集》第 3 卷，北京，人民出版社 1960 年版，第 20 页。
③ 《马克思恩格斯全集》第 3 卷，北京，人民出版社 1960 年版，第 41 页。
④ 《马克思恩格斯文集》第 2 卷，北京，人民出版社 2009 年版，第 591 页。
⑤ 《马克思恩格斯全集》第 4 卷，北京，人民出版社 1958 年版，第 154 页。
⑥ 《马克思恩格斯全集》第 4 卷，北京，人民出版社 1958 年版，第 352 页。

另一方面，人与人之间的这种社会关系，又必然地成为人与自然界之间关系的社会制约条件。因为"只有在社会中，人的自然的存在对他来说才是人的合乎人性的存在，并且自然界对他来说才成为人"①。这就说明，人们必须借助一定的社会交往方式与自然界"相处"，人们的一切生产活动都是个人在一定的社会形式之中并借重这一形式而进行的对自然界的一种占有②。

不仅如此，以上两方面关系，其各自在劳动实践中所处的地位是不一样的，即各自处于不同的维度，发挥着不同的作用。其中人与自然界之间的关系是劳动实践的感性维度，这是一种显而易见的维度，它体现的是人们认识自然、改造自然的问题。人与人之间关系的"生成"是以人与自然界之间的关系为前提的；而人与人的关系则是劳动实践的隐性维度，包含劳动实践的社会存在基础，它反映的是人们经济社会的发展方式及制度、体制因素，对人与自然界关系的表现方式、性质和前景具有决定性的作用。因此学界才指出，不可持续的发展"虽然大都表现在人与自然的关系中，但其根源则在人与人的关系中"③。正如马克思所说，人们在生产中既影响自然界也互相影响，否则就不可能有生产④。

上述"前提和社会制约条件"，主要包括社会生产的目的、社会生产的模式、技术进步的形式等方面，而且这些方面之间是密切关联的，并最集中地表现在一个社会的经济发展方式上，而经济发展方式尤其是背后所秉持的发展理念和价值取向，就成为对人与自然界的关系产生决定性影响的观念因素。由此可以断定的是：人类史之于自然史，不论在逻辑的、历史的和现实的层面，均居于主导性地位⑤；人与人之间的社会关系比如体制机制乃至制度等方面，在现实的劳动和交往实践中则成为人与自然之间关系的前提。换言之，倘若不愿意改变或难以改变一定的人与人之间的关系，不愿意改变或难以改变工业革命以来黑色的"人类史"的书写方式，那么，就不可能改变一定的人与自然之间的关系，就不可能书写出绿色的"自然史"，于是绿色发展理念和发展方式这一人类的自我救赎之路，也只

---

①　《马克思恩格斯文集》第 1 卷，北京，人民出版社 2009 年版，第 187 页。

②　《马克思恩格斯全集》第 46 卷上，北京，人民出版社 1979 年版，第 24 页。

③　田鹏颖：《论唯物史观视野中的"可持续发展"》，《哲学研究》2009 年第 3 期。

④　《马克思恩格斯文集》第 1 卷，北京，人民出版社 2009 年版，第 724 页。

⑤　这里的"主导地位"应该解释为：承认其主导性，并不等于这种主导性没有好坏之分。好的主导性即符合绿色发展要求的主导性是应该发扬的，而坏的主导性即悖逆绿色发展要求的主导性是要力避的。

能在睡梦中想象一下而已。由此，马克思主义生态哲学的理论展开规定了包容性绿色发展理念中的"包容性"之于"绿色化"的"先在"地位。

经典作家上述关于人与自然、人与人的"双重关系"的深邃思想，从现当代一切有良知的科学家和学者的呼声中也能聆听到。日本学者岩佐茂指出，人类的活动只能发生在人与自然界、人与人这样的"二重关系"之中，即人们有关生态环境方面的研究不仅要把人与自然界之间的关系纳入研究视域，"也必须把人与人的社会关系纳入视野"[①]。爱因斯坦也曾警示，并非只有技术上的进步才会使人类面临灾难之虞，还有更令人担心的，即"'务实'的思想习惯所造成的人类互相体谅的窒息"[②]。爱因斯坦认为，那种功利性的、只顾眼前的所谓"务实"及其背后的狭隘心理，就像致命的严霜压在人与人之间的关系之上。

由此，马克思主义经典作家有关人与自然之间的关系理论的最突出贡献，就是在人类发展史上第一次掀揭起普遍的人与物的冲突的表层，使在人与物背后的那种一定的人与人之间的关系，也就是一定的、不合理的社会生产关系这一导致冲突的根源被人们所认知。人与自然关系维度的失衡所折射的，正是人与人关系的错位。人与人关系的错位在当下所表现的诸如冷漠、剥削、侵占、压制、奴役、强权、豪夺、巧取、分化、对抗，以致不断升级的恐怖事件等现象，便毫无例外地被当代生态危机的实质性内容"照单全收"了。因此，当代人类生态危机的本质，就是在不公正的社会制度、不科学的生产方式乃至以此为基础的不公正的国际政治经济秩序之下那种地球自然资源在不同的国家和地区、不同的族群之间的不公平的分配和占有局面，以及由此而决定的人与人之间的矛盾、利益冲突和危机[③]。易言之，生态危机其实质就是以人与自然之间的关系为中介的人与人之间关系的危机。而包容性绿色发展理念的主旨，就是致力于对这种以人与自然关系为中介的人与人关系危机的克服，并以此为构建人类命运共同体而清障。

2. 马克思主义生态哲学的理论展开

马克思主义生态哲学的理论展开，可以表述为以下 5 个环节："异化劳动"—物质变换的断裂—资本逻辑的扩张—资本扩张悖论—制度变革。

（1）"异化劳动"。"异化劳动"是马克思基于资本主义私有制这一经

---

① 转引自刘大椿：《岩佐茂环境思想研究》，北京，中国人民大学出版社 1998 年版，第 259 页。
② 《爱因斯坦文集》第 3 卷，北京，商务印书馆 2009 年版，第 339~340 页。
③ 王雨辰：《论生态文明的制度维度》，《光明日报》2008 年 4 月 8 日。

济事实而提出的概念。马克思在《1844年经济学哲学手稿》的"异化劳动和私有财产"一章中，从当下国民经济的事实出发，揭示出"财产的物质运动的本质"，指出"工人生产的财富越多，他的生产的影响和规模越大，他就越贫穷"，即物的世界的增值与人的世界的贬值是成正相关关系的①。这种事实表明，"劳动所生产的对象，即劳动的产品，作为一种异己的存在物，作为不依赖于生产者的力量，同劳动相对立"②。马克思清晰地归纳出具有内在联系的"异化劳动"的4个方面基本规定：工人同其劳动产品相异化、工人同其劳动活动相异化、工人同其类本质相异化、工人同资产者相异化，且其中每一个人都同人的本质相异化。

在强调那段经典的自然界"是人的无机的身体"和"人靠自然界生活"之后，马克思论证了异化劳动必然地、内在地蕴含着自然界的异化等思想。异化劳动不仅从人那里把自然界异化出去，还"从人那里夺去了他的类生活"③。于是，人与自然之间那种应然的"自然界是人为了不致死亡而必须与之处于持续不断的交互过程的、人的身体"，被扭曲成了人对自然物的疯狂占有和掠夺，以致造成日益严重的、人类生存所不可承受的生态危机。

马克思异化劳动理论鲜明地指出："异化劳动使人自己的身体同人相异化，同样也使在人之外的自然界同人相异化，使他的精神本质、他的人的本质同人相异化。"④因此，我们从马克思的论述中不能仅仅看到人的社会关系层面的异化，同时更要重视马克思异化劳动理论的另一维度：人与自然关系的异化。忘却后一方面，必然导致以异化了的社会关系掩饰甚或漠视人与自然异化的现象。由此可见，异化劳动理论在理论的逻辑始点便埋下了人类必然要走包容性绿色发展之路的"伏笔"。换言之，表面上看来是包容性发展与绿色发展合璧而成的类似"1+1=2"式的包容性绿色发展的内涵规定，其实较联合国《21世纪议程》的政策设计、世界银行强调的谋求经济增长与高效、包容且优先保障经济发展机会的共进等，具有更为丰厚而辩证的时代内涵。不仅如此，"包容性"与"绿色化"之间那种不可分立、不容割裂的"同世而立"、辩证一体的关系的种子，在马克思的异化劳动理论中已早早地被埋下了。由此亦可以说，马克思的异

① 《马克思恩格斯文集》第1卷，北京，人民出版社2009年版，第156页。
② 《马克思恩格斯文集》第1卷，北京，人民出版社2009年版，第156页。
③ 《马克思恩格斯文集》第1卷，北京，人民出版社2009年版，第163页。
④ 《马克思恩格斯文集》第1卷，北京，人民出版社2009年版，第163页。

化劳动理论和恩格斯的"两个和解"思想，早早"历史地"预设了包容性绿色发展理念生成和出场的"伏笔"。而包容性绿色发展理念因中国理论、中国实践而生成和出场，必然"逻辑地"成为异化劳动理论和"两个和解"思想的"应笔"。而促成包容性绿色发展理念由"伏笔"到"应笔"近两个世纪的跨越，则是以"两山"理论和实践为代表的中国理论和中国实践①。

（2）物质变换的断裂。资本主义社会的劳动异化严重地破坏了自然界这个人类的"身体"，使人与自然界原本的统一性被打破。这一过程是怎样一番情景？在《资本论》《政治经济学批判大纲》《1857—1858 年经济学手稿》《反杜林论》《自然辩证法》等著作中，马克思、恩格斯借用生物学上的"物质变换"概念分析人与自然的关系，即物质变换概念"为马克思提供了一个表述自然异化（以及它与劳动异化的关系）概念的具体方式"②。在经典作家那里，"物质变换"主要有三层含义：自然领域中的物质代谢；社会经济系统中的物质变换，如资本主义的商品交换；人与自然之间的物质变换。作为一个极富生态意蕴的概念，"物质变换"主要指的是人与自然界之间的物质变换，即通过劳动，以劳动为中介来控制人与自然界之间的物质交换③。之所以说"物质变换"极富生态意蕴，是因为马克思赋予了生物学概念"物质代谢""新陈代谢"社会生活层面的生动内涵，以此来说明通过社会生产而形成的"人类—自然"关系的意义。把人与自然之间的统一关系指认为"物质变换"关系，彰明了人与自然之间不可分割的生态有机体、命运共同体关系。作为生态要素的人与其他生态要素的区别在于：人与自然这一生态统一体的物质变换是人通过劳动来实现的；而人与自然的物质变换则是人类生活永恒的自然必然性。鉴于此，从人与自然之间的物质变换的视角来理解劳动的思维理路，凸显了人们的劳动过程、人与外部自然之间的物质循环过程的内在统一性，从而把对劳动过程的铺陈奠立于"物质变换"理论的坚实基础之上。那么，合理地调节这种物质变换，使之良性互动、可持续地发展，便成为人类社会活

---

①　这部分内容的详细阐释，见第十一章的"研究展望：包容性绿色发展理念与当代中国和 21 世纪马克思主义的辩证运动"。说"首先"，是因为"两山"理论早于"包容性发展""绿色发展"等理念诞生。

②　［美］约翰·贝拉米·福斯特：《马克思的生态学——唯物主义与自然》，刘仁胜等译，北京，高等教育出版社 2006 年版，第 176 页。

③　《马克思恩格斯文集》第 5 卷，北京，人民出版社 2009 年版，第 207~208 页。

动尤其是谋求经济增长的活动所必须遵循的客观规律。

马克思以其"物质变换"理论阐述了资本主义生产条件下人和土地之间物质变换的相互作用过程中出现的断裂现象，深刻地揭露了资本主义社会的反生态本性。马克思指出，资本主义的农业生产的进步，不仅是对劳动者的掠夺技巧的进步，还是对土地的掠夺技巧的进步，一定时期内"提高土地肥力的任何进步，同时也是破坏土地肥力持久源泉的进步"；资本主义的生产"发展了社会生产过程的技术和结合，只是由于它同时破坏了一切财富的源泉——土地和工人"①。正是因为资本主义社会的综合体悖逆自然界的生命规律，在人与自然界的物质变换过程中破坏了自然生态系统中的物质代谢，阻碍了人与自然界之间合理的物质变换，才使得自然与社会之间的物质变换过程发生断裂，以致造成经济增长与生态恶化之间的恶性循环。这样，经典作家便从现象形态上确认了资本主义生产方式与生态问题的直接相关性。而良性互动、可持续发展的物质变换作为人类社会活动尤其是谋求经济增长的活动所必须遵循的客观规律，自然地被包容性绿色发展理念吸纳为核心要义。

（3）资本逻辑的扩张。在确认上述现象形态的基础上，马克思主义经典作家继而立足于资本批判这一高度，深刻剖析资本主义生态问题的实质性根源，从根本上确认了资本逻辑与生态问题的内在逻辑相关。由对人与自然之间物质变换断裂的生态学批判上升到对资本逻辑的批判，是由资本这一资产阶级社会占统治地位的生产关系所决定的：资本增值的本性决定资本运动的逻辑，即在资本主义社会里，以资本增值为目的并占统治和支配地位的一种生产、交换原则和体系，一种统治人们全部生活的具有终极意味的"绝对存在"。为了攫取更多的利润，资本家无止境地竞相扩展生产的规模，无限度地提高单位产品的劳动生产率。恰如马克思在《资本论》第一卷"资本主义积累的一般规律"中所揭示的："生产剩余价值或赚钱，是这个生产方式的绝对规律。"② 由此人们看到，在资本家这一人格化的资本的贪欲及其所驱动的资本逻辑支配下，近代的工业化浪潮引发了犹如高山雪崩一般"猛烈的、突破一切界限的冲击"③，自然界的界限同样难以避免，而且"产业越进步，这一自然界限就越退缩"④。

① 《马克思恩格斯文集》第5卷，北京，人民出版社2009年版，第579~580页。
② 《马克思恩格斯文集》第5卷，北京，人民出版社2009年版，第714页。
③ 《马克思恩格斯文集》第5卷，北京，人民出版社2009年版，第320页。
④ 《马克思恩格斯文集》第5卷，北京，人民出版社2009年版，第589页。

　　由此可见，在资本的驱使下，利润最大化原则使各种自然物摇身一变，都成了市场的"资源"，这些"资源"在商品化、市场化等过程中，一而再、再而三地被集中到各式各色资本集团以至社会权势集团手中，用以满足各式各色利益集团的狭隘利益需要，而其所造成的生态灾难却让整个社会为之买单，社会上的绝大多数人不得不承受着环境污染乃至安身之所也被挤压殆尽的灾难性后果。因此，全球生态问题上的人与自然关系的恶化其表象之下所掩藏的，就是资本和自然之间的关系的恶化。易言之，资本统治的逻辑，才是人与自然之间的对抗性关系的实质和根源①。既然如此，以倡导人与自然和谐统一的包容性绿色发展理念，必然要把限制资本逻辑的无限扩张作为其制度设计的主要取向。

　　（4）资本扩张悖论。资本的扩张并不是无条件的，因为资本必须吸收"自然力"、工人的劳动力和"社会劳动的自然力"。如果不受到公共利益的引导和支配，一意孤行盲目逐利，到头来必然会产生自己的对立面，遭遇巨大的阻力而失去扩张的条件，形成"资本扩张悖论"，决定着资本主义的"制度边界"②。

　　首先是资本扩张的经济悖论。即作为资本主义癌症的经济危机的频繁爆发。马克思在《资本论》第三卷"规律的内部矛盾的展开"一章中"补充说明"的结尾明确指出，资本主义惊人巨大的生产力和不断增加的资本价值，同这一生产力所服务的、相对于财富的增长而变得狭小的基础相矛盾，同不断膨胀的资本价值增殖的条件相矛盾，于是危机便在此基础上发生了③。这说明，以克制消费力为前提的资本扩张，不断造成消费品生产的增长而致严重的生产过剩，从而阻断了资本扩张的前提条件。

　　其次是资本扩张的生态悖论。资本的扩张，必然导致越来越多的自然资源被虹吸到各种经济体中进行消耗，并变成废弃物被随意地、无节制地排出经济体之外。甚至作为资本的每一分货币，都代表着社会经济体对资源环境的吸纳和消耗的能力。所以资本扩张的结果，便成为破坏和限制资本扩张本身的自然前提：自然资源日益枯竭，生态环境日益恶化，资本扩张也逐渐失去其前提条件，由此形成资本扩张的"生态悖论"，并贯穿于

----

　　① 张进蒙：《马克思恩格斯生态哲学思想论纲》，北京，中国社会科学出版社 2014 年版，第 132 页。

　　② 鲁品越：《社会主义对资本力量：驾驭与导控》，重庆，重庆出版集团 2008 年版，第 54~57 页。

　　③ 《马克思恩格斯文集》第 7 卷，北京，人民出版社 2009 年版，第 296 页。

整个现代社会之中。

最后是资本的扩张所引起的人的发展悖论。资本的扩张促使其对"社会劳动的自然力"即社会劳动关系一而再、再而三地开发，结果导致人的片面发展的社会分工体系以及相应的社会文化系统，严重窒息人的全面而自由发展的空间。马克思在《资本论》第一卷"机器和大工业"一章中指出，机器劳动扭曲并压抑工人肌肉的多方面运动，夺取其身体上、精神上的等一切自由的活动，"甚至减轻劳动也成了折磨人的手段，因为机器不是使工人摆脱劳动，而是使工人的劳动毫无内容"①。富士康企业的"十三连跳"，便是这种人的发展悖论的当代典型。现代西方马克思主义学者马尔库塞的著作《单向度的人》，对此亦有深刻的揭示。

上述 3 个方面的悖论其重要性是分主次的，即不能以资本扩张的生态悖论和人的发展悖论来替代经济悖论，否则就把马克思主义生态哲学思想降格到西方生态学马克思主义层面了。易言之，资本主义的"癌症"，只能是马克思笔下的经济危机。尽管在一些情况下，当代生态悖论和非包容性的人的发展悖论（如恐怖组织和极端组织等）会显现出比经济危机更为惨烈的不可持续现象，并为"资本的逻辑"的罪恶作出了注脚，如学界所指出的，马克思也未曾认识到，在他身后的社会中，环境危机已经成为与经济危机同等重要甚至更加重要的问题。但是，也正如有的学者所强调的那样，决不能误认为生态危机和人的发展危机可以代替经济危机而上升为根本的危机形态②。因为前两者只能是后者即经济危机的伴生物。只有当自然资源和生产资料为全社会公有和共有，社会才能从均衡发展的需要出发来调节经济发展与生态环境的尖锐矛盾。这正是包容性绿色发展最根本的制度倚靠。

（5）制度变革。上述资本扩张的几方面悖论，决定了资本扩张具有难以逾越的空间边界，这便是资本主义的制度边界。深入到资本主义生产方式内部对其反生态本性的揭示，使马克思主义经典作家发现了解决生态问题的根本出路。马克思恩格斯十分明确地指出，唯有以制度变革为根本路向致力于解决生态问题，人与自然之间的矛盾才有希望被真正解决，从而实现"人与自然的和解"。为此，恩格斯在《自然辩证法》的总结部分指出，要控制和调节人们生产活动的间接的、较远的社会影响，就"需要对

---

① 《马克思恩格斯文集》第 5 卷，北京，人民出版社 2009 年版，第 486~487 页。

② 参见鲁品越：《社会主义对资本力量：驾驭与导控》，重庆，重庆出版集团 2008 年版，第 54~61 页。鲁品越先生的这种观点在学界具有普遍性。

我们的直到目前为止的生产方式，以及同这种生产方式一起对我们的现今的整个社会制度实行完全的变革"①。可见，消灭资本侵蚀自然和致使劳动异化的资本主义制度，建立起社会化的人共同占有生产和生活资料、个人的本质力量丰富而全面展开的社会，才能为"两个和解"的实现而"开辟道路"②。

那么，变革后的社会是一个什么样子的社会呢？我们又怎么称呼它呢？

马克思的《1844年经济学哲学手稿》对变革后的社会这一"历史之谜"进行了具有丰富想象力和前瞻性的"解答"，指出这种共产主义是"人和自然界之间、人和人之间的矛盾的真正解决"③，是"自然界的真正复活"④。这正是马克思为整个人类描绘的一幅理想的生态文明社会图景，即在扬弃私有财产和异化劳动、消除资本扩张对人与自然的统治之后，那种在共产主义社会条件下的人与自然和谐发展、一体共生的生态文明理想图景。显然这一理想图景，既是绿色化的，同时也必然是包容性的，是包容性和绿色化的具体的历史的统一。

3. 包容性绿色发展的制度变革

《资本论》第三卷第四十八章"三位一体的公式"一节中科学地阐述了解决生态危机的社会机制。即在未来的社会中，在共产主义条件下，生产者的联合"将合理地调节他们和自然之间的物质变换"，并"在最无愧于和最适合于他们的人类本性的条件下来进行这种物质变换"。⑤这里的"人类的本性"，从当代人类社会可持续发展的层面看，就是要坚持经济增长的数量与质量的统一，经济、社会发展与生态效益的统一，人的自由全面发展与良好生态环境的统一，这便是"包容性绿色发展"的要旨。否则，违背了社会关系上的"包容性"这一"人类的本性"，即人与人的（社会）关系不和谐了，那么人与自然的关系便难以和谐，可持续发展所追求的全面生产，即马克思所归纳的物质资料生产、精神生产、社会关系生产、人自身的生产等也就难以全面地、和谐地、辩证地实现。

首先，包容性绿色发展理念是以顺应世界包容性发展和绿色发展两大潮流而出场的崭新发展理念，在发展经济学这一"穷人（穷国）的经济

---

① 《马克思恩格斯文集》第9卷，北京，人民出版社2009年版，第561页。

② 《马克思恩格斯文集》第1卷，北京，人民出版社2009年版，第63页。

③ 《马克思恩格斯文集》第1卷，北京，人民出版社2009年版，第185页。

④ 《马克思恩格斯文集》第1卷，北京，人民出版社2009年版，第187页。

⑤ 《马克思恩格斯文集》第7卷，北京，人民出版社2009年版，第928~929页。

学"寻觅半个多世纪之后，当仁不让地成为指导人们分配和消费自然资源、享受经济社会发展成果和良好生态成果并承担责任义务的根本指导原则。其次，作为一种崭新的发展观，包容性绿色发展具有力求规避经济社会的增长性危机、寻求新的发展道路和发展模式的理性自觉，因而，它一方面应该基于人类的共同利益和根本利益的全球视野来规范人类的发展，即它必须是一种整体性的发展观；另一方面，它还必须特别关照局部的发展，并力求实现整体发展和局部发展的辩证统一。由此，任何"先富"对"后富"的漠视，"发达"对"后发""发展中"的歧视，都是严重悖逆包容性全球化等世界发展潮流的做派。最后，包容性绿色发展理念的理论旨归，是要实现经济社会的协调发展、生态文明、人的自由全面发展三者的辩证统一，其间所包含的人与自然的关系、人与人的关系、经济社会发展与人的发展的关系的三维关系中，其核心和关键便是处理好人与人之间的关系，尤其是人与人之间的物质利益关系。因为这种物质利益关系，直接决定物质财富的生产和分配，进而决定以人为本还是以物为本的社会生产目的的分野。由此，调整人与人之间利益关系的制度变革，便成为包容性绿色发展理念的出场必须着重思考和回答的问题。

4. 马克思主义生态哲学思想的当代适用度问题

之所以要提出马克思主义生态哲学思想的当代适用度问题，主要基于以下质疑：既然马克思主义经典作家指出只有变革资本主义制度，走向社会主义和共产主义才能从根本上解决生态危机（包括生态贫困）问题，那么如何解释社会主义国家诸多的生态环境问题，甚或在一些后发国家中比当代资本主义社会还日益严重的生态问题？

应该说这一问题的产生和提出是必然的，也必须得到明确而合理的解答。

首先应明确，这是一个已经被反复回答了的问题。即经典作家笔下的社会主义是建立在生产力高度发达、物质财富极大丰富、人们精神境界普遍提高的基础之上的。这种社会主义，与现实中在落后生产力基础之上建立起来的社会主义不是一个概念，两者之间生产力方面的巨大差异，迫使当下的社会主义国家不得不运用"资本"的力量和一些与"资本"相关的机制来发展生产力，加之制度或机制安排上的一些缺陷，"想发展起来免遭欺侮"的善良愿望驱使，便难以避免生态问题的加剧。因此可以认为，在社会主义国家生态问题看法上的任何机械套用或削足适履，都是形而上学思维方式的表现。

其次，经典作家所说的社会主义和共产主义能够实现的"两个和解"，仅仅指明了这种新制度只是为"两个和解"的实现提供了制度基础，为实现经济社会与自然生态的和谐和可持续发展提供了客观可能性，并不是说制度建立之后便可以一劳永逸，甚或一好百好。良好的生态环境，人与自然的和谐统一，同样需要人们去主动追求，去多方面地逐步解决人与自然关系上的盲目性和反自然性，并在现实实践中对包括具体制度或体制层面的制度环境等因素进行不断改造。正如有学者所指出的，如果从全球范围内来看，地球生态环境的不断恶化，只能是资本主义制度导致的，因为整个世界中，资本主义制度是主导，是主体，尤其发达资本主义国家所走过的先污染后治理的老路，更是难辞其咎。这是中外左翼学者公认的看法。而对于中国来说，主要是思想观念、具体政策安排和相应的技术没有跟上所致，而"其中，构建中国特色社会主义生态制度的体系是当务之急和关键"①。也正是这一"当务之急"和"关键"的解决，才促使中国生态文明建设取得了历史性、转折性和全局性的伟大变革。

质言之，人类当下一切非包容性的、非绿色化的发展路径，生态贫困和生态危机等不可持续的发展现象，都是由人类在自己制定的特定制度框架之下所进行的经济社会活动行为所触发和导致的。有什么样的制度框架，就会有什么样的物质生产、人口生产、对资源环境的影响。对包容性绿色发展理想境界的追求，乃是人们实践过程与实践结果的"结合体"。其实践过程，就是人们遵照政府一定的制度安排进行社会实践；而实践结果则展示出特定的社会样态：通过对良好制度的制定和执行，力避多年"制度失灵"下的非包容性、非绿色化的实践，在"两个和解"道路上实现实实在在的进步，并长期保持一种"物质变换"和能量流动的动态平衡。比如美国的流浪汉集中地、印度的贫民窟，相形中国在乡村振兴中所必须正视和解决的"乡村凋敝""没了乡愁"等现象或问题，两者对比，均与政府一定的制度安排而导致的社会包容度密切相关②，同时又表现出截然相反的社会发展样态③。唯有通过对良好制度的执行，长期保持"物质变换"的动态平衡，才算得上趋向于和接近于包容性绿色发展。由此，

---

① 程恩富：《论新常态下的五大发展理念》，《南京财经大学学报》2016年第1期。

② 在美国和印度是根本制度导致"赢者通吃"，或如恩格斯所说的"有钱活命无钱上吊"；而在中国则是社会急剧转型和城市化速度加快的"副产品"，并非根本制度使然。

③ 截然相反的社会发展样态，一方是医疗条件全球顶尖但却是百万人生命的陨落，一方是作为发展中国家的中国在医疗条件不那么优越条件下成为全球抗疫的"一枝独秀"和"中流砥柱"。

本章对包容性绿色发展的马克思主义生态哲学基因的理论寻根，以及在促进人类命运共同体建设的实践旨归下对包容性绿色发展制度变革的理论探察，便具有了鲜明的现实针对性。

二、包容性绿色发展理念的直接理论来源

（一）包容性发展理念

1.思想渊源和概念演化

包容性发展概念的演化和内涵的丰富，是人们不断深化的关于贫困减除、经济增长和社会发展等方面认识成果的结晶。20世纪中期以来，人们关于经济增长的理念和模式，经历了从"先增长后再分配"的单纯强调增长，到"广泛基础的增长（broad-based-growth）"，到"益贫式增长（pro-poor-growth）"，再到"共享式增长（即'包容性增长''包容性发展'：inclusive growth）"的演进脉络①。

20世纪中期，在长期以主流面目出现的"涓滴假说"、收入贫困理论以及人均收入和不平等的"倒U形假说"影响下，人们几近盲目地笃信经济增长的成效会自动地扩散到全社会各个阶层和部门，从而社会的贫困人口会随着经济增长而自然减少。基于这种认识，在实践上，人们立足于谋求实现持久和快速的经济增长，这就是发展经济学所说的"先增长、后分配"模式。尽管也遭到一些批评，但这种模式单纯强调经济增长的影响力却是实际存在的。由于在经济增长与不平等之间复杂关系上的肤浅认识，建立在这种单纯强调增长理念基础上的贫困减除实践并未在20世纪后期给人们带来预期的效果。这也成为2000年9月联合国召开千年首脑会议，提出旨在把全球贫困水平于2015年前降低一半（以1990年的水平为标准）的联合国千年发展目标（MDGs）的主要诱因。该目标得到了各国首脑的坚定承诺。

20世纪90年代，随着信息技术的扩张，大量国际可比的国民收入和增长率数据的获取已非难事，经济学家们以增长理论的发展为理论基础，

---

① 这方面的文献梳理，参阅了蔡荣鑫的《"益贫式增长"模式研究》一书。该书由科学出版社2010年1月出版，蔡荣鑫也被学界认为是较早进行益贫式经济增长模式研究的学者。

开始重新审视不平等与经济增长之间的权衡替代关系，并得出了与传统增长理论相悖的观点，即不平等的存在及恶化将损害经济增长的前景，使增长率下降。基于这种认识并通过理论研究和实证分析两方面的努力，经济学家们基本达成"共识"，即经济增长、收入分配与贫困减除三者之间具有良性互动的关系。随后，世界银行考察了第二次世界大战以来第三世界的贫困问题，并在《1990 年世界发展报告》中提出"广泛基础的增长（broad-based-growth）"理念，强调要将贫困人口吸纳到经济增长过程之中，并指出可以从提供机会和提升得益能力两方面努力，在改进贫困人口生活质量方面取得快速且政治上可持续的进步。不过，"广泛基础的增长"的内涵，一直没能得到清晰的定义。90 年代中后期，当经济学家们开始寻求政策组合，以期通过促进经济增长而实现贫困更快地下降时，"益贫式增长（pro-poor-growth）"理念取代"广泛基础的增长"理念，并逐渐被人们所关注。

"益贫式增长"（又称"对穷人友善的增长"）概念最早见于 1997 年英国的国际发展白皮书，其后在 1999 年亚洲开发银行（简称亚行，ADB）的报告和 2000 年世界银行的世界发展报告中均得到应用。最早给出"益贫式增长"定义的是亚洲开发银行，亚行指出，如果增长指的是吸收劳动和伴随降低不平等，并为收入较少的贫困人口增收的某种政策，尤其当这种经济增长有利于妇女等在传统上一向被排斥的群体时，那么这样的增长即"益贫式增长"。"益贫式增长"理念的形成及应用，表明人们对于贫困、经济增长等方面认识已突破收入贫困理论及"涓滴假说"的桎梏，以能够针对贫困问题而主动地采取特定的经济增长政策和措施。从单纯强调经济增长，到益贫式的经济增长，反映了人们认识上的深化："收入贫困"—"能力贫困"—"权利贫困"。

进入 21 世纪，亚洲各国在普遍实现经济持续增长的同时，收入和非收入不平等状况却不断恶化的趋势逐渐被人们所认识。出于对亚洲地区经济的持续增长及其对社会政治稳定形成冲击的担忧，亚行在上述认识深化的基础上，率先提出了"共享式增长"的理念，亦即目前被学界改译并被广泛认同的"包容性增长"（"包容性发展"）理念。学界一致认为，"包容性发展"（其前身即"包容性增长"）这一概念是 2007 年 8 月亚洲开发银行在中国首都北京高调召开的"以包容性增长促进社会和谐战略研讨会"上率先提出的。而对包容性发展这一理念作集中阐述的便是以林毅夫为主要代表的中国学者撰写的《以共享式增长促进社会和谐》①（简称《和谐》）一书。至此，包容性发展这一理念便成为世行、亚行等国际知名组织和机构指导世界经济社会发展的核心理念。可见，包容性发展概念最早由亚行提出，而其推介和完善则是亚行、世行（也包括经合组织和联合国）等国际组织在近十几年间逐步进行的。比如学界就指出，包容性发展与联合国秘书长潘基文等政治领导人的关注密不可分②。但从《和谐》一书的主要作者林毅夫等在概念提出和论证方面的贡献来看，中国学者以至中国实践对包容性发展概念的提出和出场的贡献，是显而易见的，占主要地位。

2. 内涵解析和政策选择

包容性发展概念具有鲜明的现实指向性。从全球范围看，它是世界经济一体化和和平与发展时代主题的必然要求。亚行指出，倡导包容性发展就是要让更多的人享受到全球化的成果。在中国，对包容性发展理念的广泛关注，不仅因其概念的新鲜程度，更因中国国家主席的大力提倡而向世界展现出强烈的导向意义，且这种导向又与中国大众最广泛、最关切的利益诉求形成共振和共鸣。换言之，包容性发展业已凸显其中国谋求实现经济发展方式包容性转变、促进社会和谐稳定以至实现高质量发展、促进全体人民共同富裕的题中应有之义。

学界对包容性发展内涵的解析，因各自关注的侧重点不同而有所差异，但综合来看，他们大多认识到包容性发展对经济增长和社会发展的理念性描述的特点，并认同其以下内涵：可持续的经济增长，发展机会的平等和参与过程的公平，对社会公众的包容，提倡利益共享，尤其要提高对弱势群体的资助力度，对自然界的包容，等等。基于对概念演化过程和对学界内涵解析的综合，本课题认为包容性发展的实质内涵，用最简洁的话来说，应该是以机会平等的发展促进所有人的共同发展、人与人的和谐、人与自然的和谐。

包容性发展理念的政策选择主要有以下几个方面。

一是两个支柱说。《和谐》一书的多位作者深入地探讨包容性发展的政策含义，给出了较为细致的政策和机制建议。如在政策层面，以包容性发展为中心的发展战略需要有两个相辅相成的支柱：一是通过高速、有效

① 参见林毅夫、庄巨忠、汤敏、林暾：《以共享式增长促进社会和谐》，北京，中国计划出版社2007年版，第30~39页。
② 孙翎：《包容性增长与基本社会保障均等化——基于机会平等的视角》，《光明日报》2010年10月19日。

和可持续的经济增长创造大量就业与发展机会；二是促进机会平等，提倡公平参与。在促进机会平等方面，政府努力的方向有：增加对基础教育、基本医疗卫生和其他基本社会服务的投入以提高弱势群体的发展潜能；注重公平性的政策、制度的制定，保障市场机制的完善以创造公平性的竞争氛围；制定完善的社会风险保障机制，注重对极端贫困的消除。

《和谐》一书有的作者对上述包容性发展的第一个支柱在中国的实施提出具体的政策建议，即通过发展目前有比较优势的劳动密集型产业，以及资本密集型产业中的劳动密集型区段，可以在一次分配领域就兼顾效率和公平。关于初次分配领域的改革，指出首先要改善金融结构，放开市场准入，推动劳动密集型企业的建立和健康运转；其次是提高资源税费以达到合理水平，同时深化国有矿山企业改革，剥离社会性负担，消除压低资源税费水平的因由；再次，尽可能使垄断行业引入竞争机制，而对不宜引入的行业要加强行业监管，把因垄断地位而获得的超额利润交给国家；最后，按照科学发展观的要求改变对地方政府的考核办法，弱化其推行违背比较优势的生产模式的激励。而关于二次分配政策的调整，学者认为：第一，促进而非阻碍统一的劳动力市场形成，提高社会保障统筹层次直到实现全国统筹；第二，建立偏向于生产型而非消费型的公共支出结构，以利于普遍提高劳动者素质，为产业升级创造条件，并有效阻断收入差距在代际之间的转移；第三，对丧失劳动能力的弱势群体进行针对性的救助[1]。

该书有的作者着重思考了如何重建中国的社会福利体系以促进机会平等的问题，继而着重对包容性发展战略框架的第二个支柱在中国的实施给出具体政策建议：第一，传统的城乡条块分割的管理体制和办法仍在延续，在城乡日益开放的格局中矛盾日益突出。在政策方向上必须推进社会改革，逐步整合城乡之间、条块之间的管理机制，为最终达到统一的社会保障创造体制条件；第二，打破社保管理体制方面实行多部门分头管理、分离的功能缺乏有效整合、效率低下等局面，实现管理体制的协调、整合和对管理职责的有效监督；第三，尽快改变在诸如经济适用房、廉租房等具体的社会政策执行方面管理不严格而导致政策的瞄准性差，政策执行的效果偏离政策预期目标等局面；第四，在公共服务的供给方面，切实提高

① 参见林毅夫、庄巨忠、汤敏、林暾：《以共享式增长促进社会和谐》，北京，中国计划出版社2007年版，第40~88页。

政府治理的绩效水平，降低运行成本①。

二是兼顾效率与公平说。效率与公平的关系被称为经济学说史上的"哥德巴赫猜想"。程恩富教授早在21世纪初就批判了"公平与效率高低反向变动假设"，提出关于效率与公平关系方面的独特见解，并在其后的研究中，率先明确提出"公平与效率互促同向变动假设"②思想，影响深远。《和谐》作者对实施第一个支柱的政策建议，也是建立在质疑"一次分配应注重效率以实现'快'的发展，二次分配注重公平以实现'好'的发展"的基础上的。在包容性发展的政策建议上，《和谐》的多位作者从兼顾效率与公平的角度进行了阐述。他们指出：首先，中国应选择日本、韩国等东亚国家或地区在经济起飞的初始阶段就避免收入差距扩大的增长模式，通过发展劳动密集型产业，更多地创造就业机会；其次，发展更多的中小型企业，实现从资本密集型增长方式向劳动密集型增长方式转变；再次，调整目前的投资体系，降低政府在生产领域的投资，进一步增加非政府组织和私人投资的影响作用；又次，劳动密集型增长方式需要一个有效的金融体系，如发展更多中小型银行和非政府所有的金融机构；最后，需要建立统一的劳动力市场以及消除所有阻碍劳动力、资本自由流动的体制因素。也有学者从兼顾效率与公平视角，深入探讨拉美的"福利赶超"与"增长陷阱"对中国缩小收入差距政策选择的启示，如避免初次分配的不公，提高社会福利水平应与发展阶段相适应，在注重市场与政府作用的平衡中建设民生工程等③。

三是促进人力资源发展说。一些学者从着重促进人力资源发展的视角对实施包容性发展进行阐述，指出要按照胡锦涛提出的优先开发人力资源、实施充分就业的发展战略、提高劳动者素质和能力、构建可持续发展的社会保障体系等"四项建议"，着力加强这方面的工作④。有的学者认为，人力资本"投资"上，教育、健康医疗等是让劳动力"增值"的前提，国家应尽快织好基本公共服务的大网，让希望改变处境者获得平等的"投资权""投资渠道""投资补助"；人力资本"收益"上，必须尽快扭转"初次分配重

①　参见林毅夫、庄巨忠、汤敏、林暾：《以共享式增长促进社会和谐》，北京，中国计划出版社2007年版，第89~129页。

②　程恩富：《现代马克思主义政治经济学的四大理论假设》，《中国社会科学》2007年第1期。

③　参见林毅夫、庄巨忠、汤敏、林暾：《以共享式增长促进社会和谐》，北京，中国计划出版社2007年版，第180~212页。

④　杨英杰：《实现包容性增长必须优先开发人力资源》，《中国人口报》2010年10月18日。

效率"的状况，在分配方面，切实落实党的十七大"提高劳动报酬在初次分配中的比重"等要求，改变劳动的"弱势要素"地位，提高劳动力的要素索取权和回报，以防止贫困代际传递，实现真正意义上的包容性发展[①]。

四是社会保障均等化说。有学者认为，基本社会保障均等化的程度是衡量包容性发展的重要指标。要促进基本社会保障均等化就需做到：实施益贫式保障政策，使贫困人群获得高于社会平均水平的收入增长；注重普惠性的基本社会保障，防止其盲目性，实现可持续的、包容性的发展；协调初次分配与二次分配的关系；大力推进城乡统筹，同时尽力缩小区域差异[②]。

五是转变经济发展方式，促进经济、社会与自然协调发展说。学者们认为，实现包容性发展，一要加快转变经济发展方式，这是紧迫而重大的、关系全局的战略任务，是实施包容性发展的前提条件。二要始终坚持经济、社会与自然的协调发展，这既是严峻挑战和考验，更是必须担当的历史使命和重大任务。必须按照包容性发展的要求，着力解决社会建设这个短板，深化社会领域改革。三要不断推进城乡一体化发展，促进中间多、两头少的"橄榄型"社会结构的尽快形成[③]。另外，较多学者提出"去GDP化"的观点，指出要实现包容性发展，必须调整对官员政绩的考核方式，把关注的重点转向财富的分配，而不是仅注重GDP的创造。学者们还指出，尽管可能存在体制惯性和既得利益的阻挠，但当下已经到了不得不转变的时刻。只有这样才能有效地推进包容性发展，财富的公平分享才具有可能性[④]。

《和谐》一书还给出了中国在政策选择上需要特别注意避免的两方面倾向：一是只顾高速增长而忽视增长的包容性；二是过度依赖政府再分配的手段来实现收入均等化。该书强调指出，国际经验已表明，这两种政策倾向都会对经济发展的效率与可持续性产生严重的不良影响[⑤]。在脱贫攻坚战取得全面胜利和全面建成小康社会之后，2021年8月中央财经委员会第十次会议立即着手研究扎实促进共同富裕的问题，表现出中国共产

---

① 徐锋：《用公平为"包容性增长"加油》，《广州日报》2010年9月30日。

② 孙翔：《包容性增长与基本社会保障均等化——基于机会平等的视角》，《光明日报》2010年10月19日。

③ 王勇：《包容性增长奏响"十二五"主旋律》，《证券时报》2010年10月18日。

④ 余闻：《实现包容性增长须去经济增长的GDP化》，《学习时报》2010年10月4日。

⑤ 林毅夫、庄巨忠、汤敏、林暾：《以共享式增长促进社会和谐》，北京，中国计划出版社2007年版，第20页。

党对践行自己庄严承诺的坚定决心。以今天的观察视角来看，在高质量发展理念深入人心的新时代，在《和谐》一书给出的政策选择上需要特别注意避免的两方面倾向中，第一个方面倾向可望得到基本解决或说正在努力解决，而在第二个方面的理解和讨论上，尤其是在实践中，全社会并没有达成共识，以致在初次分配上总是不够重视劳动收入的合理化提高问题。对于最广大的人民群众来说，包容性发展最主要的体现方式，就是他们在初次分配上的公平性和合理性，是劳动收入份额的不断增长和相对于资本收益来说的较快增长。这是一个需要全社会尽早达成共识的政治经济学常识问题，却也成为长期以来学界聚讼不已的问题。而社会主义制度的中国在目前非公有制经济已经具有"五六七八九"的显著特征[①]的境遇下，出现的只能是月入仅千元的6亿多人口[②]这样的经济和社会事实。这种事实，给不重视初次分配和按劳分配做法的错误性质作了鲜明注脚。其实《和谐》一书所给出的两方面倾向的解决，在本质上是相互依赖、融会通浃、"同世而立"的，是不可"分立"、不能偏废的。

要实现认识上的升华和实践上"路径依赖"的转向，一方面要按照中央最新指示"要给资本设置'红绿灯'"[③]，对待资本要兴利除弊，把促进资本发展与对之依法规范辩证地结合起来[④]；另一方面更为重要、更为根本的，要在防止让资本"围绕着劳动这个太阳旋转"[⑤]的基本经济制度实施的"异化"或"打折"现象上下大气力。为资本设置"红绿灯"是实施社会主义市场经济的中国在基本经济制度上不断完善的表现，但是在为资本设置"红绿灯"之前，还有排在第一位的、对于实现包容性发展尤其是实现全体人民共同富裕具有更为根本支撑作用的"公有主体型产权制

---

① "概括起来说，民营经济具有'五六七八九'的特征，即贡献了50%以上的税收，60%以上的国内生产总值，70%以上的技术创新成果，80%以上的城镇劳动就业，90%以上的企业数量。"参见习近平：《在民营企业家座谈会上的讲话》，北京，人民出版社2018年版，第4~5页。

② 2020年两会期间，李克强总理答记者问时指出："中国是一个人口众多的发展中国家，我们人均可支配收入是3万元人民币，但是有6亿中低收入及以下人群，他们平均每个月的收入也就1000元左右，1000元在一个中等城市可能租房都困难，现在又碰到疫情。"参见《人民日报》2020年5月29日。

③ 《中央经济工作会议在北京举行》，《光明日报》2021年12月11日。

④ 其实进入新世纪以来，我国并非缺少对资本的监管和引导而一任其疯狂生长。比如2005年国务院出台《关于鼓励支持和引导非公有制经济发展的若干意见》，又叫非公有制经济旧36条；2010年出台了《关于鼓励和引导民间投资健康发展的若干意见》，又叫非公有制经济新36条。但是随着快速迈进的时代脚步，两个"36条"的针对性和时效性，已经不适应新的实践的发展。

⑤ 《马克思恩格斯全集》第18卷，北京，人民出版社1964年版，第627页。

度"和"劳动主体型分配制度"①。在党的十九届四中全会《中共中央关于坚持和完善中国特色社会主义制度　推进国家治理体系和治理能力现代化若干重大问题的决定》关于党和人民在社会主义基本经济制度的"伟大创造"中，排列在"社会主义市场经济体制"之前的这两个"制度"犹如党的"一个中心、两个基本点"基本路线的"坚持四项基本原则"的意涵，而"社会主义市场经济体制"恰似党的"一个中心、两个基本点"基本路线的"坚持改革开放"的意涵，"两个基本点"之间当然要做到"辩证施治"。根据唯物史观和马克思主义经济学原理，经济基础的状况决定上层建筑的状况，生产资料所有制决定分配（尤其是对于共同富裕具有决定意义的初次分配），那么，更加重视消除资本"围绕着劳动这个太阳旋转"的基本经济制度实施中的"异化"或"打折"现象，才是在"扎实促进共同富裕"和"把逐步实现全体人民共同富裕摆在更加重要的位置上"的最为根本的"着力点"②，才是"不断夯实党长期执政基础"的最为根本的着力点。因此，完全可以说"所有制依然是讨论共同富裕的首要问题"③。

（二）人类命运共同体理念

1. 国内外学界和政界倾注极大热情展开讨论

在"导言"开篇的"选题背景和依据"中，本课题首先介绍了习近平总书记在全球百余次阐述人类命运共同体理念。这里从对学界研究的评介视角阐述。

综观学界研究，首先从国内来看，学者们对构建人类命运共同体的经济、政治、文化、社会和生态之道表现出较多关注。人类命运共同体思想为人类未来发展擘画出全方位、全要素、多层面、宽领域的立体型多维建设格局，回答了中国方案中"建设一个什么样的世界""怎样建设这样一个世界"等百年未有之大变局下事关人类社会发展进步的重大问题。这便是在"大时代"中建设和谋求"大格局"所必需的"大智慧"，具有古老的"和而不同""求同存异""天下一家"的胸襟。在现实实践中逐步出现的以"亚太""中拉""中国—东盟""中非""周边""双边"等具有主体形象限制词的"命运共同体"概念，出现的如"光明之路""马欣达愿

①　参见《十九大以来重要文献选编》（中），北京，中央文献出版社 2021 年版，第 280~281 页。

②　《习近平主持召开中央财经委员会第十次会议强调　在高质量发展中促进共同富裕　统筹做好重大金融风险防范化解工作》，《光明日报》2021 年 8 月 18 日。

③　辰砚：《程恩富：当前共同富裕讨论中须明确的若干主要观点》，《晨刊》2022 年第 2 期。

景""海上高速公路""中老铁路""中欧班列"等建设路向，都是人类命运共同体建设实践的重要表现方式。而从社会发展的全要素领域思忖和考量，才是对马克思主义整体性思维的遵循，并且涵盖了时空双维的人类发展趋向。另外，学界普遍重视从中国方案、中国经验和中国智慧等视角进行分析。这部分研究体现出学者对人类命运共同体理念的高度认可。

其次是国际社会对人类命运共同体理念的高度评价。法国学者皮埃尔·皮卡尔把这一理念视为人类思想史上"最重要的哲学思想之一"；英国学者马丁·雅克认为这一理念是中国为世界提供的一种"新的可能"，其共建共享、合作共赢的文明进步新道路是前无古人的伟大创举；第 71 届联合国大会主席彼得·汤姆森把构建人类命运共同体看作人类社会"在这个星球上的唯一未来"①。另外，西方一些学者或报道就"一带一路"、亚投行等与"人类命运共同体"思想的关系进行了富有建设性的分析。国际社会认为，习近平人类命运共同体理念代表着人类发展的"下一步"和主导方向，赢得了国际社会的广泛共识。尤其是联合国决议或文件多次写入这一理念，充分反映出国际社会广大会员国的普遍认同感，说明这一理念早已赢得了世界人民的拥戴，中国在全球治理方面具有"巨大贡献力"、中国在国际事务中将"发挥更大领导力"、中国的"负责任大国"形象等认知，在国际交往中逐渐丰满起来。

2. 对国内外讨论的总体审视

第一，概念本身的核心指向问题。共同体源本是一个涵盖哲学、人类学、社会学等多学科的概念，学界各抒己思，但总体上应基于"人能群"的中华优秀传统文化底蕴和"人必群"的人类生存底蕴。党的十八大后习近平 120 多次谈及人类命运共同体，正是对"人能群""人必群"以及"人何以能群""人何以必群"的时代诠释。

第二，研究视域的单一性与思想的系统性、整体性关系问题。学界多从外交、政治、减贫等单视角切入，见仁见智。但"全面"地研究则需要力避"筒仓结构"等路径阐释，做到系统性、整体性的把握，因此本课题强调：习近平"五位一体""五个坚持"等论述全面、综合、深刻地展现了人类社会发展"五位一体"全要素彼此交融、综合实现和多主体建设的价值取向与历史趋向，应在整体性思维上表现出鲜明而自觉的认知，以充

---

① 参见刘华、韩墨、杨依军、郑明达、温馨、潘洁：《激荡五洲四海的时代强音——习近平新时代中国特色社会主义思想的世界性贡献述评》，《光明日报》2022 年 2 月 7 日。

分挖掘和彰显人类命运共同体思想厚重的时代内涵和整体性、综合性、多主体的实现路径。本课题以包容性绿色发展促进人类命运共同体建设路向的阐释（主要集中在第五章至第九章），便是这种多维性视角、全面性内容、多样性方法、综合性路径的统一。

第三，思维的辩证性问题。即应处理好理论研究中普遍（全球）与特殊（一国）、横向（中西交往）与纵向（民族发展）、盲目乐观与一味悲观等复杂关系。比如，盲目乐观的观点只能遁入西方普世价值观的窠臼；而一味悲观的观点，把人类命运共同体理念作为一种"虚置的理想"，不理解人类历史是合规律性与合目的性的统一[①]，把严峻现实与具有"人能群""人必群"等必然性取向的"全人类共同价值"割裂开来，尤其看不到"包容性""绿色化"这一人类社会时空双维发展的"下一步"，如此，必将导致自惭形秽和无所作为。鉴于研究中的倾向性，本课题将聚焦严峻现实（如赢者通吃的国际规则和体系、危如累卵的全球生态、高达 0.7 的世界基尼系数等），立足发展肯綮（如包容性发展、绿色发展这两个压倒性的"最大政治"），着眼时代大势（如国际社会对人类命运共同体理念的共识、和平与发展的时代主题），清醒地看到当下国际政治经济秩序下问题的复杂性，并注重辨析模糊认知，既不能视人类命运共同体建设一呼就灵，也不能被严峻现实吓倒而发出"虚置的理想"等叹息。唯如此，才能向世界"讲清楚"包容性绿色发展的中国经验和中国故事，才能阐释清楚世界包容性绿色发展可操作的行动方案。

（三）新发展理念

中共中央制定的"十三五"规划建议（以下简称《建议》）指出，实现"十三五"时期发展目标，破解发展难题，厚植发展优势，必须牢固树立创新、协调、绿色、开放、共享的新发展理念[②]。新发展理念由中国共产党的全会文件提出后，学界从其形成依据和现实背景、基本内涵和主要内容、主要特征和价值意义、结构框架和逻辑关系、实践路径和努力方向等多维层面进行了广泛而深刻的研究，取得了重要研究成果。而本课题对新发展理念的阐述，主要集中在其鲜明的包容性发展意涵方面。这与下一章即将阐述的包容性绿色发展理念的生成机理具有多方面的重叠，因此为

---

① 王新生：《命运共同体：人类共存之道的中国方案》，《中国社会科学报》2016 年 2 月 25 日。
② 《中共中央关于制定国民经济和社会发展第十三个五年规划的建议》，《人民日报》2015 年 11 月 4 日。

避免重复，这里从新发展理念的重要性、作为新发展理念归结点的共享发展其鲜明的包容性和绿色化发展指向、以人民为中心发展思想与新发展理念的关系等方面作出简要评介。

第一，从重要性方面来看。发展理念是管全局、管方向、管长远、管根本的，具有纲领性质和战略地位，直接关乎发展的成效或成败。从国内视角来说，新发展理念的重要性是由其在"十三五"时期以至整个新时代中国经济社会发展中富于前瞻性、尤为紧迫性、极其重要性等性质所决定的。新发展理念直接关乎新时代中国特色社会主义发展的取向和思路、发展的着力点和关节点，全面而深刻地揭示了质量上如何更高、效率上如何更好、公平上如何做得更科学合理等表征经济社会可持续发展的内在必然要求，成为在提高发展平衡性、包容性、可持续性基础上实现全面建成小康社会奋斗目标和新时代实现中华民族伟大复兴的基本理念。从对外视角来说，中国以"最大的发展中国家""世界第二大经济体"等身份，积极主动地参与全球治理，推动建立有利于世界各国在国际舞台上能够充分彰显自身优势的新发展格局，让世界各民族国家共享经济全球化的发展益处，就必须随着时代的发展贯彻新的发展理念，这是时代赋予中国的重大使命。发展治理作为全球治理的关键和肯綮，其核心就在于要依靠符合时代要求的发展理念的引领。纵观世界发展趋势，中国提出的新发展理念具有最紧密地贴近和平与发展的大背景下世界各国人民共享包容性全球化时代要求的现实指向，如此，必将大大推进"包容性""绿色化"的全球治理。因而可以说，新发展理念不仅是中国的，也必然是世界的。

第二，从作为新发展理念归结点的"共享发展"其鲜明的包容性来看。"共享"从最根本的意义上突出了新发展理念的包容性意涵。共享发展，一向被学界普遍认为是包容性发展理念的最主要内涵，"包容性发展"概念的前身就是"共享式发展"①。把共享发展列为新发展理念的归结点和最终归宿，足见中国共产党践行包容性发展理念的坚定决心，以及以包容性发展理念为导引不断推进人们共享经济社会发展成果进程的坚强意志。《建议》把共享当作中国特色社会主义的本质要求，正是这种决心和意志的反映。《建议》中提出的一系列实现共享发展的举措，如增加公共服务供给，实施脱贫攻坚工程，提高教育质量，促进就业创业，缩小收入

---

① 林毅夫、庄巨忠、汤敏、林暾：《以共享式增长促进社会和谐》，北京，中国计划出版社2007年版，第1页。

差距，建立更加公平、更可持续的社会保障制度等，均是对富含"共享发展"意涵的包容性发展理念的坚定遵循。进入新时代中国社会主要矛盾已经实现事关全局的"历史性变化"①的事实说明，中国贯彻共享发展理念已经取得初步成效，今后在实施共享发展上力度应更大，政策应更坚定，要更加彰显包容性。

第三，从"以人民为中心"与新发展理念的关系来看。新发展理念鲜明的"包容性""绿色化"的发展取向，还体现在它突出地强调了中国共产党"以人民为中心"的执政理念上。"以人民为中心"是党的十八届五中全会首次提出的，体现出唯物史观关于人民是推动发展的根本力量的基本原理。在给省部级主要领导所作的题为《深入理解新发展理念》的讲话中，习近平总书记指出："以人民为中心"就是"共享发展"的实质，逐步实现共同富裕必然要求"以人民为中心"②。由此可见"以人民为中心"与"共享发展"以至"五大发展理念"整体意涵的一体关系。习近平总书记的论述，通过"共同富裕"把作为新发展理念归结点的"共享发展"与"以人民为中心"密切联系起来，凸显了包容性绿色发展理念中最重要的"共享"意蕴。

从作为归结点的"共享发展"来分析。共享发展理念包含 4 个方面的内涵，即全民共享、全面共享、共建共享、渐进共享，4 个方面内涵都突出体现了在实现共同富裕道路上党的以人民为中心的执政理念。全民共享否定了少数人或一部分人的所谓共享，主张"人人享有、各得其所"，体现了共同富裕在主体上的全覆盖；全面共享否定了仅仅注重人民物质上或某一方面的所谓共享，主张使人民共享经济、政治、文化、社会、生态各方面的建设成果，体现了共同富裕的立体内容；共建共享否定了那种各自为政、有人出力有人坐享的所谓共享，体现了共同富裕在实现路径上的"人人参与、人人尽力、人人都有成就感"；渐进共享否定了那种违背规律的所谓一步到位式的共享，体现了共同富裕在实现进程上的"从低级到高级、从不均衡到均衡"的历史进程。这实际上就是全体人民"共建、共治、共享、共富、共福"的"以人民为中心的现代化国家治理体系"③的核心要义。

从新发展理念的每一方面来分析。创新发展要着力解决的是如何实现共同富裕的动力问题，协调发展要着力解决的是如何实现共同富裕的均衡

---

① 《十九大以来重要文献选编》（上），北京，中央文献出版社 2019 年版，第 8 页。

② 《习近平谈治国理政》第 2 卷，北京，外文出版社 2017 年版，第 214 页。

③ 田应奎：《2049：中国治理》，北京，中共中央党校出版社 2019 年版，第 42 页。

问题，绿色发展要着力解决的是如何实现共同富裕中的人与自然和谐共生的问题，开放发展要着力解决的是如何实现共同富裕进程中的国内与国外互动发展的问题，或解决的是实现共同富裕的"双循环"即国内国际双循环相互促进的新发展格局问题，共享发展要着力解决的是如何实现共同富裕的公平公正问题①。因而，学界出现了把以人民为中心的发展思想作为五大发展理念之魂，或把五大发展理念作为以人民为中心发展思想的集中体现等观点解读②。

从新发展理念作为"五大生产力"的对象化意涵来分析。受学界启发，如果把以人民为中心作为"全面发展生产力的出发点、立脚点和核心点"，并把新发展理念大致作为智力支撑的科技生产力、物质基础的经济生产力、可持续发展的生态生产力、民生保障的社会生产力、精神引领的文化生产力，那么"五大生产力"之间便是同向、同行和共赢的关系，它们相互关联、促进和融合发展，共同服务于以人民为中心的发展目标③。即表现为一个"五大发展理念—五大生产力—全体人民共享共富共福"的理念的对象化过程。

由此可见，新发展理念以"以人民为中心"的执政理念和发展思想为统领，在较全面、较根本的意义上赋予了包容性绿色发展理念的"包容"意涵的崇高境界，而以人民为中心的发展思想也通过"包容性""绿色化"的路径在实现共同富裕的道路上对新发展理念实现了整合和凝练。由此，新发展理念实现了对包容性绿色发展理念"包容"意涵的"预设"和"规定"，突出了以新发展理念为主要表征的中国特色社会主义政治经济学的核心要义。

（四）习近平生态文明思想

2018年5月，全国生态环境保护大会在北京召开。在这次被中外舆论

---

① 但本课题不赞同把共享发展等同于共同富裕的观点。因"共享"的程度是宽泛的，企业主和工人在企业利润上99%/1%的比例分成，与50%/50%的对半分成，都属于共享，那么究竟哪个更趋向于共同富裕？而我们党共同富裕的内涵却是相对清晰的，是包括企业主在内的全体人民在多层面富足而幸福的生活。

② 参见魏立平：《以人民为中心：五大发展理念之魂》，《中国党政干部论坛》2016年第8期；王秀轩、周虎：《五大发展理念是以人民为中心思想的集中体现》，《中共银川市委党校学报》2018年第1期。

③ 参见胡鞍钢、张巍、张新：《全面发展以人民为中心的五大生产力》，《清华大学学报》（哲学社会科学版）2018年第2期。

认为是进入新时代以来中国召开的规格最高、规模最大、意义深远的生态文明建设会议上，习近平总书记阐述了推进新时代生态文明建设的"六项原则"[①]，科学概括了新时代生态文明的主要内涵，构成习近平生态文明思想的整体理论内核。"六项原则"即坚持人与自然和谐共生、绿水青山就是金山银山、良好生态环境是最普惠的民生福祉、山水林田湖草是生命共同体、用最严格制度最严密法治保护生态环境、共谋全球生态文明建设等。

中国共产党的二十大报告以专章篇幅阐述了习近平生态文明思想在新时代新征程中的理论指导和实践方略。报告在第十部分"推动绿色发展，促进人与自然和谐共生"中指出："尊重自然、顺应自然、保护自然，是全面建设社会主义现代化国家的内在要求。必须牢固树立和践行绿水青山就是金山银山的理念，站在人与自然和谐共生的高度谋划发展"，并从"加快发展方式绿色转型""深入推进环境污染防治""提升生态系统多样性、稳定性、持续性""积极稳妥推进碳达峰碳中和"等方面描画出美丽中国的建设大计[②]。

生态文明建设是关系人类永续发展的根本大计。在中国生态文明建设处于压力叠加、负重前行的关键期，在全球生态环境危如累卵而个别大国屡屡奉行单边主义、霸凌退出《巴黎协定》的情势下，人类如何永续发展？习近平生态文明思想以关注人类文明发展演进的宏阔视野，系统运用马克思主义生态世界观全面地阐述了怎样正确看待和协调人与自然的关系，怎样从重大政治问题和重大社会问题的高度加强生态文明建设，怎样以绿色发展引领经济社会的可持续发展，怎样以优质的生态产品满足人民的优美生态环境需要等重大问题，继承、创新和发展了马克思主义生态世界观的辩证自然观、生态政治观、绿色发展观、生态权益观，为人类文明发展演进提供了科学、全面、深刻、系统的生态文明建设理念。尤其是关于人与自然是生命共同体、统筹山水林田湖草沙系统治理、将生态问题上升到重大政治和社会问题的高度等重要论述，体现出"人民至上""自信自立"的使命担当，透露出"守正创新""问题导向"的思维方法，展现出"系统观念""胸怀天下"的宽广视野，蕴含着贯穿于习近平新时代中国特色社会主义思想的世界观和方法论，成为新时代中国推进生态文明建

[①]　《习近平在全国生态环境保护大会上强调　坚决打好污染防治攻坚战　推动生态文明建设迈上新台阶》，《光明日报》2018年5月20日。

[②]　习近平：《高举中国特色社会主义伟大旗帜　为全面建设社会主义现代化国家而团结奋斗——在中国共产党第二十次全国代表大会上的报告》，北京，人民出版社2022年版，第49~52页。

设的根本遵循和国际社会在较为头痛的生态环境治理上的"中国药方"。

总之，习近平生态文明思想所展现的"包容性发展""绿色发展"的实践取向，包括中国生态环境保护的历史性、转折性、全局性变革，都为包容性绿色发展理念铺陈了清晰而亮丽的生成和出场路径，为国际社会谋求包容性绿色发展提供了重要思想借鉴和实践样板。

（五）"全人类共同价值"

从发生学的角度来说，马克思主义认为，价值是"从人们对待满足他们需要的外界物的关系中产生的"[①]。学界一般认为，价值指的是"客体的作用同主体需要之间的关系，是客体对主体的某种意义"[②]。价值来源于自然界和人们劳动着的人类社会，随着人类的进化和社会的发展而不断表现出自己的样态和功能。价值属于关系范畴，作为客观事物具有满足人类的需要的一种效用关系，价值表征的是客体的属性、功能等方面与主体的需要之间的效益关系。

由此可见，价值只能存在于人类改造世界的具体实践之中，没有脱离具体社会形态和社会实践的所谓抽象价值或价值观，同理，也没有脱离主体尺度即主体的偏好与判断标准的所谓价值或价值观念。这就说明，在较为根本的意义上，作为社会实践主体的具体的人在其赖以生存的具体环境中所秉持的个体偏好与判断标准等主体尺度，才是决定价值的根本因素。换言之，对某种事物的价值认知只能因人而异，不可能千人一面、千篇一律或众口一词、异口同声，而是随着主体社会实践的发展而发展变化的。这正是价值范畴理解上的"实践说"，即"价值产生于人按照自己的尺度去认识世界改造世界的现实活动"[③]。正如马克思所说，人们按照自己在物质生产中所建立的社会关系创造出与之相适应的文化和价值观念。这些文化和价值观念绝不是什么永恒的东西，而只能是"历史的、暂时的"，是"不断运动的"[④]。

正因为如此，以社会主义意识形态为主导的中国，自然要反对和批判美西方所倡导的"普世价值"或"普世价值观"。因为不存在所谓脱离具体社会实践和具体生存环境的主体，所以也就不存在建立在抽象主体之上

① 《马克思恩格斯全集》第19卷，北京，人民出版社1963年版，第406页。
② 李德顺：《价值学大词典》，北京，中国人民大学出版社1995年版，第261页。
③ 李德顺：《价值论——一种主体性的研究》，北京，中国人民大学出版社2013年版，第29页。
④ 《马克思恩格斯文集》第1卷，北京，人民出版社2009年版，第603页。

的"普世价值"或"普世价值观"。也就是说，"正因为不存在抽象的人，所以不存在'普世价值'"①。"普世价值"或"普世价值观"否认人的阶级属性和社会实践的具体性，从抽象人性论出发而不是从"现实的人"出发，杜撰出一个超越时代、民族国家和地域限制，并美其名曰全人类都应该遵循的所谓"普世价值"，显然是极其荒谬的。美国等少数西方国家不遗余力地推崇"普世价值"，并把自己的价值观装扮成"普世价值观"，凌驾于国际社会众多民族国家的文明与文化之上，迫使其他文明趋向于和折服于这种"普世价值观"，其实是在为干涉他国事务、谋求世界霸权找说辞，这早已被无数事实所反复证实。不论是明火执仗地抢劫和奴役殖民地的人民大众，还是"冷战"时期的"和平演变"；不论是大英帝国的所谓一人曾经统治世界上的10多个人，还是美国接手大英帝国的头号霸主而频频对世界发号施令；不论是原来曾经富庶而目前却千疮百孔的伊拉克、利比亚、叙利亚，还是目前备受制裁的俄罗斯、伊朗、朝鲜等，历史与现实真切地告诉人们，西方话语体系中的所谓"普世价值观"其实质向来是美西方瓦解非西方国家的撒手锏，是它们瓦解社会主义国家价值观的意识形态工具，是其自视为珍宝且屡试不爽地行使霸凌和剥削全世界的工具。

习近平总书记旗帜鲜明地批判了西方"普世价值"的实质。他以反诘的口吻指出：境内外敌对势力真的要推广什么"普世价值"？"根本不是，他们是挂羊头卖狗肉"，目的就是要"最终推翻中国共产党领导和中国社会主义制度"。习近平总书记严正指出，倘若听任敌对势力在"普世价值"和"普世价值观"上的叫嚣，任其指鹿为马、三人成虎，其结果只能是乱了党心民心，党的领导、社会主义国家政权的安全将受到严重危害②。因此，善良的人们要警惕西方"普世价值"的说教。

2015年9月，习近平主席在第七十届联合国大会一般性辩论时提出了"和平、发展、公平、正义、民主、自由"的12字"全人类共同价值"③，并在许多重大场合多次强调这一价值理念，并把它作为提出和践行人类命运共同体的价值导引。那么，"全人类共同价值"与"普世价值观"的根本区别是什么呢？本课题试作如下区分："全人类共同价值"与"普世价值观"，前者是具体的，后者是抽象的；前者是现实的，后者是虚拟的；

① 林伯海：《论全人类共同价值与人类命运共同体的辩证关系》，《马克思主义研究》2021年第11期。
② 《习近平关于社会主义文化建设论述摘编》，北京，中央文献出版社2017年版，第27页。
③ 习近平：《论坚持推动构建人类命运共同体》，北京，中央文献出版社2018年版，第253页。

前者是历史的，后者是永恒的；前者是以时间地点和条件为转移的，后者是对所有民族国家"一刀切"的；前者是"不断运动的"，后者是僵死停滞的；前者追求的是"各美其美""美人之美"，后者谋求的是"千人一面""定于一尊"。由此可识"普世价值"或"普世价值观"的非现实性和不可行性。

在党的百年庆典大会上，在阐述"以史为鉴、开创未来，必须不断推动构建人类命运共同体"时，习近平总书记再一次强调，中国共产党将继续同世界上一切爱好和平的国家和人民一道弘扬全人类共同价值，坚持"合作""开放""互利共赢"，拒绝"对抗""封闭""零和博弈"，旗帜鲜明地反对霸权和强权，推动历史车轮向着光明前进①。在党的二十大报告中，习近平总书记向国际社会发出真诚的呼吁，希望"世界各国弘扬和平、发展、公平、正义、民主、自由的全人类共同价值，促进各国人民相知相亲，尊重世界文明多样性，以文明交流超越文明隔阂、文明互鉴超越文明冲突、文明共存超越文明优越，共同应对各种全球性挑战"②，展现出百年大党在人类社会发展价值取向上的系统观念和天下情怀。

习近平总书记关于"全人类共同价值"的论述，彻底抛却了西方"普世价值"把一种抽象的、毫无现实性的价值观念强加于人的思维定式，把具有鲜明现实性的、广泛存在于各民族国家之间的价值观念，即国际社会中不同的主体为了满足共同的需求、实现共同的利益而达成的基本价值认知作为构建人类命运共同体的价值准则，符合马克思主义逻辑的与历史的统一的辩证思维原则，并且得到了国际社会的广泛赞同。由此可见，全人类共同价值反映出中国共产党和中国人民为全人类共同福祉而铁肩担当的家国情怀，着眼于国际社会合作解决困扰人类生存和发展的全球性问题的迫切愿望，突出彰明了"包容性""绿色化"的时空双维的人类社会发展趋向和时代潮流，以及坚持这一发展趋向和时代潮流在维护全人类的共同利益和解决当代人类面临的共同问题上的现实针对性。

在阐释"直接理论来源"时还应特别强调，中华优秀传统文化对于包容性绿色发展理念的生成，具有极其深厚的支撑意义，是理念生成的古老文化基因，同时也是理念生成的直接理论来源，具有极其鲜明的时代启示

---

① 习近平：《在庆祝中国共产党成立100周年大会上的讲话》，北京，人民出版社2021年版，第16页。

② 习近平：《高举中国特色社会主义伟大旗帜　为全面建设社会主义现代化国家而团结奋斗——在中国共产党第二十次全国代表大会上的报告》，北京，人民出版社2022年版，第63页。

意义。"和而不同""中和之道""天人感应""天人合一""道法自然""万物同一""四海之内皆兄弟""己所不欲，勿施于人"等优秀传统文化理念，都是包容性绿色发展理念最古老、最深厚的文化基因，也是突显时代发展潮流的直接理论倚仗。在中国生活长达 28 年之久的意大利传教士利玛窦（Matteo Ricci）认为，中国作为古老的国度"以普遍讲究温文有礼而知名于世"，并指出这是中国人"最为重视的五大美德之一"①。在《利玛窦中国札记》一书的英译者序言中，美国耶稣会士加莱格尔指出，中华民族对待其他所有民族的宽厚和平的态度，利玛窦在书中都给清晰地勾画出来了②。

三、包容性绿色发展理念的方法论倚仗

包容性绿色发展理念之所以能够生成并发挥其指导和规范现实的作用，不仅需要坚实的理论支撑，同时也需要重要的方法论倚仗。其间最具一般方法论意味的，是来自整体马克思主义理论所昭示的马克思主义整体性思维方法，以及实践唯物主义所昭示的"以得自客观现实之道还治客观现实"的方法论。这是由包容性绿色发展理念宏阔博大的理论观照视域，人类命运共同体建设中利益的整体性、内容的繁芜性、路径的包容性等多方面内在特质和要求所决定的。换言之，"问题的整体性内在要求用整体性的方法来分析问题"③；问题的迫切性要求具有强烈的"还治现实"的方法论导引。只有如此，包容性绿色发展理念才能有资格为走在十字路口的全球化"铸魂"④，才能为人类命运共同体的建设实践发挥具体而有针对性的指导和支撑作用。本节阐述的方法论，作为特别强调，与第一章"导言"介绍的"研究方法"不同。"导言"中指的是整个课题的"研究方法"，而这里指的是包容性绿色发展理念生成的方法论倚仗。

---

① ［意大利］利玛窦、［比利时］金尼阁：《利玛窦中国札记》，何高济、王遵仲、李申译，北京，中华书局 2010 年版，第 63 页。"五大美德"见《利玛窦中国札记》中译者注，即仁、义、礼、智、信。

② ［意大利］利玛窦、［比利时］金尼阁：《利玛窦中国札记》，何高济、王遵仲、李申译，北京，中华书局 2010 年版，序言第 35 页。

③ 韩庆祥、邱耕田、王虎学：《论马克思主义的整体性（上）》，《哲学研究》2012 年第 8 期。

④ 王义桅：《时代之问　中国之答：构建人类命运共同体》，长沙，湖南人民出版社 2021 年版，序言第 7 页。

（一）马克思主义整体性思维方法

马克思主义哲学既是无产阶级的世界观又是无产阶级的方法论，是无产阶级的世界观和方法论的统一。马克思主义哲学的辩证思维方法，首要要求就是"考察的客观性"和"全部总和"的整体性[①]，它反对任何在考察事物时掺杂主观色彩而藐视客观事实的先入为主的定性、形而上学的片面性或固化性等做法。整体马克思主义理论给予人们的方法论启示，首先是马克思主义的整体性思维方法；而马克思主义唯物史观所给予人们的方法论启示，首先是对待历史的整体性视域，即从社会基本矛盾各个方面的对立统一性去考察社会历史和社会发展。本节主要阐述的，就是对于包容性绿色发展理念在促进人类命运共同体建设中起到首要的、根本性指导作用的马克思主义整体性思维方法。

整体性是马克思恩格斯创立其理论的根本研究方法，同时也是马克思主义理论的固有品格和内在属性，是马克思主义内在逻辑的根本特质。而马克思主义整体性思维，指的就是把马克思主义作为一个整体来看待的思维视角和方式，是对整体性马克思主义的一种认知、确证和实践运用。多年来，尤其自中央"马工程"启动以来，马克思主义整体性研究逐渐升温，学界在马克思主义整体性问题的看法上呈现多姿多彩的视角、路向和观点[②]，可谓见仁见智。其中，一个被学界普遍认同的观点是，在马克思主义发展史上，但凡理论上把马克思主义教条化、片面化、公式化等狭隘做派，对马克思主义的"过时""终结""边缘"等粗暴指认，实践上国际共产主义运动史和中国共产党历史中的百挫千折，无不根源于对马克思主义的整体性这一内在属性和固有品格的无知或背离，对马克思主义的整体性这一根本特质的无视或"僭越"，对马克思主义整体性研究方法的规避或悖逆。一如学界所说，对马克思主义的未解、肢解、误解、曲解甚或消解，马克思主义其理论内涵遭到曲解，其实践发展遭受挫折，"主要原因一般在于马克思主义整体性遭到破坏，马克思主义整体形象被遮蔽"[③]。

---

① 《列宁专题文集·论辩证唯物主义和历史唯物主义》，北京，人民出版社2009年版，第139页。列宁把对自在之物本身的"考察的客观性"和"这个事物对其他事物的多种多样的关系的全部总和"作为唯物辩证法16个要素的前两个，并"把辩证法简要地规定为关于对立面的统一的学说"，认为对立统一是辩证法的核心，这些都是对辩证思维的整体性思维方法的确认。

② 参见刘召峰：《马克思主义整体性研究：既有成果、存在的问题与未来进路》，《社会主义研究》2019年第2期。

③ 赵秀娥：《马克思主义整体性研究》，呼和浩特，内蒙古大学出版社2017年版，第3~4页。

鉴于此并由主题所限，本课题并非对马克思主义整体性研究的路向和观点进行评述，而是依照马克思主义"历史原像"① 所昭示的"整体形象"，对马克思主义整体性和这种整体性认知所必然要求的整体性思维作出简要归纳。这是因为，对马克思主义理论"历史原像"和其创立者所强调、坚守的"整体形象"的陈述，比较能够鲜明地突出马克思主义的整体性及其整体性思维特质，并为以包容性绿色发展促进人类命运共同体的路径阐释提供方法论支撑。

1. 从基本内容及其内在逻辑上看马克思主义整体性思维方法

"历史原像"，首先应该是事物基本内容及其内在逻辑的表征。马克思主义有一个同义语，即科学社会主义，又叫共产主义。据此，应该把科学社会主义作为"核心"和"中轴"，以此来领会和把握"整体性"的马克思主义②。那么，怎样理解这种看法呢？这里首先必须辨析一个基本现象：学界有关马克思主义经典作家并没有把马克思主义理论"分列"为马克思主义哲学、政治经济学、科学社会主义3个组成部分的看法，包括对后人以基本学科分支或组成部分把马克思主义"分列"为上述3个部分的诟病，都是武断的或教条的。事实上马克思在其晚年是赞同恩格斯关于"科学社会主义"的阐述的③。恩格斯的《反杜林论》是第一部对马克思主义3个组成部分作出完整的、体系化论述的著作，同样毋庸置疑的是，列宁就是《马克思主义的三个来源和三个组成部分》的著者④。问题在于，"统一物之分为两个部分以及对它的矛盾着的部分的认识，是辩证法的实质"⑤。为了学习和研究而进行学科的"分列"是必要的，这是一回事；而从其统一性和整体性（或总体性）上把马克思主义看作并非鼎立的"三块"，而是以其哲学世界观方法论与其政治经济学作为两大理论支撑而建立起来的内在统一逻辑体系的科学社会主义学说，这又是另一回事。"分列"与整体性把握，并非完全对立："分列"应该是整体性视域下的"分

① 参见张一兵：《马克思哲学的历史原像》，北京，人民出版社 2009 年版，序第 1 页，导论第 9 页。张一兵借助广松涉这一用语并非表达"一个标准的解说"，而是旨在突出"一种新的思想史研究和叙事类型"，强调"思想形成和丰富过程的逻辑完整性"。

② 参见程恩富、胡乐明：《马克思主义基本原理学科建设与整体性研究》，桂林，广西师范大学出版社 2014 年版，第 31 页。

③ 参见《马克思恩格斯文集》第 3 卷，北京，人民出版社 2009 年版，第 493 页。

④ 对于 3 个组成部分的阐述，列宁首先是奠立在整体性的马克思主义视域之上进行论述的。

⑤ 《列宁专题文集·论辩证唯物主义和历史唯物主义》，北京，人民出版社 2009 年版，第 148 页。

列"；整体性研究也难以模糊学科性质上的"分列"。易言之，从实质内容和总体结构上看，马克思主义的"历史原像"，只能是指导无产阶级革命和社会主义建设事业、最终实现共产主义理想社会的一种统一的、整体的科学体系，即列宁所强调的"由一整块钢铸成"①。

给予以上观点更多、更直接、更权威的支撑的，是马克思主义经典作家对自己理论实质的确认。马克思强调，社会就是一个"一切关系在其中同时存在而又互相依存的社会机体"②，"不同要素之间存在着相互作用"③。即人类社会是由生产力、生产关系、政治的和法律的上层建筑与社会意识形式等"同时存在"又"相互作用"构成的有机整体。在马克思主义经典作家的观念中，自己的理论始终是关于这种"同时存在""互相依存""相互作用"的、关于人类社会发展规律的科学。社会实践的整体性催生了整体性的马克思主义，彰显其"改变世界"的理论旨归，以及对人类社会整体发展进步的关注，对无产阶级以至人类社会整体的终极关怀。由之，经典作家以科学社会主义为"核心"和"中轴"所进行的哲学、政治经济学，乃至政治学、历史学、人类学等研究，都只能是围绕"改变世界"即以劳动者阶级的解放和人的自由而全面发展的理论旨归而展开的。要而言之，当我们说马克思主义是不可分割的整体时，其语义的核心或实质内涵是指，不论经典作家在不同历史时期的研究内容和理论重心有多么不同，但都属于对人类社会发展规律的理论探索和创新，是服务于劳动者阶级的解放和人的自由而全面发展这一根本理论旨归的。既然"初心"依旧——共产党人的出发点就是"从事实际活动的人"以及"他们的现实生活过程"，新唯物主义和科学社会主义的立足点是"人类社会""社会的人类"④；那么使命使然——《共产党宣言》的任务就是"宣告现代资产阶级所有制必然灭亡"，而"全世界无者，联合起来"所获得的，"将是整个世界"⑤。因而经典作家给我们留下的，并且从实践观点作为马克思主义首要的和基本的观点看，就是从整体性视角理解马克思主义的思想方法，

---

① 《列宁专题文集·论辩证唯物主义和历史唯物主义》，北京，人民出版社2009年版，第112页。列宁在说"由一整块钢铸成"时，指的是马克思主义哲学。但只要稍加分析，从列宁在谈论"由一整块钢铸成"的前后文来看，其实更是对他反复提及的"马克思主义"的整体性特质的指认。这亦早已成为学界共识。
② 《马克思恩格斯文集》第1卷，北京，人民出版社2009年版，第604页。
③ 《马克思恩格斯文集》第8卷，北京，人民出版社2009年版，第23页。
④ 《马克思恩格斯文集》第1卷，北京，人民出版社2009年版，第502页。
⑤ 《马克思恩格斯文集》第2卷，北京，人民出版社2009年版，第66页。

其本质即"实践的历史生成论"①。

为这种整体性马克思主义的认知提供支撑的，还有马克思恩格斯对自己理论"整体形象的维护"，对人们怎样看待他们的理论的反复警示。除了马克思在讽刺和批判那些肢解、修正其理论的"先生们"时所说的"我只知道我自己不是马克思主义者""我播下的是龙种，而收获的却是跳蚤"，恩格斯认为马克思主义理论只能是对"一连串互相衔接的阶段的发展过程的阐明"②，而不能被看作可以机械重复或割裂开来的教条等名句以外，其他如恩格斯强调："希望读者不要忽略我所提出的各种见解之间的内在联系"③；"马克思的东西都是互相密切联系着的，任何东西都不能从中单独抽出来"④；等等。马克思恩格斯辞世后，列宁成为整体性马克思主义最坚定的守护者和阐发者。列宁很看重马克思主义作为"完备而严密"的科学理论体系这一根本特性，指出马克思的理论"就是运用最彻底、最周密、内容最丰富的发展论去考察现代资本主义"⑤。凡此历历，应是马克思主义经典作家所坚守的其理论的"整体形象"。"整体形象"的马克思主义理论所昭示的整体性思维方法，支撑起包容性绿色发展理念辩证而博大的内涵。

2. 从理论与实践的统一上看马克思主义整体性思维方法

方法取决于问题，内容决定着方法。黑格尔曾指出，方法并非什么外在的形式，而是内容的灵魂和概念。正如前文所述，问题的整体性必然内在地要求运用马克思主义整体性思维方法去考察、分析和解决问题。这既是对马克思主义理论的整体性这一内容上的客观性特点和内在要求的遵从，同时也是对唯物主义反映论的坚持。即之所以要用整体性的方法来看待马克思主义，并不是因为作为思维主体的我们硬要把"整体性"塞给马克思主义，而是因为马克思主义本身所具有的整体性理论品性，即马克思主义理论的"历史原像"。马克思主义博大精深的内容和理论主题主旨的整体性，决定了马克思恩格斯理论创新中多种研究方法的运用，如逻辑与历史的统一方法、理论与实践的统一方法、科学性与价值性的统一方法、经济问题哲学分析且经济问题政治解决的方法、矛盾分析方法、抽

① 董振华：《注重把握马克思主义思想方法的整体性》，《光明日报》2020 年 4 月 5 日。
② 《马克思恩格斯文集》第 10 卷，北京，人民出版社 2009 年版，第 590、560 页。
③ 《马克思恩格斯文集》第 9 卷，北京，人民出版社 2009 年版，第 8 页。
④ 《马克思恩格斯全集》第 38 卷，北京，人民出版社 1972 年版，第 454 页。
⑤ 《列宁专题文集·论马克思主义》，北京，人民出版社 2009 年版，第 255 页。

象具体方法等，这些方法所体现出的整体性思维视域和特质，能够保障从总体性和根本性上把握住事物的本质、核心和全貌。

在上述反映整体性思维的研究方法中，最能代表经典作家理论创新的方法论精髓的，首推理论与实践的统一方法。这是由马克思主义的实践指向性所决定的，马克思恩格斯的全部理论活动，都毫无例外地指向无产阶级和人类解放这一实践目标。也正是这一理论宗旨，决定了理论与实践的统一"最能代表"的方法论地位。一如毛泽东所说："理论与实践的统一，是马克思主义的一个最基本的原则。"①理论与实践的统一方法，即理论联系实际的方法。在理论与实践的关系上，古今哲人多有阔论，中外学者屡出高谈，给人留下了所谓"千古之讼"。然而，能够使两者关系得以科学地、历史地、唯物辩证地解决的，首先是马克思和恩格斯。中外马克思主义学界普遍认为，马克思和恩格斯在知行关系即理论与实践关系问题上的解答，是人类思想史上的最伟大壮举。

青年马克思在《莱茵报》做编辑时，"第一次遇到要对所谓物质利益发表意见的难事"，促使他产生"苦恼的疑问"②，这令其对自己原有的法哲学观产生了怀疑。是用理论剪裁实践，还是让理论服膺于实践？马克思通过对黑格尔法哲学的批判，引发了自己法哲学观乃至世界观的完全转变。"苦恼的疑问"实质上是"物质利益"问题向马克思当时还带有抽象整体性意味的法哲学观的严正挑战，是马克思在理论与实践关系问题上由认知模糊转向科学解决的关键节点。经过近3年对人类认识史的理论批判和对现实"物质利益"问题的拷问，马克思终于在《关于费尔巴哈的提纲》一文中，对理论与实践的关系作出了人类思想史上具有"伟大壮举"意义的阐述："人的思维是否具有客观的真理性，这不是一个理论的问题，而是一个实践的问题。""环境的改变和人的活动或自我改变的一致，只能被看做是并合理地理解为变革的实践。"③

综上可见，与人类思想史上任何一种理论相比，马克思主义有着它们不可企及的鲜明的实践性品格：它不但注重理论的批判，更注重用现实实践的尺度来检验理论的批判；它不但注重从理论上清晰地解释世界，更主要的或说根本宗旨则在于："改变世界"。故而，理论与实践的辩证统一方法，才成为整体性的马克思主义内在的和首要的方法论。

---

① 《毛泽东文集》第7卷，北京，人民出版社1999年版，第90页。
② 《马克思恩格斯文集》第2卷，北京，人民出版社2009年版，第588、591页。
③ 《马克思恩格斯文集》第1卷，北京，人民出版社2009年版，第500页。

运用理论与实践的统一方法进行理论创新和实践创造，其逻辑起点只能也必然是"问题"，即以时代重大或焦点问题为导向，使理论研究具有整体性的或总体性的理论视域，从而孕育和生成划时代的理论创新成果，继而促进实践的进一步发展。马克思主义 170 多年的发展史，马克思主义中国化百年波澜壮阔的历程，尤其是改革开放之初真理标准问题大讨论、中国特色社会主义理论体系的形成和发展一再给予我们的启示，就是"以时代问题为先导——以实践发展和理论创新为交互——以实践检验为尺规"的逻辑进路，即实现理论与实践具体的和历史的统一的逻辑进路。因为问题是一种"公开的、无畏的、左右一切个人的时代声音"，是"时代的口号"，是能够彰显和表现主体创新精神样态的"最实际的呼声"①。鉴于此，只有深入到社会实践之中，以活生生的社会问题和时代关切为母本，着力于对时代问题和实践发展的理论思考，才能实现科学的理论创新。恰如恩格斯在提及文艺复兴运动催生思想巨人时所称颂的，"他们几乎全都处在时代运动中"②，都是敢于跻身在实际的生产和生活斗争中的思想巨人。

马克思主义整体性思维在理论与实践的统一上的理论意涵，对包容性绿色发展理念趋向于实践的致思路向，具有深刻的启示意义。对"世界怎么了、我们怎么办"这一"时代之问"，"构建人类命运共同体，实现共赢共享"③的中国方案已经作出明确的"中国回答"。这一"中国回答"立足于"人类社会"即观照人类整体的哲学视场，以促进人类真正的"普遍交往"继而形成凸显更高"共同性"或"共享性"水平的人类整体利益④为旨归。从"族整体"到"类整体"和"球整体"⑤的整体性思维视域升华，恰成老子的"以天下观天下"思想的当代版本。正如习近平总书记所指出的：大的时代，需要政治家们的大格局；而大的格局又呼唤着政治家们的大胸怀。如果只是从"优先""第一""领袖"的褊狭视域看世界，那么他眼中的世界只能是狭小的、拥挤的，时时刻刻都是处于"激烈竞争"之中的。而如果从命运与共的"人必群""人能群"的人类"天性"的"初心"

① 《马克思恩格斯全集》第 40 卷，北京，人民出版社 1982 年版，第 289~290 页。
② 《马克思恩格斯全集》第 20 卷，北京，人民出版社 1971 年版，第 362 页。
③ 习近平：《论坚持推动构建人类命运共同体》，北京，中央文献出版社 2018 年版，第 416 页。
④ 刘同舫：《构建人类命运共同体对历史唯物主义的原创性贡献》，《中国社会科学》2018 年第 7 期。
⑤ 参见张孝德：《生态文明立国论——唤醒中国走向生态文明的主体意识》，石家庄，河北出版传媒集团、河北人民出版社 2014 年版，第 196~207 页。

来看世界，那么世界就是宽广的、博大的，时时处处都有合作和机遇①。鉴于此，人类命运共同体建设中所必然关注的人类整体利益的密切关联和不可分割性，其经济、政治、文化、社会、生态等人类社会发展的全要素彼此交融、综合实现和多主体建设的发展模式，其推进方法和路径的包容性等方面的内在要求和特质，以及遵从人类存续的绿色发展取向，只有在马克思主义整体性思维所要求的理论与实践的"同频共振"的过程之中，才能得以实现和彰显。换言之，以包容性绿色发展促进人类命运共同体建设的致思路向所传递给整个国际社会的，必然是理论趋向于实践的过程，即以包容性绿色发展所要求的经济建设的共赢、政治建设的自主、文化建设的互融、社会建设的安全、生态建设的共担等人类命运共同体的建设过程。进入新时代，中国共产党越来越多地把眼光投向人类整体性问题，整体性地提出了以"持久和平""普遍安全""共同繁荣""开放包容""清洁美丽"为五大支柱的构建人类命运共同体的中国方案和中国理论。中国方案和中国理论趋向于实践的过程，必然是人类命运共同体建设整体推进的过程。其间所凸显的理论与实践的互动和"共振"，便是包容性绿色发展在促进人类命运共同体建设中所运用的马克思主义整体性思维方法。

（二）"以得自现实之道还治现实"的实践思维方法

"以得自现实之道还治现实"的实践思维方法，是中国"一位始终沿着实践唯物主义辩证法的道路前进的著名的马克思主义哲学家"②冯契先生反复提及的关于认识的辩证运动的著名命题。冯契对其老师金岳霖先生"以经验之所得还治经验"③、"以抽自所与的意念还治所与"④以及"事中求理"与"理中求事"⑤的矛盾运动等论断进行实践唯物主义辩证法的改造之后，提出了"以得自现实之道还治现实"的著名命题。这一命题具有以下3个方面的认识论意涵⑥。

一是作为认识的自然过程的"以得自现实之道还治现实"。冯契认为，

---

① 参见习近平：《加强政党合作　共谋人民幸福——在中国共产党与世界政党领导人峰会上的主旨讲话》，《光明日报》2021年7月7日。

② 华东师范大学哲学系：《理论　方法　德性——记念冯契》，上海，学林出版社1996年版，第71页。

③ 金岳霖：《知识论》，北京，商务印书馆1983年版，第688页。

④ 金岳霖：《知识论》，北京，商务印书馆1983年版，第185页。

⑤ 金岳霖：《知识论》，北京，商务印书馆1983年版，第778~779页。

⑥ 参见冯契：《论"以得自现实之道还治现实"》，《学术月刊》1986年第3期。

人的认识的进步就是一个随着自身认知经验的增长所表现出的"事中求理"与"理中求事"的交互运动的过程，即认识的自然过程如果以发展的眼光审视之，就是"事"与"理"的辩证发展过程，其本质即由具体到抽象，又由抽象再上升到具体的辩证运动，表现为"以得自现实之道还治现实"的交互运动的认识自然过程。

二是作为科学的认识方法的"以得自现实之道还治现实"。因为世界观与方法论是辩证统一的。作为方法论的唯物辩证法其实质要求就是运用对立统一规律来解决主、客观之间的矛盾。而主、客观之间的矛盾运动过程，本质上即"以得自现实之道还治现实"的认识过程。认识过程其实就是一种"自然历史过程"，并被人们不断地纳入辩证思维的范畴之中。所以人们在思维中运用辩证逻辑的规律和范畴的过程，本质上亦即以客观现实所昭示的认识过程的辩证法去"还治"和规范客观现实及认知活动的过程。因此冯契指出：对立统一规律的运用一般地表现为分析与综合的结合；而认识过程辩证法的运用一般地表现为理论与实践统一，并强调这两条便是辩证思维方法的基本要求。本课题在第四章第二节中，主要依据理论与实践的"互动"即交促互补这一基本要求来阐述"包容性绿色发展理念发挥指导和规范作用的运行机理"。

三是作为人们趋向于理想的实现的"以得自现实之道还治现实"，即从现实生活中吸取理想而又促使理想化为现实。因为一切真实的理想与主观虚构的空想的根本区别之处，就表现在真实的理想是以人们的合理要求和现实的可能性为依据而设计和想象出来的，故而才能激发起人们趋向于这种理想的热情和主动精神，成为人们推动事物趋向于理想蓝图的驱动力。

冯契先生还认为，他对金岳霖先生"以得自现实之道还治现实"的知识论原理所作的引申和发挥，其实就在于把这一原理视为基于实践的认识世界与认识自己的交互作用的过程，并强调指出，他对这一原理的更进一步的发挥，就是"化理论为方法，化理论为德性"[①]，即"两化"。"两化"所凸显的强烈实践意识及其趋向于现实实践的内驱力，便是在第四章第二节所要阐述的"包容性绿色发展理念发挥指导和规范作用的运行机理"。因为包容性绿色发展理念的生成，源于长期以来国际社会"包容性""绿色化"的发展实践，源于习近平新时代中国特色社会主义思想的滋养，如

---

① 参见《冯契文集》第1卷，上海，华东师范大学出版社2016年版，第16~18页。

人类命运共同体理念这一"国际版本"和五大新发展理念这一"国内版本",那么,这一发展理念必须也必然要在"还治"人类命运共同体的建设实践中,发挥其重要的导引和规范作用。

其他方面的方法论倚仗,比如分析与综合相结合的方法、由抽象上升到具体的方法等,不是本课题研究整体层面所运用的主要方法,因而从略。

第三章　包容性绿色发展理念的生成

本章将在第二章的基础上，对包容性绿色发展理念的生成机理、"包容性绿色发展"概念的内涵和外延以及概念的辩证性作出细致阐释。"包容性绿色发展理念的生成"（以及下一章的"包容性绿色发展理念的出场"）本身，就是"中国贡献"的首要方面，即"中国贡献"这一课题主题的第一大块内容阐释。也就是说，正是中国理论、中国实践才促成了这一理念的生成，大大丰富了这一概念的内涵和外延，并赋予其浓郁厚重的辩证底色和创新创造意蕴。

一、包容性绿色发展理念的生成机理

包容性绿色发展理念的生成，是理论和实践、国内和国际、历史和现实等因素"合力"作用的结果，即其生成机理不仅表现为一个逻辑的与历史的统一过程，而且对这一生成机理的阐释，也是一个分析与综合、由抽象上升到具体的思维过程。

（一）理论指仗

1.人类命运共同体理念成为包容性绿色发展理念的"国际版本"

所谓"国际版本"，简言之，即面向国际社会的理论基础和理念支撑。习近平总书记关于人类命运共同体理念的论述，成为包容性绿色发展理念生成的"国际版本"，凸显概念生成的天下情怀和人文关怀。

习近平总书记对人类命运共同体理念的论述有上百次，而对这一思想内涵最为集中的阐释主要有两次。一是2015年9月，在联合国成立70周年系列峰会上，他全面阐述了被学界和政界公认为"五位一体"总布局的构建人类命运共同体的丰富内涵①。二是 2017 年 1 月，习近平主席访问联合国总部并在日内瓦万国宫作了题为《共同构建人类命运共同体》的演讲，宣示如果要实现世界的永续和平、持续发展和熠熠文明，那么"中国方案是：构建人类命运共同体，实现共赢共享"，继而阐述了"五个坚持"的人类命运共同体建设总路径②，进一步深化、细化了"五位一体"总布局，使国际社会对中国领导人提出的构建人类命运共同体的"中国方案"有了更加清晰的认知。

从习近平总书记的论述中可以看出，不论是"五位一体"总布局还是"五个坚持"总路径，都共同指向了关涉人类社会发展的经济、政治、文化、社会、生态等全要素领域，并赋予每一要素浓重的"包容性发展"取向；同时在全球绿色化发展的时代浪潮下，关涉人类社会发展的经济、政治、文化、社会、生态等每一要素，也必然要把支撑人类"未来友好型立场与倾向"的"共同的绿色价值理念"③纳入其间。鉴于此，"构建人类命运共同体"这一中国方案在宣示于国际社会伊始，便表现出浓郁的"包容性"和"绿色化"的建构取向和时代意涵。据此，足以说明中国方案对联合国环境与发展会议通过《21 世纪议程》以来渐趋清晰的人类社会"包容性""绿色化"的发展取向的清晰体认和遵从。

受课题立项时"专家一"较多鼓励的启发，本课题认为，之所以把人类命运共同体理念称为包容性绿色发展理念的"国际版本"，更为主要的是因为作为中国各项事业的领导者，中国共产党和领导人所表现出的对人类前途命运的深邃思考，对作为人类整体的"真正的共同体"的一种"家国情怀"。"家国情怀"作为一定主体对共同体的念兹在兹的认同意识和倾力促进其发展壮大的思想意识，其最突出的表征即在阐释上述"五位一体"总布局之前，习近平以"大道之行也，天下为公"为总起句，以这种"兼济天下"的天下胸怀，提出把"和平、发展、公平、正义、民主、自由"的"全人类共同价值"④作为人类命运共同体"五位一体"总布局建设最具广泛意义的价值共识和价值遵循。而这个"全人类共同价值"正

---

① 习近平：《论坚持推动构建人类命运共同体》，北京，中央文献出版社 2018 年版，第 254~256 页。

② 习近平：《论坚持推动构建人类命运共同体》，北京，中央文献出版社 2018 年版，第 418~422 页。党的二十大报告进一步强调了要推动人类命运共同体建设的"五个坚持"的总路径。

③ 甘绍平：《寻求共同的绿色价值》，《哲学动态》2017 年第 3 期。

④ 习近平：《论坚持推动构建人类命运共同体》，北京，中央文献出版社 2018 年版，第 253~254 页。

是联合国所追求的崇高目标，同时也赋予了包容性绿色发展理念最深厚的人文关怀。这并非一种偶然运用的"总分结构"的话语表达，而是具有深邃传统文化基因的"家国情怀"。两次对人类命运共同体理念的具体阐释，一次以"全人类共同价值"为总领，一次以各国人民共同期待和政治家应有担当的"让和平的薪火代代相传，让发展的动力源源不断，让文明的光芒熠熠生辉"①的理念为总领，这绝不是一种巧合。作为中国共产党对"建设一个什么样的世界""如何建设这个世界"的时代重大课题的回答，人类命运共同体理念旗帜鲜明地反对长期以来国际社会中那种"以邻为壑""零和博弈"等具有浓重修昔底德陷阱意味的褊狭交往心机，给国际社会展现了一种国与国之间和平与发展、合作与共赢的交往新理念，为全球各民族国家擘画了一个全主体参与发展、深层次融合发展和多领域开放发展的美好图景。从上述人类社会发展时空双维的坐标来看，这一美好图景就是包容性绿色发展的路向和图景；而人类命运共同体理念凸显的家国情怀和人文关怀，正是马克思主义哲学基因（包括中华优秀传统文化）赋予包容性绿色发展理念的"遗传密码"。

2. 新发展理念成为包容性绿色发展理念的"国内版本"

新发展理念的提出，全面体现了当代中国特色社会主义政治经济学的最新发展成果，是包容性绿色发展理念生成的"国内版本"，大大丰富了概念的内涵，扩展了概念的时代维度，增添了概念的辩证底色。为了使"生成机理"的阐释精细化，这里需要对概念所关涉的一系列范畴之间的关系进行逻辑的与历史的等多层面的"剥茧抽丝"。即通过对"包容性发展""绿色发展"与新发展理念的关系以及"绿色发展"与"包容性发展"之间关系的层层深入的铺陈，阐释包容性绿色发展理念如何生成、"包容性绿色发展"作为具体概念何以可能等关节点问题。

习近平总书记在重庆调研时强调，五大新发展理念是一个不能分割开来的整体，要一体坚持和一体贯彻，决不能顾此失彼和相互替代②。这一论述为我们理解新发展理念与包容性发展理念之间的关系，提供了极其重要的方法论遵循和启示。

一是新发展理念在较全面的意义上承袭、凸显和拓展了包容性发展理念的核心要义。这是阐释"理念生成"的基础环节。这方面学界已渐成共

---

① 习近平：《论坚持推动构建人类命运共同体》，北京，中央文献出版社 2018 年版，第 416 页。

② 《习近平在重庆调研时强调　落实创新协调绿色开放共享发展理念　确保如期实现全面建成小康社会目标》，《人民日报》2016 年 1 月 7 日。

识①。因为不论是作为发展的首要动力的"创新",作为发展的本质要求的"协调",作为发展的基础和前提条件的"绿色",作为发展的外部条件的"开放",作为发展的目标和归结点、归宿点的"共享",它们在针对已进入新常态的中国经济发展,以及针对复苏缓慢且低迷的世界经济所开出药方的目标指向上,都是凸显包容性发展意涵的,在提高发展的平衡性、可持续性和谋求永葆发展动力的主题主旨上,也都是相通的,已经构筑起新时代经济社会发展的包容性"顶层设计",为人们展现出一个极具包容性发展意涵的系统化的、辩证发展的"逻辑体系"。比如,"创新发展"是包容性发展理念的本有之义,包容性发展能否包容或纳入创新环节或机制,将直接影响到人们对包容性发展理念的认知接受程度和落实的效果②;"协调发展"显性地体现出经济社会发展对那些制约健康协调发展的"短板"的重视和攻坚;"绿色发展"表现出中国的可持续发展在扑面而来的世界绿色浪潮面前的铮铮姿态,是经济社会发展包容资源能源、生态环境的时代性遵循;"开放发展"显示出包容性发展对物质、能量、信息等要素交换和要素流动的依赖,而进一步的开放发展则更需要以包容的心态致力于建设广泛的命运共同体;"共享"本来就是包容性发展的同义词或"替代词","包容性发展"的前身是"包容性增长",而"包容性增长"原本又叫作"共享式增长"。

　　二是"绿色发展"在五大发展理念中的"主轴""主体"地位。这是阐释"理念生成"的中间和中介环节。"绿色发展"在五大发展理念中的"主轴""主体"地位,只能通过对绿色发展在整个改革和发展实践中所发挥的指导作用来说明。习近平总书记在论述"着力推进人与自然和谐共生"的绿色发展要求时指出,要树立大局观、长远观、整体观,推动整个社会逐渐养成绿色发展方式和生活方式③。这段论述,凸显极其浓厚的辩证逻辑思维特质,揭示了经济社会发展各层面再也不能规避和漠视的"绿色发展"要求以及各建设主体(如各个国家)在时代浪潮下必须在认知上

---

　　① 唐鑫:《论"五大发展理念"与包容性发展的耦合》,《科学社会主义》2016年第6期。

　　② 任保平:《中国经济增长质量报告(2011)——中国经济增长包容性》,北京,中国经济出版社2011年版,第121页。

　　③ 《习近平在省部级主要领导干部学习贯彻十八届五中全会精神专题研讨班开班式上发表重要讲话强调　聚焦发力贯彻五中全会精神　确保如期全面建成小康社会》,《人民日报》2016年1月19日。

建构起的"绿色共识"①。从大局观、长远观、整体观的马克思主义辩证逻辑视角对绿色发展新理念的地位和作用进行深入解读，能够让我们更深刻地认识到顺应"绿色发展"的世界潮流之于中国可持续发展、科学发展、高质量发展的重大意义。这种重大意义，就体现在按照"大局观、长远观、整体观"的辩证要求"着力推进人与自然和谐共生"的进程之中，体现在协同推进和实现"人民富裕、国家强盛、中国美丽"的进程之中，进而体现于人类命运共同体的建设进程之中。绿色发展的大局观、长远观、整体观，凸显"绿色发展"理念在五大新发展理念中的"主体"地位。如前所述，绿色发展是永续发展的基础、前提、着力点。这一基础、前提和着力点的地位说明：其他四大新发展理念各自的"主体"内容和贯彻践行的主要路径都是富含"绿色发展"内涵的。换言之，其他四大发展理念其各自的着力点应放在以绿色发展为"主轴"的日常工作之中。

三是"绿色发展"与"包容性发展"的关系。这一分析环节和步骤，是包容性绿色发展理念生成并被赋予其辩证而博大内涵的"关键"环节。首先，绿色发展是一个富含包容性发展核心元素的发展方式和发展过程，即绿色发展过程本身就是一个彰显包容性发展内涵的环节和过程。从学界对概念的普遍性理解也可以看出，人们在谈论"绿色经济"或"绿色发展"之时，总是把包容性的发展这一内涵放置其间，诸多研究和观点甚至把两个概念等同使用，或在相互交叉和相互包含的意义下使用。"绿色发展"的概念经历了"环境保护"—"可持续发展"—"绿色经济"—"绿色发展"的演变过程，其间，包容性发展的内涵一直被保留其中。包容性发展概念与绿色发展概念就像同胞兄弟一样，同卵双生。比如联合国环境规划署（UNEP）尤其德国学者在观点上都强调绿色经济的核心元素包括包容性发展、可持续性和减少贫困②；中国国际经济交流中心（CCIEE）主持完成的一项重大课题成果，还把"绿色发展"与"包容性增长"相等同："所谓'绿色发展'，也称绿色增长、包容性增长。"③这种并非偶见的对两者"一体"性质的指认，足见包容性发展作为核心元素在绿色发展概

---

① 习近平：《凝心聚力，继往开来　携手共谱合作新篇章——在中国—中东欧国家领导人峰会上的主旨讲话》，《光明日报》2021年2月10日。

② BMZ, Green Economy, Federal Ministry for Economic Coopration and Development, February, 2011.

③ 中国国际经济交流中心课题组：《中国实施绿色发展的公共政策研究》，北京，中国经济出版社2013年版，第306页。

念内涵中的重要地位。其次，包容性发展也内在地、显性地包含着绿色发展的理念。包容性发展理念的生成，其重要根据之一就在于对以"无未来增长"为表征的增长方式的反思。历史发展表明，不包容环境的"黑色发展"往往与贫困等社会不公现象"孪生"共存。从资源和环境这种约束条件上看，如果要谋求经济的包容性、可持续的增长（发展），就必然要求对资源环境的包容，即走包容资源环境的绿色发展之路①。长期以来，众多经济增长理论漠视经济增长所引发的资源环境成本，只看到拼资源而拼出来的经济增长率，对其所导致的环境污染却视而不见，如此只能造成"无未来的增长"。

综合以上几方面论述，表征本课题主题的核心概念——"包容性绿色发展"，或说表征本课题主题的核心理念——包容性绿色发展理念，便呼之欲出了。

（二）实践维度

1. 中国实践令包容性绿色发展理念的内涵越发丰满

实践维度的阐释，是包容性绿色发展理念赖以生成的现实依据。作为积极的倡导者和积极的实践者，不论是在国内发展层面对新发展理念和习近平生态文明思想的砥砺践行，还是在国际社会层面对构建人类命运共同体实践的有力推进，人们都能够真切地感受到，"包容性""绿色化"的发展理念正在转化为实实在在的行动，并获得了国际社会的广泛共识。

（1）中国担承全球实施《21世纪议程》的"旗舰"角色。联合国《21世纪议程》认为，"圆满实施议程是各国政府首先要负起的责任"②。《21世纪议程》要求各国根据实际情况制定自己国家的可持续发展战略、计划和对策。那么，中国的表现是怎样的呢？

一是政府高度重视，并率先编制和发布《中国21世纪议程》。中国代表团在联合国环发大会上作出认真履行会议文件和公约的庄严承诺。《中国质量万里行》杂志在刊发《跨世纪梦寻——〈中国21世纪议程〉出台内幕》这篇文章时，加了编者按："过去从没有做过像《中国21世纪议程》的百年计划。我们做到了。改革和开放是这个'议程'的核心，是撞

---

① 任保平：《中国经济增长质量报告（2011）——中国经济增长包容性》，北京，中国经济出版社2011年版，第209页。

② 联合国环境与发展大会·里约热内卢：《21世纪议程》，国家环境保护局译，北京，中国环境科学出版社1993年版，正文第1页。

击原子核的中子，是新世纪中国现代化的加速器！"①动情的话语表达，透露出的是负责任的大国形象，是对人类美好明天的期许和属望。

二是中国被公认为全球实施《21世纪议程》的先行者和领航者，得到国际社会的广泛盛赞。作为一个人口众多而自然资源又相对短缺、经济基础十分薄弱的后发展国家，中国多年来在人均国民总收入不到全球平均数的1/10、贫困现象十分严重的境况下做出了突出成绩。如坚定发展才是硬道理的思想，以能力建设为实施可持续发展提供保障；以系统论思想推进经济、社会与资源、环境的协调发展；把人口问题作为战略层面的问题加以重视和解决；重视并统筹解决中国与全球之间在环境问题上的内在关联及相互作用；出台《中国21世纪议程》的"优先项目计划"，为落实议程提供可操作的实施平台等。其间，"九五"计划和2010年远景目标的建议以及相应的"目标纲要"强调社会全面发展的战略地位，明确提出实施可持续发展战略的重大决策。中国在多年努力后，上述承诺均得到较好的实施。联合国开发计划署（UNDP）把《中国21世纪议程》作为"旗舰"项目加以推动并在发展中国家推广②，UNDP署长斯佩思给予中国以高度赞赏，认为中国担承起全球推动议程实施的"旗舰"角色，强调中国对人类可持续发展尤其是经济增长作出了巨大的贡献③。

（2）成功推进人类命运共同体建设的"一带一路"历史性实践。提到如火如荼的"一带一路"这一世界范围内的历史性实践，不能不先提到100多年前一位叫斯文·赫定的瑞典人曾预言，使用现代交通手段重新复苏后的丝绸之路，必将为中国树立起一座丰碑④。2013年习近平总书记提出的"一带一路"国际合作倡议，正是使斯文·赫定预言成真的这种"贡献"和"丰碑"。中华民族伟大复兴的中国梦通过什么途径来实现？中国崛起的关键阶段通过什么倡议确立和提升国际话语权？中华民族伟大复兴对人类文明有何时代担当？较早进行"一带一路"国际合作倡议研究的王义桅教授认为，"一带一路"国际合作倡议就是对这些重大问题的切实回答⑤。

"一带一路"国际合作倡议是习近平总书记直面错综复杂的国际经济、

① 荣跃：《跨世纪梦寻——〈中国21世纪议程〉出台内幕》，《中国质量万里行》1995年第2期。
② 黄晶：《从21世纪议程到2030议程——中国可持续发展战略实施历程回顾》，《可持续发展经济导刊》2019年第Z2期。
③ 郭日生：《全球实施〈21世纪议程〉的主要进展与趋势》，《中国人口·资源与环境》2011年第10期。
④ 转引自王义桅：《理解"一带一路"的三个维度》，《光明日报》2017年3月4日。
⑤ 王义桅：《"一带一路"：机遇与挑战》，北京，人民出版社2015年版，第1页。

政治形势以及必须勇敢突破的国内改革发展的深水区等艰巨任务，以高瞻远瞩的战略眼光，统筹大局的谋略智慧，对中国开放发展作出的具有重大历史性变革意义的开放设计和战略部署①。习近平总书记指出，提出"一带一路"倡议就是为了实践人类命运共同体理念②。"一带一路"国际合作倡议，让世界回忆起具有千年辉煌历史的古代丝绸之路，激发起沿线国家乃至整个世界的向往和属望。拉脱维亚拉中友协主席波塔普金曾满怀热情地指出："历史上从未见过如此宏大的合作倡议，超过我们欧洲人的想象力。"③"一带一路"合作倡议提出 10 年来，其"超越想象力"的发展势头，为人类命运共同体建设注入了持续不断的发展动力。据中央广电总台 2021 年 10 月 3 日《新闻联播》栏目报道，迄今已有 172 个国家或组织与中国相继签署 200 多份合作共建文件，有力推进了 90 多个国际双边合作机制的建立，世界上 2/3 的国家、1/3 的国际组织同中国达成共识。10 年来，由倡议到行动，由"大写意"到"工笔画"，"一带一路"沿线国家在基础设施联通方面不断地深化和快速地拓展，合作平台上的国家在互联互通方面的水平得到持续提升，大批合作项目落地生根，结出累累硕果。而且随着双边或多边合作的不断加深，伴着习近平主席亲自关注所生发的持续推动力，高质量共建"一带一路"逐渐走深走实。目前，"一带一路"已经被国际社会推崇为迄今规模最大、范围最广的国际合作平台，成为目前整个世界具有最好前景、最大期待而且是"一带一路"沿线各民族期待殖民者去做却没有哪个殖民者愿意去做的那种和平、和蔼、可亲、可敬的合作平台。显然，"一带一路"国际合作平台已经成为目前无与伦比的最受欢迎的国际公共产品。有的观点还把"一带一路"比作"大国之翼"，认为它可能成为21 世纪最为生动复杂的国际关系现象之一④。

为什么"一带一路"会有如此的世界礼遇？ 2021 年 10 月 3 日中央广电总台《新闻联播》栏目给出了回答：作为推动人类命运共同体建设的重要实践平台，"一带一路"建设始终彰显中国的担当和世界情怀。王毅外长曾在全国两会上说过一段话，道出了同样的"初心"。他说，"一带

①　王彤：《世界与中国：构建人类命运共同体》，北京，中共中央党校出版社 2019 年版，第232 页。

②　《习近平谈"一带一路"》，北京，中央文献出版社 2018 年版，第 216 页。

③　王义桅：《理解"一带一路"的三个维度》，《光明日报》2017 年 3 月 4 日。

④　参见财新传媒编辑部：《"一带一路"引领中国》，北京，中国文史出版社 2015 年版，第122~142 页。

一路"的成功，就在于作为负责任大国的中国首先积极响应和照顾到沿线各国、各民族在互利合作方面的愿望，就在于作为负责任大国的中国提出"共商""共建""共享"的开放包容理念并不折不扣地坚定实施，就在于作为负责任的中国积极践行的"撸起袖子一起干"的做事理念，就在于作为负责任的中国坚定地推动全球化朝更加包容、普惠方向前进的初心。王义桅指出，"一带一路"其最重要的意义，就是要真正将沿线国家的命运绑在一起，消除贫富差距，形成命运共同体[1]。

在 2020 年全球抗疫的重要时刻，英国社会学协会主席、最早提出"全球化"一词的三位学者之一的马丁·阿尔布劳（Martin Albrow）鲜明地强调了"一带一路"的实质。他指出，有时候人们认为"一带一路"倡议与当今世界的许多多边机构在性质上是一样的。其实这种观点不正确，它导致人们无法理解两者之间的根本区别——"一带一路"倡议是一个包容性的发展战略，而诸多多边机构则是基于规则的服务机构[2]。可见"一带一路"给世界人民提供的是一个巨大的包容性发展平台，而非一些人担心的那样是什么"中国的地缘政治战略"或可能造成的"对华战略依附"[3]。这从非洲朋友的切身感受中也可以窥见其间真谛。塞拉利昂通信通讯部副部长所罗门·嘉米鲁在采访时动情地指出：中国就像兄长一样帮助我们，当我们面对埃博拉病毒时，当我们发生战争时，都是中国站在我们身边……习近平主席的"一带一路"倡议提出让非洲 1 万个村庄接触到数字平台，没有哪个非洲国家愿意拒绝。喀麦隆国家广播电视台台长查尔乐·恩东戈接受采访时强调：在非洲唯一做过实事的国家，就是中国。中国不像别的国家来此大谈民主、人权，中国尊重我们国家的政治，喀麦隆人民非常感激[4]。肯尼亚总统肯雅塔在中方承建的蒙巴萨油码头竣工仪式上说：多年来总是有人对我们指手画脚，而中国从不居高临下，而是用实际行动助推我们的发展议程，这才是中非合作的独到方面[5]。这些都是中

---

① 王义桅：《理解"一带一路"的三个维度》，《光明日报》2017 年 3 月 4 日。
② ［英］马丁·阿尔布劳、徐宝锋：《后疫情时代，"一带一路"倡议的前景会更好》，《光明日报》2020 年 5 月 27 日。
③ 参见王义桅：《回应关于"一带一路"的十种声音》，天津，天津人民出版社 2020 年版，第 140 页。
④ 参见中国外文局融媒体中心：《命运共同体：18 国大咖点赞中非合作》，北京，人民出版社 2019 年版，第 20~25 页。
⑤ 参见刘华、韩墨、杨依军、郑明达、温馨、潘洁：《激荡五洲四海的时代强音——习近平新时代中国特色社会主义思想的世界性贡献述评》，《光明日报》2022 年 2 月 7 日。

国真心实意地帮助非洲国家发展的例证，是人类命运共同体理念中包容性意涵的充分彰显，它超越了掠夺扩张、国强必霸的旧逻辑，展现出和平发展、合作共赢的文明新样态。"一带一路"所展现的中国共产党和中国人民这种"兼济天下""心怀天下""天下为公""天下大同"的共同体属望和家国情愫，岂是美西方一些摇唇鼓舌的政客和无良媒体的所谓"对华战略依附"能够遮蔽的？

"一带一路"不仅是包容性的，还是富含绿色行动理念的合作倡议。习近平主席在 2021 年领导人气候峰会上发表讲话指出，生态文明领域里的合作早已成为"一带一路"的重点内容，绿色金融、绿色交通、绿色能源、绿色基建等一系列发展举措将持续造福"一带一路"沿线 170 多个国家和地区的合作伙伴。在博鳌亚洲论坛 2021 年年会开幕式的主旨演讲中，习近平主席提出要完善"一带一路"绿色发展国际联盟和"一带一路"绿色投资原则等平台，让绿色为"一带一路"建设铺就厚重底色。由此，足见"一带一路"建设所秉持的鲜明的包容性绿色发展取向。

（3）凝聚人类命运共同体建设力量的亚投行、丝路基金等历史性尝试。2013 年 10 月，习近平主席在会见印度尼西亚总统苏西洛时表示，中方积极倡议筹建亚洲基础设施投资银行（简称"亚投行"，AIIB），以更有效地促进亚洲地区的互联互通建设，有效推进整个亚洲的一体化进程。

亚投行的性质为一种亚洲区域政府之间的多边开发机构，其成立宗旨是支持各国互联互通的基础设施建设，以促进该区域互通、互联和一体发展的进程。2020 年 7 月，习近平主席在亚投行第五届理事会年会（视频会议）上宣布，亚投行已从最初 57 个创始成员发展到来自六大洲的 102 个成员。一些研究机构认为，作为一种具有可持续机构影响力的"精干、廉洁、绿色"的多边银行，亚投行已经成为区域和世界经济发展与经济社会再平衡的"助推器"[①]。世界舆论还认为，作为全球第一个由中国倡议而设置的多边金融组织，短期看，亚投行对于推动区域经济乃至世界经济的发展成效显著；长远看，亚投行定会成为推进人类命运共同体建设的强力支撑平台，继而显著地推动更加公正、合理、有效的全球经济治理体系建设[②]。

亚投行的成立是中国促进国际合作发展的一座具有重要意义的里程碑，标志着亚投行正式确立了在国际经济治理体系改革进程中的多边开发

---

① 莫开伟：《亚投行目标：人类命运共同体新平台》，《上海证券报》2016 年 1 月 18 日。

② 俞懿春等：《构建人类命运共同体的新平台》，《人民日报》2016 年 1 月 17 日。

银行的法人地位。据报道,在进一步的发展计划中,亚投行不仅要继续扩大投资规模,还要聚焦应对全球气候变化,强力推动亚洲地区的互通互联,并积极动员和引导私营资本加入,以最大限度地减少和消除亚洲地区乃至国际社会发展中的数字鸿沟。亚投行、丝路基金以及积极促进金砖国家新开发银行的成立等,都是中国勇于承担更多国际责任、提供更多国际公共产品、促进并完善现有国际经济体系的建设性举措,对于推动各方实现互惠互利、合作共赢具有积极意义。随着从世界金融体系的一般参与者转变为国际公共产品的提供者和变革的发动者,中国在以包容性绿色发展汇聚亚洲和世界各国力量而共同致力于建设人类命运共同体的道路上,其作用和地位日益扩大,前景可期。

为了给"一带一路"互联互通相关项目提供投融资的支持,2014年11月中国宣布出资400亿美元成立丝路基金,2017年5月又宣布为丝路基金注资人民币1000亿元,为解决"一带一路"最为突出的资金问题贡献出巨大的"中国力量"。

（4）中国2030国别方案成为全球实施联合国2030可持续发展议程的表率。《变革我们的世界——2030年可持续发展议程》是联合国在2015年向全世界郑重推出的,主要涵括可持续发展的经济、可持续发展的社会、可持续发展的环境三大领域,表达了世界人民对没有饥饿和贫困、安全而又充满活力的美好愿景的殷殷渴盼。《2030年可持续发展议程》号召世界各民族国家"携手合作",致力于"摆脱贫困和匮乏",努力治愈地球创伤。中国政府积极响应制定的2030国别方案提出建设国家可持续发展议程创新示范区的举措,并在之后的"建设方案"中提出要在"十三五"时期建设约10个创新示范区,打造可复制的可持续发展样板和平台。中国的"国别方案"注重方案的精细对接,将联合国的可持续发展具体目标悉数纳入国家规划,并以专项规划的法规形式做到积极统筹、精确精细和"无缝"衔接,国际社会给予高度赞赏。联合国经社部洪平凡司长指出,中国不仅自身坚定推进2030议程实施,也一如既往参与国际合作,真正让"不落下任何一个人"的目标落到实处,展示出大国担当上的和衷共济形象、世界胸襟中的兼济天下情怀,成为积极推动落实联合国2030议程的模范和表率 ①。

---

① 顾震球:《中国是积极推动落实2030年可持续发展议程的表率》,《国际援助》2016年第5期。

目前，中国 2030 国别方案提出的 2020 年使城乡贫困人口全部脱贫的目标已经胜利实现。2021 年 2 月 25 日在脱贫攻坚总结表彰大会上，习近平总书记宣布：中国脱贫攻坚战已经取得全面胜利，中国已经完成人类历史上消除绝对贫困这一无比艰巨的历史任务[①]。像悬崖村那样的"光速进化"，从与世隔绝 200 年到年接待游客超 10 万人，村民们搬进新居，开店当网红，过上了全面小康生活，这只是中国脱贫攻坚成就的一个缩影[②]。绝对贫困问题的历史性解决，标志着中国共产党第一个百年目标即全面建成小康社会伟大目标的实现。中国以全球实施联合国 2030 议程的表率角色，在联合国 2030 议程所规定的可持续发展的经济、社会和环境三大领域，都作出了举世瞩目的巨大成就，彰显了"中国力量"的巨大伟力以及"中国贡献"的世界意义，大大带动和促进了国际社会包容性的和绿色化的发展的进程。

2021 年 9 月 21 日，在第七十六届联合国大会一般性辩论视频会议上，习近平主席提出"发展优先""以人民为中心""普惠包容""创新驱动""人与自然和谐共生""行动导向"等"六个坚持"的全球发展倡议[③]。"六个坚持"其核心思想与联合国 2030 议程高度契合，为"推动实现更加强劲、绿色、健康的全球发展"提供了中国方案和中国智慧。联合国贸易和发展会议秘书长蕾韦卡·格林斯潘给予高度赞赏，认为"全球发展倡议的提出恰逢其时"，有助于 2030 议程的加快推进，有助于"构建全球发展命运共同体"[④]。2022 年 6 月 20 日，作为落实全球发展倡议的重要举措，中国首份《全球发展报告》发布。相关联合国驻华官员表示，该报告所展现的中国发展经验，很有必要分享到全世界，以为全球可持续发展提供强劲动力[⑤]。王毅外长表示，致力于全球发展合作，共建全球发展共同体，是中国坚定不移的目标[⑥]。

（5）中国成为全球抗疫的中流砥柱。一是为全球抗击疫情提供中国方案。2020 年 4 月份，中国抗疫经过近 3 个月的艰苦奋战取得阶段性胜利，

①　习近平：《在全国脱贫攻坚总结表彰大会上的讲话》，《光明日报》2021 年 2 月 26 日。
②　陈杰：《"光速进化"的悬崖村》，《城市党报研究》2020 年第 11 期。
③　习近平：《坚定信心　共克时艰　共建更加美好的世界——在第七十六届联合国大会一般性辩论上的讲话》，《光明日报》2021 年 9 月 22 日。
④　张朋辉：《"全球发展倡议的提出恰逢其时"（命运与共·全球发展倡议）——访联合国贸易和发展会议秘书长蕾韦卡·格林斯潘》，《人民日报》2022 年 4 月 4 日。
⑤　成欣：《〈全球发展报告〉：为全球发展事业提供智力支持》，《光明日报》2022 年 6 月 21 日。
⑥　《王毅出席〈全球发展报告〉》，《人民日报》2022 年 6 月 21 日。

其间习近平总书记以讲话、慰问电、信函、通话等方式，阐述积极开展国际抗疫合作的中国方案①。仅 2020 年 1 月 22 日之后的短短两个月内，他就同 22 位外方领导人、国际组织负责人和世界知名人士联系多达 26 次。首先是反复强调人类作为"休戚与共的命运共同体"的根本性质。在给比尔·盖茨的回信中习近平主席强调："我一直讲，人类是一个命运共同体"，强调疫病关乎世界人民的安危，团结合作才是战胜疫病最有力的武器；在同德国总理默克尔通电话时，强调病毒不分国界，是全人类的共同挑战，而不是各国自身的问题，"任何国家都不能置身其外，独善其身"。其次是反复强调重大传染性疾病是全人类的敌人，没有谁能够独善其身，指出"公共卫生安全是人类面临的共同挑战"。人类祸福相依，寰球同此凉热。国际社会必须携手应对，全面加强合作，形成抗疫强大合力。比如，在同联合国秘书长古特雷斯通电话时习近平主席强调，疫情在多国多点发生，整个国际社会都必须立即行动起来，"凝聚起战胜疫情的强大合力"。

二是为全球抗疫争取了巨大"机会窗口"，作出教科书式示范。据来自全球 15 家顶级研究机构的建模分析，2020 年 1 月 23 日武汉封城这一人类历史上最大的禁止出行和隔离事件，加上全中国的紧急响应，让中国新冠肺炎感染者减少 70 多万人。美国学术期刊《科学》撰文指出，封城50 天，使武汉之外约 74 万人免遭病毒戕害，潜在感染人数减少了 96%。世卫组织强调，正是由于中国采取的大规模防控举措，世界才争取到一个"机会窗口"。在 3 月上中旬抗击疫情的关键时刻，习近平总书记奔赴武汉考察疫情防控工作，引起国际社会广泛关注。中国的抗疫决心、信心与上下同心，封城的果敢和力度，广大医务工作者的白衣作甲、舍生忘死，10 天建起火神山、雷神山两座巨型医院，方舱医院的神速改建，倾全国之力支持湖北抗疫，以人民生命安全为第一要务的理念，全民免费治疗的大气，转产抗疫物资的强大生产能力，等等，成为全球抗疫的典范。正如习近平总书记所说，世界各国普遍认为，中国所采取的所有坚决而有力的防控措施，展现了出色的领导力和应对力，这是其他国家所难以做到的。由于社会制度、思想观念等原因，一些国家一次次丧失了最佳"机会窗口"，尤其是美国，一些政客甩锅塞责、敷衍反智等极端不负责任的荒谬

---

① 参见习近平：《团结合作是国际社会战胜疫情最有力武器》，《求是》2020 年第 8 期。"全球抗疫的中流砥柱"这一部分引用和阐释习近平总书记的相关阐述，均出自该文。

做派，自然是机关算尽反误了自家百万人①的性命。

三是为全球抗疫不遗余力地倾囊而出，作出首要贡献。在全球抗疫的整个过程中，中国政府始终恪守和高扬人类命运共同体理念和人类卫生健康共同体理念，本着公开、透明、负责任的态度，毫无保留地同国际社会和世界卫生组织分享相关防控、治疗的知识和经验，主动、积极地开展国际合作，为呵护各国人民的生命安全、身体健康倾其所有，不遗余力地奉献爱心和力量。在同普京通电话时习近平主席指出，中方愿意与俄罗斯一道，与各国携手努力，强化防疫联合科研攻关，维护全球公共卫生安全。据海关总署统计分析司李魁文司长透露，2020 年 3 月至 12 月，全国海关合计验放出口疫情防控物资价值 4385 亿元，其中口罩 2242 亿只，相当于为中国以外的世界每一个人提供口罩 40 只。截至 2022 年全国两会召开，中国已向国际社会提供逾 21 亿剂疫苗，占中国以外全世界疫苗使用总量的 1/3，并将再向非洲国家提供 10 亿剂疫苗，分为 6 亿剂无偿援助和 4 亿剂有偿联合生产和灌装。疫情初期，习近平主席就向全世界宣布并在第 73 届世界卫生大会上重申，中国研发的疫苗将会作为全球的公共产品，努力实现新冠疫苗在发展中国家的可及性、可负担性。习近平主席指出，中国早已成为全球抗疫物资最大供应国。中国为国际社会抗击疫情付出的巨大努力、贡献乃至牺牲，国际社会对此早有公论。这是对世界卫生健康共同体建设作出的无与伦比的贡献，是包容性绿色发展的时代样板。

四是中国负责任大国形象获得国际社会交口称赞。在第 73 届世界卫生大会（视频会议）上，习近平主席向国际社会提出全力搞好疫情防控等一系列倡议，进一步表达了促进人类卫生健康共同体建设的中国方案。在这次大会上，习近平主席宣布中国在两年内提供 20 亿美元国际援助支持发展中国家抗疫斗争等极具包容性的重大举措②。这种负责任的大国形象，展现了中国力量、中国精神、中国姿态，彰明了华夏民族同舟共济、守望相助的家国情怀，与会各方积极呼应、高度评价；世界人民深受教益、感

① 两年多来，本课题在写作中不得不对这一数字进行几十次更改，从几万、十几万、几十万，增加到目前的逾百万。有网友评论，一个个触目惊心、令人唏嘘的"悲惨的里程碑"，一次次超越想象力的所谓"第一"，早已令美国社会从"心痛"到"麻木"。但问题是，这是美国疫情最黑暗的时刻了吗？世人"不忍卒读"，而美国政府是不是能够做到不忍疫情疯狂蔓延呢？

② 习近平：《团结合作战胜疫情　共同构建人类卫生健康共同体——在第 73 届世界卫生大会视频会议开幕式上的致辞》，《光明日报》2020 年 5 月 19 日。

慨不已，称赞中国抗疫行动是"对全人类的巨大贡献"，联合国和世卫组织反复强调"世界应该感谢中国"。

在武汉封城仅一个月后的 2 月 23 日，170 多个国家领导人、40 多个国际或地区组织的负责人，分别以电话、声明、信函等方式对中国表达支持和慰问。在长达 4 个月各种形式的高层交流中，习近平主席反复强调，中华民族最懂得感恩，中国人民将铭记国际社会的理解和支持，将一如既往地为国际社会抗击疫情提供各种形式的支持。

2."新时代"为包容性绿色发展理念的"呱呱坠地"提供时代契机

一个划时代的概念或范畴的产生，必然有其生成的时代契机。如恩格斯在《自然辩证法》中所说："我们只能在我们时代的条件下去认识。"[1] 马克思主义辩证逻辑理论关于概念生成的理论告诉我们，是中国的"新时代"提供了包容性绿色发展理念生成的契机。

纵观中国百年发展历程可以看出，中国共产党始终把中国与世界紧密地关联在一起，在推动中国革命、建设和改革的同时，也在努力地推动人类的和平与发展事业。新民主主义革命和社会主义革命的胜利让积弱积贫、备受欺凌的中国人民站了起来，同时也极大地增强了世界人民的民主、平等、和平的诉求与力量，深刻地改变了世界格局和政治力量的对比，极大地提升了世界人民反抗压迫、追求解放的信心和决心。

改革开放以来，我们党始终不渝地坚持走和平发展的道路，模范遵守联合国宪章等公认的国际准则，坚定奉行互利共赢的开放战略，努力扩大同世界各国人民的友好交往，积极参与全球治理，在更多的领域和更高的层面践行合作共赢、共同发展的理念和原则。

在中国特色社会主义新时代，在百年未有之大变局之下，处于全球化"十字路口"的世界如何走出下一步？世界文明何去何从？人类面临的诸多挑战，没有哪一个国家可以独自应对而做到洁身自好；退回到坐井观天、自我封闭的孤岛上与世隔绝，无异于自绝于人类社会的发展大道。时代的发展催生出时代必须解决的课题，当环境污染、网络互联、传统和非传统安全等把整个世界推到"命运共同体"的发展局面时，"包容性""绿色化"的发展取向便成为人类整体的命运性抉择。

放眼东方古老大国，国际社会看到的是，一个在乱象丛生、人心思

---

[1] 《马克思恩格斯文集》第 9 卷，北京，人民出版社 2009 年版，第 494 页。

变的国际局势下却一枝独秀、风景这边独好的"新时代"①的中国。"新时代"不仅是中国迈向不可逆转的民族复兴历史进程的时代，而且是在几代中国人为中国特色社会主义事业接力奋斗的基础上把"一种新文明类型的可能性"②更为清晰地展示给世界的时代。这种"新文明类型"③或"文明新形态"，在新的时代节点下所给予国际社会的认知印象，必然聚焦于中国方案中的五大新发展理念和构建人类命运共同体理念的提出、践行，聚焦于中国在全球治理等国际事务上的铁肩担当，聚焦于中国的巨大发展成就。其聚焦的"焦点"，便是中国理论、中国实践对包容性绿色发展理念的昭彰。

综上所述，中国在"包容性""绿色化"的发展取向上的"理论指仗""实践维度"以及时代契机所提供的机遇，就是包容性绿色发展理念孕育和生成的轨迹。这一轨迹充分说明，中国在为世界包容性和绿色化的发展提供了中国方案、中国经验，并成为推进人类命运共同体建设的引擎的同时，也展示出中国道路的世界意义，即在世界进入"后西方"④时代，中国在全球经济治理和人类整体发展上所提供的最有时代价值的国际公共产品——"包容性绿色发展"理念和概念。

目前，在"包容性绿色发展"的研究上，如何从理念和概念的提出阶段走向理念和概念的发扬光大、全球践行？这一阶段性转型，会遇到来自哪些层面的梗阻或掣肘？这是时代发展提出的课题，是全球性的重大课题。而作为本课题核心范畴的"包容性绿色发展"，不仅是中国实现第一个百年奋斗目标所恪守的基本理念，还将成为走向民族复兴道路上的鲜明路标，并以国家观念的如椽巨笔，描画出"美丽中国""强起来的中国"的清晰线路图。新时代的中国所孕育的以人类命运共同体理念和五大发展理念为理论指仗的包容性绿色发展理念，必将以走向世界的中国方案为"人类发展的下一步"⑤——人类命运共同体事业作出古老东方大国的新时代贡献。

---

① 新时代"空间限制为中国国内，而非泛指整个世界"。参见王立胜：《"新时代"的深刻意蕴与重大意义》，《新华日报》2018年2月14日。

② 吴晓明、祁涛：《我们这个时代"唯一不可超越的哲学"》，《文汇报》2018年11月9日。

③ 吴晓明：《"中国方案"开启全球治理的新文明类型》，《中国社会科学》2017年第10期。

④ 余晓葵：《超越"后西方"语境　关注人类共同命运》，《光明日报》2017年3月7日。

⑤ ［美］查尔斯·P.金德尔伯格：《世界经济霸权1500—1990》，高祖贵译，北京，商务印书馆2003年版，第55页。

二、"包容性绿色发展"概念的内涵外延及相关问题辨正

（一）"包容性绿色发展"概念的内涵外延

包容性绿色发展理念的内涵和外延是难以截然分立的。这是受这一理念的整体性思维底色所昭示的概念内涵上的庞大包容性和外延上的全要素视域所制约的。本课题试作出以下相对区分。

内涵：包容性绿色发展既是一种富含包容性元素的绿色发展，同时又是一种突出绿色发展主题的包容性发展；它以绿色发展为手段和路向时，同时又彰显绿色发展的包容性意涵和导向；它以包容性发展为手段和路向时，同时又彰显包容性发展的绿色意涵和导向；它所追求的是一种遵循自然发展规律、经济发展规律、社会发展规律、人自身发展规律的发展，是积极改善和优化人与自然、人与人关系的发展，是汲取诸如和平发展、可持续发展、科学发展、包容性发展、绿色发展和高质量发展等发展理念或模式精髓的发展。

外延：中国语境下，包容性绿色发展是集创新、协调、绿色、开放和共享等新发展理念于一体并指向这五大"领域"的发展；世界语境下，包容性绿色发展在较全面的意义上指向一种人类走向命运共同体的经济、政治、文化、社会、生态等"五位一体"全要素彼此交融、综合实现和多主体建设的发展模式和路向。

（二）概念内涵外延理解上相关问题辨正

长期以来人们在经济、社会、生态的绿色发展上较容易理解，但是在政治、文化的绿色发展方面却感到疑惑。我们把相关问题归结为以下两大问题：包容性绿色发展的内涵、外延究竟有多大，能否更多地涉及政治、文化方面的内容？"绿色政治""绿色文化"是否可能，如果绿色发展理念涉及政治、文化，其边界是什么？以下分3个方面逐渐深化的步骤作出回答。

1.如何理解"包容性绿色发展"概念的内涵和外延？

在"包容性绿色发展"概念内涵的理解上，科学的认知方式应该是：其一，要从人类社会发展和延续的时空双维上来理解，即把在时间延续上

的绿色发展（绿色发展同样富含包容性的元素）与空间关系上的包容性发展（包容性发展同样凸显绿色发展的主题）辩证结合起来，在辩证统一中去理解。因为"统一物之分为两个部分以及对它的矛盾着的部分的认识，是辩证法的实质"①。仅仅把"统一物"分为两个部分来理解是远远不够的，还要注重对"统一物"的"两个部分"的关系进行辩证"认识"。其二，必须突出认识方法问题，即注重这种认识所运用的方法的科学性。这也是在理解列宁关于辩证法实质的命题上，多年来被严重忽略的一个关节点问题。"统一物"的"两个部分"的关系是辩证统一的，那么，认识的方法和要求也就必须是辩证统一的，要结合实际努力做到认识上的"多方面的统一"，否则也就等于"辜负"了表达和标示"统一物"的具体概念。鉴于此，对包容性绿色发展理念内涵的理解，就要从时空双维的"同世而立"、纵横交融上去理解，做到"以绿色发展为手段和路向并彰显这种绿色发展的包容性主旨和目的"以及"以包容性发展为手段和路向又彰显包容性发展的绿色意涵和导向"的辩证统一，继而上升到在科学发展路向上对经济规律的遵循、在可持续发展路向上对自然规律的遵循、在包容性发展路向上对社会发展规律的遵循的层面。包容性绿色发展理念汲取和综合了人类以往发展理念的精粹，实现了百年未有之大变局背景之下在发展理念上对"世界怎么了、我们怎么办"的回应，因而，任何在概念内涵理解上"只知其一不知其二"或"抓住一点不及其余"的倾向，都是有失偏颇的，也会造成实践上的贻害。

　　在"包容性绿色发展"概念外延的理解上，目前来说较为科学和全面的认知应该是：以理念的"国际版本"即人类命运共同体理念所标示的人类社会发展的经济、政治、文化、社会、生态"五位一体"的全要素实践领域为其"外延指向"；并辅之以理念的"国内版本"即五大发展理念所标示的创新、协调、绿色、开放、共享所涵盖的经济社会发展的"价值领域"层面的"外延指向"。这其实就是前文所述"中国语境""世界语境"所表达的"外延指向"。还需强调，"中国语境下"的五大新发展理念，其"外延指向"同样是中国共产党治国理政中所提出的"五位一体"；而"世界语境下"的"走向人类走向命运共同体的人类社会全要素彼此交融、综合实现和多主体建设"，同样需要"中国语境下"的五大新发展理念为其

---

① 《列宁专题文集·论辩证唯物主义和历史唯物主义》，北京，人民出版社 2009 年版，第148 页。

"全要素"进行"赋能"。这个"赋能",绝不是一厢之思或什么强加于人。否则,如果有人理解的包容性绿色发展排斥了这种"赋能",那就意味着对包容性绿色发展理念这一"统一物"的肢解。一如学界所说:人类命运共同体理念是五大发展理念的国际版,是国内发展理念在国际战略中的反映[①]。道理很简单:一旦失却了创新、协调、绿色、开放和共享,那么还会剩下多少包容性绿色发展的意味呢!这也反映出作为中国方案、中国经验的五大发展理念的世界意义和价值所在,是中国话语能够"走出去"并为国际社会易于接受的决定性因素。简而言之,在概念外延的理解上,本课题认为目前至少应该包括以五大发展理念为导引并指向人类社会发展的经济、政治、文化、社会和生态等全要素领域的建设指向。

2. 包容性绿色发展理念的外延能否更多地涉及政治、文化方面的内容?如果绿色发展理念涉及政治、文化,其"边界"是什么?

本课题作出的回答是:包容性绿色发展的外延或实施领域能够也必须涉及政治、文化方面,这是毋庸置疑的。尽管目前人类命运共同体建设应避免意识形态之争,这对中国话语"走出去"具有多方面的战略意义[②],但是在促进人类命运共同体建设的政治自主和文化互融的道路上,包容性绿色发展显然是大有用武之地的。针对问题的更明确的回答是:这一理念的外延能够更多地涉及政治、文化方面的内容,这一理念具有鲜明、突出而且是全方位地指导政治建设和文化建设的作用和价值;绿色发展理念不仅涉及政治、文化,而且具有极其重要的指导作用和价值。以下从多个方面作出辨正。

其一,从思想发展史或词源或词根上来看,无论是"包容"还是"绿色",它们的初始出场或"首秀"其实并不是从经济领域或生态领域开始的,毋宁说相去甚远。也就是说,当下人们在讨论经济问题或生态问题时所使用的"包容"和"绿色"等词语,反而是对其他太多领域所先行使用或经常使用的"包容"和"绿色"等用语的一种"借用"或"套用"罢了。西方"绿色政治"和"绿色文化"的概念由来已久,由此亦明确地支撑了绿色发展理念涉及或指向政治和文化领域这一命题的真。

那么在中国呢?在五千多年的文明发展和变迁史中,中华民族从初始的汉族这一基本单位演化为至今的 56 个民族,其演化和融合过程所倚仗

① 冯颜利、唐庆:《习近平人类命运共同体思想的深刻内涵与时代价值》,《当代世界》2017 年第 11 期。

② 阎学通:《防范意识形态之争的冷战思维》,《国际政治科学》2020 年第 1 期。

的，正是作为优秀传统文化的精华和核心的开放包容。中国文化这种独特的包容性，突出表现在被外族侵略后的中华文明不仅没有像世界上其他文明那样大多销声匿迹，反而同化了外来文明，并不断发扬光大。比如鲜卑文化、蒙古文化入侵中华文化之后，都被同化了。因而我们从中所能够解读出的，首先是"包容"之于"文化""社会""政治"的作用，而没有理由简单地把"包容"仅仅限制在"经济"之上。同样地，"绿色"一词的使用也不能被仅仅限制在生态领域。不要说"绿党"作为表征政治集团的名词在西方已存续半个多世纪，"绿色政治"和"绿色文化"已经被人们普遍使用，就是在汉语的不同语境之中，"绿色"也至少有几十种含义，如春天、清新、希望、宁静、放松、放行、安全、舒适、健康、靓丽、平安、生机、成长、青春、生命等等。

其二，绿色发展理念涉及"政治""文化"的"边界"问题。先讨论绿色发展理念涉及"政治"的"边界"问题。20世纪60年代，卡尔逊《寂静的春天》一书的发表，促使这个星球上的人们开始审视和反思人与自然之间的关系，这被公认为"绿色政治"概念出场的标志。"绿色政治"是紧随"经济""文化""思想""产品"乃至"文明"等词语加上"绿色"二字之后而产生的一个鲜亮概念，是一种崭新的政治运动，其主张自然指向绿色政治思想或观念。作为一种政治思想的"绿色政治"其主要内容有：主张任何社会制度所以建立和存续下去，都必须以保护社会上绝大多数人的真正的自由和幸福为前提，只有这样才能建立起一种彰显公平正义的社会；主张无条件的非暴力原则和基层民主原则，认为暴力革命致使群众生活在无尽的暴力苦难之中；主张国际社会必须保持和平安定的局面，反对动乱和巨大的社会变革等。由此可见，"绿色政治"作为一种政治思想是有其多方面局限性的，它有些类似于空想社会主义，尽管它批判剥削人、戕害自然界的资本主义社会制度，但并不谋求社会根本制度的变革。比如，绿色政治思想由于缺乏坚实的唯物史观理论支撑，只从道德方面提出绿色政治诉求而缺乏科学的理论分析。这种空想倾向，对于在全球包容性绿色发展中与各种新帝国主义的斗争，就没有多少正面的启示意义，而只有反面的警示意义。因为"避免意识形态之争"并非不要任何斗争。像央视从2020年4月27日开始连续几天的《新闻联播》关于散播"政治病毒"、"突破做人的底线"并"把自己变成人类公敌"的蓬佩奥将"留下千古骂名"等国际锐评，同样是管控冲突的必要的和有效的手段。再如，"绿色政治"的政策主张中内含不切实际的主张，如要求立即废除核能，反对全球经济一体化，甚至反对现代大工业、商品经济、科技革命等，认识不到工人阶级变革社会制度的历史使命等，这是与新时代包容性绿色发展所主张的社会化大生产和开放理念相悖的。既然如此，绿色发展理念涉及政治的"边界"，也就只能限定在本课题所申说的"坚持平等相待，反对以强凌弱""坚持结伴对话，反对结盟对抗""坚持多边合作，反对单边保守"等方面而不必要有更多层面的"僭越"。简而言之，这种"边界"意识，要求尊重各国人民选择其政治制度和意识形态的权利，"尊重不同国家人民对自身发展道路的探索"①。再明确一些说，包容性绿色发展理念并没有把马克思主义所揭示的社会主义必然取代资本主义视为当下人类命运共同体建设的追求目标，人类命运共同体的建设路径不应该完全等同于现实的共产主义运动，而包容性绿色发展理念也不能等同于科学社会主义思想，当然它也达不到科学社会主义的真理和道义的高度。中国共产党在这方面的"边界"意识是极其清晰的，中国不想成为在根本制度上干涉他国的霸权国家。

再讨论绿色发展理念涉及"文化"的"边界"问题。绿色文化理念作为一种朴素的敬畏大自然、尊重大自然的意识或观念可谓自古有之。现代社会中"绿色文化"指的是为改善人类生存与发展的条件而作出的设计、创造、谋划并力求达到一种积极效果的文化，其基本目标同样是人与自然、人与人、人与社会的和谐共生。这种基本目标上的一致，并不能成为"等同于"的理由，即并不是说"绿色文化"理念在理论的深刻性和科学性上等同于马克思主义生态哲学。绿色文化的兴起透射出地球村的村民们主动关注生态的自觉意识，代表了当下人们在生态文明认识上的新高度。中国制定的生态文明建设规划中渗透着浓郁的绿色文化，蕴含着人与自然和谐共生的理念。也不能把中国的绿色文化完全等同于西方的绿色文化，这同样是不科学的。既然如此，绿色发展理念涉及"文化"的确定的边界，应该限定在本课题所申说的"倡导百花齐放，反对文化霸权""坚持和而不同，反对文明冲突""坚持交流互鉴，反对排斥取代"等方面，而不应该谋求实现其他层面的"僭越"。简而言之，如果用习近平总书记的相关阐述来确定绿色发展理念涉及"文化"的边界，这就是：坚持弘扬平等、互鉴、对话、包容的原则，以宽广胸怀理解不同文明，让文明交流超

---

① 《习近平在中共中央政治局第三十九次集体学习时强调　把中国文明历史研究引向深入　推动增强历史自觉坚定文化自信》，《光明日报》2022 年 5 月 29 日。

越文明隔阂，让文明互鉴超越文明冲突，让文明共存超越文明优越，从而推动人类命运共同体的建设事业[①]。

综上所述，如果必须给政治、文化的绿色发展设置一个明确边界的话，那么这个所谓的边界，就只能是辩证唯物论的"一切以时间、地点和条件为转移"，即只能根据各民族国家的具体国情，选择适合各民族国家的发展道路，而绝不是拿什么"普世"的政治或文化发展模式来剪裁众多民族国家各自的特殊性。鉴于此，适合各民族国家具体国情的政治或文化的"绿色"发展，其含义就只能是"包容性""可持续"的发展。这才是对绿色发展的唯物论理解，这才是在政治、文化的绿色发展上的辩证法思维。只有采取科学的"扬弃"态度，汲取"绿色政治"和"绿色文化"理念中的合理成分，抛弃其与时代发展不相符合的成分，才能为阐释以包容性绿色发展促进人类命运共同体建设的政治自主和文化共融之路提供可资借鉴的思想资源。既然"绿色政治"和"绿色文化"这两个概念均已经产生和存续几十年，那么在中国话语"走出去"的宏大实践叙事之中，就必须直面国际社会的这些标识性概念。否则，如果因为这些标识性概念具有不科学的成分而一味规避，不敢涉及，那么正如学界所说，那种"你谈我不谈，你谈尽恶意"的认知所导致的单纯防御策略，决不能担负起"治本"的使命。化被动为主动而争取国际社会的理解，才是主动的、积极的和科学的[②]应对策略。事实上，"自由、平等、公正、法治"作为社会主义核心价值观在社会层面的基本要求和理念表达，其中的"自由""平等"，从词源上说，同样源于西方社会的倡导，只是当下我们所说的"自由""平等"，其实质已经与作为资本主义社会代名词的"自由、平等、博爱"大相径庭，甚至完全相反。其他如"市场经济""民主""科学"等，都不是从一开始就立足于自身文化传统和现实实践而进行的标识性概念的选择，而是从国际话语中挖掘、从世界通用中寻觅、从全球实践中挑选的结果。况且这种方式不像推介我们民族自己的标识性"关键词"那样在接受度上显得缓慢，而是一种当下和现在就可以立即去做的事情，并成为今天的中国消除"挨骂"和扭转国际上话语权"西强我弱"不合理格局的重

---

①《习近平在中共中央政治局第三十九次集体学习时强调　把中国文明历史研究引向深入　推动增强历史自觉坚定文化自信》，《光明日报》2022年5月29日。

② 参见张峰：《打造融通中外的概念范畴　中国争取国际话语权的要诀在哪》，《人民论坛》2016年第19期。

点选择①。因此，从"绿色政治""绿色文化"中汲取有益于包容性绿色发展的成分，便成为一种科学而又合理的做法。

其三，从方法论上来看，科学理论的指导和引领作用，只能是理念上的启示、意识上的建构、自觉性和自为性上的浸润，是与具体实际的辩证结合，而不是机械地"完全对称"。进而言之，人们不能要求作为指导思想的马克思列宁主义指导人们开展具体工作时，它的每一条原理都要起到针对性的、一一对应的指导作用，应该强调的，只能是马克思主义立场观点方法的启迪。如果硬性规定这种一一对应式的对称性的引领和指导，这反而是不符合辩证法原则的，甚至一定会出现教条主义的错误。以包容性绿色发展理念指导人类命运共同体的"政治自主""文化互融"，同样不能要求这样的"一一对应"。包容性发展实践中内含绿色发展的要求，而绿色发展实践中也必然包含着包容性发展的意涵。如果不能如此理解，便会滋生教条主义。绿色发展理念涉及政治、文化的"边界"，必须也只能在百年未有之大变局下国际社会共同努力旨在消除"治理赤字""信任赤字""和平赤字""发展赤字"的人类命运共同体的建设实践中，根据实际去辩证把握。

比如，在《马克思主义发展中的第一》一书中，作者张念宏总结出200多条马克思主义发展中的"第一"②，那么，运用马克思主义理论创新中的这么多"第一"来指导21世纪马克思主义的理论创新时，是不是必须要求"一一对应"呢？显然不能这样，否则就是违背辩证法的。经典马克思主义理论、中国化马克思主义理论的指导作用，从来都不是在所谓"对称性"的或具体答案上的那种指导。如果硬性追求这样的"指导"，那就一定会出现毛泽东在《反对本本主义》中所警示的看似吊诡其实常见的现象："读过马克思主义'本本'的许多人，成了革命叛徒"，而那些大字不识的工人群众，却能够很好地掌握和运用马克思主义③。毛泽东关于"我们需要'本本'，但是一定要纠正脱离实际情况的本本主义"④等教导旨在强调的是，再正确的理论和"本本"都不能被理解为实践的标尺，科学的做法是反其道而行之，即实践应该成为理论和"本本"是否能够发挥其指

---

① 张峰：《打造融通中外的概念范畴　中国争取国际话语权的要诀在哪》，《人民论坛》2016年第19期。

② 参见张念宏：《马克思主义发展中的第一》，北京，中国国际广播出版社1991年版。

③ 《毛泽东选集》第1卷，北京，人民出版社1991年版，第111页。

④ 《毛泽东选集》第1卷，北京，人民出版社1991年版，第112页。

导作用的标尺。理论联系实际的针对性，绝非什么"一一对应"性。理论明确关涉的领域，理论发挥指导作用的方式不一定那么直接或有针对性；而理论没有明确关涉的领域，理论发挥指导作用的方式却可能很直接或很有针对性。否则，人们就可以把"郑人买履"和"邯郸学步"作为处理理论与实践关系的标准方法论来顶礼膜拜了。

3. 中华优秀传统文化给予理解"包容性绿色发展"概念的重要启示

结项成果强调指出，从中华优秀传统文化的包容性基因来看，在中国这样一个重义轻利、重德性修养而不嗜工商文化的古老国度，不论是在"包容"还是在"绿色"等文化意涵中，大多情况下都是"政治的""社会的""道德的"，而非"经济的"，甚至首先就不是"经济的"或"生态的"。比如"天人合一"的"绿色"意涵尽管是拿人的生命过程与自然法则作出类比，但其博大的意涵并非只是尊重自然这么简单，而是以自然规律为基础继而把重点放在了以人的道德修养和人生境界提升为旨归的系统化理论体系之上。即便在 20 世纪 90 年代初被誉为"地球首脑会议"的联合国环发大会通过《21 世纪议程》之后，国内外学者也没有把"包容性的""绿色化的"话题众口一词地限制在"经济的"一隅。这便说明，包容性绿色发展实践早已打破了褊狭思维所设置的"经济的"话题的桎梏，成为"经济问题哲学分析，经济问题政治解决"的鲜活案例。

三、"包容性绿色发展"概念的辩证性

综合前两节的分析，本节尝试对"包容性绿色发展"概念的辩证特性作出简要归纳，以为包容性绿色发展理念或概念的出场奠定其趋向于现实和规范现实的理论统摄力。

习近平总书记指出，提出和实施新发展理念，都离不开辩证法的指导。鉴于此，对"包容性绿色发展"这一概念的辩证性的考察，同样可以从马克思主义辩证逻辑理论的视域，深入挖掘这一概念的辩证特性。

（一）"包容性绿色发展"作为具体概念何以可能

由上述对"理念的生成过程"的考察可以看出，"包容性绿色发展"概念表现出马克思主义辩证逻辑理论的具体概念所具有的一般属性。

1. 一个由抽象上升到具体的概念

辩证逻辑理论认为，概念或概念体系的形成一般体现为一个由抽象到具体的上升过程。一方面，客观事物不是一次性的而只能是逐渐地向人们表现其更深刻更全面的本质的，只有丰富和发展原有的概念以形成新的概念，才能表征活生生的现实生活；另一方面，人们认识和实践范围的拓展必然扩大对已知对象认识的广度和深度，由之不断地推动新概念的生成，不断地丰富发展概念的意涵①。

首先，"包容性发展"概念自 2009 年时任国家主席胡锦涛首次"倡导"② 以来，国内学界展开了持续、广泛而深入的研究，一系列重要成果逐渐问世。人们对"包容性发展"概念内涵的认识也随着研究的深入逐渐深化，包容性发展理念也逐渐深入人心，并体现在党和国家治国理政的一系列方针政策上。比如，新发展理念的提出，就与包容性发展理念的浸润密切相关。党的十八大以来，以习近平同志为核心的党中央所提出的一系列新的发展思路和发展理念，大大促进了包容性发展理念在中国语境下由抽象到具体的发展进程。而本课题把新发展理念熔铸于"包容性发展"，进而熔铸于"包容性绿色发展"概念之中，换言之，用这两个概念来"总括"五大发展理念的核心内涵，则是把概念由一种具体上升到一种更加具体的思维环节：对"包容性发展"和"包容性绿色发展"概念的理解和认知，亦因其凸显新发展理念的核心内涵，而实现了更显清晰、更为具体、更加深刻的理解。

其次，对"绿色发展"的认识，也有一个从抽象上升到具体的过程。正所谓痛定思痛、亡羊补牢；也可谓壮士断腕、逼上梁山。当肚子饱了，衣服暖了，房子大了，但呼吸却困难之时，人们终于认识到最大的瓶颈制约是资源环境，最大的"心头之患"还是资源环境；当人们由"盼温饱"到"盼环保"，从"求生存"到"求生态"之际，也就欣然接受了诸如"绿色是生命的象征""绿色是大自然的底色"的启蒙。今天党和人民对绿色发展重要性的认识，对绿色发展内涵的理解，对绿色发展路径的把握，随着经济新常态、高质量发展取向和世界范围内绿色浪潮的到来，表

---

① 参见彭漪涟：《概念论——辩证逻辑的概念理论》，上海，学林出版社 1991 年版，第 150~186 页。

② 胡锦涛：《合力应对挑战　推动持续发展——在亚太经合组织第十七次领导人非正式会议上的讲话》，《人民日报》2009 年 11 月 16 日。"包容性发展"概念的前身为"包容性增长"，为中国学者率先提出。

现得更加清晰、更为具体、更显深刻。仅就"绿水青山就是金山银山"这一习近平生态文明思想的核心意涵来说，在绿色发展理念的认知上中国共产党所实现的由抽象到具体的认知过程，便足以表征包容性绿色发展概念内涵的丰富性程度。绿色发展理念对发展规律具有深刻的洞悉、对民生福祉具有切肤的省察、对执政担当具有全面的彰显，自然成为人们谋求发展的"最大公约数"。如号召在"大局观、长远观、整体观"视域下谋求绿色发展，强调要把生态环境当作自己的眼睛和生命一样对待，推动形成"绿色发展方式和生活方式"，这一切，成为当下中国在绿色发展理念认识高度和砥砺践行上的新标杆。

而当人们认识到新发展理念"抓住了当今世界现代化的主脉，揭示了新时代中国社会主义现代化建设的新特点新规律，不仅是中国当前和今后经济社会发展的科学指针，而且具有世界意义"[①] 之时，五大发展理念所涵括的世界两大发展潮流——"包容性发展""绿色发展"及其合璧而成的"包容性绿色发展"理念的内涵，便更加清晰而具体地展现在人们面前。

2. 一个具有活生生内容和辩证结构的概念

马克思主义的辩证逻辑理论认为，一旦认识由思维抽象达到思维具体，人们便把握住了全面反映客观事物的具体真理。此时人们所运用的逻辑思维形式就是反映对象多样性有机联系的整体、反映对象各种不同规定性的统一的具体概念[②]。而且这种概念一定是"经过琢磨的、整理过的""相互联系的"[③]，因而总是存在于科学的理论体系之中的，是须臾也离不开科学的理论体系去把握和解读的[④]。

可以想见，如果用一个词语把新发展理念的合规律性与共享发展的合目的性统一起来，揭示出它们之间内在的联系，使之组成一个系统化、整体性、综合性的辩证逻辑体系，"使'五大发展理念'成为引领发展实践、开创美好未来的一面旗帜"[⑤]，那么用"包容性发展"与"绿色发展"这样两个主题主旨相通、目标指向一致、标示当下世界最显性话语和两大潮流的概念合璧而成一个具有内在辩证联系的集合体——"包容性绿色发展"，便具有了历史的和逻辑的必然性。但是，"包容性绿色发展"的博大内涵

---

① 人民日报社理论部:《"五大发展理念"解读》,北京,人民出版社2015年版,第41页。
② 彭漪涟:《概念论——辩证逻辑的概念理论》,上海,学林出版社1991年版,第218页。
③ 列宁:《哲学笔记》,北京,人民出版社1974年版,第154页。
④ 《冯契文集》第2卷,上海,华东师范大学出版社2016年版,第207页。
⑤ 任理轩:《坚持共享发展——"五大发展理念"解读之五》,《人民日报》2015年12月24日。

和辩证结构，绝非"1+1=2"那么简单，即并非"包容性发展＋绿色发展"
这么直白。任何新概念，它所涵括的具体而丰富的时代意蕴，都不会是原
有概念内涵的简单加总。"包容性绿色发展"不仅具有超越联合国千年计
划筒仓结构的、基于多层面的制度机制和结构体系，尤其还要明确的是，
"包容性发展"与"绿色发展"是相互渗透、相互支撑、相互包含、相融
相生的，是以对方的存在为其存在、以对方的作用发挥为其作用得以发
挥的条件的。如果上升不到这个高度或深度来认识，那么便是辜负了两大
浪潮的"合璧"，辜负了这个百年未有之大变局之于人类社会的发展机遇。
课题组成员也曾经在咨询专家时被追问：既然如此，那么为什么还要"包
容性发展"和"绿色发展"两个词语的"合璧"？本课题的回答也得到了
专家的点头赞许：概念、范畴或话语体系的丰富多彩性，一如列宁所说，
原本就是这个世界上"生长在活生生的、结果实的、真实的、强大的、全
能的、客观的、绝对的人类认识这棵活树上的"①一朵挨着一朵的花儿，
人们可以有自身喜好的指向性或倾向性，但人们没有理由也不可能抹杀其
间每一朵的美丽。

如此，"包容性绿色发展"这样一个主题主旨相通、目标指向一致、
具有内在联系的集合体，将围绕人与自然、人与社会、人与人之间的关系
而展开其具体而博大的多方面内涵。

3. 一个取得了理想形态的概念

马克思主义辩证逻辑理论认为，具体概念是一种取得了理想形态的概
念。当人们切实把握了由这种具体概念所蕴含的客观对象运动发展的可
能性，并将这种运动发展可能性与主体的内心期待、理想和目标结合起
来，擘画出一个个关于客观对象的未来发展的规划或蓝图时，便能够激发
起人们为美好理想而奋斗的坚定信念，焕发出趋向于理想和蓝图的强烈欲
望②。在思想理论中理念是"头"，是凝练、升华了的规律性的认识③。"包
容性绿色发展"这一概念在较全面的意义上既体现出中国发展的规律性，
又反映出中国人民对包容性绿色发展美好愿景的期待，体现出中国人民在
为中国梦和世界梦而奋斗的征程上的本质力量，因而表现出主体所追求的

① 《列宁专题文集·论辩证唯物主义和历史唯物主义》，北京，人民出版社2009年版，第152页。
② 参见彭漪涟：《概念论——辩证逻辑的概念理论》，上海，学林出版社1991年版，第227~229页。
③ 任理轩：《坚持共享发展——"五大发展理念"解读之五》，《人民日报》2015年12月24日。

一种理想形态[①]。

首先，"包容性绿色发展"把五大发展理念的内涵熔铸于一身，昭示出一条在科学发展路向上对经济规律的遵循、在可持续发展路向上对自然规律的遵循、在包容性发展路向上对社会发展规律的遵循。一般认为，在新发展理念之中，属于经济发展规律的是创新发展和协调发展理念，属于自然发展规律的是绿色发展理念，属于社会发展规律的是开放发展和共享发展理念。但在"包容性绿色发展的中国贡献"这一主题之下，五大发展理念早已突破其各自的"规律"分类或归属，展现出各自对经济规律、自然规律和社会规律整体性、全方位的内涵汲取。

其次，"包容性绿色发展"注重突出"绿色发展"的理念，这是对时代发展潮流的回应。党的十八大以来，党中央深刻洞察自工业文明以来世界范围内生态环境发展大势，提出了一系列新思想新观点新论断并带领人民坚定践行，显著促进了人与自然的和谐发展。"绿色发展"的理念在中国共产党的"十三五"规划建议中被高调提出，在马克思主义政党理论的发展史上，这应该是第一次。目前，"绿色发展"已经成为新发展阶段反映中国经济社会发展规律和清晰记录中国发展轨迹的重大理念[②]和"关键词"。

最后，对"包容性发展"必须是以"绿色发展"为手段和道路的发展，同时"绿色发展"又是以"包容性发展"为主旨和目的的发展的理解，既是基于新发展理念在较主要的层面、最集中地承袭和反映了包容性发展理念的核心内涵，也反映了中国政府直面中国资源环境刚性约束和世界绿色浪潮而对绿色发展方式坚定践行的意志和决心。"包容性绿色发展"概念旨在凸显一种理想境界，即两大发展潮流合璧后其更加丰富的时代内涵，以及更具中国语境的价值取向。因而，它必将激发起中国人民继续努力实现"第二个百年目标"的坚定决心和信心，激发起中国共产党带领人民实现中华民族伟大复兴的巨大热忱和坚定信念，以及促进人类命运共同体建设的家国情怀和人文情愫。由此在中国语境下以至全球治理上，"包容性绿色发展"作为具体概念的理想形态，便鲜明地展现在人们面前。

（二）"包容性绿色发展"作为具体概念的时代特征

这里所说的特征，指的是概念在生成过程、逻辑结构、表现形态等方

---

① 参见彭漪涟：《概念论——辩证逻辑的概念理论》，上海，学林出版社1991年版，第226~229页。

② 任理轩：《坚持共享发展——"五大发展理念"解读之五》，《人民日报》2015年12月24日。

面所表现出的一些独特的性质。对这种独特性质的阐释，既是对概念生成环节的一种总结，也是为下一章揭示概念（理念）出场以发挥指导和规范现实作用所做的基础性工作。

1. 突出的时代标记，清晰的发展主题

从全球范围来看，无休止的增长欲望已让人类赖以生存的地球不堪重负。在可能的空间内，人们"改造"自然的速度越来越快、规模越来越大、效率越来越高。与其说改造，不如说破坏！越来越多且越来越快的生物种群的绝迹，人们在呼吸、饮水上危如累卵的安全局势，令生态危机成为时代惊悚话语。一个振聋发聩的发问应该是：长期以来，我们的"无机的身体"——自然界一向在包容人类各种损伤自己的"无机的身体"的行为，然而人类呢？人类什么时候能够警醒：自己是否有责任去包容这个自己赖以生存的"无机的身体"呢？倘若难以主导生态环境的自然属性，那么人类就不要再忘乎所以地逆生态环境的自然属性去行事，就必须悬崖勒马，改弦易辙。否则，当人类以外的大部分的自然生命——他们理所应当地是地球村的村民——绝迹的时候，当人们连呼吸都难以为继的时候，也就是人类文明走到尽头的时候。即便大自然尚能给人类继续苟延残喘的时日，而社会达尔文主义所导致的强者愈强、弱者愈弱的天悬之隔，也会终止人们当下的生活轨迹，从而使社会发生剧烈动荡。

"包容性绿色发展"概念所代表的全新的时代命题，正是针对上述太多的非包容现象而提出的。作为"穷人的经济学"的发展经济学，人类在半个多世纪的追索中，经历了"单纯地强调增长"—"益贫式的增长"（"对穷人友善的增长"）—"包容性发展"（"包容性增长"）的主题嬗变。在中国，"包容性增长"一词一年之内3次出现在时任国家主席胡锦涛的正式讲话中，充分反映出中国共产党对包容性发展理念的高度重视，足见中国作为该理念的"积极倡导者""积极实践者"在顺应时代发展主题上的鲜明形象，以及为这一理念的生成、普及和推广作出的突出贡献[1]。中国对《联合国千年发展计划》的模范践行，彰显泱泱大国的负责任形象，体现了世界上最大的发展中国家对时代发展主题的整体性思考和不折不扣地坚定践行。尤其是新时代中国式现代化新道路所昭示的人类文明新形态，更是整体性地彰明了包容性绿色发展这一时代"标记"或"底色"所

① 任保平、王新建：《论包容性发展理念的生成》，《马克思主义研究》2012年第11期；中国人民大学复印报刊资料《经济社会发展比较》2013年第3期。

凸显的发展主题。

2．互相彰明的内涵，辩证一体的结构

从概念生成的时空双维坐标所昭示的"包容性""绿色化"两大发展取向来看，"包容性绿色发展"所强调的包容性发展，只能也必须是以绿色发展为手段和主题的发展；同时绿色发展也必须是彰显以包容性发展为主旨和目的的发展。从字面上来看"包容性绿色发展"，若"顾名思义"可以简称为具有包容性的绿色发展。如此也并不是违反形式逻辑定义规则的同语反复，好似是为了突出"绿色"这一中心词。但这样理解是极其狭隘的。科学而辩证的理解应该是：不仅要看到"包容性发展""绿色发展"两者在汉语组词上的并列式结构，而不是什么偏正结构，更要看到两者相互彰明、相互融会、辩证一体、不可分立的关系。如此理解，才能准确把握两个标示当下世界最显性话语和两大潮流的概念合璧之后的完整内涵和辩证结构。

在概念结构的理解上，人们认可"包容性发展"与"绿色发展"两大理念的相加，但是总有一种不自觉的内涵上或结构上的理解方式，即把"相加"理解成了"简单相加"。本课题反复强调的是，无论从构词结构上、概念演化上，还是从两者合璧之后概念的辩证结构上看，都不能在理解和运用这一概念时出现偏重一个而忘却或轻视另一个的现象。既然是辩证一体，那就是时空双维的一体，即既是时间延续上的绿色发展同时又是空间延展上的包容性发展。时间延续上的绿色发展并非排斥包容性发展的价值取向，而空间延展上的包容性发展同样不能排斥绿色发展的价值取向。如果能够完整而深刻地理解列宁关于"统一物之分为两个部分以及对它的矛盾着的部分的认识"[1]这一辩证法的实质和核心的论述，那么在对"包容性绿色发展"概念辩证一体结构的理解上，就不会出现偏颇现象。一些外国学者在理解中国传统文化精粹的"和而不同"时，开始总是把"和"与"不同"分立起来，显然这是辩证思维的缺失所致。而中国人对于说了几千年的"和而不同"，怎么也不会有"分立"的理解或运用。

3．浓郁的中国元素，鲜明的时代价值

"包容性绿色发展"概念具有浓郁的中国元素，体现出浓郁的中国特色。作为世界上唯一一个文明进程没有被中断的国度，在一万年文化发展

---

① 《列宁专题文集·论辩证唯物主义和历史唯物主义》，北京，人民出版社 2009 年版，第 148 页。

和变迁史、五千年文明发展和变迁史中，这个星球上无与伦比的包容胸襟所积淀的文化内涵，成为概念生成的最古老的基因元素、最厚重的文化积淀、最悠久的文明标记。除"人能群"之外，还有古代先贤的"天人合一"理念对"绿色发展"的古老"规制"和"预约"，"和而不同"理念对"包容性发展"的古老"规约"和"预设"等。费孝通先生有关"美美与共"的16字箴言，以其最大的普遍性和概括力，整体性地描画出概念赖以生成的中国文化基因。

而集五大发展理念和人类命运共同体"五位一体"的全要素发展、综合实现和多主体建设路向于一体的"包容性绿色发展"，以其新时代时间节点下的中国理论、中国实践，彰明了在"两个大局"深度交织和历史性融会之下人类社会发展的"下一步"，为"包容性绿色发展"标注了鲜明的时代价值标签。浓郁而饱满的古老元素凸显鲜明而亮丽的时代价值，鲜明而亮丽的时代价值倚重浓郁而饱满的中国元素，两者相互映衬，相得益彰。

4. "和谐世界"的路标，"命运与共"的遵循

"和谐世界"作为中国国家形象和对外交往的一张名片，是中国领导人在联合国成立60周年首脑会议上提出的。在"和谐世界"这张名片上，同时还镌刻有"持久和平""共同繁荣"的字样[①]。随着新时代中国式现代化新道路为世界展现的和平发展、共同发展的理念得到国际社会认可度的提升，这张名片在新时代又被刻上"人类命运共同体""世界梦"等字样，"和谐世界"的内涵更趋丰满。经济共赢、政治自主、文化互融、社会安全、生态共建的人类命运共同体"五位一体"建设路向，较之"和谐世界"提出伊始的"四位一体"不仅增加了"生态共建"的意涵，而且实现了百年未有之大变局下中国全球治理理念的升华，描画了一个富含包容性绿色发展理念的"和谐世界"建设路标，提供了一种能够得到国际社会"普遍接受"[②]的国际交往的民主化规则。沿着这一路标前进，人类社会必将走向"同心打造"[③]的命运共同体。

百年未有之大变局给予世人的首要启示，从习近平总书记提出这一判断的那一刻起，就表现出"命运与共"的时代内涵和要求。"新兴市场国

[①]　《胡锦涛文选》第2卷，北京，人民出版社2016年版，第350页。

[②]　习近平：《凝心聚力，继往开来　携手共谱合作新篇章——在中国—中东欧国家领导人峰会上的主旨讲话》，《光明日报》2021年2月10日。

[③]　习近平：《论坚持推动构建人类命运共同体》，北京，中央文献出版社2018年版，第258页。

家和发展中国家快速发展""世界多极化加速发展""国际格局日趋均衡"等潮流和大势的不可逆转①，展现了世界各国守望相助的时代追求。在新冠疫情肆虐之下，这种"命运与共"的时代要求更加凸显和紧迫。在几乎所有重大国际场合，习近平总书记都在强调"命运与共"的时代要求。他指出，世界各国乘坐在一条命运与共的大船上，必须同舟共济。那种企图把他人扔下大海的做法是不可接受的。无论是单边主义和极端利己主义，还是脱钩和极限施压，或是以意识形态划线挑动对立，都是"根本行不通"的②。比如，2022 年 5 月，以主办方美国为主导的第九届美洲峰会拟在洛杉矶举办。但美国却任性地把古巴、委内瑞拉、尼加拉瓜 3 个国家排除在外，遭到拉美多国领导人的公开抵制。墨西哥总统曼努埃尔·洛佩斯·奥夫拉多尔认为，这是美国干涉主义的延续；拉美学者认为，"美洲峰会"已经被美国异化为"美国峰会"，这是门罗主义大行孤立主义和霸权主义的表现，是美国主导美洲的"国家利益至上"心结的反映；古巴国家主席米格尔·迪亚斯－卡内尔·贝穆德斯气愤地说，美国施加"野蛮的压力"，早已让美洲峰会丧失包容性③。而倚仗中国理论、中国实践而生成的"包容性绿色发展"，在人类命运共同体建设的全球事业中，必将在与上述"根本行不通"所指认的霸凌行径的坚决斗争中，为世界各国守望相助的时代追求提供原则性的理念遵循，铺就命运与共的康庄大道。

---

① 侯丽军：《习近平接见 2017 年度驻外使节工作会议与会使节并发表重要讲话》，《光明日报》2017 年 12 月 29 日。

② 习近平：《携手迎接挑战，合作开创未来——在博鳌亚洲论坛 2022 年年会开幕式上的主旨演讲》，《光明日报》2022 年 4 月 22 日。

③ 据 2022 年 6 月 6—7 日中央广播电视总台各时段"新闻直播间"报道而整理。

第四章 包容性绿色发展理念的出场

"出场",即"出面""露面",指演员登台表演或运动员入场参加竞赛等。学界指出,"出场学"作为表征当代中国时代精神的哲学话语形式,其最重要的意义就在于它是"以解决社会实践问题为主旨"[①]的。包容性绿色发展理念的生成不仅为了"解释世界",它必然要寻求"出场"。因为没有或不谋求"出场"的理论便失去了其生命力,这也是理论的"宿命"使然。所谓出场,指的是"理念"趋向于或见之于"实践"的动因和过程。这是实践唯物主义所昭示的理论与实践关系上的认识论和辩证法。本章从时代意蕴、理念发挥指导和规范作用的运行机理、理念或概念规范现实的路向或方略等方面进行阐释。对理念"出场"逻辑的阐释,与第三章对理念"生成"逻辑的阐释一样,是"中国贡献"这一课题主题的首要内容和内在要求,并为阐释第五章到第九章"以包容性绿色发展促进人类命运共同体建设"这一"中国贡献"的主体内容作出必要准备。其间所倚仗的研究和阐释方法,主要还是马克思主义的整体性思维方法和"以得自现实之道还治现实"的方法。

一、包容性绿色发展理念的时代意蕴

被誉为"近世以来最伟大的历史学家"的汤因比曾精辟地指出,避免人类社会走上集体自杀的道路的,只能是天下大同,而恰恰在这一点上,全球各个民族、各个国家中"具有最充分准备的,是两千年来培育了独特

---

① 曹典顺:《出场学的存在与逻辑》,《江海学刊》2014年第2期。

思维方法的中华民族"①。当下世界人们的目光越来越多地投向了中国的新时代，投向了进入不可逆转的伟大复兴进程的中华民族，正在走向世界舞台中心的中国会有怎样的胸襟，会作出怎样的抉择？而深度调整中的全球治理又该走向何方？包容性绿色发展理念的生成和出场，以包容性绿色发展促进人类命运共同体的建设，把"包容性绿色发展"作为引领中国话语体系"走出去"的标识性、标志性、典型性、代表性关键词，正是因应国际社会上述目光和问题的明确应答。

（一）全球治理的核心议题

"世界怎么了、我们怎么办？"面对这一"世界之问""时代之问""世纪之问"，习近平总书记以为天下计的家国情怀、为世界谋的远瞩高瞻，站在人类前途命运的高度，提出构建人类命运共同体的"中国方案"，为不确定、不稳定的国际社会明确了前进的方向。在党的十九大报告中，习近平全面阐述了人类面临的诸多共同挑战②。2019 年 3 月在出席中法全球治理论坛时，习近平主席站在全球高度，提出了如何破解"四大赤字"等中国方案，呼吁国际社会共同努力把人类社会的命运和前途掌控在人类自己手中③。由三大赤字到四大赤字，习近平主席全面概括并揭示了世界发展的问题和症结所在，鲜明地回答了世界在"后西方"时代的"时代担忧"，并提出"公正合理""互商互谅""同舟共济""互利共赢"等凸显浓郁包容性绿色发展意涵的解决方案，明确宣示了中国与国际社会一道所应该承担的国际责任，为人类命运共同体建设指明了前进的方向。第二届北京"一带一路"国际合作高峰论坛期间，2019 年 4 月 27 日中央广电总台《新闻直播间》栏目下午 4 点时段报道：《全球策略信息》杂志华盛顿分社的琼斯社长认为，第二届高峰论坛的规模和影响力表明，"一带一路"倡议已经获得全球大多数国家的支持，它已经开启一个各国共治共享的全球治理新时代，中国在其中发挥着越来越重要的作用，其他国家在全球治理的规则制定方面也有越来越多的发言权，不再是一个国家说了算，不再是一种模式独大；联合国亚太经委会官员阿里沙赫巴纳认为，习近平主席的

---

① ［日］池田大作、［英］阿诺德·约瑟夫·汤因比：《展望 21 世纪——汤因比与池田大作对话录》，苟春生、朱继征、陈国梁译，北京，国际文化出版公司 1999 年版，第 284 页。

② 参见《十九大以来重要文献选编》（上），北京，中央文献出版社 2019 年版，第 41 页。

③ 习近平：《为建设更加美好的地球家园贡献智慧和力量——在中法全球治理论坛闭幕式上的讲话》，《光明日报》2019 年 3 月 27 日。

"一带一路"倡议为实现联合国的可持续发展目标和 2030 年的目标提供了巨大的潜力，以此来达到"一带一路"的倡议与联合国目标的协同性，最终实现包容性的发展。报道还指出，与会嘉宾一致认为，随着中国高水平开放的推进，"一带一路"建设将为世界经济增长开辟新空间，为完善全球治理拓展新实践。

《周易·系辞上》云：仰以观于天文，俯以察于地理，是故知幽明之故。包容性绿色发展理念的生成和出场，以其当下时代时空双维视域下的宏大叙事，成为促进全球化迈向 2.0 版的鲜明标志，拨开了站在转型"十字路口"的全球治理体系的雾霭，指明了谋划人类社会整体发展的"下一步"的思考视域和方向。即不论他、她或它"身居"哪个民族或国度，其信仰若何、是否情愿，毫无疑问，他、她和它都早已处于一个命运共同体中。由是，标示、规范人类整体"命运性选择"的包容性绿色发展理念，便当仁不让且无与伦比地成为人们思考发展前路的"集体聚焦"。上述"一带一路"等中国方案和中国实践表明，把包容性绿色发展作为全球治理的核心意旨和主题，必将走出一条互信相知、美美与共的构建人类命运共同体的光明大道，一条共建共享、天下大同的全球治理大道，擘画出人类历史的崭新走向。

（二）全人类共同价值的时代彰显

在和平与发展为时代主题的当下世界，一些逆历史潮流而动的不和谐之音总是不甘寂寞。从怎么也看不到尽头的中东战乱，到别有心机、花样迭出的"颜色革命"；从不顾自身国家人权乱象还要对世界上其他国家颐指气使，到挥舞制裁大棒满世界招摇横行，任性妄为地干涉所导致的接踵而至的悲剧、民不聊生的乱象均警示世人，企图用"普世价值"的幌子忽悠他国、用褊狭单一的价值标尺剪裁他国、用单一制度模式改组他国，如此给这个世界带来的，只能是动荡和混乱。大道之行也，天下为公。"和平、发展、公平、正义、民主、自由"的全人类共同价值的提出，是对抽象的、虚伪的"普世价值观"的反对和超越。全人类共同价值不仅继承了国际社会对国家之间关系的美好设想，而且在新的时代使这些公认的原则发扬光大。它着眼于人类社会所创造的一切文明样态的永续发展和互融互鉴，推动建立全球范围内的文明秩序，以超越狭隘的民族国家视域，奠立起命运共同体的人类整体发展观。人类整体发展观超越国际秩序和意识形态方面的差异、对抗，寻求人类社会整体的最大公约数，致力于打造以"合作共赢"理念为指导思想的新型国家间关系,大力倡导"和平发展""共同发展""可持续发展"理念①,成为以包容性绿色发展促进构建人类命运共同体事业健康发展的价值观指南。

倚赖世界包容性和绿色化两大潮流愈加凸显并必然合流,倚赖人类命运共同体思想这一中国方案的"巨大贡献"②和标示新时代马克思主义政治经济学最新成果的五大新发展理念的赋能,包容性绿色发展理念不仅能够成为中国长期以来坚定谋求可持续发展的自我救赎和实现中国梦的必然选项,更是国际社会谋求可持续发展的自我救赎和必由之路。包容性绿色发展理念所秉持的开放包容、平等相待、共建共享、美美与共的理念以其鲜明的可感知性、可操作性,在民族国家的交往实践中,逐渐强化了对"全人类共同价值"的认知,成为"全人类共同价值"生成与光大的催化剂、构建人类命运共同体进程中制度创新的主阵地,进而必将促进人类社会在走向命运共同体的道路上不断增强愈加坚定而明晰的包容性绿色发展路径自觉。

从"五大发展理念"与"人类命运共同体理念"的关系来看,学界指出,对于人类命运共同体的建设来说,"创新"激发出源源不断的内生动力,"协调"彰显美美与共的和谐境界,"绿色"奠立起可持续的生态底蕴,"开放"勾勒出合作共赢的基本态势,"共享"呈现出包容互惠的价值旨归③。一如习近平总书记所说,中国将深入贯彻创新、协调、绿色、开放、共享的发展理念,为"一带一路"注入强大动力,为世界发展带来新的机遇④。鉴于此,中国方案所推动的主题主旨鲜明的包容性绿色发展实践,使得"未来的全球化本身以及中国参与全球化的实践更加符合包容性和可持续性的要求"⑤。可以想见的是,这种包容性绿色发展实践将以其对全人类共同价值的时代推崇和彰明,成为"在新的时代条件下推进人类解放进程的必经阶段"⑥所秉持的在价值共识上的最大公约数,继而大大促

---

① 王义桅:《"人类命运共同体"新理念三解》,《北京日报》2017年2月6日。

② 《习近平出席"共商共筑人类命运共同体"高级别会议并发表主旨演讲》,《人民日报》2017年1月20日。该报道称,第71届联合国大会主席汤姆森在致辞中表示,"联合国高度赞赏中国为打造人类命运共同体作出的巨大贡献"。

③ 参见王岩、竟辉:《以新发展理念引领人类命运共同体构建》,《红旗文稿》2017年第5期。

④ 习近平:《携手推进"一带一路"建设——在"一带一路"国际合作高峰论坛开幕式上的演讲》,《人民日报》2017年5月15日。

⑤ 蔡昉:《全球化的政治经济学及中国策略》,《世界经济与政治》2016年第11期。

⑥ 陈锡喜:《"人类命运共同体"视域下中国道路世界意义再审视》,《毛泽东邓小平理论研究》2017年第2期。

进马克思主义经典作家"两个和解"的"现实的运动"进程。

（三）学科研究的主线和时代标杆

不管人们如何定义经济学，经济学也只能是关于"人"的经济学，是经世致用、经世济民之学。既然如此，那么对于关涉人类发展时空双维的包容性和绿色化这两大全球性目标保持"压倒一切"的关切，将是有关"人"的学科尤其是经济学的首要职责。两大全球性目标的重要性越发凸显，以至其他所有问题，诸如自由、人权、民主等价值诉求，或必然被包容性和绿色化所包含，或黯然失去其紧迫性。鉴于此，人类发展至此，国际社会在"最大的政治"上的"最重要的界线"[①]便被不容置疑地确定下来：究竟是和而不同、携手前行、共同发展，还是我行我素、自以为是、唯我独享？而支撑和而不同、携手前行、共同发展的，只能是时空双维、纵横双向的"包容性绿色发展"的价值理念。

尽管目前还只是处于概念的推广阶段，公认的理论框架亦谈不上构建，但五大发展理念这一中国化马克思主义经济学的创新成果早已为包容性绿色发展理念奠定了坚实的"元理论"基础；国际社会的努力尤其中国理论、中国实践的宏大叙事和全球影响力，早已为世界的包容性绿色发展提供了实践导引。包容性绿色发展理念蕴藏的理论统摄的巨大潜力，一改近一个世纪以来新自由主义经济学一味固守发达国家经济背景和发展经验来解读发展中国家发展问题的倾向，对发展经济学的学科演进和与时俱进起到了拨乱反正、以正视听的作用，并将为中国特色社会主义政治经济学的学科自信和创新发展，如在"创立历史与逻辑相吻合的广义政治经济学新体系"[②]方面，擘画出清晰的学科发展主线，树立起鲜明的学科时代标杆。故此，"包容性绿色发展"作为研究中国特色社会主义政治经济学以及研究国际发展经济学的学科主线和学科时代标杆，已是无与争锋、舍我其谁了；进而，从包容性绿色发展视域谋划人类命运共同体的构建之路，亦是脚步清晰、难以他顾了。

综上可见，正因集中反映了全球治理的核心议题、突出彰明了百年未有之大变局背景下人类社会的共同价值取向，并以学科研究主线和时代标杆的学术担当规定了中国特色社会主义政治经济学和国际发展经济学的发

---

① 甘绍平：《寻求共同的绿色价值》，《哲学动态》2017年第3期。

② 程恩富：《马克思主义政治经济学理论体系多样化创新的原则和思路》，《中国社会科学》2016年第11期。

展方向，所以才铺就包容性绿色发展理念的出场路径，展现出其发挥指导和规范现实生活的宏阔场域。

二、包容性绿色发展理念发挥指导和规范作用的运行机理

以包容性绿色发展促进人类命运共同体建设，必然有其发挥指导和规范作用的运行机理。以马克思主义认识论来看，这种运行机理所反映的只能是一个理论与实践的关系问题，或者说是理论见之于实践的问题。即运行机理不可避免地要表现为理论与实践的"互动"过程、理论与实践交促互补的过程。包容性绿色发展理念发挥指导和规范作用的运行机理，可以表述为以下相互联系和逐渐深入的几个环节或方面。

（一）建立面向"实践之内"的人类命运共同体建设的实践意识

1. 马克思主义哲学关于"实践意识"的理论

马克思主义哲学并不以"解释世界"为满足而以"改变世界"为根本旨归的范式转换，第一次把哲学关注的重点真正地指向了实践。实践性是马克思主义哲学区别于其他一切哲学理论的最显著、最根本的特征。长期以来，学界在马克思主义哲学实践性的研究上取得丰硕成果，基本形成以"实践"为核心范畴和解释原则的当代中国马克思主义哲学学术体系[①]。但同时某些偏颇现象亦应被提出和辨正，比如，学者往往更习惯于直观地凝视实践的显性方面，在诸如实践活动的构成要素、基本结构和形式、运行机制、动态模型等"外在"问题的分析上聚讼不已。而近年来随着研究的深入，学界提出疑惑：上述这种对"实践"的外在分析，究竟在多大程度上能够彰显和突出马克思主义哲学力图"改变世界"的理论意蕴和根本旨趣呢？换言之，在对马克思主义哲学研究的若干进路中，"W问题"（即"是什么"的问题）究竟在多大程度上能够反映和凸显"改变世界"的理论意旨和根本旨归？因为在实践这个"问题丛集"中，并不是"W问题"而应该是"H问题"即"怎样做"（How to do）的问题，才是实践所特有的、能够使主观见之于客观的问题，才是马克思主义哲学的根本理论

---

① 孙正聿：《构建当代中国马克思主义哲学学术体系》，《哲学研究》2019年第4期。

旨趣①。于是，新时代马克思主义哲学研究的主题理应主要指向"怎么做"或"如何做"的问题。

正是基于上述认识，有学者指出，在对马克思主义哲学实践观的研究中，人们应致力于通过对前人实践活动得失利弊的不断审思以实现对未来行动方案的拟定、提升和完善②。因为，"马克思的基于实践观点的理论思维"，"不仅把人与世界之间的全部矛盾的现实根源归结为人的实践活动，而且把解决人与世界之间全部矛盾的现实基础归结为人的实践活动，从而构成'关于现实的人及其历史发展'的马克思主义哲学"。③人的实践活动是如此重要，这也正是马克思主义实践观总是凸显其"理论联系实际"的内在冲动以及"言行一致""知行统一"等要求的理论根实。那么由谁来做到理论联系实际、言行一致、知行统一？显然，由于哲学作为一种理论其本身并不能做什么，能够发动"革命的实践"和促使"环境的改变"的只能是"人的活动"，即"环境的改变和人的活动或自我改变的一致，只能被看做是并合理地理解为革命的实践"④。换言之，唯有"现实的人"的对象化活动才能做到理论联系实际、言行一致、知行统一。而人的对象化活动又必须通过和倚仗人的意识，即以意识为中介才可能实现。由此可以断言，作为实践主体的人在实践活动中主动地、自觉地、必然地"发之于行为"的主体意识，即明确地指向实践活动的"实践意识"，才是哲学所关注的主要对象。主要对象的转换，可谓对多年来中国马克思主义哲学研究范式的拨乱反正。主体的"实践意识"对于实践活动具有非常重要而独特的意义，即它以"H问题"为导引，把人们关注的焦点从"实践之外"转向"实践之内"，并在具有特定指向性地解决现实问题的过程中，实践意识不仅与对应的实践行为构成必然的逻辑关联，而且也为后者提供充分的理据和推动力。

2. 从"中国的一域"走向"世界的全域"的实践意识自觉

包容性绿色发展理念生成于中国的新时代。作为包容性发展和绿色发展的积极倡导者和坚定实践者，新时代的中国所倡导的创新、协调、绿色、开放、共享的新发展理念和人类命运共同体、人类卫生健康共同体等方案极大地丰富和深化了包容性绿色发展理念的时代意涵，凸显强烈的包

---

① 徐长福：《实践哲学的若干进路及其问题》，《天津社会科学》2002年第6期。
② 参见李金：《马克思实践哲学研究现状与趋势》，《河南社会科学》2018年第8期。
③ 孙正聿：《从理论思维看当代中国哲学研究》，《哲学研究》2020年第1期。
④ 《马克思恩格斯文集》第1卷，北京，人民出版社2009年版，第500页。

容性绿色发展实践的"冲动"。在中华民族伟大复兴战略全局和世界百年未有之大变局深度交织、相互激荡所构成的中国特色社会主义新时代中来谋划当代中国的前途命运，在"我们党治国理政考验之大前所未有"①的背景下，显然不能仅仅把眼光限定在"中国的一域"，而必然要面向"世界的全域"，要"通古今之变，集中外大成，心系天下，胸怀南北，高瞻远瞩"②。大国之所以叫大国，"首先在于其有宽广的世界意识"③。华夏民族自古以来就具有天下意识。邓小平曾强调，中国作为一个真正的社会主义国家，是不会只顾自己的④，并引用毛泽东"中国应当对于人类有较大的贡献"作出阐释⑤。习近平总书记指出：在如此之大的世界和如此众多问题的国际社会，人们期待着中国发出的声音，期待着中国的全球治理方案，因此，"中国不能缺席"⑥。他还指出，作为世界上"最大的政党"，"大就要有大的样子"⑦。"大的样子"显然指的就是大的使命和大的责任担当，不仅是对中华民族的使命的担当，也包括对世界人民的使命的担当⑧。

　　包容性绿色发展理念的生成和出场，正是倚赖着眼于"世界的全域"——构建人类命运共同体——而产生的渐趋清晰的人类社会包容性、绿色化的发展取向的"实践意识"的催生和促成。这种"实践意识"，突出地表现在新时代以人类社会的包容性、绿色化为发展取向的中国方案和中国贡献方面。如经过多年的不懈努力，中国已经成为全球在生态文明建设上的重要参与者、主要贡献者和模式、理念的引领者，担负起全球实施联合国 21 世纪议程的"旗舰"角色，历史性地彻底解决了困扰中华民族几千年的绝对贫困问题，提前十年完成联合国 2030 议程所规定的减贫目标，为人类可持续发展事业作出了巨大的中国贡献。

　　那么，如何才能够建立起面向"世界的全域"的包容性绿色发展的实践意识呢？

---

　　① 习近平：《在"不忘初心、牢记使命"主题教育总结大会上的讲话》，《人民日报》2020 年 1 月 9 日。

　　② 王义桅：《时代之问　中国之答：构建人类命运共同体》，长沙，湖南人民出版社 2021 年版，第 266 页。

　　③ 苏长河：《大国治理》，北京，人民日报出版社 2018 年版，第 175 页。

　　④ 《邓小平年谱（1975—1997）》（上），北京，中央文献出版社 2004 年版，第 325 页。

　　⑤ 参见《邓小平年谱（1975—1997）》（下），北京，中央文献出版社 2004 年版，第 947 页。

　　⑥ 《国家主席习近平发表二〇一六年新年贺词》，《光明日报》2016 年 1 月 1 日。

　　⑦ 习近平：《携手建设更加美好的世界——在中国共产党与世界政党高层对话会上的主旨讲话》，《光明日报》2017 年 12 月 2 日。

　　⑧ 王公龙等：《构建人类命运共同体思想研究》，北京，人民出版社 2019 年版，第 140 页。

3. 致力于建立"全人类共同价值"的价值共识

由于人类命运共同体建设中不可能设想或推崇一个能够凝聚或实质性代表各民族国家意愿的行为主体，也难以制定一个具体的规范和调节各民族国家交往关系的规章或规制，那么，为了凝聚共识以实现相互包容和协调的行动，全人类共同价值的提出便成为"势所必然"[①]。换言之，怎样才能在国际社会交往体系中建立和弘扬命运共同体的意识，继而在中心国家的挑战、全球性的行动的可能性掣肘乃至文化与观念迥异的不同民族国家的文明之间做到和平共处、交流互鉴[②]和协调共进？这就需要整个国际社会建立起一种具有广泛认同性的价值共识。

在 2015 年 9 月第 70 届联合国大会上，习近平主席系统论述了被学界称为"五位一体"的构建人类命运共同体的总布局。也就是在阐述这一总布局之前，习近平主席首先提出了作为全人类共同价值和联合国的崇高目标的"和平、发展、公平、正义、民主、自由"[③]。显而易见，12 字的全人类共同价值正是习近平主席从构建人类命运共同体出发而提出的价值遵循，为人类命运共同体理念奠定了价值观基础，为人类命运共同体建设提供了最具普遍意义的价值共识和价值遵循。因而，在国际社会范围内促进这种价值共识的建立和遵循，就成为包容性绿色发展理念在促进人类命运共同体建设中发挥指导和规范作用的首要环节。只有当人们取得了较为广泛的价值共识，才能激发和产生较为广泛和巨大的人类命运共同体建设的"实践意识"。

至于如何在国际社会范围内促进这种价值共识的建立和遵循，本课题在第二章第二节"包容性绿色发展理念的直接理论来源"、本章第一节"包容性绿色发展理念的时代意蕴"等内容中已有所涉及，亦散见于其他章节所关涉的有关和平、发展、公平、正义、民主、自由的价值理念的阐释之中。就较为宏观的层面来看，厘清"全人类共同价值"与西方抽象而虚伪的"普世价值"或"普世价值观"的根本区别、以彰显"全人类共同价值"的中国包容性绿色发展实践案例为依托促进中国话语"走出去"、

[①]　郭明俊：《习近平人类共同价值观是对冷战价值观的摒弃与超越》，《湖湘论坛》2017 年第 5 期。

[②]　阮建平、林一斋：《人类命运共同体的历史逻辑、挑战与建设路径》，《中州学刊》2018 年第 11 期。

[③]　习近平：《论坚持推动构建人类命运共同体》，北京，中央文献出版社 2018 年版，第 253~254 页。

在致力于构建人类命运共同体的"个案"如"人类卫生健康共同体""中非命运共同体""网络空间命运共同体""海洋命运共同体""中国—中亚命运共同体"等实践中彰显和推介"全人类共同价值"等，都是颇具现实针对性和显著实效性的做法。

（二）以"两化"为机制推动包容性绿色发展理念与实践的"互动"

实践意识产生实践行动的思维进程和运行机制用一句著名的话来表达，就是"化理论为方法、化理论为德性"（简称"两化"）。易言之，实践意识"发之于行为"的过程必然也只能表现为一个"两化"的过程。这里，自然排除了那种与人类命运共同体建设实践相悖的"双重标准"做派，即从行动一开始就抱着只为他国制定规则而自身可以不遵守规则的霸凌面相。

"两化"是冯契先生"智慧说"哲学体系的核心命题。按冯契自己的说法，他在20世纪50年代中期提出的这个论断，"用意就在于贯彻'理论联系实际'的方针"，即如果要做到理论联系实际，一般可以从两方面着手，一是运用理论作方法，一是运用理论来提高思想觉悟[①]。也就是说，"两化"提出的本意、出发点和思想主旨，就是要求并追求理论和实践的统一，为贯彻理论联系实际的方针指明可以由之具体入手的两个方面，两条具体的方法和路径：改造客观世界，并最终改造主观世界。这与马克思主义经典作家的论述可谓一脉相继、同曲同工。马克思一向主张无产阶级要在改造客观世界的同时改造主观世界，要解决好客观和主观两个"世界"、两个实际。毛泽东也指出："对于马克思主义的理论，要能够精通它、应用它，精通的目的全在于应用。"[②] 怎样应用？同样是要改造客观和主观两个"世界"。冯契还说，总的口号自然是马克思主义与中国革命实践相结合，"两化"则进一步指出这种"结合"必须"在两方面深入下去，一方面哲学要成为方法论，另一方面要以科学的世界观培养新人"[③]。由之，"两化"把马克思主义哲学"改变世界"的理论意蕴和根本旨归以最简明而直接的方式表达出来，即在学习理论伊始主体便建立起主动地、自觉地、必然地要"发之于行为"的实践意识。这一主体意识就是要把理论化为方法以谋求改变客观世界，把理论化为德性以提升个体道德境界、规范

---

① 《冯契文集》第1卷，上海，华东师范大学出版社2016年版，第16页。
② 《毛泽东选集》第3卷，北京，人民出版社1991年版，第815页。
③ 《冯契文集》第10卷，上海，华东师范大学出版社2016年版，第251页。

个体德行。审思把理论化为方法和德性的行程，人们能够清晰地体味到实践主体的实践意识与实践行为之间所构成的必然的内在逻辑关联，以及实践意识为实践行为所铺陈的、具有充足理由的行动依据和内在驱动力，从而感知到实践主体旨在"改变世界"的思维趋向。正因此，毛泽东曾称赞有关"两化"所透出的改造主客观世界的思维趋向，在冯契写的《认识世界和认识自己》这本书上作出详细批注，吩咐秘书找若干本"送给同我接近的青年同志阅读"①。冯契认为："从广义的认识论的观点来看，认识世界的方法和培养德性的途径，就在认识过程之中，也就是认识世界和认识自己的问题。"②这种认识自己和世界以改造主客观世界所包蕴的实践意识与实践行为之间的内在逻辑关联、行动依据和内驱力，正是新时代中国共产党"学哲学、用哲学"和系列主题教育实践活动所展现的宏大实践叙事内在的和持续的推动力。

一是"化理论为方法"。学哲学、用哲学以改造客观世界的社会革命意旨。进入新时代，我们党面临极其繁重的治国理政任务和复杂的国际国内环境，由此便决定必须以科学理论思维和科学方法论为指导，化解对象世界的各种风险和挑战并不断前进。因此，习近平总书记尤其强调全党对马克思主义立场观点方法的学习。他指出，辩证唯物主义和历史唯物主义是我们党的世界观和方法论，要老老实实学习这个"必修课"，自觉地把党的创新理论转化为清醒的理论自觉、坚定的政治信念、科学的思维方法。像这样具有浓郁的化理论为方法意味的论述内容丰富、博大精深、视界宽阔，其间所透出的强烈的主体性实践意识，在表征新时代新思想的重要文献和论述中展卷即现。例如，2013年12月第十一次政治局集体学习时，习近平总书记号召要原原本本学经典，把马克思主义哲学作为看家本领，提高战略思维等能力；2015年12月在全国党校工作会议上指出，要做到学而信、学而用、学而行，更好地用科学理论武装头脑、指导实践、推动工作；在党的十九大报告中号召在全党营造善于学习、勇于实践的浓厚氛围；在纪念马克思诞辰200周年大会上强调要更好地把科学理论转化为认识和改造世界的强大力量。以上这些标示把理论化为方法的思维进路，早已演化为表征中国共产党推进伟大社会革命的主体性实践意识的宏大实践叙事。"学哲学、用哲学"一语中的，简明扼要。学哲学就是为了

---

① 《毛泽东书信选集》，北京，人民出版社、中国人民解放军出版社1984年版，第573页。
② 《冯契文集》第1卷，上海，华东师范大学出版社2016年版，第57页。

用哲学,即学以致用,化之为进行伟大社会革命的方法。用毛泽东的话说就是用马列主义之箭射中国革命之的,即"有的放矢"。其学习理论的实践意旨坚定而明确。

二是"化理论为德性"。学哲学、用哲学以改造主观世界的自我革命意旨。化理论为方法是以理论与方法具体的历史的统一为思维"预设"的,也是人们熟知的世界观与方法论统一的理性体现。而说到化理论为德性,则首先需要回答作为道德品性的德性究竟是人们先天就有的还是后天养成的,是"现成性"的还是"生成性"的。显然,对问题的回答决定了理论化为德性的可能性和效度。在人学思想史上,马克思主义哲学以其"生成论"理念实现了对思辨人学"现成论"思维传统的超越,从根本上改变了揭示人的本质的思维范式。马克思恩格斯通过对人类历史及其所呈现的人的现实存在的考察指出:"人们是自己的观念、思想等等的生产者,但这里所说的人们是现实的、从事活动的人们",他们受自己的生产力和与之相适应的交往的一定发展状态所制约。而且"意识在任何时候都只能是被意识到了的存在,而人们的存在就是他们的现实生活过程"。①这里作为"现实生活过程"的"人们的存在",显然是一个历史的"生成性"的存在,并与"现成性"的存在形成对立。所言"过程"可谓逐渐生成;而所谓"生成"毋宁说是过程性的存在。一如学界强调:马克思主义哲学"不再把人当成一个知识性的现成对象,而是把人当成一种自我'表现'和自我'生成'的过程"②,人只有在自身的对象性实践活动中才能生成人的本质和德性。这种"生成论"思维范式,对读懂新时代党性教育和德性培养的铮铮气象具有重要启示意义。比如,党的群众路线教育实践活动就是新时代第一次最亮丽的化理论为德性的"实践叙事"。"教育"即学习理论、学党章党规,"实践"就是让理论入脑入心,化为党员干部坚强的党性和良好的德性,以学习实践促进工作方法优化、德性和德行进步。又如,"三严三实"专题教育、"两学一做"学习教育,既遵循马克思主义哲学的"生成论",又坚持中国传统文化的"习以成性"。再如,对具有崇高德性素养的干部队伍的殷殷渴盼以及练就相关"绝世武功"的论述和实践,凸显马克思主义哲学"生成论"的德性培养路向,体现了中国共产党对马克思主义哲学"生成论"德性培养路向的笃信和遵循。

① 《马克思恩格斯文集》第1卷,北京,人民出版社2009年版,第524~525页。
② 贺来:《马克思哲学与"人"的理解原则的根本变革》,《长白学刊》2002年第5期。

以上"两化"过程中所凸显的强烈实践意识和运行机制，对于思考和阐释包容性绿色发展理念发挥指导和规范作用的运行机理具有重要的启示意义。把包容性绿色发展理念化为指导和规范人类命运共同体建设的方法，化为人们共同致力于维护全人类的共同利益和解决当代人类面临的共同问题的思想共识、方法论遵循乃至良好德性，这正是符合"两化"所内在包含的实践意识和运行机制的过程。其实，由于"两化"揭示了一切理论活动的内在本质和价值，揭示了"理论本身的内在品格和必然要求"①，那么，理论趋向于、运用于实践的冲动，必然要表现为"两化"。

（三）把包容性绿色发展理念见之于"行动"

列宁指出："实践高于（理论的）认识，因为它不仅具有普遍性的品格，而且还具有直接现实性的品格。"②"实践第一"的观点是习近平总书记在新时代反复强调的马克思主义的基本观点，习近平新时代中国特色社会主义思想的实践指向性，极其鲜明和突出。如在抓落实方面，像钉钉子一样坚持一分部署九分落实，是习近平总书记多年执政实践的精要。其要义在于，这种抓落实的实践意识深谙"全部社会生活在本质上是实践的"③，"思维的真理性""思维的此岸性"④只能靠落实，靠对世界的"改变"。翻开《干在实处　走在前列》，"落实""务实""办实"等字眼频出。他曾在《学习时报》发表《关键在于落实》一文，并引用"空谈误国，实干兴邦""为政贵在行，以实则治，以文则不治"进行阐释。他在《摆脱贫困》一书的"跋"中指出：我是崇尚行动的，实践高于认识的地方正在于它是行动。这里应着重指出，对"思维的现实性和力量"⑤的追求和"落实"并辅之以优秀传统文化的述说方式，也是习近平总书记提倡的努力探索和构建具有鲜明主体性和原创性的当代中国马克思主义哲学话语体系的努力方向，即力求"从僵化枯燥的话语方式当中解放出来，以马克思主义基于实践观点的理论思维"，奠立起马克思主义哲学"改变世界"的实践思维方式。这应是新时代中国马克思主义哲学"所实现的最

---

① 彭漪涟：《化理论为方法　化理论为德性——对冯契一个哲学命题的思考与探索》，上海，上海世纪出版集团 2008 年版，第 105 页。

② 《列宁专题文集·论辩证唯物主义和历史唯物主义》，北京，人民出版社 2009 年版，第 139 页。

③ 《马克思恩格斯文集》第 1 卷，北京，人民出版社 2009 年版，第 501 页。

④ 《马克思恩格斯文集》第 1 卷，北京，人民出版社 2009 年版，第 500 页。

⑤ 《马克思恩格斯文集》第 1 卷，北京，人民出版社 2009 年版，第 500 页。

深层的理论思维的变革"①。

新时代以人类社会的包容性、绿色化为发展取向的中国方案和中国贡献，成为习近平总书记关于"构建人类命运共同体，关键在行动"②等思想的现实版诠释、进行时注脚。完全可以说，中国方案和中国贡献所凸显的实践意识，是中国共产党人和中国人民的历史主动精神在面向"世界的全域"时推进人类命运共同体建设的"命运性选择"。《中共中央关于党的百年奋斗重大成就和历史经验的决议》对以习近平同志为核心的党中央在统筹国内国际两个大局中所表现出的"伟大的历史主动精神、巨大的政治勇气、强烈的责任担当"③作出高度评价，其间就内在地蕴含了中国共产党和中国人民在推进人类命运共同体建设上所表现出的精神面貌、政治胆识和铁肩道义。在提出人类命运共同体理念和推动人类命运共同体建设的过程中，这种"伟大的历史主动精神、巨大的政治勇气、强烈的责任担当"早已"上升"和"转化"为以包容性绿色发展理念促进人类命运共同体建设的理论与实践的互动过程。

三、以包容性绿色发展促进人类命运共同体建设的 实践方略

（一）马克思主义整体性思维决定构建人类命运共同体的实践场域

以包容性绿色发展促进人类命运共同体建设，必然要在遵循上述运行机理的前提下，按照一定的实践方略来推进。2017年1月18日，习近平主席在联合国日内瓦总部作《共同构建人类命运共同体》的演讲时指出，构建人类命运共同体"要从伙伴关系、安全格局、经济发展、文明交流、生态建设等方面作出努力"④。这实际上就是在为人类命运共同体建设擘画具体的实践方略，即被学界概括为构建人类命运共同体的"五个坚持"总

---

① 孙正聿：《从理论思维看当代中国哲学研究》，《哲学研究》2020年第1期。
② 习近平：《论坚持推动构建人类命运共同体》，北京，中央文献出版社2018年版，第418页。
③ 《中共中央关于党的百年奋斗重大成就和历史经验的决议》，北京，人民出版社2021年版，第27页。
④ 习近平：《论坚持推动构建人类命运共同体》，北京，中央文献出版社2018年版，第418页。

路径①,也被称为人类命运共同体的"五大支柱"②。显然,"五个坚持"或"五大支柱"涵盖了经济、政治、文化、社会、生态五大方面。这五大方面组成了人类社会发展的全要素领域,理当被视为人类命运共同体建设的努力方向和实践场域。

上述"五个坚持"或"五大支柱"所涵盖的经济、政治、文化、社会、生态五大方面,与人类命运共同体"五位一体"总布局所涵盖的内容是根本一致的。2015年9月28日在第70届联合国大会上,习近平主席从经济建设上的"开放创新,包容互惠"、政治建设上的"平等相待,互商互谅"、文化建设上的"和而不同,兼收并蓄"、社会建设上的"公道正义,共建共享"、生态建设上的"尊崇自然,绿色发展"等5个层面阐述了"打造人类命运共同体"的努力方向和实践场域。

显然,把组成人类社会发展的经济、政治、文化、社会、生态等全要素领域作为人类命运共同体建设的努力方向和实践场域,紧扣这一努力方向和实践场域擘画人类命运共同体建设的实践方略,充分体现了自党的十八大从"增进人类共同利益"的全球整体性视域出发提出"倡导人类命运共同体意识"③以来,中国共产党在思考事关人类前途命运问题时所一贯遵从的马克思主义整体性思维方法,是符合逻辑的与历史的统一的辩证思维要求的,是客观事物发展的事实逻辑与人们的价值逻辑的统一,是合规律性与合目的性的统一。进入新时代以来,习近平总书记的思考视域更为突出地体现了这一点:不论是对世界百年未有之大变局的判断,还是他"一直在思考"的"世界怎么了、我们怎么办?""我们从哪里来、现在在哪里、将到哪里去?"④;不论是在联合国等重大国际场合阐述打造人类命运共同体的"五位一体"总布局还是"五个坚持"总路径,均遵循了马克思主义整体性思维方法的要求。

包容性绿色发展理念倚靠马克思主义整体性思维方法而生成,在人类社会发展的时空双维视域下谋划人类社会的发展和进步,不仅具有指导人类社会的经济建设、社会建设和生态建设的作用和价值,而且具有极其鲜

---

① "五个坚持"以坚持对话协商促世界持久和平,以坚持共建共享促世界普遍安全,以坚持合作共赢促世界共同繁荣,以坚持交流互鉴促世界开放包容,以坚持绿色低碳促世界清洁美丽,被学界称为人类命运共同体理念的基本内涵、人类命运共同体建设的总路径或"五大支柱"。

② 王义桅:《时代之问　中国之答:构建人类命运共同体》,长沙,湖南人民出版社2021年版,第17页。

③ 《十八大以来重要文献选编》(上),北京,中央文献出版社2014年版,第37页。

④ 习近平:《论坚持推动构建人类命运共同体》,北京,中央文献出版社2018年版,第414页。

明的指导政治建设和文化建设的作用和价值①。更为重要的是，包容性绿色发展的理念和实践能够在较为全面和根本的层面上彰显全人类共同价值这一构建人类命运共同体的价值共识，体现出全人类共同价值的价值引领作用。因此，以包容性绿色发展促进人类命运共同体建设，便具有了科学性、合理性和可行性。

以下以对习近平总书记关于"五位一体""五个坚持"等论述的解读为主要依据，以他10年来在6个大洲、60多个国家上百次阐释构建人类命运共同体的核心思想为主要遵循，从组成人类社会发展的经济、政治、文化、社会、生态等全要素领域作出简要概述。具体路向上的阐释留待第五章至第九章作出详细阐释。

（二）以包容性绿色发展促进人类命运共同体建设的全要素路向

1. 以包容性绿色发展促进人类命运共同体的"经济共赢"

马克思主义唯物史观告诉我们，物质资料的生产是人类社会发展的基础，经济建设是其他一切层面建设的基础和前提，这也就是马克思主义经典作家那句著名的"首先就需要吃喝住穿"②所说明的道理。"发展是第一要务，适用于各国"③。从对习近平总书记所强调的"大家一起发展才是真发展""富者愈富、穷者愈穷的局面难以持续""打造兼顾效率和公平的规范格局""要同舟共济，而不是以邻为壑""构建开放型世界经济""建设一个开放、包容、普惠、平衡、共赢的经济全球化"等理念的理解中，尤其是从他反复强调的"包容互惠""互惠互利""多赢""共赢"等理念的解读中，可以认为以包容性绿色发展理念为引导促进人类命运共同体的经济建设，就是要实现"经济共赢"的目标。"经济共赢"意味着数字鸿沟的逐渐消除、发展失衡现象的逐步消失；意味着公平赤字的逐渐减少、共同繁荣的逐步建立。习近平总书记在亚太经合组织会议上曾指出，未来中国将更负责、更开放包容，以更高质量的经济增长为世界各国共同繁荣作出更大贡献。包容性绿色发展理念因应第一要务的"发展"而孕育和生成，自然在人类命运共同体的"经济共赢"建设上具有最直接、最全面的规范作用和指导意义。

---

① 有关对这一观点的辨正，见本课题第三章第二节第二目。从根本上说，这是一个在概念的理解上要防止形而上学思维方式的问题。

② 《马克思恩格斯文集》第1卷，北京，人民出版社2009年版，第531页。

③ 习近平：《论坚持推动构建人类命运共同体》，北京，中央文献出版社2018年版，第420页。

2. 以包容性绿色发展促进人类命运共同体的"政治自主"

马克思主义唯物史观指出，政治是经济的集中反映，反过来为经济基础服务。在阐述"五位一体"的构建人类命运共同体的内涵时，习近平总书记提出了"平等相待、互商互谅""世界各国一律平等""不能以大压小""坚持多边主义""对话而不对抗，结伴而不结盟"等理念和要求。在阐述"五个坚持"的构建人类命运共同体的内涵时，习近平总书记阐述了"对话协商""持久和平""不冲突不对抗""相互尊重""要秉持和平、主权、普惠、共治原则"等理念和要求，尤其是强调了联合国宪章的"主权平等原则"。据此，可以认为，以包容性绿色发展促进人类命运共同体的政治建设，就是要实现"政治自主"的目标。"政治自主"意味着主权平等，其他国家或组织不得以任何借口干涉一国国内事务；意味着要秉持包容性的相互尊重原则建立伙伴关系，反对依附现象和结盟情结。正如习近平总书记所说："我们要把互尊互信挺在前头，把对话协商利用起来，坚持求同存异，聚同化异"，以增进战略互信，减少相互猜疑①。包容性绿色发展理念既汲取了"绿色政治"的合理因素，又追求各民族国家在政治上的平等、自主等包容性要求，因而对人类命运共同体的"政治自主"建设具有整体性的指导意义。

3. 以包容性绿色发展促进人类命运共同体的"文化互融"

马克思主义唯物史观认为，文化作为社会意识的重要组成部分，蕴含着一定的社会群体的思想智慧、价值理念和审美情趣，被推崇为一个民族、一个国家的灵魂，并为一个民族或国家的社会发展提供思想导航、精神动力、智力支持和力量凝聚。习近平总书记所强调的文明交流上的"和而不同、兼收并蓄"、不同文明之间"没有高低之别，更无优劣之分"、文明之间要"对话""交流"而非"排斥""取代"、不同文明"要取长补短、共同进步"等理念和要求，尤其是他对人类历史就是"不同文明相互交流、互鉴、融合的宏伟画卷"的判断，以及以"交流互鉴"建设一个"开放包容"的世界的向往，擘画了人类命运共同体建设的"文化互融"之路。"文化互融"抛却了"文明冲突论""文明优越论"等不合时宜的落后观念，系牢了以"和而不同""各美其美""美人之美"实现不同民族国家文化兼收并蓄、交流互鉴的发展纽带。习近平总书记强调，要"让世界

---

① 《习近平谈治国理政》第 3 卷，北京，外文出版社 2020 年版，第 461 页。

文明百花园群芳竞艳"①。可见,在人类命运共同体的"文化互融"建设道路上,应该以与时俱进的眼界正视包容性绿色发展发挥指导作用的广阔场域,认可包容性绿色发展愈加鲜明的导引作用,防止在"包容性文化"尤其是"绿色文化"等范畴认知上的形而上学倾向。

4. 以包容性绿色发展促进人类命运共同体的"社会安全"

马克思主义认为,社会是由共同生活的个体通过"一定的、必然的、不以他们的意志为转移的关系"②而联合起来的一种集合体,其组成要素不仅有人际关系,还有物质技术基础及各种信息,这些要素以其复杂繁芜的样态或一般难以改变的性质和结构,组成了能够长久维持的、彼此相依为生的"人类社会或社会的人类"③。由此足见保持这个"人类社会或社会的人类"的安全对于其每一个个体或民族国家的重要意义。尤其在当下"全球化""地球村"的交往背景下,社会安全的重要意义,早已被2020年年初以来全球抗疫的艰难和反复所证明。在阐述"五位一体"的内涵时,习近平总书记提出了"要营造公道正义、共建共享的安全格局"的人类命运共同体建设要旨,认为全球化时代"各国安全相互关联",不存在某一家某一国的"自身绝对安全",批判了危害国际社会安全的弱肉强食、穷兵黩武等冷战思维。在阐述"五个坚持"的构建人类命运共同体内涵时,习近平主席提出了"普遍安全""建立全球反恐统一战线""尊重联合国发挥斡旋主渠道作用"等理念和要求。值得注意的是,他在两次最主要的演讲中都强调了"共同、综合、合作、可持续"的新安全观,并在每一个国家的安全、传统和非传统领域的安全、对话合作促进安全以及实现持久安全等方面提出要求,凸显了社会安全的普遍性、平等性、包容性④等丰富意涵。包容性绿色发展理念在较为全面的意义上弘扬了"人类社会或社会的人类"在安全问题上的基本关切,彰显了"人能群""人必群"对安全问题的时代要求,对于人类命运共同体的"社会安全"建设必将发挥全方位的指导作用。

5. 以包容性绿色发展促进人类命运共同体的"生态共建"

在第二章第一节"包容性绿色发展理念的马克思主义哲学基因"中,

① 习近平:《深化文明交流互鉴　共建亚洲命运共同体——在亚洲文明对话大会开幕式上的主旨演讲》,《中华人民共和国国务院公报》2019年第15期。

② 《马克思恩格斯文集》第2卷,北京,人民出版社2009年版,第591页。

③ 《马克思恩格斯文集》第1卷,北京,人民出版社2009年版,第502页。

④ 参见《习近平谈治国理政》第1卷,北京,外文出版社2018年版,第354~356页。

课题深入分析了自然界是"人的无机的身体"①等马克思主义生态哲学思想基因，这种哲学思想基因同时也是习近平生态文明思想的深厚理论基因。习近平生态文明思想博大精深，深刻回答了"为什么建设""建设什么样的""怎样建设"等有关生态文明的重大理论与实践问题。在阐述"五位一体""五个坚持"的人类命运共同体建设理念时，习近平生态文明思想及其马克思主义整体性思维视域得到了最深刻、最具时代价值的彰显，如鲜明提出"要构筑尊崇自然、绿色发展的生态体系"；要"以人与自然和谐相处为目标"，实现可持续发展和人的全面发展；要倡导和坚持"绿色、低碳、循环、可持续"的生产生活方式；要"遵循天人合一、道法自然的理念"，谋求永续发展；决不能"吃祖宗饭，断子孙路"等论述，为人类命运共同体建设指出了一条任何民族或国家都难以回避的"生态共建"之路。尤其是"绿水青山就是金山银山"的发展理念以及"建设生态文明关乎人类未来"所表现出的整体性思维视域，标志着当代世界生态文明建设的新高度，成为催生包容性绿色发展理念并促使其闪亮登场的重要理论倚仗。本课题在第十一章第三节即"研究展望：包容性绿色发展理念与当代中国和21世纪马克思主义的辩证运动"中，阐述了习近平新时代中国特色社会主义思想对包容性绿色发展理念含义的"预设"和"规范"，即以"绿水青山就是金山银山"这一"两山"理论为标志的习近平生态文明思想，实现了对资本逻辑主导下的"物质变换"的新时代的扬弃和超越，使"绿水青山"与"金山银山"之间的物质变换被限制在地球整体生态环境许可的合理范围内，彰显了天人合一等民族古老文化的生态思想精粹，为包容性绿色发展理念的主题主旨较早地"预设"和规定了符合绿色发展时代大潮要求的理论意涵。鉴于此，以包容性绿色发展促进人类命运共同体的"生态共建"，便具有了深厚的理论依据和可期待的前景。

以上"经济共赢""政治自主""文化互融""社会安全""生态共建"的全要素路向，因其各自符合包容性绿色发展理念时代要求的"内在逻辑"，生发出各自在构建人类命运共同体中的具体路向。这是接下来5个章节的主要内容。

①《马克思恩格斯文集》第1卷，北京，人民出版社2009年版，第161页。

第五章　包容性绿色发展：人类命运共同体的经济共赢之路

习近平总书记在党的二十大报告中指出："构建人类命运共同体是世界各国人民前途所在。"[①] 这一论断可谓"言简理尽,遂成王言"[②]。推动构建人类命运共同体,创造人类文明新形态,是中国式现代化的本质要求[③]。以奠立于中国式现代化新道路并以人类文明新形态为价值趋向的包容性绿色发展,谋划促进构建人类命运共同体的现实路向,正是对世界各国人民前途的深远思考。从本章开始至第九章,本书将从人类社会发展的全要素视角,阐释以包容性绿色发展促进人类命运共同体的经济共赢、政治自主、文化互融、社会安全和生态共建之路。

经济共赢的内在逻辑,生发于经济社会发展实践中人们对社会达尔文主义的反思和批判中,蕴含于"公平与效率"这对人类经济活动基本要素科学而辩证的关系中,彰显于"一带一路"等构建人类命运共同体的发展实践中,遵循了包容性绿色发展的时代要求。以包容性绿色发展促进人类命运共同体的经济共赢,应该坚持共同发展,反对你输我赢;兼顾公平效率,摒弃强者通吃;坚持互联互通,摒弃画地为牢。对美国悖逆经济共赢的政策和行为进行批判,同样是以包容性绿色发展促进人类命运共同体经济共赢的题中应有之义。

---

①　习近平:《高举中国特色社会主义伟大旗帜　为全面建设社会主义现代化国家而团结奋斗——在中国共产党第二十次全国代表大会上的报告》,北京,人民出版社 2022 年版,第 62 页。

②　(宋)庄绰、张端义著,李保民校点:《鸡肋编·贵耳集》,上海,上海古籍出版社 2012 年版,第 94 页。

③　习近平:《高举中国特色社会主义伟大旗帜　为全面建设社会主义现代化国家而团结奋斗——在中国共产党第二十次全国代表大会上的报告》,北京,人民出版社 2022 年版,第 23~24 页。

一、经济共赢的逻辑内涵

（一）经济共赢的逻辑，生发于对社会达尔文主义的反思和批判中

社会达尔文主义是发端于西方的一种社会学观点或流派，是由达尔文生物进化论派生出来的一种社会学思想，一般认为是由英国学者赫伯特·斯宾塞（Herbert Spencer）提出。这种观点或流派笃信自然界的适者生存、优胜劣汰"规律"或现象同样也可以在人类社会中得到"适用"，主张唯有强者才有资格在人类社会中生存下去，而弱者理应面对衰败和灭亡的结局，甚至应该丧失生存的资格。比如，德国学者恩斯特·海克尔（E.Haeckel）就宣称：人与其他物种在血腥竞争的生存境遇中"并无二致"[1]。海克尔毫不遮掩地把澳大利亚的土著人视为与大猩猩和狗"更接近"的人[2]，甚至还强调社会主义者对"平等"的所谓诉求简直就是不可理喻。不仅如此，在把所谓的野蛮人视为"更接近"动物的同时，大多数信奉社会达尔文主义的学者却又把白种人视为优等人，于是便有了美洲人注定要大踏步迈向毁灭而未来主导地球的只有白种人[3]等荒谬言辞,继而"推导"出欧洲人殖民政策的合理性和合法性。社会达尔文主义者机械地套用达尔文生物进化论的生存竞争、自然选择等观点来解读人类社会中人与人、族群与族群之间的关系，认为社会中的生存竞争，就是人类社会不断发展和进化的基本动力因素。

从产生的客观影响这一视角来看，一些西方学者总是借重社会达尔文主义，为其政治上的保守主义和资本主义意识形态张目。这些西方学者总是主张，不管是穷人还是穷国，都是社会竞争中的失败者，他或他们都是因为不够勤劳，或天生懒惰和无能，因而没有什么理由对他们施以帮助，没有什么必要对他们施以支持，并认为成功的标准，就是在生存竞争中财富数量的急剧增加。从以上观念出发，社会达尔文主义在民族、国家间的

---

① Richard Weikart, The Origin of Social Darwinism in Germany, 1859~1895, p.476.

② Richard Weikart, "Progress through Racial Extermination", German Studies Review, Vol.26, No.2, p.282.

③ Richard Weikart, "Progress through Racial Extermination", German Studies Review, Vol. 26, No.2, p.277.

交往问题上，逻辑地、必然地充当了种族主义、帝国主义对外扩张政策的理论渊薮，充当了雅利安人、盎格鲁－撒克逊人等族群在生理上、文化上的所谓优越感的理论支撑。因而，社会达尔文主义的拥护者总是高举"适者生存"的大旗，宣扬种族主义、社会不平等、帝国扩张等思想和行为的合理性。

那么，究竟能不能把个人贫穷或国家落后的原因归咎于他们"不够勤劳"呢？换言之，勤劳就是富裕或竞争胜利的充分必要条件吗？回答当然是否定的。从马克思恩格斯所揭露的19世纪西方资本主义制度下雇佣工人在勤奋劳作之下的悲惨命运，如雇佣工人的劳动为富人生产出"奇迹"而为自己生产出"赤贫"、为富人生产出"宫殿"而为自己生产出"棚舍"、为富人和社会生产出"美""智慧"而为自己生产出"畸形""愚钝""痴呆"①等现实对立就完全可以看出，社会达尔文主义者鼓吹的所谓勤劳，其实质就是资产者剥削和管理雇佣工人的"勤劳"，相应地自然是雇佣工人世代做奴隶的"勤劳"，毋宁干脆说是"你勤劳，我致富"。就像人们称赞美国军事家巴顿是"血胆将军"时士兵们所说的"要分清是谁的胆和谁的血"一样。显然，勤劳绝不是富裕或竞争胜利的充分必要条件。因为任何劳动者的劳动都是在一定的社会关系状态下进行的，这就是马克思所揭示的生产关系的"人必群"所依赖的所有制性质。所谓"人必群"，不仅是说人们必须结成一定的"群"才能进行社会生产和生活，更是突出了劳动者所处的一定的社会历史条件是"不以他们的意志为转移"②的。比如，英国的工人阶级"这个最贫穷的阶级"之所以不能健康和长寿，正如恩格斯在《英国工人阶级状况》中所说的，完全是因为"现代社会对待大批穷人的态度"③，即资本主义社会两大对抗阶级在生产资料占有上的区别。纵观人类历史，仅仅通过勤劳而达到"累巨万"的富者，好似还没有见过。而人们耳闻目睹的却是，在现代社会尤其是资本主义制度下，那些勤劳的人们却总是"食糟糠"的贫者。在当下一些社会层面，勤劳确实能改善人们的生存状况，但也只是改善而已，绝不可能使人们成为资本大鳄那样的"累巨万"者，而只能成为在小生产条件下个人努力之后的生活改善与大生产条件下公有制所决定的按劳分配制度下的共同富裕不

---

① 《马克思恩格斯文集》第1卷，北京，人民出版社2009年版，第158~159页。
② 《马克思恩格斯文集》第2卷，北京，人民出版社2009年版，第591页。
③ 《马克思恩格斯文集》第1卷，北京，人民出版社2009年版，第410页。

可同日而语。这就说明，勤劳致富是有其客观的前提条件的[①]，是由"决定其他一切生产"的那个"一定的生产"即"普照的光"和"特殊的以太"所决定的[②]。那种财富上的"急剧增加"，只能是资本主义条件下生产资料占有者的"专利"。

有没有谁从一出生就甘愿地贫穷下去？有没有哪个国家甘愿自己的国民总是受穷？回答当然是否定的。研究指出，即便在相同的根本社会制度条件下，看似穷人的"懒惰""无能"以致"躺平"的背后，却真切地存在着生态自然环境的掣肘、区域社会经济环境的制约、结构性的桎梏等非主观性的成分。而在新自由主义者或现代性学者的口吻中，这部分个人、群体或国家却被指认为个人品质或道德具有缺陷性的"懒惰的穷人"、"无能的群体"或"不可救药的国度"。中国脱贫实践给予国际社会的启示是：扶贫首先要"扶志"是正确的，但却是很不够的，必须在破解弱势群体身处其间的结构性困境以及改变扶贫文化上下大气力，并坚决防止和批判社会上的道德污名化倾向[③]。比如"十三五"时期，中国近千万建档立卡贫困群众实现了易地扶贫搬迁。另外，破除穷窝挪不得、穷业换不得的落后文化或观念等，也是鲜活而有成效的成功扶贫举措。脱贫攻坚使中国绝对贫困问题得到历史性的解决，是对社会达尔文主义一系列谬论的事实性批判。

20世纪以来，社会达尔文主义被冷落的现实告诉人们，这种流派和观点是违背人类社会特有的发展规律的。以马克思主义的"人必群"和数千年中国传统文化之精粹的"人能群"为理论根基审视社会达尔文主义，其观点的荒谬性和霸道性便凸显出来。现代生物学的深入发展，人类社会文化知识的不断扩张，人类所遭受的两次世界大战，当下西方"99%"与"1%"，乃至"99.99%"与"0.01%"之间的巨大鸿沟和尖锐对抗的现实，都给了社会达尔文主义的基本信条以强有力的证伪。正是在社会发展的实践中，社会达尔文主义的反人类性和反科学本性才逐渐地被人们所辨识，包容性绿色发展所主张的经济共赢的发展理念才能够上升为国际社会的广泛共识。尽管经济霸凌主义还在作祟，但这并不能改变国际社会对共同发展、共享发展的期冀和发展趋向。

---

　　① 参见吴文新、程恩富：《新时代的共同富裕：实现的前提与四维逻辑》，《上海经济研究》2021年第11期。

　　② 《马克思恩格斯选集》第2卷，北京，人民出版社2012年版，第707页。

　　③ 田甜、李博、左停：《"懒惰的穷人"的产生：一种贫困发生的新型解释框架——基于贵州省黔西南州林村实地调研的思考》，《农村经济》2021年第2期；《社会科学文摘》2021年第6期。

（二）经济共赢的逻辑，蕴含于公平与效率的辩证关系中

"公平与效率"始终是人们在经济活动和社会进步中经常面对的一对矛盾，被学者们推崇为经济学说史上的"哥德巴赫猜想"。两者的关系之所以被冠以"哥德巴赫猜想"的名头，是由这一关系在经济社会发展中人们不得不面对的地位，以及在两者关系处理上的难度决定的。即作为人类经济社会活动所追求的两大方面目标——"社会经济资源的配置效率"与"经济主体在社会生产中的起点、机会、过程和结果的公平"，其间制度的安排一向是经济社会发展实践中难以处理得当的，于是也就成为经济学说史上各派经济学家（乃至社会进步、政治发展、文化繁荣甚至是生态建设等领域）解答不尽的两难抉择。

时代的发展总是不以人们意志为转移地把前人未能解决的问题一次次地抛给后继学者，并能够不断地为人们提供解决问题的历史条件和契机。程恩富教授通过对人类经济史的现象、本质的整体的和辩证的考察，在对中外学者相关研究成果进行综合分析和批判汲取的基础上，从经济本质的深层内在逻辑出发，鲜明地提出了"公平与效率互促同向变动假设"[1]，形成了在"公平与效率"这对人类经济活动或其他领域的活动中所关涉的两大基本要素的关系上较为科学而辩证的新观点。这一"假设"的具体含义是：经济的公平、经济的效率两者是一种正反同向变动的交促互补关系。也就是说，经济活动的权利、机会、制度和结果等方面愈是公平，那么其效率也就愈高；反之，就愈不公平，效率也就愈低。"正反同向变动"还具有"交促互补"关系，看似简单明了，好似是对长期以来"众说纷纭"的一种"简化"，其实却是迄今为止最为明确、最符合经济社会发展规律和实事求是原则的"以正视听"，具有深邃的唯物史观理论支撑。

为什么说"公平与效率"这对人类经济活动基本要素之间的"正反同向变动"且"交促互补"的关系是一种"以正视听"呢？这是因为，多少年来，人们往往把"公平与效率"视为一对不可调和的矛盾，认为两者只能是一种不能"同世而立"的关系，是水与火、油与水的关系。这也未免过于狭隘和单向度思考了。如果能够做到全面、科学、辩证地看待人类活动，那么公平与效率的关系往往是：对效率的追求并非一定要以失却公平为代价，反之，对公平的追求也未必一定要以失却效率为代价。不管是

---

[1]　参见《程恩富选集》，北京，中国社会科学出版社2010年版，第255~259页。

在一个国家的内部，或是在国家与国家之间、国家与地区之间，在谋求经济社会发展较高的效率同时，又能够实现各种经济主体之间较为合理的、相对的公平，这是公平与效率这一矛盾体的两个方面之间原本就内在存在着的关系，是经济社会发展规律在公平与效率这一矛盾体上科学而内在的要求。显然，这一要求体现在经济主体上，只能得出主体间的"共赢"的结论。

进而言之，经济共赢作为人们所追求的目标，其本身就是一个公平与效率的具体的、历史的、统一的矛盾体，是马克思主义所揭示的生产力与生产关系的具体的历史的统一，是社会基本矛盾辩证运动所必然呈现的一种"和谐"和"进步"状态。即便从国际社会整体来看，社会基本矛盾的辩证运动这束"普照的光"同样是具有最大的普适性的。分析地说，"共赢"的"共"，体现的就是公平，否认了"共"的所谓"赢"，只能是少数人或少数国家的"累巨万"，当然也只能是多数人、多数民族国家的"食糟糠"。这并非什么逻辑推导出来的道理，而是历史和现实所昭示的事实。因此这个"共"指的就是实现包容性全球化的经济发展，让各民族国家共享经济全球化所带来的福祉。而"共赢"的"赢"，体现的就是效率。"赢"其实就是整个国际社会的生产力以较为显著的效率向前、向上发展。可以想见的是，没有科技的进步、没有生产力的提高，没有一定的效率，各民族国家在经济上的"赢"是不可能的，因为经济过程的无效率就意味着财富增速的停滞或倒退。因此可以说，有了效率便会有"赢"，为了"赢"就应该追求生产力的进步，即提高经济效率。这也并非什么逻辑推导出来的道理，同样是历史和现实所昭示的事实。当然还要强调的是，这里的"赢"，只能是"公平与效率互促同向变动假设"所要求的共同的"赢"，而非"零和博弈"所固执坚守的那种你输我赢的"赢"。

因而，经济共赢的逻辑，并不仅仅是人们的一种主观美好愿望，而是由经济社会发展的规律性所决定的，人们在尊重规律的前提下对经济社会发展的制度体制进行科学的、符合实际的设计后而得到的，在"公平与效率"这对人类经济活动基本要素上的一种符合人们意愿的关系样态。长期以来，各派经济学者尤其是西方一些学者在"公平与效率"关系上的"反向变动"等观点，客观上为一些人鼓吹"零和"思维或零和博弈（zero-sum game）等观点作了理论准备：既然参与博弈的各方加总的收益或损失永远只能为"零"，那么各方也就不存在什么合作的可能，也不可能存在"共赢"的结果，整个社会的收益也不会有什么增加。显然，西方一些政客长期以来在经济社会政策的选择上尤其是在国家交往中，总是在这一形而上学的思维窠臼中转圈圈，认为己方的幸福和快乐只能建立在他方的痛苦上面，故而总是采取拒斥合作的态度，甚至千方百计地去限制和"制裁"他人，以为如此这般，便能够让自己的利益最大化。显然，这是一种违背公平与效率科学关系和实践逻辑的思维情结在作祟。

（三）经济共赢的逻辑，彰明于"一带一路"等命运共同体建设实践中

2013 年 9 月和 10 月，习近平主席在出访中亚、东南亚国家期间提出共建"一带一路"的重大倡议，并赋予其"合作共赢"的丝绸之路精神，以实现"共享和平、共同发展"①。"一带一路"是国际合作的新平台、共同发展的新动力②。多年来，世界各国人民真切地感受到了"一带一路"倡议在合作发展、共同发展上的"共赢"底色。这是一种标示"人类新文明"的"包容性全球化"③底色，也是当下世界"经济共赢"的一抹最亮丽的色彩。

2019 年 4 月，习近平主席在第二届"一带一路"国际合作高峰论坛上指出，经过"一带一路"沿线各方的共同努力，一大批合作项目已经落地生根，"六廊六路多国多港"的互联互通架构已基本形成。习近平总书记对"一带一路"合作倡议在谋求"经济共赢"上的做法作出概括，指出这一合作倡议与联合国、欧盟、非盟、东盟、欧亚等经济联盟以及诸多国际性、地区性组织的发展规划对接，与沿线各国的经济社会发展战略对接，开辟了全球经济增长的崭新空间，拓展和完善了全球经济治理的崭新叙事方式，以其显著贡献增进了沿线各国人民的福祉，已经成为国际社会"共同的机遇之路、繁荣之路"④。"共同的机遇之路、繁荣之路"排除了某一家的"机遇""繁荣"，摒弃了"优先""第一""领袖"等褊狭思维情结，让国际社会越来越多的人清晰地看到了与"零和博弈"迥然有别的合作共赢的"新文明"发展道路，燃起了他们期待发展和繁荣的美好愿望。由此可见，中国积极推进共建"一带一路"，表现了在逆全球化浪潮下的一种责任担当，即坚定致力于加强国际合作、完善全球治理的决心。中国

---

① 《习近平谈"一带一路"》，北京，中央文献出版社 2018 年版，第 2 页。
② 习近平：《在庆祝改革开放 40 周年大会上的讲话》，北京，人民出版社 2018 年版，第 31 页。
③ 王义桅：《一带一路：开创包容性全球化人类新文明》，《科技中国》2017 年第 11 期。
④ 习近平：《齐心开创共建"一带一路"美好未来——在第二届"一带一路"国际合作高峰论坛开幕式上的主旨演讲》，《光明日报》2019 年 4 月 27 日。

不遗余力地向国际社会释放共同发展的正能量，以"一带一路"合作形式促进沿线各经济体的贸易优化升级，向全球展现出"人必群""人能群"的经济共赢逻辑、开放的胸襟和世界情怀，得到了国际社会的广泛赞誉。

英国财政部前副大臣利亚姆·伯恩认为：共建"一带一路"倡议将成为经济全球化在未来十年最重要的推动力。埃及前总理伊萨姆·谢拉夫指出，中国梦绝不仅仅是中国的梦，在某种意义上也是全人类的梦。这种"全人类的梦"的共识，在 2017 年和 2019 年北京"一带一路"国际合作高峰论坛上已成焦点话语。据第二届"一带一路"国际合作高峰论坛期间 2019 年 4 月 27 日中央广播电视总台《新闻联播》栏目报道，与会外方领导人及国际组织负责人称赞：共建"一带一路"倡议早已成为当今世界最伟大的经济合作倡议，对于推动国家、地区间的互联互通，促进投资、贸易、基础设施建设、可持续发展等领域合作，增进沿线国家和地区人民的相互了解，均具有重大意义。与会外方领导人还高度评价共建"一带一路"合作取得的丰硕成果，包括为各国带来的诸多实在利益、为国际发展合作作出的重要贡献。菲律宾财政部助理部长兰比诺认为，这些年他见证了"一带一路"建设让各国人民切实受益，现在又进一步强调绿色发展，可见"一带一路"是近 40 年来最令人兴奋的倡议。萨尔瓦多外长卡斯塔内达认为，与世界相连，与所有国家相连，"一带一路"的重要性就在于此，不是只有少数几个国家，而是大家一起努力，实现"共赢"。英国 48 家集团俱乐部主席佩里指出，习近平主席是一位哲学家，他强调高质量发展和确保"一带一路"是绿色的，是脚踏实地的，而不能只是空谈，这是中国哲学的一个重要部分。美国友人琼斯认为，习近平主席提到"一带一路"合作将不断深化，这说明这一合作机制就好似一列火车，虽然已经驶离首发站，但欢迎大家在沿途上车①。《新闻联播》还报道，多国人士认为，习近平主席在演讲中强调开放、绿色、廉洁理念，追求高标准、惠民生、可持续的目标，为世界经济增长注入了新动力，为全球发展开辟了新空间。

中央广电总台 2021 年 10 月 3 日的《新闻联播》栏目更为细致地描画了"一带一路"国际合作 8 年以来的亮点，如至今已累计开行"钢铁驼队"中欧班列逾 4 万列，打通 73 条运行线路，通至 23 个欧洲国家 170 多座城市，成为各国携手抗疫的"生命通道"和"命运纽带"。"一带一

---

① 琼斯身为美国人，或因见多了美国不让别人在沿途上车，甚至千方百计地想把别人踢下车的事实，才有脱口而出的"欢迎大家在沿途上车"的感叹吧。琼斯的"沿途上车"说，引发了记者们的广泛关注。琼斯的话可谓一语道破"共赢"的天机。

路"沿线全部处在 30 颗北斗导航卫星强信号区间，8 年来中国与"一带一路"沿线国家货物贸易额达 9.2 万亿美元。世界银行的评估报告指出，到 2030 年，共建"一带一路"有望帮助 760 万人摆脱极端贫困，帮助 3200 万人摆脱中度贫困。另据麦肯锡公司预测，未来十年"一带一路"国际合作将新增 2.5 万亿美元贸易量，到 21 世纪中叶将为全球增加中产阶级人数达 30 亿。"一带一路"倡议提出以来所展示的强劲势头说明，中国在诸多双边多边交往中负责任的行动，推动人类命运共同体建设事业迈开了实实在在的脚步，成为以包容性绿色发展促进国际社会各民族国家实现"经济共赢"的火车头。总之，"一带一路"国际合作倡议实践始终站在全球共享经济繁荣的道义高度，凸显包容性绿色发展所追求的"经济共赢"逻辑。

二、以包容性绿色发展促进人类命运共同体的经济共赢

经济共赢的逻辑内涵昭示，以包容性绿色发展促进人类命运共同体的经济共赢，国际社会必须做到以下几个方面。

（一）坚持共同发展，反对你输我赢

生发于经济社会发展实践中人们对社会达尔文主义的反思和批判的经济共赢的逻辑内在地要求：以包容性绿色发展促进人类命运共同体的经济共赢，应该坚持共同发展，反对你输我赢。

长期以来，西方极少数国家形而上学思维方式猖獗，在它的字典里，只有"零和博弈"，而没有"双赢""共赢"；只有以邻为壑，而没有皆大欢喜；只有利己而必须损人，没有利己亦可以利人。把这种思维方式奉为圭臬，那么在国际经贸往来中，其制定、选择经济发展政策或路径时便必然会埋下发展失衡的种子。"发展不平衡是当今世界最大的不平衡"，而"全球化的经济需要全球化的治理"。[①] 当下国际金融危机的深层羁绊依旧存在，全球经济整体增长乏力，尤其是一些后发国家的人民，在疫情期间更是如履薄冰。目前，世界上依旧挣扎于极端贫困的人口有 8 亿之众，5

---

① 习近平：《齐心开创共建"一带一路"美好未来——在第二届"一带一路"国际合作高峰论坛开幕式上的主旨演讲》，《光明日报》2019 年 4 月 27 日。

岁前夭折的幼儿每年近 600 万，不能接受起码教育的儿童达 6000 万。联合国秘书长古特雷斯在 2021 年 9 月 28 日的新政策简报中表示，疫情致使极端贫困人口增加 1.2 亿至 2.24 亿，为 20 多年以来增幅最快。而更令人惊诧的是，亿万富翁的财富反而增加 3.9 万亿美元以上。摆脱增长失衡，谋求全球经济的健康、协调和可持续发展，必然要求各经济体秉持包容性绿色发展的理念，在追求自我发展的同时兼顾与其他经济体的共同发展，在谋划自身利益的同时兼顾其他经济体的利益。"命运共同体是一种风险社会压力下的利益共同体"，兼顾其他经济体的关切，彰明发展的公正性，是利益共同体的"命运性选择"[①]。如中国"一带一路"推进理路所突显的"丝路精神 + 全球化"的包容性绿色发展理念，其主旨就是要用丝路精神推动沿线和相关国家的合作共赢和共同繁荣，而非你退我进、你弱我强、你差我好、你输我赢。

王义桅先生在比较两届高峰论坛中习近平主席的讲话后指出，第一届"一带一路"高峰论坛着眼解决和平、发展和治理赤字，第二届则侧重目标驱动，即以中国更高水平的开放力度推进开放型、合作型世界经济，为多边主义、全球化进程的进步，为完善全球治理作出了新的贡献[②]。由此可见，"一带一路"倡议正是坚持合作共赢、美美与共原则的国际合作发展典范。习近平主席发起"一带一路"倡议时，没有人会预料到"一带一路"倡议在世界经济合作上的巨大推动力，至今已实实在在地积极影响到世界 2/3 人口的生活[③]。如今，"一带一路"倡议正变成世界经济发展的加速器。中国已投资 2000 多亿美元改善"一带一路"沿线国家的互联互通，其积极影响将覆盖世界人口的 60%。两届北京国际合作高峰论坛与会嘉宾普遍认为，"一带一路"并非只有中国得益，而是实实在在地在为所有参与国家和地区提供着发展机遇和发展红利，对其经济发展起到巨大的推动和提升作用。越来越多的国家通过参与"一带一路"国际合作跨出"不发展的陷阱"，提高了工业化水平，正在向经济现代化迈进。

总之，在世界经济增长动能不足、全球经济发展失衡等背景下，"一带一路"建设实践已成为推动各国经济共同发展的发动机，成为构建合作共赢、共同发展的全球经济共同体的鲜活案例。中国"一带一路"倡议所

---

①　陈忠：《城市社会：文明多样性与命运共同体》，《中国社会科学》2017 年第 1 期。

②　王义桅：《共建"一带一路"推进新型全球治理》，《辽宁日报》2019 年 4 月 30 日。

③　［阿联酋］阿联酋国务部长苏尔坦·贾贝尔：《"一带一路"是一座共享繁荣之桥》，《环球时报》2019 年 4 月 29 日。

彰显的包容性绿色发展理念摒弃了社会达尔文主义情结，以"共同发展"取代"你输我赢"的发展取向，已成为构建携手发展、共同繁荣的世界经济共同体的时代方向，并将显著推动人类命运共同体的建设进程。

（二）兼顾公平效率，摒弃强者通吃

蕴含于"公平与效率"这对人类经济活动基本要素科学而辩证关系中的经济共赢逻辑内在地要求：以包容性绿色发展促进人类命运共同体的经济共赢，应该兼顾公平效率，摒弃强者通吃。

多年来在包容性发展的政策建议上，学界从兼顾效率与公平的角度深入探讨拉美"增长陷阱"对中国缩小收入差距的政策选择的启示，如重视初次分配，避免初次分配的不公；提高社会福利水平应与发展阶段相适应；寻求政府与市场之间的平衡等①。包容性绿色发展理念的出场，为破解效率与公平的关系提供了符合时代发展要求的思想基础和契机。随着时代的发展，人们越发明白，公平与效率关系上那种唯心史观的"高低反向变动"观念及其浓重的形而上学情结，只能导致资本飞燕式的逐利和掠夺，只能是一次又一次的金融和经济危机。人们不禁追问：恃强凌弱、以大欺小、以富压贫，富则通吃通占、贫则无立锥之地的旧格局旧秩序还要延续到什么时候？习近平总书记明确指出："富者愈富、穷者愈穷的局面不仅难以持续，也有违公平正义。"②在国际金融危机虽颓犹盛、世界经济增长乏力的当下，深刻反思资本大亨赢者通吃而导致社会两极天悬之隔、云泥之别的严峻现实，大力倡导包容性绿色发展兼顾效率与公平的要求，努力构建公平与效率互促同向变动的发展规制和发展格局，使资本要素尽可能地包容劳动要素，才能规避强者通吃，促使世界经济走向共同发展、合作共赢的人间正道。

在当代中国，最能够突出体现"兼顾公平效率，摒弃强者通吃"这一要求的，就是中国共产党的"共同富裕"理念和具体实践。据《毛泽东年谱》记载，1955年10月11日毛泽东在中共七届六中全会闭幕会上作结论时，首次明确提出"共同富裕"这一概念，他指出，"要巩固工农联盟，我们就得领导农民走社会主义道路，使农民群众共同富裕起来"③；邓小平

---

① 参见林毅夫、庄巨忠、汤敏、林暾：《以共享式增长促进社会和谐》，北京，中国计划出版社2007年版，第180~212页。

② 习近平：《论坚持推动构建人类命运共同体》，北京，中央文献出版社2018年版，第255页。

③ 《毛泽东年谱（1949—1976）》第2卷，北京，中央文献出版社2013年版，第449页。

认为社会主义"不是少数人富起来、大多数人穷"，强调共同富裕才是社会主义最大的优越性①，并把"共同富裕"作为社会主义本质的核心内涵加以强调，认为社会主义就是要消除两极分化，最终达到共同富裕②。改革开放以来，在效率与公平的关系问题上，中国经历了一个由改革开放初期为克服平均主义而突出效率，到20世纪80年代末至90年代初的兼顾公平与效率，到接下来十多年的"效率优先，兼顾公平"，再到更加注重公平以尽力实现公平与效率的统一、把两者视为同等重要这样一个螺旋式上升的认知和实践过程。进入新时代，大力度的脱贫攻坚战略的实施，使中国在临近建党百年庆典时，取得了脱贫攻坚的全面胜利，消除绝对贫困的艰巨性任务得以历史性地完成③，社会主义公平得到强有力的彰明。习近平总书记指出，中国共产党推动经济社会的发展，归根结底就是要实现全体中国人民的共同富裕，并反复强调绝不能出现"富者累巨万，而贫者食糟糠"的现象④。近年来，中国共产党出台了一系列大力度推进共同富裕进程的重大举措，如党的十九届五中全会对扎实推动共同富裕历史进程提出的七大方面重要举措，并擘画出2035年共同富裕的美好蓝图⑤。再如，支持浙江建设共同富裕示范区，打击资本过分侵蚀劳动等举措，使全体人民迈开了奔向共同富裕的更加坚定有力的步伐。随着发展阶段的变化，中国政府不断地调整实现共富的政策取向和方式方法，比如脱贫攻坚战取得胜利并实现第一个百年奋斗目标之后，便宣示要以更大的力度，立即着手扎扎实实地推进全体人民共同富裕的历史进程。作为社会主义国家的中国，在推进全体人民共同富裕道路上，体现出对效率与公平关系逐渐深入的认知，彰显出包容性绿色发展的时代要求，这是中国的社会主义根本社会制度的内在必然要求，是由中国共产党的初心和使命所决定的。

2020年年初以来的全球抗疫实践生动地说明："资本主义国家总是按照有钱活命无钱上吊的原则办事的"⑥。这是只顾效率不顾公平的赢者通吃，是为了垄断资本的利益而置最广大的人民群众生命安全于不顾的表

---

① 《邓小平年谱（1975—1997）》（下），北京，中央文献出版社2004年版，第1324页。

② 《邓小平年谱（1975—1997）》（下），北京，中央文献出版社2004年版，第1343页。

③ 习近平：《在全国脱贫攻坚总结表彰大会上的讲话》，《光明日报》2021年2月26日。

④ 《习近平谈治国理政》第2卷，北京，外文出版社2017年版，第200页。

⑤ 参见《中共中央关于制定国民经济和社会发展第十四个五年规划和二〇三五年远景目标的建议（二〇二〇年十月二十九日中国共产党第十九届中央委员会第五次全体会议通过）》，《光明日报》2020年11月4日。

⑥ 《马克思恩格斯全集》第5卷，北京，人民出版社1958年版，第363页。

现。"美国疫苗臭，他国无疫苗"的现象，显然是强者通吃而不顾公平的"单赢效率"和"单赢逻辑"，也是违背"公平与效率互促同向变动"为政策取向的包容性绿色发展理念要求的。

（三）坚持互联互通，摒弃画地为牢

彰显于"一带一路"等构建人类命运共同体实践中的经济共赢的逻辑内在地要求：以包容性绿色发展促进人类命运共同体的经济共赢，应该坚持互联互通，摒弃画地为牢。

全球化是时代发展的大趋势。马克思恩格斯在《共产党宣言》中，以其卓越的前瞻思维对体现全球化趋势的"世界市场"①进行展望，充分肯定全球化趋势对于人类社会进步和发展的强大推力。经济全球化能够促进国际社会的人员流动、贸易畅通、技术发展、投资便利，从而促进人类社会的发展和民众福祉的提升。长期以来，顺应全球化的发展大势，联合国主导并联合相关机构和全球各国，制定并推动实施千年发展目标、2030年议程等，使全球数十亿人口甩掉极端贫穷，近 20 亿人口获得安全的饮水，全球近 2/3 的人口能够通过互联网沟通。然而，极少数国家出于狭隘自私的极端实用主义哲学意识，在经济全球化有利于自家发展的时候高举全球化大纛，而一旦稍微看到后发国家和新兴经济体在艰苦卓绝的努力之下有了些许进步，便感觉别人分了它的一杯羹，于是由全球化的旗手变成了阻碍全球化发展的绊脚石，成了贸易保护主义的急先锋。贸易保护主义等逆全球化思潮以邻为壑、画地为牢，干着损人却并不利己的勾当，是远离包容性绿色发展的人类命运共同体建设主渠道的。"命运共同体是一种区域性和全球性的空间共同体"②，各国各民族之间应该是一种你中有我、我中有你、彼此包容和合作的关系，只有坚定不移地走包容性的互联互通的治理之路，坚定维护世贸规则，团结起来致力于构建彻底排除了所有歧视性规则的多边贸易体制，才能逐渐走出一条包容性绿色发展所内在要求的经济共赢之路。

是什么令中国提出的"一带一路"国际合作倡议有如此强大生命力、国际影响力、全球吸引力？答案就是："互联互通"。"互联互通"是推进"一带一路"国际合作的核心理念。习近平主席指出，我们今天所说的互

---

① 《马克思恩格斯文集》第 2 卷，北京，人民出版社 2009 年版，第 35 页。
② 陈忠：《城市社会：文明多样性与命运共同体》，《中国社会科学》2017 年第 1 期。

联互通，不仅指的是架桥修路等平面化的联通，更是政策的沟通、设施的联通、贸易的畅通、资金的融通、民心的相通这样一种大的联通，是五大领域齐头并进的全方位、立体化、网络化的大的联通①。以互联互通为核心理念的"一带一路"建设举措，已经成为在全球范围内谋求经济共赢的最鲜亮标识。政策沟通，就是各国共商经济发展政策以消除政策壁垒，协商制定推进区域合作计划，积极构建多层次的政策交流机制；设施联通，包括交通、口岸、能源和跨境光缆等基础设施的联通，在"互联互通"中处于"基石"地位，对许多国家来说属于发展的"瓶颈"。致力于高质量的、可持续的、包容可及的基础设施建设对于"一带一路"沿线各国充分发挥资源禀赋，更好地融入全球价值链、产业链、供应链以实现联动发展均具有重要意义；贸易畅通，就是推进投资贸易的便利化，消除投资贸易壁垒，协商建立双边或多边自由贸易区，降低投资贸易成本；资金融通，就是为提高地区经济的国际竞争力，协商实现本币兑换和结算，降低资金流通成本，降低抵御金融风险能力；民心相通，就是倡导睦邻友好的合作精神，开展沿线国家之间各层面的人文合作，促进文化交流互鉴，打造合作内生动力。以上"五通"，是帮助沿线各民族国家尤其是广大发展中国家实现弯道超车、变道超车和合作共赢的主要路径。以互联互通为"关键""精髓"和"核心"的"一带一路"将倚借凸显包容性全球化所要求的"五通"，摒弃长期以来极少数国度主导的强者更强、弱者更弱的全球化，开创全球化的 3.0 版，迈上通往人类命运共同体的包容性绿色发展之路。

　　第二届"一带一路"国际合作高峰论坛期间，巴基斯坦国立科技大学中国研究中心主任哈桑·贾韦德表示，"一带一路"倡议加深了沿线国家间的互联互通，为致力于共同维护经济全球化的国家提供了平台。法国前总理拉法兰认为，和平的环境、更多的合作、更少的冲突对于发展意义重大，"一带一路"倡议正是崇尚和平、合作的。一旦国与国之间进行合作，双方就不会盛气凌人，而是携手一起，开展共同的项目建设②。"一带一路"国际合作的巨大成果向国际社会昭示：包容性绿色发展坚持互联互通的理念，将在新型经济全球化的开拓中起到越来越广泛而深刻的影响，将显著推进人类命运共同体的建设进程。

---

①　参见《习近平谈"一带一路"》，北京，中央文献出版社 2018 年版，第 48 页。

②　据第二届"一带一路"国际合作高峰论坛期间，中央广播电视总台 2019 年 4 月 27 日《新闻联播》栏目头条新闻报道，题目是：《第二届"一带一路"国际合作高峰论坛举行圆桌峰会　习近平主持会议并致辞》。

三、美国悖逆经济共赢政策批判

（一）美国悖逆经济共赢政策扫描

1.逆全球化而动，大搞贸易保护

2009 年 1 月 28 日和 2 月 25 日，美国任性出台"必须使用美国生产的钢铁产品"和"不允许进口中国禽肉产品"等贸易法案。这是美国在金融和经济危机发生才 1 年多时间便出台的令世界各国广泛质疑的逆全球化政策。这种贸易保护主义，仅仅是美国反全球化做派的一个侧面。

而最典型的反全球化"事件"，则是 2016 年美国大选特朗普当选。特朗普以反移民、反贸易自由化和反全球化著称，奉行"美国第一"的"零和"政策，一时间排外主义、保守主义、孤立主义、反建制主义、本国优先主义和贸易霸凌主义等逆全球化思潮"风生水起"。特朗普执政的 4 年间，美国政府出台一整套政策，如发布"限穆令"，推动强修与墨西哥接壤的隔离墙，霸道退出巴黎气候协定、联合国教科文组织和联合国人权理事会，作废伊核协议，强行搬迁美国驻以色列使馆至耶路撒冷，公然对多国征收惩罚性钢铝关税，挑动台海变局等，屡屡令全球侧目。2018 年 7 月特朗普竟不顾多方警告，以中国对美贸易顺差为托词，出尔反尔，毫无信誉，悍然发动规模巨大的对华贸易战。美国的倒行逆施，搅得整个世界不得安宁，世界经济在 10 多年危机的阴影中还将艰难前行，面临严重挑战。

美国为什么反对经济全球化？美国反全球化的实质是什么？这是在讨论中需要回答和揭示的问题。

2.拉帮结派，大搞经济小圈子

长期以来，美国悖逆包容性绿色发展的经济共赢理念，在经济上拉帮结派，玩弄经济小圈子，任性推行你输我赢、强者通吃、画地为牢的经济政策。

自现任总统拜登上台以来，美国政府尤其热衷于经济宗派主义哲学，大搞各种形式的小圈子。2021 年 9 月中旬，美英澳三国政府宣布建立新的"三边安全伙伴关系"（AUKUS），这是与诸如七国集团、北约、"五眼联盟"以及美日印澳"四方安全对话机制"一样，由美国主导而网罗和拉拢起来的又一个排他性的"小圈子"。

2022年5月，拜登政府的拉圈子结伙动作密集进行。5月中旬，被数次推迟的美国—东盟特别峰会召开，终于为拜登上任后首次访问亚太并推行"印太经济框架"（IPEF）做了铺路准备。5月下旬，拜登访问韩日等国，启动看似联合韩日澳印等"小兄弟"应对数字化、供应链等经贸议题的"IPEF"。人们看到，原本仅仅具有地理意味的"印太"，在美国多年赋予其地缘战略的特殊含义之后，变成了美国可以任意大做结伙对抗文章的一张纸，不论是经贸还是军事、外交等领域，都在大搞亚太版的"北约"，极尽拉拢忽悠之能事。

美国现任政府如此，历任政府"岂有两样的"？如《红楼梦》所说，天下老鸹一般黑！特朗普政府尽管对盟友作出许多轻蔑的举动，但也是奉行"圈子"思维。比如，拉拢澳大利亚就是国务卿蓬佩奥的"心腹之事"。2019年8月美澳防长会晤期间，蓬佩奥对中国可谓一如既往地"念念不忘"，时刻把"中国问题"挂在嘴边，无论什么话题他都能生拉硬扯地给安在中国身上。一会儿鼓吹中国在南海大搞军事化，一会儿又说中国在制造"债务陷阱"；今天说中国在窃取网络数据，明天鼓动澳大利亚在北部部署导弹系统，因为中国正在加紧威胁澳洲的安全，等等，可谓不断地重复着他自己杜撰的"过去的故事"。

美国悖逆经济共赢的行为，并非只有上述两个方面，而是全方位、整体性的。作为世界头号经济大国的美国，不仅不反思自身作为2008年次贷和金融危机"策源地"给世界经济带来的至今难以走出困境的滔天罪恶，反而变成了不断出台各种悖逆经济共赢政策的急先锋。如整天挥舞制裁大棒对其他国家实施数十年的经济制裁，不断挑起各种形式的贸易战令世界经济增长面临严峻挑战，等等。这说明美国早已成为世界经济增长的头号搅局者和绊脚石。仅就其任性持续实施的量化宽松政策，足以说明美国对世界经济增长的长期负面影响。量化宽松导致全球初级产品的价格大幅上涨，对世界经济增长的危害是显性的和深远的，然而量化宽松却使美国这种倚赖"赤字"为生的国度其外债市场价值持续缩水。美国这种在全球薅羊毛过活的心机，国际社会谁人不知呢？

（二）美国悖逆经济共赢政策的实质

以人类命运共同体经济共赢的建设逻辑审视美国上述经济政策可以清晰地看出，其唯我独尊、极端利己主义的褊狭心胸，"老子天下第一"的经济霸凌主义做派,严重悖逆了包容性绿色发展的时代要求。

1. 有利则用无利则弃的极端利己主义心结

在不明真相的人们心目中,美国一向推崇经济贸易自由,一向是贸易自由化的重要推动者。美国屡屡举起反贸易保护主义的大旗,要求别的国家或地区大力开放市场、实行汇率等市场化改革、消除各种贸易壁垒等。但是,为什么金融危机以来的十几年,他们却又挥舞起贸易保护主义和逆全球化的"幌子"呢?这是在批判其倒行逆施的经济政策时须回答的首要问题。

20世纪第二次世界大战后的冷战时期,是美国这个超级大国从尚未风生水起到如火如荼的经济全球化中谋取超额利益的黄金时期,可见冷战时期的美国是经济全球化发展的超级大赢家。特别是20世纪80年代以来,新自由主义的经济政策在全球谋得主导地位,使世界范围内的人员、资本、信息和技术的流动显著变快,全球经济也在这种"流动显著变快"中得以发展。这个时期,作为超级大赢家的美国自然对于经济全球化鼓噪有加,而且还把资本主义那一套自由、民主等口号嫁接到经济全球化上,叫嚣世界经济全球化的过程就是世界民主化的过程和世界自由化的过程,甚至是世界美国化的过程。但是,全球化是一把双刃剑,全球化能够带来较好的经济效率,可也会有副产品,如加剧市场竞争,导致两极分化,带来环境的污染、劳工被侵权、失业和发展的不平衡等。而当东方国家经济的腾飞(如中国、印度等)与美国经济在金融和经济危机背景下的下滑现象同时出现并被歪曲为具有因果关联的时候,美国的一些政客便煞有介事地"重新评估"起了经济全球化。特朗普执意认定,是全球化导致美国在与中国、欧盟、墨西哥、俄罗斯等国的贸易交流中败下阵来,并责怪日本这个盟友在关闭国内市场,责怪德国操纵欧元汇率等。总之,特朗普认为美国在与他国的交易中,他国都获得了不公平性质的收益,整个世界好像都在占美国的便宜。特朗普甚至宣称:"中国正在'玩死我们'",中国加入WTO才导致了美国的失业潮,美国的贸易逆差是"与中国贸易的结果"[①]。于是特朗普执政下的美国政府便摆出一副"鸵鸟姿态",说是这样能够让美国再度伟大。特朗普把一切政策的出发点都放在以美国的国家利益为优先的准则之上,并不断甩下理应承担的国际责任,龟缩到国内,显示出一副孤立加保护、宁可我负天下人的所谓"强者"面相。

---

① Donald J.Trump, "Declaring American Economic Independence", http://assete.Donaidjtrump.com/DJT_Declaring American Economic Independence.

　　由此可以看出，对于美国来说，无论是支持或是反对全球化，无论是支持或是反对贸易保护主义，都只是出于自家的利益而已，哪里考虑到什么世界经济的健康发展和他国人民的发展福祉呢？为了维护自家的利益，一切国际规则和人类共同价值都成了他们可以任意践踏的废纸。如此只能得益不能失益、只管独大不愿共享的对外政策，哪里有什么包容性绿色发展所倡导的经济共赢理念呢？学界尖锐地指出，其实美国从来就不是什么全球化和自由贸易的信奉者，其经济发展水平和成绩多是以产业和贸易保护来实现的。美国开始推行自由贸易政策只是在确立工业霸主地位以后的事。从整个历史进程上看，美国的强大总是倚仗其实质上一向秉持的贸易保护主义政策。或正因此，法国经济史学者保罗·巴罗克把美国称作全球贸易保护主义的发源地和堡垒①。

　　中国学界对美国逆全球化政策的本质进行了深刻揭露。有学者一针见血地指出，眼下好似眼花缭乱的逆全球化现象表明，美国等少数发达资本主义国家原来所主导的全球化，其初心仅仅是为了保持其自身的经济优势，以更有利于自身获得垄断超额利润，更有利于满足垄断资本的贪欲。为什么在西方逆全球化会受到相当数量的中下层民众支持，带有浓重的"民粹"色彩？原因就在于其政客们的煽动②。据美国媒体报道，美国每年从全球化中获益1万亿美元，然而这1万亿收益却并不能被平均分配，资本所有者和高技能劳动力才是其主要受益者③。当前的逆全球化浪潮是美国等少数资本主义国家的政客们借民粹主义转嫁国内矛盾而妄图继续坐享全球垄断利益心结的反映。从根本上说，不论是以前倡导全球化，还是当下悖逆全球化，都是为资本谋取垄断利润而服务的，哪里考虑到本国中下层民众的利益受损？哪里考虑到经济全球化过程中人口的适度流动对广大发展中国家解决贫困问题的促进作用？不仅如此，美国还倒打一耙，把广大发展中国家在经济全球化过程中实现的自身发展视为对其主导权的挑战而耿耿于怀，甚至总想置他人于死地而后快，这反映了他们对经济全球化认识的狭隘性和阶级利益上的偏见。由此可见，美国哪里是在反对全球化，他们反对的是令其自身利益减损的全球化，是担心其"主导权"受到

① 转引自吴强：《美国与贸易保护主义》，《红旗文稿》2009年第10期。
② 张端：《逆全球化的实质与中国的对策》，《马克思主义研究》2019年第3期。
③ 《美媒：美国贫富差距已达有史以来最高没有缩小迹象》，参见凤凰网·财经，2017年11月2日，https://finance.ifeng.com/a/20171102/15763647_0.shtml。

挑战的全球化,"其实质是一种再全球化"①。也就是说,一旦经济全球化所彰显的主要议题、主导势力、运行方式和规则规定逾越或违背其控制力的时候,那么单边主义、保护主义以至种族主义便立即出来兴风作浪,"席卷重来就不足为奇了"②。

2. 见不得别人好的酸葡萄情结作祟

美国玩弄经济小圈子,是其见不得别人好的酸葡萄心理作祟。当下的美国,通过经济增长或投资回报已经难以吸引国际社会的投资意向,于是便寄希望于不断搞各种小圈子拉拢和网罗它的"小兄弟",采取贸易保护乃至军事威胁等手段攫取世界人民劳动果实,为的就是维护或营造一个能够支撑起耍弄霸权的国际环境,其新帝国主义的野心昭然若揭。即便有时收敛一下,也不过是为了缓和内在矛盾、外在压力的一种权宜之计③,其新帝国主义的虚伪性、寄生性、贪婪性是掩饰不住的,或根本就没有想去掩饰。

美国拉拢和网罗小圈子,其根本宗旨就是想整垮他们认为对自己构成威胁的中国、俄国等国家和地区,这已是不需要怎么思考和推理就可以看到的明摆着的美式霸凌心机。众所周知,美国的发迹史,就是一部打压和整垮"世界第二"的历史。过去的一百多年时间,美国认为英、德、苏、日、欧盟等五个"第二"有可能冲击其霸权地位,都依次被其解决和瓦解掉了。当2010年中国跃升为世界第二大经济体的时候,中国便被美国赋予了"第六个"的角色。基辛格在其《世界秩序》一书中明确指出:美国"害怕不断壮大的中国将一步步削弱它世界第一的地位"④。可见,美国容不得别人好,哪怕好那么一点点也妒火中烧。处心积虑围堵中国、俄罗斯等国,暴露了美利坚国度一些人见不得别人发展进步的阴暗心态。究其根由,不外乎三个方面:一是其祖宗留下的新教伦理基因,不愿意承认自己会失去其"上帝的选民"资格,难以接受走下"山巅之城"的结局。二是其上百年来打压他国的路径依赖,即美国怎么可能不去复制其瓦解五个"第二"的辉煌历史呢? 三是其对修昔底德陷阱理论的笃信和死守。由此看来,美国热衷于经济宗派主义哲学,拼命搞排他性的小圈子,也就不足

---

① 张端:《逆全球化的实质与中国的对策》,《马克思主义研究》2019年第3期。

② 亓光:《当代西方转型正义话语批判》,《马克思主义与现实》2018年第3期。

③ 房广顺、苏里:《美国外交的霸权战略不会改变——以特朗普外交"新面孔"为例》,《世界社会主义研究》2017年第5期。

④ [美]亨利·基辛格:《世界秩序》,胡利平等译,北京,中信出版集团2015年版,第297页。

为怪了。澳大利亚前外长鲍勃·卡尔一针见血地指出，中国的发展进步引起了美国的焦虑，这种焦虑和忌妒，反映了作为超大强国的美国已经"感到了强烈的衰退的暗示"[1]。

美国见不得别人好的酸葡萄心理，给世界经济共同发展的健康推进、公平效率的协调统一、互联互通的和谐顺畅造成了严重梗阻，给国际社会的整体和长远利益也将带来诸多不确定的风险。这是整个国际社会在建设人类命运共同体的道路上需要倍加警惕和防范的。不过历史的辩证法也会告诉这个地球上一切善良的人们，美国在路径依赖的心理驱使下所做的延续辉煌的春秋大梦总有一天是要醒来的。恰如学界所说：美国费尽心机网罗的小圈子给不了东盟什么繁荣[2]，美国生拉硬扯小圈子搞对抗不会有什么市场[3]，而且其极端自私自利的禀赋也难以服众，这些小圈子在抱团的表象之下，掩饰不住其内部的矛盾和分歧[4]。甚至在百年未有之大变局之下，美国想维持这种抱团的表象也已是力不从心了。

---

[1] 转引自郝亚琳：《美国拉小圈子搞对抗没有市场》，《新华每日电讯》2019 年 8 月 6 日。

[2] 郭言：《美国的"小圈子"给不了东盟繁荣》，《经济日报》2022 年 5 月 18 日。

[3] 郝亚琳：《美国拉小圈子搞对抗没有市场》，《新华每日电讯》2019 年 8 月 6 日。

[4] 参见何维保：《拜登的"小圈子"》，《党课参考》2021 年第 21 期。

第六章　包容性绿色发展：人类命运共同体的政治自主之路

政治自主的逻辑，蕴含于联合国宪章所恪守的主权平等原则中，表征于"对话而不对抗，结伴而不结盟"的国家交往原则中，彰显于尊重和维护联合国地位、注重发挥联合国作用的国际交往实践中，遵循了包容性绿色发展的时代要求。以包容性绿色发展促进人类命运共同体的政治自主，应该坚持平等相待，反对以强凌弱；坚持结伴对话，反对结盟对抗；坚持多边合作，反对单边保守。对美国悖逆政治自主的政策和行为进行批判，同样是以包容性绿色发展促进人类命运共同体政治自主的题中之义。

一、政治自主的逻辑内涵

（一）政治自主的逻辑，蕴含于联合国宪章恪守的主权平等原则中

人类在经历了 20 世纪上半叶两次极端战祸之后，联合国自 1945 年 10 月《联合国宪章》生效而宣告成立。自成立至今，在联合国已走过的 3/4 个世纪的发展历程中，它被公认为当今世界最具普遍性、最有代表性、最显权威性的各国政府之间的国际组织，一向承载促进国际社会合作发展、维护世界和平和合理国际秩序的崇高使命。坚定秉持和充分体现和平与安全、发展、人权这三大支柱理念的联合国及其"宪章"，为人类社会的进步和发展发挥着难以替代的重要作用。"宪章"在极简短的序言中，着重突出"大小各国平等权利之信念"[1]，并在第一章"宗旨及原则"的第

---

① 许光建主编：《联合国宪章诠释》，太原，山西教育出版社 1999 年版，第 4 页。

二条第一款明确宣示"本组织系基于各会员国主权之原则"①。这也就是说，从制定宪章的那一刻起，国际社会便把主权平等原则作为最重要的内容纳入宪章之中，并再三强调，各成员国必须坚定遵循主权平等的原则。由此可见，"主权平等"这一原则被《联合国宪章》置于多么醒目和重要的位置。

联合国宪章所恪守的主权平等原则，是几百年以来世界上民族国家规范和调整他们之间关系的"最重要的准则"，也是联合国的所有机构和组织、国际社会各种形式的双边或多边机构所普遍认可和遵守的"首要的原则"②。习近平主席在日内瓦作"共同构建人类命运共同体"的主题演讲时，着重提到了300多年之前《威斯特伐利亚和约》（本章以下简称《和约》）所制定的平等、主权等国际交往原则③。《和约》标志着欧洲自1618年至1648年计30年时间里一系列大规模国际战争的结束。作为欧洲中世纪和世界近代史之交的第一个多边条约，《和约》被公认为近代国际法的一个实质性的源头，是国际法演化过程中一块极其重要的里程碑。尽管《和约》推动建立起来的威斯特伐利亚体系所反映的民族国家之间的均势并不多么巩固，且《和约》签订后欧洲依旧战祸频仍，但《和约》确定的以平等、主权为基础的国际关系准则在长达几百年的时间里，一直是国际社会解决各国间矛盾、冲突时所参照的基本理念。而《联合国宪章》主权平等原则继承和发扬了威斯特伐利亚体系的核心理念，体现出超越民族国家关系的狭隘国家观，彰显了以全人类的"整体性""全息性"④利益为出发点的"你中有我、我中有你的命运共同体"⑤理念。

联合国宪章所恪守的主权平等原则，是联合国及其所属机构、组织共同遵循的首要原则。习近平主席详细列举了联合国、世贸组织、世卫组织、国际劳工组织等众多多边国际机构在"平等参与决策"方面体现的完善全球治理的重要作用，强调在新的形势下更需要"坚持主权平等，推动各国权利平等、机会平等、规则平等"⑥的原则。

联合国宪章所恪守的主权平等原则，内在地蕴含着各国享有自主选择

---

① 许光建主编：《联合国宪章诠释》，太原，山西教育出版社1999年版，第26页。
② 习近平：《论坚持推动构建人类命运共同体》，北京，中央文献出版社2018年版，第416页。
③ 习近平：《论坚持推动构建人类命运共同体》，北京，中央文献出版社2018年版，第416页。
④ ［美］安乐哲：《"一多不分"视域中的人类命运共同体》，《光明日报》2019年7月6日。
⑤ 习近平：《论坚持推动构建人类命运共同体》，北京，中央文献出版社2018年版，第5页。
⑥ 习近平：《论坚持推动构建人类命运共同体》，北京，中央文献出版社2018年版，第417页。

自己国家的政治制度和意识形态等政治自主的权利，在国际法层面各个国家不分大小均具有独立性和有保障的尊严，它们应该独立自主地处理本国事务而不受外来干涉，也能够平等地享有国际政治权利，而不致被排斥在应有的权利之外。主权原则不仅体现在全球各国不分大小强弱其领土和主权不容许侵犯、国内事务不容许干涉等方面，还体现在各国在不受他方左右而能够自主地选择其社会制度、发展道路的权利上也能够得到坚定维护，体现在全球各国在推动其经济社会的发展、改善人民生活、提高人民福祉等方面的举措和实践也能够得到切实尊重①。

显而易见，"政治自主"原则体现了主体国家之间交往的包容性，同时也是一种绿色化了的、可持续发展的良好政治生态图景，符合包容性绿色发展理念所倡导的人类命运共同体建设的宗旨。人类命运共同体高扬政治自主的理念，反对国际关系上的霸权主义和强权政治等做派，对于跳出"国强必霸"的片面性思维窠臼以打破西方臆造的"修昔底德陷阱"幻象、破解"零和博弈"的恶性竞争思维禀赋以打造"共商""共建""共享"的新型治理模式、超越"中心—边缘"的不平等思维桎梏以构建更加公平合理的国际政治经济新秩序，促进国际关系上的民主化、法治化和合理化建设均具有重要意义。

（二）政治自主的逻辑，体现于"对话而不对抗，结伴而不结盟"的交往原则中

结盟，即结成联盟的意思。结盟或联盟的定义众说纷纭，学术界莫衷一是。在英语中"alliance""coalition""alignment""bloc""entente""pact"等词语都表示程度不同的安全协作关系，其中"alliance"最为常用，即狭义上的军事联盟。一般认为，所谓联盟，就是两个或多个具有独立主权的国家以国家安全为说辞而缔结的旨在鼓励相互之间进行军事行动方面支援的协定②。可见通过正式缔结协定来建立相互间的军事联合，才是较为严格意义上的联盟或结盟概念，即狭义的结盟。

习近平主席在众多重大外交场合明确指出：要致力于"建设全球伙伴关系"，努力开拓出一条"对话而不对抗，结伴而不结盟"的处理国家

---

① 习近平：《论坚持推动构建人类命运共同体》，北京，中央文献出版社 2018 年版，第 254 页。

② Arnold Wolfers, "Alliance", in International Encyclopedia of the Social Science, New-York: Macmillan Company & The Free Press, Vol.1, 1974, pp.268~269.

交往关系的新路子 ①。"对话而不对抗，结伴而不结盟"是协商式民主理念在处理现代国际治理事务中的重要体现，内在地包含着政治自主的逻辑。"对话"自然意味着平等协商，双方或多方均能够做到自主决定本方事务，而不应受到来自他方的掣肘和胁迫，同时排斥了"对抗"这一选项；"结伴"即与他国结成同伴相伴而行，采取友好协商的方式处理伙伴关系。这与百度词条所说的"结盟"即"为采取共同行动而缔结条约或誓约"大相径庭。因为结盟便意味着一方即使面对非正义的举措也不得不遵从或支持另一方的决策，这是一种不科学、不合理、不合法也难以长久的国家交往方式。

中国恪守独立自主的不结盟的外交政策，具有其深厚的历史逻辑启示。一是老祖宗传承给我们的"和而不同""天下大同"等崇尚和平的和合理念，成为流淌在 21 世纪中国人身上的古老基因。汤因比所描画的中国"大而不霸" ② 的民族基因，是时刻在起着支配和决定性作用的。比如，中国开通了丝绸之路，却没有派远征军去征服世界；中国发明了火药，而没有用来制造侵略他人的枪炮；中国发明了罗盘，但没有用来制造兵船横行四海 ③。二是近代以来中国备受欺凌，备尝不平等条约的苦果，这是一种难以抹去的隐痛。不论是旧中国的"无休无止的国耻"，还是新中国在两次结盟中的不自主情结，都是历史给中国人留下的难以独立自主而受制于人的隐忧。因此，恪守不结盟政策，对于中国来说"不只是战术，更是道德上的必然" ④。三是爱国主义和国家主权意识使然。这就是毛泽东所说的血战到底之气概、光复旧物之决心、自立民族之林之能力 ⑤，也是邓小平所说的"主权问题不是一个可以讨论的问题" ⑥。而从现实考量上看，不结盟的外交政策，也是综合考虑国内发展条件和综合国力的提升，以及在与时俱进地审视国际社会的安全环境基础上而制定的。这种不结盟的国家交往原则，内在地包孕包容性绿色发展所倡导的政治自主的逻辑意涵。历史和现实都在向人们昭示，一旦采取结盟的政策取向，那么国家政治权力的独立性和自主性，便难以为继。

① 习近平：《论坚持推动构建人类命运共同体》，北京，中央文献出版社 2018 年版，第 254 页。
② 转引自颜声毅：《当代中国外交》，上海，复旦大学出版社 2009 年版，第 66 页。
③ 曲星：《中国外交五十年》，南京，江苏人民出版社 2000 年版，第 3 页。
④ ［美］基辛格：《大外交》，顾淑馨、林添贵译，海口，海南出版社 1998 年版，第 770 页。
⑤ 《毛泽东选集》（第 1 卷），北京，人民出版社 1991 年版，第 161 页。
⑥ 《邓小平年谱（1975—1997）》（下），北京，中央文献出版社 2004 年版，第 854 页。

试问，与美国结盟的 30 多个主权国家中，又有几多享受到充分的政治自主性？美国前国务卿基辛格那句世人皆知的国际名句——"做美国的敌人是不幸的，而做美国的盟友则是致命的"，可谓一语成谶。特朗普执政时期，美国的传统盟友们对美国的看法足以说明结盟对于包容性绿色发展理念的政治自主原则的冲击。欧盟主席图斯克曾直言："有了美国这样的朋友，还要什么敌人？"① 即便是拜登政府的"美国回来了"，其盟友们是否感觉到了几许独立、几多自主？不顾盟友急匆匆从阿富汗撤军，澳大利亚向法国购买的高达 500 亿美元潜艇订单被截胡，威逼利诱其所谓"小弟"制裁俄罗斯，等等，都是拜登政府送给盟友们的"大礼包"。至于说到美国这把大伞关照下的日韩在国际政治交往中的无奈，更是世界人民茶余饭后的谈资。

（三）政治自主的逻辑，彰显于维护联合国地位和作用的交往实践中

2019 年 9 月 27 日，中华人民共和国国务院新闻办公室发布《新时代的中国与世界》白皮书，引发国际社会广泛关注。白皮书旗帜鲜明地指出：联合国在当代全球治理体系中处于核心地位，《联合国宪章》是维护国际体系稳定、规范国家间行为的重要基石。各国要坚定维护以联合国为核心的国际体系，坚定维护以《联合国宪章》宗旨和原则为基石的国际法和国际关系基本准则，坚定维护联合国在国际事务中的核心作用②。这是一个负责任的大国在百年未有之大变局下面对"合则用、不合则弃"、随意"退群""退约"等既违反契约精神也违背国际道义的"实用主义"等做派而发出的时代强音。

2021 年 9 月 21 日，在第 76 届联合国大会的视频讲话中习近平主席明确指出，世界只有一个体系、一个秩序、一套规则，不应该有多个体系、多个秩序、多套规则。这个体系只能是以联合国为核心的国际体系，这个秩序只能是以国际法为基础的国际秩序，这套规则也只能是以联合国宪章的宗旨和原则为基础的国际关系基本准则③。这是在新形势下对联合国的权威地位和作用的最明确、最深刻、最凝练的认可，鲜明体现了新时

---

① 转引自李辽宁：《"美国优先"的实质是美国霸权》，《红旗文稿》2018 年第 16 期。

② 中华人民共和国国务院新闻办公室：《新时代的中国与世界（2019 年 9 月）》，《光明日报》2019 年 9 月 28 日。

③ 习近平：《坚定信心 共克时艰 共建更加美好的世界——在第七十六届联合国大会一般性辩论上的讲话》，《光明日报》2021 年 9 月 22 日。

代中国共产党和中国人民的国际秩序观，同时也充分表达了在党的百年诞辰和中国恢复在联合国合法席位 50 周年的极其特殊的日子里，经过艰苦卓绝斗争才获得和平发展机会的中国人民维护联合国地位和作用的坚定决心和坚强意志。习近平主席开篇就指出，中国将隆重纪念恢复联合国合法席位 50 周年这一历史性事件，并明确表示将继续积极推动中国同联合国合作，继续为联合国崇高事业作出更大贡献。中国是联合国创始会员国，是第一个在《联合国宪章》上签字的国家，50 年之后中国国家主席的讲话，让世界再一次看到一个坚定维护国际秩序的国度，一个敢于维护国际社会公平正义的国度，一个敢于担当、不畏强权的国度。

　　那么，尊重和维护联合国地位、注重发挥联合国作用与各民族国家的政治自主之间有什么关联呢？如果用一句很简洁的话来说就是：维护联合国地位和作用其实就是维护主权平等原则，有了主权平等原则自然就有了民族国家的政治自主，于是也就排斥了受制于人的局面。由此可见，政治自主的逻辑内在地存在于国际社会对联合国权威地位和作用的尊重和维护之中。践踏联合国的权威地位，绕过联合国而进行的单边主义行径，就是对政治自主原则的践踏。习近平主席所强调的世界只有联合国这一个体系、秩序和规则，正是对各民族国家政治自主的渴盼、尊重和包容，是中国人民从对自身主权被欺侮的切肤之痛中，从南联盟、伊拉克、利比亚、叙利亚、古巴、委内瑞拉等国家和地区被侵略和掠夺的现实境遇中所得出的基本结论。然而，以美国为首的西方少数国家，却总是把自己凌驾于联合国之上，以其国内制度为国际社会交往的制度，以其国内法为国际法，肆意藐视联合国宪章，甚至不惜否认和篡改历史，这些显然都是霸权主义和强权政治的表现。

　　《联合国宪章》的宗旨和原则是国际社会各民族国家在处理彼此交往关系上的根本遵循，是世界各国联合起来维护国际秩序和平稳定发展的基石和依托。作为全球反法西斯战争取得伟大胜利的重大成果，联合国所承载的是整个国际社会对和平与发展的期盼和希冀，一切悖逆和平与发展的理念、政策和做派，都是违背世界人民愿望的，必将遭到世界人民的反对和唾弃。反法西斯战争胜利 70 多年后的今天，国际社会理应在对《联合国宪章》的宗旨和原则的承诺上做到旗帜更加的鲜明，在国际交往中切实地做到尊重和维护联合国的权威地位，并在国际交往实践中不断地丰富和发展《联合国宪章》的内涵，赋予《联合国宪章》各项规则与时俱进的新内涵和生命力。国际社会高扬和平、平等的大旗，倡导不同信仰、不同制度、不同民族的国家之间只有大小之别而无优劣之分，可以有序竞争但不可欺诈霸凌，可以"和而不同"但不可"同而不和"，这才是包容性绿色发展理念所要求的政治自主的意涵。只有在各国携手努力、同舟共济，切实尊重和维护联合国地位并注重充分发挥联合国作用的国际交往实践中，才能牢牢把握住人类命运的正确走向，才能保障各主权国家的政治自主权利。

针对反全球化和逆全球化风潮，习近平提出了国际社会要致力于共同打造以合作共赢为根本宗旨和核心要求的新型国际关系的倡议。这既是对《联合国宪章》的宗旨和原则的恪守和遵循，又是对传统国际关系理论的扬弃和重大创新，丰富和发展了《联合国宪章》的内涵，赋予了宪章多个条款以崭新的生机和活力，为人类文明发展描画了未来和平与发展的崭新价值坐标。联合国各会员国理应团结一致，坚定地维护联合国的权威，旗帜鲜明地捍卫《联合国宪章》的宗旨和原则，坚定地做多边合作的有力推动者，坚决反对和共同制约动辄"退群"、制裁甚至军事打击的单边霸凌做派，如此便能够为广大会员国的政治自主道路提供有效的保障，并为构建以合作共赢为根本宗旨和核心要求的新型国际关系作出新的贡献。

二、以包容性绿色发展促进人类命运共同体的政治自主

政治自主的逻辑内涵昭示，以包容性绿色发展促进人类命运共同体的政治自主，国际社会必须做到以下几个方面。

（一）坚持平等相待，反对以强凌弱

蕴含于《联合国宪章》所恪守的主权平等原则中的政治自主逻辑内在地要求：以包容性绿色发展促进人类命运共同体的政治自主，应该坚持平等相待，反对以强凌弱。

长期以来，美国以世界警察自居，奉行霸权主义和强权政治，在主权国家之间的交往中颐指气使，对逆之者疯狂制裁和打压，对顺之者毫无原则地包庇和袒护，整个世界被搅得鸡犬不宁，对构建人类命运共同体的全球进程构成了严重梗阻。包容性绿色发展理念所倡导的全球范围内的包容性绿色政治生态，一是主张在不同的民族和国家间组成的大家庭中不分大小，主权都是平等的，决不能以大欺小、以强凌弱、以富压贫。这是道义

上的至上理念。二是倡导自由民主、公平公正、和平发展的价值理念，尊重各国自主选择其社会制度、发展道路、推动改善国民生活的自主权利。只有做到这两点，才能切实维护好以《联合国宪章》为基石的国际社会的合理秩序，继而才能保障民主、法治、合理的国际关系发展方向不偏航，才能共同营造出平等相待的美好世界。

联合国建立70多年的历史向国际社会表明，联合国尤其是安理会在维护世界和平、解决地区冲突方面的协调能力大致表现为一个逐渐增强的过程，即逐渐从一个具有政治讲坛和辩论场所性质的国际组织向具有一定强制力的组织管理实体过渡。比如，通过的决议在一定的程度和范围内能够得到执行，在制约霸权主义、执行维和行动、促进经济社会发展和消除冲突根源等方面均发挥着重要作用。但是长期以来，美国和少数西方大国一直秉持那种利用联合国将自家意志强加给其他国家的"干涉情结"，在国际事务的处理以及地区争端、冲突的解决中屡屡以霸权主义和强权政治示人，致使《联合国宪章》的主权平等原则备受冲击。联合国成立70周年后的这几年，即2015年之后，由于美国特朗普政府的"第一""优先""例外"等政策取向，国际社会越发觉得，要做到国家之间的平等相待和政治自主，抑制以强凌弱，《联合国宪章》的宗旨和原则就必须得到坚定维护。

在维护《联合国宪章》的宗旨和原则方面，国际社会不乏较为成功的案例。2013年9月27日，联合国安理会的15个成员国以一致赞成的投票结果通过授权对叙利亚存在的化学武器进行核查和销毁的决议草案，由此避免了一场国际社会不愿意看到的外部军事干预，仍在流血的叙利亚也因之而被"免除"更大规模的武装干涉。在这次危机中，俄罗斯、中国以及世界上大多数国家的反战态度极大地压制了美国的动武意念。尤其是俄罗斯以力示人，以理服人，一方面在地中海部署10多艘军舰，令美国有所忌惮；另一方面总统普京在坚定捍卫《联合国宪章》的同时"以其人之道还治其人之身"，在《纽约时报》上依据美国人推崇的在上帝的面前人与人都是平等的等信条深刻批判"美国例外论"，令美国不免心虚理怯。这次在维护《联合国宪章》的宗旨和原则方面较为成功的案例大大鼓舞了这个星球上一切善良的人们。决议的最终通过，一方面凸显对话和谈判的力量，即其间中国和俄罗斯所起到的建设性作用和贡献；另一方面，向国际社会表明，联合国的权威就应该如此维护和彰显，安理会旨在维护和平与安全的权威和地位就应该如此得到尊重，一个主权国家的政治自主权利就应该如此受到保护。

在对待《联合国宪章》的宗旨和原则方面，国际社会当然不乏被藐视、被践踏的案例，其典型的便是美国一次次绕开联合国对主权国家的武装打击，甚至是赤裸裸的入侵。这方面，只要看看美国对外用兵史，尤其是用兵理由，便不言自明。综观一些藐视《联合国宪章》宗旨和原则的案例，可以看出一个突出特点，即对主权国家内政的干涉成为事件的实质所在。《联合国宪章》第一章第二条第七项指出："本宪章不得认为授权联合国干涉在本质上属于任何国家国内管辖之事件。"① 尽管在之后的实践中国际社会对这一项争议较多，但只是集中在如何发挥联合国的作用方面，而对于国家与国家之间的"不干涉内政"规定，却从来没有模糊或争议过。然而长期以来，美国极力鼓吹传统的主权概念早已不适用于当下社会所面临的大量问题，并要求把集体安全范畴延伸到人道主义、人权等领域。这是严重悖逆《联合国宪章》的精神和原则的。对各国独立地位的尊重，对主体国家的主权、领土完整和国家统一等权利的尊重，对他国主权范围内的事务采取不干涉态度，这是《联合国宪章》具有强制约束力的法规条文。包容性绿色发展理念所倡导的政治自主理念在主权平等原则方面必然要求各主权国家有权根据其国情独立自主地选择自己的社会制度和发展道路，他国或国际组织没有理由把某种意识形态、价值观念和发展模式强加于人。

2019 年 6 月 G20 领导人大阪峰会上，非洲朋友盛赞中国从不干涉别国内政，这与基辛格所说的中国只是"自己管自家的事"② 如出一口。这是对中国在践行包容性绿色发展的政治自主原则方面的实事求是的评价，是中国模范坚持平等相待、反对以强凌弱的国际形象的真实写照。

（二）坚持结伴对话，反对结盟对抗

表征于"对话而不对抗，结伴而不结盟"的国家交往原则中的政治自主逻辑内在地要求：以包容性绿色发展促进人类命运共同体的政治自主，应该坚持结伴对话，反对结盟对抗。

对"对话而不对抗"的权威理解，用中国共产党全国代表大会报告的观点和表述是最有解释力的，这就是"要相互尊重、平等协商""要坚持以对话解决争端、以协商化解分歧"③ 等论断。这种"对话而不对抗"的

---

① 许光建：《联合国宪章诠释》，太原，山西教育出版社 1999 年版，第 27 页。
② ［美］亨利·基辛格：《世界秩序》，胡利平等译，北京，中信出版集团 2015 年版，第 294 页。
③ 《十九大以来重要文献选编》（上），北京，中央文献出版社 2019 年版，第 41 页。

主张，是与中国一贯恪守独立自主理念，充分地尊重各主权国家和人民对自己发展道路的自主选择的权利，坚定维护国际社会的公平和正义，坚决反对把己方的意志强加于他国，坚决反对以任何形式或借口肆意干涉他国内部事务，坚决反对以强凌弱等一贯态度是高度一致、一以贯之的，也是新中国成立70多年来中国所一贯奉行的国家间的交往原则，并一向得到国际社会绝大多数国家的坚定拥护、支持和赞扬。在全球化时代，世界的前途命运只能由各个国家来共同掌握，出现了问题和矛盾也只能由各个国家坐在一起协商解决，而不能由某一个或几个少数国家说了算。包容性绿色发展坚决反对走动辄诉诸武力或制裁的老路，强调国家之间应该彼此尊重，对彼方的重大关切要感同身受；坚决反对以大欺小、以强凌弱，主张大小国家一律平等，兼顾义利或重义轻利；鲜明主张在相互尊重的基础上，谋求积极合作，实现双赢和多赢。

结伴关系（也叫伙伴关系）是当下世界主权国家之间一种崭新的关系样态。结伴以国家之间结成友好关系为宗旨，注重彼此在一些重要国际问题上的意见交换与商洽。当下世界，强调伙伴关系的构建，积极推进国家之间的伙伴关系建设已成普遍态势，即通过伙伴关系的构建来谋求国家之间友好关系的发展，这在冷战之后早已成为一种国际趋势。20世纪90年代中期以后，中国与世界诸多国家之间构建了各种伙伴关系，旨在以结伴营造良好外部环境，谋求共同发展。目前，中国以求同存异为基础理念而建立的伙伴关系大致可分为与世界大国建立的战略伙伴关系、与周边国家建立的睦邻伙伴关系、与广大发展中国家之间建立的基础性伙伴关系等。这些结伴而行的伙伴关系，与其他国家的伙伴关系性质并没有实质性的差别，只是必须强调，结伴或伙伴关系不应该演化为名义上或实质上的结盟关系，这是在认识结伴或伙伴关系时所应该辨正或甄别的一个重要问题。中国一贯坚定奉行的不结盟政策和"结伴而不结盟"的国家交往原则，是与其一贯奉行的独立自主的和平外交理念一以贯之和完全统一的。学界早已把"不对抗、不结盟"的战略伙伴关系的构建作为中国外交的一大创新 [1]。中国的国防白皮书对于不结盟政策有明确陈述，长期的国际和平环境和良好的周边环境，是中国发展之必需；中国恪守独立自主的和平外交理念，不同任何大国或国家集团结盟。尽管学界也有诸如固守"不结盟"是缺乏灵活性的表现等噪声和杂音，但中国外交政策不为所动，充分体现

---

[1]　张蕴岭：《中国周边环境的新变化与对策》，《思想战线》2012年第1期。

了中国共产党和中国政府恪守独立自主的和平外交政策的强大定力。

2022 年 2 月下旬爆发的俄乌军事冲突，作为第二次世界大战后美国谋求超级大国领导地位和资本主义阵营在军事上谋求战略同盟的一种最重要的标志，美国为主导的北约数次任性东扩，才是导致冲突的根源。据澎湃新闻报道，英国贝尔法斯特女王大学一位叫季托夫的学者表示，完全是北约军事同盟的成员国资格问题才导致了冲突。由此，反衬出中国提出的"对话而不对抗，结伴而不结盟"在维护国家政治自主权利方面的原则性规范作用。鉴于此，构建人类命运共同体的一条原则性路向，便是致力于全球性或区域性的伙伴关系，致力于打造"对话而不对抗，结伴而不结盟"的国家关系的崭新样态。国际社会只有顺应时代发展大潮，注重构建包容性、建设性伙伴关系，跳出结盟对抗的冷战思维窠臼，以对话协商化解争端和分歧，才能走出一条包容性绿色发展所倡导的人类命运共同体建设的政治自主之路。

（三）坚持多边合作，反对单边保守

彰显于尊重和维护联合国地位、注重发挥联合国作用的国际交往实践中的政治自主逻辑内在地要求：以包容性绿色发展促进人类命运共同体的政治自主，应该坚持多边合作，反对单边保守。

单边主义，一般是被用来定义在国际交往中个别或少数大国凭借自己超强的经济、政治或军事实力，在外交政策的制定和实际操作中悖逆全球化时代大潮，拒绝采取多边合作和协商，我行我素、唯我独尊，忽视国际社会的整体利益诉求，单独退出或带头挑战反映国际社会整体利益诉求的规则和制度框架的行为倾向。单边主义具有极其鲜明的破坏性表现，如肆意违背国际法，挑战联合国权威；打压不同意见，加剧力量失衡；引发冲突对抗，带来不稳定局面等。显然，单边主义是人类社会走向命运共同体的巨大障碍。

包容性绿色发展既然主张"所有人的发展""所有人的共享"，必然成为多边主义的理论"拥趸"，同时也恪守和凸显政治自主的内在逻辑要求。在全球化时代，多边主义主张国家之间的交往要注重良性互动、民主共治、协调合作，单个国家必须在多边的普遍行为约束力之下行事。显然，这在行为规则、发展路向和致思取向上与包容性绿色发展理念具有较高的耦合度，因此多边合作被公认为人类命运共同体建设的关键机制。民族国家之间只有切实做到多边合作、开放协商和责任担当，才能保障各自的政治自主权利。

坚持多边合作，反对单边保守，必须注重发挥联合国的作用。随着经济全球化和世界多极化趋势的不断深化，联合国在处理国际事务中的权威作用愈加凸显，尤其是在维护国际安全、地区和平等方面，应该继续加强联合国的协调和把控作用。首先，联合国是实现国际社会多边合作的重要平台。"冷战"结束后，地区冲突越发呈现一种国际化的趋势。这种冲突的国际化决定了各国各地区之间多边合作的重要性和必要性。国际交往实践表明，只有联合国组织或在联合国旗号下的联合行动，才能担起解决国际冲突的职责。各成员国若能在联合国宪章框架内致力于实现多边合作，就能有效应对单边主义的挑战。其次，联合国是和平解决国际争端的权威机构。和平解决争端是广大成员国对和平的渴望，联合国的安理会当仁不让地成为和平解决争端的核心机构和权威组织。安理会依托广泛的民主磋商机制，有权决定在什么时候和什么情况下使用武力、是否实施维和行动以及在特殊情况下是否采取强制性干预方式。如此，世界和平稳定就能够最大限度地得到保障。最后，联合国是推进国际关系民主化、法治化的最主要、最根本的渠道。

从多年来联合国在制约单边主义的成效上看，尽管少数大国的单边主义行径对联合国的权威带来了一定的挑战，但联合国在坚持多边合作、反对单边保守方面还是发挥着重要作用的。比如在决定攻打伊拉克之前，美国也在企图借重联合国决议为发动战争披上所谓"合法"的外衣。安理会最终作出了不予授权动武的议案，这一议案显然给美国的单边霸权以沉重打击。在处理战后诸多问题上，美国的单边霸权做派再次受到国际社会的反对和制约。战后美国在伊拉克问题上的尴尬处境，就是联合国大会第1546号决议的功劳。

在坚持多边合作、反对单边保守方面，新时代的中国理念和中国方案作出了突出贡献。近些年来，中国共产党和中国政府把推动建设新型国际关系、推动人类命运共同体建设作为重要目标，以更加积极有为的姿态参与全球多边治理。习近平主席多次出席联合国多种主题峰会，不断向世界发出坚定支持联合国充分发挥维护主权平等、政治自主等核心作用的中国声音，并以实际行动强力支撑以联合国为核心的国际体系，如及时足额缴纳12%以上的联合国会费、积极参加联合国维和行动和联合国人权事业发展等。又如，在多边主义屡遭美国冲击而亟须弘扬和捍卫多边价值的时候，中国提出"真正的多边主义"理念，为有效应对各类安全挑战、抵制单边霸凌、打破零和博弈提供了"中国药方":"真正的多边主义"明确指出"不能谁的拳头大就听谁的"①,主张国家之间的利益只能用各方协商制定的规则来协调,尤其是大国更应该带头遵信守诺;"真正的多边主义"坚决反对倚仗"胳膊粗、拳头大"动辄单边制裁和"长臂管辖",主张各国有权自主解决国内事务,而不受外来干涉②;"真正的多边主义"坚决拒斥那种"自己做什么都正确,别人做什么都错误"③的强权逻辑,包括搞实用主义的"合则用、不合则弃"④,主张主权平等、一视同仁,重义轻利,换位思考。

三、美国悖逆政治自主政策批判

美国悖逆政治自主的政策,表现在对联合国宪章主权平等原则的践踏、以对抗和结盟方式处理国家之间的关系、奉行单边主义及绕过联合国发动战争、动辄制裁他国等多个层面,表现出彻头彻尾的霸权主义和强权政治嘴脸,成为国际社会不稳定因素的制造机器、国家交往关系上的麻烦制造者。

(一)美国悖逆政治自主政策扫描

1. 霸权主义是美国悖逆政治自主原则的集中表现

何谓霸权主义?"霸权主义"一词源自古希腊,原指个别较大的城邦控制或支配其他较小的城邦的现象。现代社会中的霸权主义,则指的是少数超级大国或经济、军事强国凭借经济和军事实力欺侮、蹂躏其他国家,对他国进行武装干涉、经济控制,甚至实行统治或新殖民主义,企图在地区范围乃至世界范围内称王称霸。

美国作为当下世界唯一的超级大国,在冷战结束后倚仗其超强的经济、军事和技术力量,有恃无恐,不可一世,其称霸世界的野心和霸权主

---

① 习近平:《在联合国成立75周年纪念峰会上的讲话》,《光明日报》2020年9月22日。
② 习近平:《让多边主义的火炬照亮人类前行之路——在世界经济论坛"达沃斯议程"对话会上的特别致辞》,《光明日报》2021年1月26日。
③ 《张军大使在第76届联大三委一般性辩论上的发言》,参见外交部网站,2021年10月7日,https://www.fmprc.gov.cn/ce/ceun/chn/zgylhg/shhrq/liandawanwei1/t1913000.htm。
④ 《习近平谈治国理政》第3卷,北京,外文出版社2020年版,第459页。

义情结急剧膨胀。1998 年 12 月，美国政府在《新世纪国家安全战略》里不加掩饰地宣称，美国的目标就是要"领导整个世界"，决不允许出现对美国这种"领导地位"构成"威胁"的国家或国家集团。进入 21 世纪以来，"美国优先论""美国例外论""美国至上论""美国第一论"等不时地出现在几届美国政要的讲话和每年年初总统的国情咨文中。"谁不听它的话，谁不接受它的政治经济模式，就向谁施加压力，不是进行经济制裁，就是大动武力，必欲置之死地而后快。"[1] 美国还从"美国第一""美国优先"等凸显新教伦理的所谓上帝安排的"天职"等情结出发，不断改变着霸权主义的表现形式[2]，不遗余力、有恃无恐地抢夺他国人民的财产。

2. 干涉他国内政是美国悖逆政治自主原则的主要手段

扫描美国悖逆政治自主的行径，最典型的便是发动侵略战争和制裁他国。国际社会有一种说法，人们甚至很难正确说出在几十届美国总统中，没有出兵对外侵略他国的究竟是哪一届美国总统，但却很容易正确说出发动过侵略战争的美国总统。据美国官方的统计，自 1946 年至 1989 年的冷战时期，美国对外较大规模的军事行动约 125 次，平均每年 2.8 次。1990 年以来美军先后 40 余次对外采取军事行动，平均每年对外用兵近 5 次[3]。在不到 250 年的美国历史中，没有对外发动战争的年份只有区区 16 年。

美国悖逆政治自主的政策和行径，以"美丽的谎言"开路，体现其深刻的形而上学"二元"思维惯性。在美国政客的眼中，这个世界是分为两半的，一半是以美国为代表的"自由世界""民主国家"，另一半是以美国指认的"敌人"为代表的"邪恶世界""污秽国度"。他们标榜其国家使命就是要捍卫"自由世界"，消灭"邪恶世界"，认为它打击的都是"邪恶国家"。如 1991 年海湾战争、1993 年索马里战争、1998 年对阿富汗和苏丹实施的轰炸、1999 年科索沃战争、2001 年阿富汗战争、2003 年伊拉克战争、2011 年利比亚战争、2017 年叙利亚战争，等等。在美国看来，这些战争的性质，清一色地都是"正义的战争"；这些战争的目标，都是为了消灭"邪恶世界"，是为了让"正义战胜邪恶"。然而，战争造成的结果是，在美国是发了战争横财，在被打击一方却是数以万计的生灵陨灭、数百万难民流离失所，国家被轰炸得民不聊生、饿殍遍野，民生状况倒退几十年。

说到大肆策划对第三世界的颠覆活动，威胁他国主权，可谓"超越想

---

① 钟和：《美国推行霸权主义的种种表现》，《科学社会主义》1999 年第 3 期。

② 许东涛：《略论美国霸权主义的形成与新发展》，《福建广播电视大学学报》2004 年第 6 期。

③ 史友：《二战后美国对外用兵档案》，《世界知识》1998 年第 18 期。

象力"。墨西哥《至上报》曾经发表一篇文章指出：不到半个世纪，美国中央情报局实施的较大的秘密颠覆活动超过900起，规模较小的秘密颠覆活动也有数十万起。如此干涉他国主权和内部事务、大肆策划颠覆活动，为的就是推翻相关国家的政府，换上听命于美国的政府。更有甚者，美国还组织敢死队和雇佣军在发展中国家大肆进行暗杀活动。敢死队主要的工作就是"消除"这个世界上对华盛顿建立或支持的右派政权构成真正的或想象中有危险倾向的任何人。比如，巴西前总统若昂·古拉特因容忍共产党并采取独立的对外政策，反对美国对卡斯特罗政权的制裁，被美国精心导演的军人政变推翻。地球人都知道的是，古巴领导人卡斯特罗成为遭受美国637次谋杀的国家领导人。

　　谈到制裁他国，英国《金融时报》曾刊文指出，全球2/3的人口曾遭受到美国的制裁。摘自英国《约克郡邮报》1962年2月28日的一段话能够很清晰地说明这一点："大多数美国人认为，'共处'就是一种令人恶心的妥协。'不跟我们走就是反对我们'——这种想法，在美国人的心理中仍然根深蒂固。"[1]而且实施制裁的并不仅限于美国政府，而是美国政府联合地方政府和其盟友共同实施对他国的制裁。最典型的例子：一是美国多个地方政府颁布的"选择性购买法令"明文规定，对于那些与受制裁国家有生意往来的公司，不予签订代理协议；二是2022年俄乌冲突期间美国忽悠"小兄弟"对俄罗斯实施史无前例的制裁。对中国的贸易战，对俄罗斯的上万次制裁，对叙利亚、伊朗、朝鲜、委内瑞拉、古巴等国各式各样的制裁，数不胜数，可谓"早已有之，于今为烈"。

　　3. 单边独行是美国悖逆政治自主原则的"规定动作"和"家常便饭"

　　特朗普时期的美国，一直任性地将自己从任何国际司法管辖中移除。这是一种单纯从自身国家利益出发任意而为的行径，严重违背国际法的核心精神和基本原则。以下略举特朗普政府"一言不合就退群"的案例：2017年1月宣布美国退出跨太平洋伙伴关系协定（TPP）；6月宣布退出《巴黎协定》；10月宣布将退出联合国教科文组织；12月宣布退出联合国全球移民协议；2018年5月宣布退出伊核协议；6月宣布退出联合国人权理事会；10月宣布将退出《维也纳外交关系公约》和万国邮政联盟。至于被美国威胁退出的美韩自由贸易协定、北美自由贸易协定（NAFTA）、世界贸易组织（WTO）等，举不胜举。美国甚至还威胁要退出联合国，

---

①　《英国提醒美国要"平等"相待》，《世界知识》1961年第6期。

只是实在舍不得罢了。

2018年以来"国际十大新闻"，每年均有如2017年那样具有鲜明对比的条目赫然在列。如2018年："主场外交彰显中国影响力""G20峰会机制10周年，中国推动达成多边共识"与"'美国优先'成'单边独行'""美国挑起并升级对华经贸摩擦"；2019年："习近平主席7次出访并出席主场外交活动，人类命运共同体理念深入人心"与"美俄退出《中导条约》"；2020年："联合国成立75周年，强调多边主义"与"美国对伊朗极限施压搅乱中东"；2021年："中国与联合国携手50年，多边主义引发共鸣"与"美国穷兵黩武造成全球性危害"。其实这也没有什么可奇怪的，美国弃"多"从"单"的单边主义行径是全方位、多领域的。显然，这是任性迈向孤家寡人的脚步。

（二）美国悖逆政治自主政策的实质

人们不禁要问：这还是那个曾经在《联合国宪章》上签字的美国吗？在美国政客眼里，哪里有什么国家主权的平等，有的只是"老子天下第一"的唯我独尊；哪里有什么大家的事情商量着办的结伴对话理念，有的只是倚仗霸凌获得的实力拉拢他国，结盟作恶；哪里有什么多边合作和共同发展，有的只是任性而为和单边耍横。

1. 霸权主义凸显美国"老子天下第一"的唯我独尊心机

如前所述，《联合国宪章》所恪守的主权平等原则，蕴含鲜明的政治自主的逻辑。然而，美国一向奉行的霸权主义哲学，给国际社会的政治自主追求带来了极大冲击，成为通往人类命运共同体政治自主道路上的一块巨大的绊脚石。这充分反映了美国对"主权平等"原则的蔑视，凸显其"老子天下第一"的唯我独尊心机和社会达尔文主义情结。

王毅外长曾明确警示："过去500多年来，无论是殖民主义、帝国主义还是霸权主义，都带来对立与分裂，制造动荡与冲突，人类社会为此付出沉重代价。"[①] 霸权之争所引发的大规模战争，甚至是世界大战，给世界人民带来罄竹难书的罪恶。正如邓小平所说，对于这个世界来说，霸权主义才是最危险的战争策源地，是危害世界和平、安全、稳定的根源[②]。美国自建国以来的200多年间，可谓浓缩了资本嗜血本性的500多年来的

---

① 王毅：《构建以合作共赢为核心的新型国际关系》，《学习时报》2016年6月20日。
② 《邓小平年谱（1975—1997）》（上），北京，中央文献出版社2004年版，第491页。

霸凌嘴脸，并最集中、最频繁地把殖民主义、帝国主义、霸权主义演绎了一遍又一遍。说起来也算有其"可解释"性：美国从驱赶和杀戮印第安人那一刻起，甚至可以追溯到资本原始积累那一刻起，便埋下了霸凌这一基因，这说明美国在对老祖宗霸凌基因的继承和发扬上确实很"优秀"。

2. 干涉他国内政凸显美国唯恐天下不乱的浑水摸鱼心机

"对话而不对抗，结伴而不结盟"的国家交往原则，突出体现了政治自主的逻辑意涵。国家主权平等原则和由之引申出的"不干涉原则"是《联合国宪章》的明文规定，是国际法的基本要求。1965 年、1970 年、1981 年等，联合国大会多次通过强调"不干涉"原则的法规或宣言。人们很容易想见，倘若放弃"不干涉"这条基本原则，那么某些大国或强权国家便可以肆无忌惮地假借别国内部事务违背人权等借口而进行武装干涉，以致颠覆别国政权了。多年来，国际社会还缺少这方面的实例吗？

长期以来，美国打着所谓的"人道主义"幌子美化其武力干涉，如发动针对科索沃、伊拉克、利比亚、阿富汗等主权国家的战争，使血腥、残暴的侵略战争好似披挂了一层道德外衣。这是一种颇具迷惑性的悖逆政治自主的做派，在理论和实践上的危害也是极其巨大的。"人道主义干涉"所依据的是"人权高于主权"的理念，然而"人权高于主权"却是悖逆"主权平等"的原则的，是违背《联合国宪章》的根本理念和根本宗旨的。如前所述，《联合国宪章》第二条明确规定了"会员国主权平等原则"，即独立自主地、不受干涉地处理本国事务是国际社会不容置疑的国家主权原则。而美国以"人权高于主权"之名行所谓"人道主义干涉"之实，其实质并非在于维护什么人权，而是在为武装干涉别国内政寻找借口。2022 年 5 月下旬习近平主席在会见联合国人权事务高级专员巴切莱特时强调：人权问题上没有什么"理想国"，不需要"教师爷"，更不能把人权问题政治化，假人权之名干涉他国内政[1]。美国新冠疫情死亡逾百万人，2022 年没有过半美国国内涉枪暴力事件已导致 17194 人丧生[2]，对此 5 月 25 日中央广电总台《国际时讯》栏目评论说：当美国政客对本国民众最基本的生命权都漠然置之的时候，世界人民又怎么会相信他们是在真正地关心其

---

① 《习近平会见联合国人权事务高级专员巴切莱特》，《光明日报》2022 年 5 月 26 日。

② 据美国枪支暴力档案网站 25 日当天最新数据，2022 年尚未过半，美国国内涉枪暴力事件已导致 17194 人丧生，14237 人受伤，仅死亡 4 人以上的枪击事件就发生至少 212 起。枪支暴力案件对美国人权的戕害，已经到了人神共愤的程度。为什么控枪这么难？只要看看美国有数十位总统都在为反对控枪的、可以在美国政坛呼风唤雨的美国步枪协会站台，并且是这一协会的会员，便会明白一切。

他国家的人权呢？美国每年煞有介事地发布什么国别人权报告，遭到世界绝大多数国家的嗤之以鼻却不肯罢休，无异于贼喊捉贼，更是任性到无以复加。印度作为美国的"兄弟"，在人权问题上开了当面怒怼美国的先河，这应该让美国有所觉悟啊。从美国新冠疫情死亡百万和感染近 1/4 人口这种独占"世界第一"的状况以及在 21 世纪还在每天发生的严重种族歧视现象等方面看，其国内人权状况又比哪个国家好哪怕一点儿呢？

美国干涉别国内政究竟是为了什么？难道仅仅是虚伪的本性使然？所谓无利不起早。这凸显了其唯恐天下不乱的浑水摸鱼心机。发动战争可以推动本国军火生产和消费，可以肆意掠夺他国石油等资源，可以转嫁国内党争矛盾和规避、转移国内社会治理困境，可以显示政客们的"爱国"形象，等等，而且多少年来，美国屡试不爽。学界尖锐地指出：若私利不去，则公道亡矣，"他们以己利而伤天下之人"[1]。这句话，可谓画虎画骨，一针见血！有一幅美国漫画，十分形象地描画了美国是如何决策对外干涉战略的。漫画列出 5 个选项：这个（被干涉的）目标国家确定有石油吗？我们美国自己的经济利益是不是受到了威胁？执政党在支持率上是否有所下降？研制的新式武器能否一试身手呢？ CNN 对此是否报道？[2] 由此，其对外干涉的真实战略意图昭然若揭。概而言之，所谓的人道主义干涉，其实质不过是美国谋求新霸权的工具，是伪装了的利己主义。人道主义干涉与真正的人道主义没有一丁点儿关系。如果赋予干涉行为以合法性，那么当下的国际秩序和准则就会受到严重戕害[3]。2020 年年初至今全球抗疫期间美国的甩锅塞责，就是一种新形势下的新干涉主义，其转嫁国内矛盾的心机早已大白于天下。尽管着实迷惑住了国内的部分民众，但却遭到了整个国际社会的坚决抵制、严厉谴责和批判。

3. 随性退群凸显美国的利令智昏，已急不可耐地扯下最后一块遮羞布

多少年来，"山巅之城""上帝的选民"曾经是美国引以为傲的优越感。而 2008 年金融和经济危机以来，因为深重的国内矛盾和经济、科技等实力的下降，加之广大发展中国家为争取和平与发展的权利所进行的斗争等因素制约，"美国第一""美国优先"等受到挑战，美国对不再拥有绝

---

[1] 张立文：《中华传统文化与人类命运共同体》，《光明日报》2017 年 11 月 6 日。

[2] 这里说的是"美国漫画"，不是美国以外其他国家的漫画，说明无论怎样煞费苦心标榜自己、瞒天过海，但还是欺瞒不住自家那些善良的人们。

[3] 狄英娜：《冷战后"人道主义干涉"与美国霸权》，《思想理论教育导刊》2017 年第 11 期。

对领先地位这一点倍感焦虑，急不可耐地卸下了伪装①。比如，在一些难以穷兵黩武的情况下，又耍起了任性制裁他国和动辄"退群"的单边主义行径，可谓毫无信义可言，屡屡超越国际社会的想象力。

美国在事关其切身利益的层面尤其是经济领域，总是不愿放弃其多年的主导地位。但在事关全世界发展的共同问题上，美国却耍起单边主义行径，不愿承担其应该担负的责任，总是以一副其奈我何的面相示人。比如，美国一向是世界最大的碳排放国，当下为世界第二。然而，曾在促进气候治理上起到推动作用的美国，竟悍然退出《京都议定书》和《巴黎协定》。美国为什么要放弃它在全球气候治理上的领导地位呢？答案很简单，还是出于自身褊狭利益的考量。因为不能带来直接利益反而要承担责任，这是美国政客不愿意的事情。据美国《华盛顿邮报》2020年1月15日报道，"2019年为全球有记录以来最热的十年画上句号"，"就历史上气温最高的20年而言，其中有19年出现在过去20年里"。报道还强调，"这种升温趋势还带有无可置疑的人类印迹。每年人类还在向大气中排放数百亿吨二氧化碳"②。而这数百亿吨，美国"当仁不让"地是头号排放国。在欧洲难民危机上，美国赤裸裸的单边行径和自私面孔可谓地球人都知道。2010年年底美国推动爆发"阿拉伯之春"，数以十万计的难民纷涌欧洲，触发了严重的人道主义危机和诸多社会问题。这场难民危机，原本应由美国带头协商面对。然而美国却做聋哑状，甚至摆出一副跳出三界外的架势。在自己制造的严重人道主义灾难面前，美国真的"退群"了，也真的"例外"了。显然，这就是美国口口声声说的"优先""领袖""第一"。

事物的辩证法告诉人们，美国任性退群严重地削弱国际法的权威性和约束力，有可能将国际社会重新带回强权政治的旋涡之中。但是这种贪婪自私、不可一世的单边主义，也将导致美国越来越孤立，最终损害美国自身的利益。当下一些盟国与美国也"对着干"的现象说明，美国陷入了第二次世界大战以来前所未有的孤立窘境。国际社会众多学者预言，美国冒天下之大不韪的一意孤行，将不可避免地把美国从所谓"优先""至上""第一""领袖""警察"等的"神坛"上拖拽下来，并注定其走向没落的结局。

---

① 冉继军、孙咏：《一场失理失利失节的演说》，《光明日报》2018年10月14日。

② 《数据显示，过去十年成为地球最热十年》，《参考消息》2020年1月17日。

第七章　包容性绿色发展：人类命运共同体的文化互融之路

　　文化互融的逻辑，生发于对"文明优越论"的批判和反思中，表征于对"文明冲突论"的扬弃和超越中，彰显于对"价值星丛""文化星丛"等人类文化发展美好愿景的高扬和向往中，遵循了包容性绿色发展的时代要求。以包容性绿色发展促进人类命运共同体的文化互融，应该倡导百花齐放，反对文化霸权；坚持和而不同，拒绝文明冲突；坚持交流互鉴，反对排斥取代。对美国悖逆文化互融的政策和行为进行批判，同样是以包容性绿色发展促进人类命运共同体文化互融的题中之义。

一、文化互融的逻辑内涵

（一）文化互融的逻辑，生发于对"文明优越论"的批判反思中

　　"文明优越论"即西方文明优越论。学界一般认为，"文明优越论"是近代殖民主义者用坚船利炮打开殖民地国家大门时所宣扬的一种文化理念。西欧上层社会的人们把近代以来工业革命后的人类社会简单地"一分为二"，即"发达进步的西方"与"停滞不发展的东方"。这些所谓"上层"人士在比较了专制还是民主、是否为市场经济、是否有公理化数学、是否为机械生产以及有无个体自由等诸多层面之后，便生发出一种进步感、成就感、胜利感等优越感。然而，"文明优越论"其实质却是一种夹杂着偏见的心理妄想症，这种心理的产生是与西方殖民者带着征服者的傲慢一道而升腾开来的。鉴于此，这种以严酷的历史事实为背景的"西方文明优越论"就不仅仅是在学理上进行比较的结果，更是在这个弱肉强食的世界上

各种现实力量的对比结果在美西方一些人心理上的反映。反过来，它又常常成为西方殖民主义者用以为其强盗逻辑而遮羞的一块布罢了①。

冷战结束后，西方的自由、民主、市场等制度俨然以"终结"人类社会发展历史的高傲姿态示人，甚至宣称要以西方文明的优越来实现对世界文明的一元化统领。日裔美籍学者福山（Francis Fukuyama）在20世纪90年代提出的"历史终结论"认为，除了资本主义的民主和自由制度，人类社会的历史已没有其他形式进化的可能性。然而，事实又是怎样的呢？除了福山自己在新世纪对"终结论"的修正之外，冷战后的国际政治和文明发展实践已充分说明，这个地球上不存在也不允许西方价值观那种旨在一元主导的普世价值或普世文明发展路向。资本主义固有矛盾导致的金融和经济危机已极其显性地"宣示"西方经济、政治、文化实力和作用的衰减，西方文明在国际社会正不可避免地遭到越来越多的质疑和反对。尤其对于美国来说，若顽固坚持陈旧的优越思维、冷战思维和单边思维定式，不但早已丧失了国际道德的正义性，而且还将继续失去现实中的可行性。

这里还需辨正的是，先进的或曰"优越的西方现代生产方式"（市场经济），能否等同于西方文明的优越，或曰能否等同于西方整体文明的优越，从而以"文明优越论"立世呢？回答当然是否定的。马克思恩格斯在《共产党宣言》中曾以热情奔放的笔触对资本社会所创造的生产力作出描绘②，如果说这种描绘较少（而不是没有）被一些人拿来用作证明马克思赞同"西方文明优越论"的说辞的话，那么，马克思关于英国殖民者对印度和中国的侵略的论述③，便不可避免地被西方一些学者抽引出来用以说明马克思有一种"西方文明优越论"乃至"种族优越感"④的"不容置疑"的说辞了。的确，马克思认为，英国代表了先进的、文明的现代社会，而古老东方社会的印度和中国则是落后的、野蛮的，于是不免要被西方殖民主义所侵略。马克思甚至还把这种看法直言不讳地写进了他对印度命运的时评之中。马克思针对中国的评论同样"令人惊讶"：中国在鸦片战争前同西方的隔绝是野蛮的和令人窒息的，其社会生活是守旧的和衰败的，不

①　参见李毅嘉：《卡尔·马克思和西方文明优越论》，《东岳论丛》2005年第2期。

②　《马克思恩格斯文集》第2卷，北京，人民出版社2009年版，第36页。

③　这种论述当然应该"以严酷的历史事实为背景"，但更应该从唯物史观的世界观和方法论上全面理解，要运用马克思主义整体性思维来解读。参见李毅嘉：《卡尔·马克思和西方文明优越论》，《东岳论丛》2005年第2期。

④　［意大利］翁贝托·梅洛蒂：《马克思和第三世界》，高铦等译，北京，商务印书馆1981年版，第131页。

啻是过时了的社会阶段中的一块活化石。那么，这究竟是怎么一回事呢？

其实，只要运用马克思主义整体性思维方法来解读，便可以清晰地分辨出来：马克思对历史地发展着的生产力或先进或落后的客观评价，与对其社会整体文明尤其是作为人类标识的"大文化"的文明是否优越的指认，完全是两码事。马克思所说的"不仅仅决定于生产力的发展，而且还决定于生产力是否归人民所有"[①]，才是判断的根本标准。也就是说，生产力的暂时进步确实是一种文明进步或进步的文明，但也仅仅是问题的一个方面，而且还不是最根本的方面。马克思恩格斯的唯物史观认为物质资料的生产方式是社会发展的决定力量，但他们并没有说过生产力的文明或进步就代表着一切，尤其能代表一个社会的整体文明程度，更没有说过能够成为"文明优越论"或"文明中心论"的判断标尺。明确地说，生产方式（它绝非仅仅指生产力）的进步最终是为了哪些人，文明进步的成果最终为谁所分享，才是一个社会文明程度的标尺或科学标准。且不说西方暂时先进的生产力伴随血与火一般的掠夺和侵略，仅仅把西方暂时先进的生产力与西方"文明优越论"或"文明中心论"画等号，这本身就是在耍弄偷天换日的把戏。因为物质资料的生产方式是一个生产力与生产关系相统一的范畴。学界早就一针见血地指出：对马克思赞同"西方文明优越论"乃至"种族优越感"的这种"批评除了掌握了一堆似是而非的表面现象外，在学术上一无可取"[②]。

马克思主义整体性思维要求，人们在看问题时，尤其需要从"两个部分"而决不能只从一个部分把握"统一物"，并且还要注重对"它的矛盾着的部分的认识"[③]方法的运用，如此才能说符合辩证法的要求。也就是说，既要看到马克思对西方先进生产力的赞美，又要看到马克思对西方资本家阶级和殖民者的伪善与野蛮的诅咒。马克思指出，只要人们把眼光从那个所谓的资产者社会的文明家乡转向他们用枪炮打开的殖民地时，资产者社会那种文明的极端伪善和野蛮的本性，便昭然若揭[④]。在其故乡装出"体面"和"绅士"的模样与在殖民地的"凶恶的勒索"可谓"同世而立"，这才是问题的实质。马克思对英帝国殖民政策的严厉鞭挞，深刻

---

① 《马克思恩格斯文集》第 2 卷，北京，人民出版社 2009 年版，第 689 页。
② 李毅嘉：《卡尔·马克思和西方文明优越论》，《东岳论丛》2005 年第 2 期。
③ 《列宁专题文集·论辩证唯物主义和历史唯物主义》，北京，人民出版社 2009 年版，第 148 页。
④ 《马克思恩格斯文集》第 2 卷，北京，人民出版社 2009 年版，第 690 页。

地揭露了英国殖民者给殖民地人民带来的灾难。在这种灾难面前，哪里还有什么所谓的"文明优越论"可言呢？那种看似一点儿的"体面"上的先进，岂能遮蔽其龌龊的和"凶恶的勒索"！

对马克思的误读或所谓"批评"，首先是"老子天下第一"的思想在作祟。比如亨廷顿的"文明优越论"就鼓噪西方的"文明"国家应该联合起来遏制和打击东方异族文明，尤其是伊斯兰文明和儒教文明。从这种自高自大、唯我独尊的"优越"逻辑中，怎么也推不出文化互融的逻辑。其次，既然秉持"第一"的情结，那么在认识方法上便混淆了现象与本质的区别。工业革命以来的人类社会发展史表明，不管"文明优越论""文明中心论"如何变换其示人的颜脸，其最根本的价值倾向却始终对内维护的是资产阶级的统治，而对外则实行殖民扩张和掠夺。这一点，恰如恩格斯所言，西方这种所谓的文明进步与不平等的社会现实是亦步亦趋的，这种对抗性的进步同时又是一种退步①。恩格斯所说的"退步"，不幸一次次被现实所证实，比如对整个所谓西方文明世界形成巨大冲击的"占领华尔街"运动中那1%与99%的对立，甚至是0.1%与99.9%的对立，便是最鲜明的例证。最后，"文明优越论"以个别代替一般，以特殊代替普遍，其话语表达方式具有欺骗性。比如，所谓的奥斯卡奖，诺贝尔奖中的文学奖、和平奖、经济学奖等评判组织奉行的双重标准②，西方用来忽悠全世界的"中心—边缘—外围"的"文明中心论"话语模式等，其宗旨就是不断诱骗他国向西方文明模式学习，把自身的特殊利益说成是地球人的普遍利益、把西方的个别价值混同于地球人的共同价值。

由此可见，"文明优越论"或"文明中心论"实在难以立世。它从来就没有被世界众多民族所接受，反倒被当下国际社会公认为美西方要弄文化霸权的理论渊薮。人类命运共同体的文化互融建设，是以"各美其美"等文化平等观为前提的。只有以取长补短、相互借鉴的姿态对待他国的文化和文明成果，摒弃一枝独大和唯我独尊，才能让这个世界异彩纷呈。那种"我花开后百花杀"的"文明优越论"或"文明中心论"，在势不可当的全球化历史潮流面前，必然会被淘沙的巨浪所吞没。

---

① 《马克思恩格斯文集》第9卷，北京，人民出版社2009年版，第147页。

② 一个典型的例证，就是1974年奥古斯特·冯·哈耶克获得诺贝尔经济学奖。哈耶克的《通往奴役之路》（北京，中国社会科学出版社1997年版）等著作其意识形态偏见尤其鲜明，主张社会主义就意味着奴役和独裁，把社会主义与法西斯主义混为一谈。在美国，哈耶克被认为是"公民拥有充分自由权"运动的领袖，英国的撒切尔夫人称自己是其忠实信徒。

（二）文化互融的逻辑，表征于对"文明冲突论"的扬弃超越中

"文明冲突论"是一种什么理论？它产生自哪里？始作俑者是谁？其要旨何在？一般认为，"文明冲突论"来源于美国哈佛大学教授亨廷顿在1993年《外交事务》（夏季号）上发表的一篇文章"The Clash of Civilizations?"，即《文明的冲突？》。该文主旨宣称在今后一个阶段，整个世界形势的主旋律就是"冲突"，而且这种"冲突"还是由文化引起的。文章开篇便指认，今后全球的主要冲击将会发生在不同文化的族群之间[①]。《文明的冲突？》发表后的两三年里，亨廷顿又相继发表数篇文章强化和完善其"冲突论"，对"文明冲突论"进行全方位阐述，所论关涉文明的概念和结构、文明之间的均势及其转移、文明与权力之间的关系、普世文明及西方普世主义的问题、非西方社会的文化本土化问题、中国崛起及其文化伸张的问题、穆斯林的好战性问题、西方以及世界的未来问题等[②]。在《文明的冲突？》的结尾，亨廷顿得出了世界和平的最大威胁就在于"文明的冲突"等结论。

亨廷顿的"文明冲突论"在冷战结束的几十年来其影响是广泛的，可谓褒贬不一。美国《外交事务》杂志的编辑曾坦率地指出，"文明冲突论"是20世纪40年代在坎南倡导"遏制"论之后最富争议性的又一个国际关系理论，它触及世界目前几个主要文明的神经。亨廷顿认为将世界诸多不同文化之关系指认为"文明的冲突"并非闭门造车，而是从世界政治的历史和现实中提炼概括出来的[③]，是为一个时期以来日益激烈复杂的国际冲突作出的"一家之言"的理论概括。亨廷顿还建构了一种认知"范式"，即从文化这个过去为人们所忽略的视角观察政治的"文明范式"，强调那些被忽视的文化因素与政治、经济、科技和军事一样起着非常重要的作用。不仅如此，亨廷顿还进一步认为，21世纪的国际核心角力是在不同的文明之间，而非国家之间，印刷品和言论要远比坦克和大炮推进得更快，更深入。

---

① Huntington, Samuel P. "The Clash of Civilizations", Foreign Affairs, Vol.72, No.2, Summer, 1993, pp.22~49.

② 参见［美］萨缪尔·亨廷顿：《文明的冲突与世界秩序的重建》，周琪、刘绯、张立平、王圆译，北京，新华出版社1998年版。对亨廷顿的观点采取扬弃的态度是正确的，但亨廷顿诋毁儒家文化所造成的影响也是显性的，是必须抵制和批判的。

③ 郑彪：《"文明冲突"论的国际政治经济学分析》，《马克思主义研究》2009年第5期。

应该说，亨廷顿有关文明冲突的观点，在学术研究上是有一定启发意义的，为人们提供了一个在全球化时代"如何消解冲突"[①]的思考视域，提升了人们对文化和文明的作用的认识。比如，人们一般认为，如果侵略有等级，那么初级入侵是战争统治，中级入侵就是经济掠夺，高级入侵则是文化、文明的颠覆，终极或顶级入侵就是人种颠覆。但是，在亨廷顿上述不乏一定启示的理论建树背后，却暗藏或夹杂着私货，有必要从阶级立场乃至人类文化互融发展的事实上给予全面的辨正。

"文明冲突论"以偏概全，即拿作为事实的文明冲突来遮蔽和替代事实上的文明融合。在人类发展的历史长河中，文明的融合才是必然趋势，即历史发展总的趋势显示出各种不同文明之间的差异逐渐缩小，各种文明日益趋同。从世界范围来看，全球化带来越来越多的交往，并没有像亨廷顿所言一向在加深各文明群体的"自觉"意识。尽管也有冲突，但随着文化的交流而产生的多是族群之间的互相妥协，从而最终促成各种文明群体的趋同和融合。亨廷顿如此以偏概全，类似于列宁所批判的那种"胡乱抽出一些个别事实和玩弄实例"的"儿戏"[②]。

"文明冲突论"一叶障目，即只看到文化或文明的差异导致文明之间的冲突，却看不到这种差异更可能形成文明的互融共进。如果不以文化霸权示人，秉持文明之间的平等相待，文明的差异大多能够成为促进互鉴互谅的基础和前提。这才是事物"结合"的辩证法，所谓"相'异'相成"。文明之间确有冲突，但冲突并非人类社会发展的主流，更不是人类社会发展的方向，文明的对话合作、交流互鉴、互通互融才是世界文明发展的常态。没有不同文明之间的交流，文明本身不会有进步，人类社会也不会有今天[③]。以中美两个大国文明来看：构成美国文明的东部与西部的各种相关文化在美国并没有发生如亨廷顿所说的那种不可调和的对立与冲突，反之自建国以来的 200 多年间，却呈现互融、互补、共存的发展趋势；中国作为一个多民族的国家，几千年来在所谓"文明冲突"的"催化"下，表现的却是一种各族群文明互相杂糅、取长补短、交流互鉴、互通互融的历史大趋势。

"文明冲突论"浅尝辄止，即看不到或不理解文化与经济、发展模式、国家利益乃至生产方式的辩证关系。所谓看到了文化的冲突，其实这只是

---

① 彭宝珍：《汤因比与亨廷顿文明论比较研究》，《黑龙江史志》2010 年第 13 期。
② 《列宁全集》第 28 卷，北京，人民出版社 1990 年版，第 364 页。
③ 郑彪：《"文明冲突"论的国际政治经济学分析》，《马克思主义研究》2009 年第 5 期。

看到了一种表象而已。文化现象只能是外在的、标签性的东西，其内在的、根本的决定因素是生产方式，是经济基础。应该深入到文化冲突的背后，找出导致冲突的根据性的东西。亨廷顿把文化与经济的关系倒置了过来，违背了唯物史观关于社会基本矛盾的原理。

"文明冲突论"具有阶级偏见，即带有浓重的西方"文化优越论"和西方文化霸权情结。这也是中国学者和世界上秉持客观立场的学者大多对之持批判态度的根由。亨廷顿以基督教的眼光审视作为中华文明代表的儒家文明，武断地、别有心机地强调对世界秩序形成潜在威胁的正是儒家文明[1]。学界对此作出深刻批判，认为亨廷顿制造了"中国威胁论的升级版"，并给美国遏制中国编织了一块"'文明'的遮羞布"[2]，其本质或"初心"就是在为西方文化霸权"进行辩护性说理"[3]。

（三）文化互融的逻辑，彰显于对"文化星丛"的高扬向往中

金惠敏先生在深入探讨民族主义与世界主义的关系之后，借重阿多诺等人的"星丛（Konstellation）"理论提出"价值星丛""文化星丛"等概念，充分表达了人们所期待的世界文化互融互通的美好前景。他指出，世界上没有能够涵括所有民族价值的什么超级价值，"世界主义只是意味着一种'价值星丛'"[4]。学界对此给予高度评价："价值星丛"这一概念让全球化时代文化多样性面临的困顿消弭于无形[5]。

"价值星丛"概念的提出，令"文化星丛"概念和理论阐释呼之欲出。在一年后即2017年发表的《文化自信与星丛共同体》一文中，金惠敏精辟地指出："文化间性首先包含了文化之间的相互敬重、理解以及共在，但既然作为文化间的对话，它也同时意味着对自身特殊性的超越。"这种特殊性"是位于'文化星丛'之中的特殊性"[6]。他在提出"文化星丛"概念并论证了其特殊性之后指出，特殊性是比较和对话的产物，俗谓"与众

① 参见［美］萨缪尔·亨廷顿：《文明的冲突与世界秩序的重建》，周琪、张立平、刘绯、王圆译，北京，新华出版社1998年版，第420页。
② 丁大琴：《"文明冲突论"内核与是非探析》，《淮北师范大学学报》（哲学社会科学版）2016年第3期。
③ 邱耕田：《"文明冲突论"的发展哲学解读》，《中共中央党校学报》2014年第6期。
④ 金惠敏：《价值星丛：超越中西二元对立思维的一种理论出路》，《探索与争鸣》2015年第7期。
⑤ 刘宝：《文化与"文化星丛"》，《中国图书评论》2017年第7期。
⑥ 金惠敏：《文化自信与星丛共同体》，《哲学研究》2017年第4期。

不同"，其含义在于强调：没有与"众"物（人）的连接，谈何一物（人）之"不同"？

上述从"价值星丛"到"文化星丛"的理论阐释，形象地揭示和描画了人类社会发展的文化轨迹和规律。因为多样性是人类文化和文明的基本特征，几千年的人类社会就是在各种不同文化、不同文明的交流交融中才走到今天的。人类的文化和文明也没有什么高下或优劣之分，有的只是地域或特色的不同罢了。正是处于"价值星丛"中不同民族文化和文明之间的相互交流、相互借鉴和相互融通，才造就了今天形态各异、交相辉映的世界文化与文明图景，造就了人类五彩缤纷的"文化星丛"。人类社会越发展，越需要加强文明交流互鉴，增进相互了解，促进民心相通[1]。因而，国际社会应该致力于推动不同的文明之间相互尊重，把交流互鉴作为增进不同文明之间以及各国人民之间相知互信的桥梁、社会发展的推动力、全球和平的纽带，以之携手应对共同挑战。

二、以包容性绿色发展促进人类命运共同体的文化互融

文化互融的逻辑内涵昭示，以包容性绿色发展促进人类命运共同体的文化互融，国际社会必须做到以下几个方面。

（一）坚持百花齐放，反对文化霸权

生发于对"文明优越论"的反思和批判中的文化互融的逻辑内在地要求：以包容性绿色发展促进人类命运共同体的文化互融建设，应该倡导百花齐放，反对文化霸权。

当下国际社会由200多个国家和地区、2500多个民族组成，正因为如此，才滋养出丰富多彩的人类文明。这是"一群伟大文化组成的戏剧"[2]，正是因为多样，世界才姹紫嫣红，精彩纷呈。"如果只有一种生活方式，

---

[1]　中华人民共和国国务院新闻办公室：《新时代的中国与世界（2019年9月）》，《光明日报》2019年9月28日。

[2]　［德］奥斯瓦尔德·斯宾格勒：《西方的没落》，齐世荣等译，北京，商务印书馆1995年版，第39页。

只有一种语言，只有一种音乐，只有一种服饰，那是不可想象的。"①

　　然而现实的另一种认知却是，一贯富有强烈使命感的美西方少数国家，认为东方国家应该趋向于西方所倡导的价值观念。回顾历史，不论是19世纪中叶流行的"白人优越论""白人责任论"，还是20世纪初叶开始流行的以新教伦理为主要内容的"文化优越论"，抑或是20世纪中叶以后流行的所谓"普世价值论"（又叫"制度优越论"），乃至互联网领域的技术与信息霸权主义、随意侵犯他国的信息主权和利益，以及霸道掌控网络空间的话语权和规则制定权等，都是文化帝国主义霸权心态的表现，是他们任性而为的表演。只是在现实的世界中，对这些价值观念明确表示赞同的人，只是少数。

　　20世纪70年代美国流传一部文学作品，题目是《最蓝的眼睛》，这部作品对美国的白人文化霸权进行了深刻揭露。《最蓝的眼睛》的作者托尼·莫里森是美国一位著名的黑人作家。作品借重"眼睛"这一主要描写对象，把黑人小姑娘作为文学创作的人物线索，通过对小姑娘追求蓝色眼睛的心理和行为过程的描写，揭露了白人文化霸权对黑人的戕害：在白人文化霸权的氛围裹挟下，黑人群体中的许多人逐渐迷失了自我发展的价值取向，对自我存在的价值作出了否定性的判断。"白人优越论"这种心理上的"颜色革命"对黑人小姑娘所造成的"异族"戕害，与美国在世界各地不遗余力地进行着的"颜色革命"对"异族"的戕害，何其一致啊！

　　哲学家罗素的专著《一个自由人的崇拜》中的一段话，可谓这个世界上的顶尖学者对西方"文化优越论"的反思。罗素认为中国人的容忍超过欧洲人在国内的经验中所能想象的任何事情。在他看来，即便是十分穷困的普通中国人也比普通的英国人生活得更快乐，"因为中国是建立在一个更合乎人情、更文明的人生观上"。紧接着罗素指出，"忙乱与好战"促使"我们的生活充满着不愉快"，"而且剥夺我们沉思的美德"②。罗素认为中西文化的接触是必要的和有利的，比如中国有必要向西方学习社会发展的效率，而西方也能向中国学习沉思的智慧。因为这种智慧使得中国延续下去，而其他的古国却都灭亡了。

　　1920年10月罗素应邀来到中国讲学，此后在中国的9个月时间，他目睹了中国正在发生的一切，这位具有崇高包容情怀、心灵诚挚的哲人，

　　① 《习近平在联合国教科文组织总部发表演讲强调　让中华文明同世界丰富多彩的文明一道为人类提供正确的精神指引和强大的精神动力》，《光明日报》2014年3月28日。

　　② ［英］罗素：《一个自由人的崇拜》，胡品清译，长春，时代文艺出版社1988年版，第17页。

自然地对中国那种备受列强欺凌的局面产生深切的同情。罗素不同意"正义就是强者的利益"等断言，认为武力的强弱不能成为衡量文化优劣的标准。他认为中国文化并不比西方差，"若不借鉴一向被我们轻视的东方智慧，我们的文明就没有指望了"①。罗素对人类文化发展历史的总结告诉人们，只有超越"文明优越论"的羁绊，才能踏上一条百花齐放、互学互鉴的包容性绿色发展之路，才能推动人类命运共同体的文化互融建设。恰如《楚辞》昭告，"夫尺有所短，寸有所长，物有所不足"②。既然如此，人们就需要高扬苏轼那种博观而约取、厚积而薄发的海纳百川而又融会贯通的精神，保持孔子"三人行，必有我师焉"的若谷虚怀和美人之美的胸襟。

（二）坚持和而不同，反对文明冲突

表征于对"文明冲突论"的扬弃和超越中的文化互融的逻辑内在地要求：以包容性绿色发展促进人类命运共同体的文化互融，应该坚持和而不同，反对文明冲突。

长期以来，肇始于英国机械唯物论哲学家托马斯·霍布斯（Thomas Hobbes）的"每一个人对每一个人的战争"③的"自然状态"和国家起源说等理论渊薮的西方文化，其理论假设认为，为避免所谓"自然状态"的悲剧，人们基于理性而建立国家，只是国家之间在交流、交往中依旧受"自然状态"规律的支配，"国家间的自然状态就是战争状态"④。受此"教化"，美西方社会一些人认为国家之间的关系本质上就是对抗的，是零和的，国家是分为等级的，其文化也是相互冲突甚至是不可调和的。这与中华文化所倡导的"和而不同""天下大同"等文化胸襟和情怀形成鲜明对比，而两种文化对人类社会发展演进的影响自然也迥然有别。一个显而易见的事实是，在全球化时代，西方文化所谓的理性人假设的思维定式是逆历史潮流而动的，是违背绝大多数地球人的意志的，国家之间的和平共处和文化互融才是大势所趋。

---

① ［英］罗素：《中国问题》，秦悦译，上海，学林出版社1996年版，第7~8页。

② 林家骊译注：《楚辞》，北京，中华书局2015年版，第182页。

③ ［英］托马斯·霍布斯：《利维坦》，黎思复、黎廷弼译，北京，商务印书馆1985年版，第94页。

④ ［美］肯尼思·华尔兹：《国际政治理论》，信强译，上海，上海人民出版社2017年版，第108页。

人类文明演化至今，环顾周遭，能够世代延续至今而没有中断或失传的，只有中华民族的文化。如梁漱溟所说，与中国文化若先若后之古代文化或夭折或转易，唯中国文化至于今日寿命称最久[①]。那么其间奥秘何在呢？这便是因为"和而不同"这一中国传统优秀文化的精髓。在距今3000多年的周朝初年，古代先贤史伯就提出"和实生物""同则不继"的思想。春秋末年的孔子继承了这一思想，其创立的儒家学说倡导"君子和而不同，小人同而不和"，认为有道德、有学问的君子是以"和为贵"而行"忠恕之道"的人，他能够做到在不同之中求得和谐共处；而不讲道德也没有学问的人，却总是要强迫别人接受其主张而做不到和谐共处。可见，"和而不同"给人们提供了解决"纷歧"的原则和路径。这充分说明，中华文化自古以来就是一种"和"文化，中华民族自古以来就是爱好和平的"和"民族。中华民族没有穷兵黩武、称王称霸的基因。

"和而不同"对于解决当下世界的"纷歧"具有非常重要的启示意义。江泽民在乔治·布什图书馆发表的演讲中，曾以"和而不同"的道理阐述中国的政治主张，指出"和谐而又不千篇一律，不同而又不相互冲突。和谐以共生共长，不同以相辅相成"。他强调，2000多年前的先秦思想家孔子就提出"君子和而不同"的思想，这一思想才是人类各种文明协调发展的真谛[②]。学界指出，"和而不同"意味着包容异声、容纳差异，反对鄙视异见、冲突对抗。以"和而不同"为主旨和目标的"人类命运共同体"，其实就是人类整体命运上的"星丛共同体"[③]，这是对中国共产党人"四个自信"中最根本的"文化自信"最高旨趣的突出彰明。构建人类命运共同体的文化互融之路，理应以中华文化的"和而不同"为根本价值导引。因为构建人类命运共同体的历史进程，正是"和羹之美，在于合异"的过程。因而没有什么理由把"差异"作为冲突的理据，"差异"恰是不同文明互融共进的不竭推动力。

（三）坚持交流互鉴，反对排斥取代

彰显于对"价值星丛""文化星丛"理论的高扬和向往中的文化互融的逻辑内在地要求：以包容性绿色发展促进人类命运共同体的文化互融，

① 《漱溟最近文录》，北京，中华正气出版社1944年版，第9~14页；《大刚报》（衡阳）1943年6月号。

② 《江泽民文选》第3卷，北京，人民出版社2006年版，第522页。

③ 金惠敏：《文化自信与星丛共同体》，《哲学研究》2017年第4期。

应该坚持交流互鉴，反对排斥取代。

所谓互鉴，就是你看着我，我看着你，取长补短，共同进步，更要以他人的眼光观照自己，认识自己。全球化把文明互鉴的全球史观带给人们，改变着人们对历史文化的认知方式，即强调各民族文明之间的交流、碰撞、互动与融合[1]。2014 年 3 月，习近平主席对联合国教科文组织进行历史性访问，深刻地阐释了"文明交流互鉴"的内涵和要求。他指出，文明应该是多彩的，人类文明正因其多样，才体现出交流的价值和借鉴的必要；文明应该是平等的，人类文明正因其平等，才具有交流的前提和借鉴的条件；文明还应该是包容的，人类文明正因其包容，才彰显交流的动力和互鉴的张力[2]。把"多彩""平等""包容"作为文明交流互鉴的三大要素，足见中国共产党对人类文化精髓和文明发展规律的深刻理解。

罗素在《一个自由人的崇拜》中鲜明地指出，人类文明发展的一个个里程碑，正是因为有不同文化之间的交流为其奠基。这是一位"有良心"的"世纪的智者"之言，是罗素在考察人类文明发展历程后所得出的基本结论。即从文明的原生时代即文明生成的那一刻开始，至少是在欧亚大陆上，不同民族之间的文化交流便成为世界文明发展进步的常态。因此，完全可以说，关于文明之间交流互鉴的观点，就是对人类文明发展的历史事实和经验的真理性认知和总结。不同文化之间的互融互通、优势互补作为社会发展演进的轨迹，自然地也是人类命运共同体文化发展道路的不二选择。正可谓："命运共同体是一种多样性认识与价值共存的意义共同体。"[3]不能想象，拒绝接受异质文明的影响，如何能够使自家的文明发扬光大？"陷入某一种文化不能自拔，那就真的流于只见一星，不见星丛的狭隘了。"[4]马克思主义哲学关于矛盾的普遍性和特殊性的关系原理为我们认识文化发展和繁荣必须走交流互鉴之路提供了方法论启示。马克思主义视域下的民族性，只能是世界文化星丛中的民族性，唯此才有那句哲理箴言："越是民族的越是世界的。"文化的民族性或特殊性与文化的普遍性的"起承转合"，才成就了包容共生、互鉴互融的文化发展和繁荣之道。

---

① 孙政：《文明互鉴的历史样本——读〈文明的力量：中华文明的世界影响力〉》，《光明日报》2020 年 1 月 27 日。

② 《习近平在联合国教科文组织总部发表演讲强调　让中华文明同世界丰富多彩的文明一道为人类提供正确的精神指引和强大的精神动力》，《光明日报》2014 年 3 月 28 日。

③ 陈忠：《城市社会：文明多样性与命运共同体》，《中国社会科学》2017 年第 1 期。

④ 刘宝：《文化与"文化星丛"》，《中国图书评论》2017 年第 7 期。

不同文明之间的交流互鉴，为增进各国人民的友谊架起沟通的桥梁。包容性绿色发展的文明观秉持"交流互鉴"这一文明发展的内在要求，强调要不断加强世界上不同的国家、不同的民族、不同的文化之间的互学互鉴，强调不同文明之间的交流之于厚植人类命运共同体的思想根基具有重大意义。以此看来，那些砌围墙、扎篱笆、发布"限穆令"等拒他族文化于国门之外的文化保守主义，都是与人类文明的大道背道而驰的，是与包容性绿色发展的文化互融之路格格不入的。

在2019年5月的亚洲文明对话大会上，习近平主席对在文化上坚持交流互鉴、反对排斥取代作出精辟阐释。他指出，人类文明没有高低贵贱之分，有的只是肤色上的差别、语言上的不同；人类文明也没有好坏优劣之别，有的只是姹紫嫣红，各美其美。倘若固执地指认自家的人种伟大、自家的文明高人一等，甚或执意行使什么所谓上帝的使命而去改造甚或取代其他的文明，那么这样的所思所想、所作所为，"在认识上是愚蠢的，在做法上是灾难性的！"①习近平主席关于秉持相互尊重和平等、反对高高在上和偏见、推动不同文明和谐互融的讲话，赢得整个会场经久不息的掌声，充分说明国际社会在文化问题上的一致态度，成为以包容性绿色发展引领人类命运共同体的文化互融建设的国际共识。反观那种一心要用自己国度的价值观来一统天下的做派，其结果只能是满世界碰得灰头土脸。因为世界上从来就没有什么放之四海而皆准的文化或文明标准，那些企图用强权来解决民族之间文明差异的做法，只能给世界带来灾难性乱象。

三、美国悖逆文化互融政策批判

美国著名政治学家汉斯·摩根索在其《国家间的政治》一书中，把帝国主义分为军事的、经济的和文化的等类别，认为文化帝国主义或是最成功的帝国主义，其目的或不在于攻城略地，而旨在"征服和控制人的头脑"以"软化敌人"，以为帝国主义的"军事征服或经济渗透开路"②。纵观美国的文化政策，当下世界上一切有良知的国度和人们都认为，其最突

---

① 习近平：《深化文明交流互鉴　共建亚洲命运共同体——在亚洲文明对话大会开幕式上的主旨演讲》，《光明日报》2019年5月16日。

② ［美］汉斯·摩根索：《国家间的政治：为权力与和平而斗争》，杨岐鸣等译，北京，商务印书馆1993年版，第90页。

出、最鲜明的表现便是文化帝国主义，即文化霸权主义。

（一）美国悖逆文化互融政策扫描

1.美国文化霸权主义倾向追"宗"

美国好似"天然的"文化霸权主义倾向，若为其寻祖追宗，便是16世纪欧洲以新教伦理为导引的宗教改革运动。其理论体系之一强调：上帝以其绝对的意志实施挑选，那个被选中的族群便成为"上帝的选民"，而其他族群就只能是上帝的弃民。由此，尘世间新教徒的天职观便疯狂地升腾了起来。以新教伦理为导引的宗教改革运动，促使大批清教徒奔向上帝隐藏起来的希望之乡——气候宜人、土地肥沃的北美大陆。这些清教徒以及他们的子孙们相信，在神的护佑下，他们这些上帝的选民将在这里担起拯救世界其他民族的所谓伟大的使命。

建国之初的美国便笃信上帝是站在美国这一边的，美国就代表着文明和进步，美国模式是这个星球上最好的，美国生活方式是最优越的，美国的神圣使命就是使世界文化基督教化，使世界文化美国化。美国人自觉有道德、有义务管理和支配世界上其他地区和国家。在这方面，学界的评论可谓一针见血，指出美国这个世界民族之林里的巨人年轻而又力大无比，自我感觉天生就是世界的榜样，而且几近没有对手的经历令其自觉无所不能。如此固执己见，这般根深蒂固，早已融入美利坚民族的血液之中，甚或每时每刻地左右着其历届政府的对外交往政策，以致胸中时常澎湃躁动，表现出"改造"世界的豪迈激情①。而其他国家一旦"干扰"了美国的这种"改造"，便是大逆不道，便是"邪恶轴心"。

据2021年2月17日中国广播电视总台各栏目新闻报道，美国白宫的一位中国问题专家白邦瑞高调表示，现在全球秩序的混乱局面，都是因为中国不遵守美国已经运行了200多年的规则和制度所致。他表示，由于中国故意挑战美国的权威，破坏了美国建立的国际秩序，现在世界上才出现了很多棘手问题。本来中国只能待在世界这个金字塔的塔基位置，但现在却想往美国的塔尖位置移动，这如何能够不动摇原来美国维护的金字塔的稳定秩序呢？白邦瑞如此口无遮拦，自然遭到了国际社会以"不顾颜面""厚颜无耻"等评论用词发出的讥讽。地球人应该都要问一问这位恣意鼓吹中国军力的巨大威胁却被白宫勒令删掉"过于犀利"的用词的白邦

---

① 夏建平：《美国文化的霸权主义渊源和文化霸权主义》，《孝感学院学报》2001年第5期。

瑞先生：美国的规则、美国建立的国际秩序就是人类社会的科学规则、人类社会的合理秩序吗？

美国第 26 任总统西奥多·罗斯福（Theodore Roosevelt）在谈到美国要实行扩张政策时就曾指出：在世界事务中必须"全力以赴"，这样才符合美国人的卓越品质，决不能扮演中国的角色——满足于自己的国土被不体面的疾病一寸寸地腐烂下去。一个"不好战的"美国，最终只能被落在别的那些未丧失男子气概、具有冒险精神的国家后面。要想成为伟大的民族，美国人必须信心百倍地力争在世界上发挥重大作用[①]。由此，整个世界都看到，在相当长的一段人类历史中，欧洲移民在国内对北美大陆的印第安原住民进行驱赶、隔离，甚至采取剥夺其各种经济、政治权利的严厉政策；对来自非洲的被贩卖的黑人采取种族歧视和隔离政策；对包括华人在内的黄种人、来自拉丁美洲的移民等有色人种采取排斥、歧视政策。而面对国外，不论是中东还是亚太，不论是东欧还是拉美，这些欧洲移民的后裔们更是有一股把"颜色革命"进行到底的雄心。这一切，突出反映了当下的美国从新教伦理那里继承下来的顽固不化的唯我独尊的文化霸权基因。如此，整个世界不得安宁的原因，也就不言而喻了。

2. 美国悖逆文化互融政策的表现

美国悖逆文化互融政策的典型表现，便是其鲜明的文化霸权主义。综合学界观点，所谓文化霸权主义，其内涵一般有不可分割的 3 个层面。一是向世界推广和传播自诩为无比美好的文化价值观和民主制度。这是美国文化霸权主义最主要的表现。二是美国施行霸权主义的手段和工具即其宣扬的自由、民主、人权、人道主义等价值观。三是美国施行霸权主义的目标之一即其文化价值观的国际推行和全面胜利。这正像曾三任总统国家安全事务助理的兹比格涅夫·布热津斯基在《大失控与大混乱》一书中的"自白"：美国必须实施的战略就是削弱其他民族国家的主权，增强文化的"榜样"力量。美国文化霸权主要体现在以下方面：

一是死守过时了的麦卡锡主义，诅咒社会主义制度是"邪恶集中地"。第二次世界大战之后的美国凭借综合国力上升为头号超级大国，这是其文化优越感和使命感恶性膨胀的催化剂。美国认为，社会主义的苏联成为世界第二并与美国"分庭抗礼"，尤其是共产主义的信仰体系、马克思列宁

----

① 参见［美］迈克尔·H.亨特：《意识形态与美国外交政策》，储律元译，北京，世界知识出版社 1999 年版，第 134~135 页。

主义的异端邪说对西式民主和"自由世界"构成严重威胁，成为心腹大患，必须把苏联这个"邪恶的帝国"除掉。在这种观念引导下，美国不遗余力地领导着"冷战"时期的整个资本主义阵营来遏制社会主义，向全球推销美式民主政体和价值观念，在苏东社会主义国家推行意识形态的"颜色革命"，最终导致苏联解体和东欧剧变。而对新生的中华人民共和国，同样是封锁、入侵，同样是无所不用其极。

二是冷战结束后，美国不遗余力地扩充"民主地带"，加大其民主、文化等价值理念的全球扩张。布什政府在执意发动海湾战争以后数次叫嚣要建立"世界新秩序"。据《纽约时报》1991年1月30日报道，布什政府提出，这个迅速变化的世界必须由美国来领导，必须用美国的价值观改组世界，让"自由之灯塔"照亮全球。1998年美国针对即将到来的新世纪所提出的《安全战略》宣称，美国的价值观要求美国采取上述军事行动①。

三是大力推行新干涉主义。以美国为首的西方国家以捍卫所谓"民主、人权"和人道主义为借口，屡屡武装干涉他国内政。美国以人权卫士自诩，打着"人权无国界""主权有限论"等旗号，为武装干涉他国内政而遮羞，为因干涉造成的人道主义灾难而漂白。

迄今为止美国是当下国际社会中对各种国际人权公约最不屑一顾的国家。美国至今尚未批准《经济、社会和文化权利国际公约》和有关维护女性权益的公约；《残疾人权利公约》目前已有上百个国家批准，而美国却在"例外"之列；《儿童权利公约》已有近200个缔约国，美国几乎是唯一"例外"。可是在这个世界上打着"人权"旗号而发动战争最多、炸死民众最多的，恰是美国和其少数盟国。

可见，显而易见的一个问题是：在人类"价值星丛""文化星丛"的天际，是不是只有美国这颗星才是有理由耀眼而永生，而其他星星或没有闪光的必要，或本该就要被清除出星空呢？美国所"珍视"的自由、平等、民主和人权等价值观，怎么就能够以全人类的共同价值追求和文化发展方向的代表而自居呢？人类居于同一个地球村落，各国乘坐同一条命运与共的大船，总想着把他人踢出村落，企图把别国扔下大海，这究竟是一种什么样的心机呢？

---

①　William J. Clinton, "A National Security Strategy for a New Century", Washington, The White House, October,1998.

（二）美国悖逆文化互融政策的实质

1. 双重标准上的虚伪性和伪善性

美国自诩为民主、自由、平等、人权等所谓普世价值观的卫士。然而，普世价值观仅仅是美国所"号称"的所谓价值观。这种以个人主义价值观为主色调的普世价值观，主张个人价值要凌驾于社会价值之上，宣扬的是资产阶级的极端利己主义和拜金主义意识形态。而在现实生活中，他们则假"普世的幌子"行渗透、"颜色革命"乃至侵略、掠夺之实，导致世界诸多国度经济衰退、政治动荡、社会混乱，给整个世界造成了罄竹难书的灾难。己所不欲也，勿施于人！好似酷爱民主、自由的美国却善于和经常剥夺他国选择自身生活方式和发展道路的自由，岂非怪哉？国内的种族歧视历历在目，人权状况劣迹斑斑，却每年都高举那个人权大棒呵斥别国缺少人权，这种内在逻辑矛盾，凸显其虚伪和伪善的嘴脸。而且这种虚伪和伪善，并没有因其屡遭嘲讽而有丝毫改变。其"坚持"和"坚韧"的任性而为，凸显美利坚民族顽固的"使命"观。汉斯·摩根索曾举例规劝，罗马征服者在征服古希腊文化的过程中同时也改变了自己，并根据希腊文化对罗马文化进行了改组和塑造[①]。这也就是说，文化的交流，归根结底只能是一种相互借鉴、相互融合的过程，而且这种融合的唯一途径，就在于文化的异质性所决定的、文化本身内在的包容性和互鉴性。可令人不可理喻的是，美国一些政客和学者怎么就不懂得这一点呢？是真的不懂呢，还是很懂得却硬是装着不懂呢？

马克思主义认为，民主、自由、平等和人权从来就不是什么亘古不变的概念，而是历史的和具体的，是随着时代和国度的不同而变化的。也就是说，"民主""自由""平等""人权"等概念是随着其指向的不同因国家而异、因族群而异的。民族历史背景的差异、社会发展阶段的先后、文化传统上如宗教信仰和思维方式的不同，都会造成对这些概念的不同理解。美国人难道不懂得这些吗？非也。有意将一些概念标签化、抽象化，企图将自家的标准推而广之，使之固定化、普适化，其目的，还是为了维护其霸权地位，为实现剥夺他国他族经济利益而服务。由此，美国遍施文化霸权，终究要与其初衷相悖。因为这是悖逆人间正道的强盗行径。失道者，

---

① 参见［美］汉斯·摩根索：《国家间的政治：为权力与和平而斗争》，杨岐鸣等译，北京，商务印书馆1993年版，第618页。

只能是寡助的和失败的。

一个最令人惊诧的例子是，美国因新冠疫情死亡的人数已经逾100万。这一数字早已大大超过美利坚在第一次世界大战、第二次世界大战、朝鲜战争、越南战争、伊拉克战争、阿富汗战争中死亡的人数之和，大大超过了1919年大流感病亡的人数，大大超过了美国首都华盛顿的总人口数。美国"人权神话"崩裂至此，但其政府却还煞有介事、费尽心机地去组织和举办一个"民主峰会"，奢谈"人权""民主""自由"，可见其文化的双重标准及其虚伪性、伪善性。一个世界上科技最发达、医疗条件最好、综合实力最强的国度却成了疫情重灾区，感染人数和死亡人数屡创新高、屡"夺"第一，除了制度性和结构性问题以外，"资本至上"大于"生命至上"这一深入骨髓的文化基因是令美国抗疫失败的主要原因。在美国一些政客的意识中，基层群众的生命健康权在资本逐利面前是无足轻重、不值一提的。当人们看到以下酷似电影蒙太奇场景的对比，除了使善良而诚实的人们想到虚伪和伪善，还会有什么辞藻涌上心头呢？比如：据美媒报道，当听取积极防疫措施将导致股市崩盘的判断后，政府决策层立刻予以否决，多名国会议员一边不遗余力地隐瞒疫情、打压抗疫专家，一边却大量抛售股票；亚裔、非洲裔、拉美裔在疫情中遭受着极其不公正的待遇，而白人至上主义却甚嚣尘上；国会议员们在哀悼新冠逝者的"秀场"上一直谈笑风生，而一旦宣布默哀便戏份儿十足地、如电影蒙太奇一般地"切换"表情，等等。综上可见，弱势越发趋弱而富人财富暴涨，朱门"疫苗"臭而遍地染病死，这就是美国。一群总是自以为居住在山巅之城的高傲的政客、一个不顾自己民众死活的政府，在大灾大难面前只顾卖力地牟利、演戏和作秀，其间所透露的这种顽固的自以为是的文化价值观，究竟"普"的是谁家的"世"呢？最具讽刺意味的是，美国政客们认为，世界其他地区或国家，他们的生活水平是不能赶上哪怕接近美国的。奥巴马就说过，中国人怎么能过上与美国人一样的富足生活呢？中国国内少数公司把奥巴马的话解读为是对全球生态和资源环境的爱护，真是岂有此理！奥巴马为什么不在美国发达国家减少排放和支持后发国家的减排科技进步上面去动点儿脑筋呢？

2."文化优越论"的狭隘性和非现实性

文化作为历史的积淀，决定其历史性、民族性和相对性，因而没有优劣之分。所谓一方水土养一方人。美国建国才200多年，而人类社会的脚步早已走过数千年。作为幼驹的生命阅历与作为老马的人类历史，岂能等量齐观？更不应该以"幼驹"之心度"老马"之意。在美国一些人看来，确实不能等量齐观，因为美国是发达国家，美国硕大无比，美国先进无比，美国高大无比，美国优越无比。其新教伦理的基因是如此强大，那么其眼里还会有其他文化或文明存活的必要吗？

还是以抗疫期间的表现为例。对于美国来说，当务之急就是首先控制疫情，保护好本国民众的生命权这个"第一人权"，继而尽快恢复经济发展。但是在自己都不相信还必须装着相信的"文化优越论"的亢奋情绪促使下，美国还是一如既往地插手干预他国事务。这种在本土疫情形势异常严峻和各种骚乱持续不断的情况下能够顽固坚持干预他国事务的禀赋，除了维护其霸权利益，估计找不到其他什么答案了。比如，委内瑞拉总统马杜罗指认美国政府早已批准针对他的暗杀行动；美国宣布对俄罗斯、白俄罗斯、伊朗等国领导人实施制裁；美国对中印边境冲突指手画脚、疯狂干预中国香港和新疆事务；美国把带着感染了新冠的士兵和舰艇派往他国兴风作浪；美国如海盗般地耍起了流氓，到处抢疫苗和抗疫物资，等等。如此做派，连美国的盟友印度和法国都表示出强烈不满。印度外长苏杰生在谈到美国时，认为美国正在扰乱世界以便获得更好的"待遇"。人们不禁要问，在"文化优越论"的梦呓中，在一次次赔了夫人又折兵却难以幡然醒悟后，除收获了国际社会的抗议、反对和嘲笑，当然还有一些靠霸权抢劫得来的经济利益，美国还有什么其他长脸的收获吗？

国际上一些著名人士有关文化交流方面的见解，揭示了美国文化霸权政策的狭隘性和非现实性。新加坡总理李光耀曾经针对西方人士有关人权的指责发表讲话，指出西方的环境只能生长出西方自己的民主、人权，那么这种民主人权就不能是放诸四海而皆准的。在东方国家的土地上是开不出西方那种民主、人权的繁花的，也结不出西方民主、人权的果实。汉斯·摩根索也曾追问，既然西方推行的那种"民主哲学"与远在亚洲的人民在生活方式、心路历程乃至民族核心利益上都是相抵触的，那么你这个所谓的民主哲学或民主主义怎么就能在亚洲推行下去，又怎么能够在东西方思想观念的博弈中赢得胜利呢？[①]

3. 新冷战思维的实质即维护渐趋衰败的国家利益

就中美两国而言，美国人心里最明白，中国早已是世界上第二大经济

---

① 参见［美］汉斯·摩根索：《国家间的政治：为权力与和平而斗争》，杨岐鸣译，北京，商务印书馆 1993 年版，第 424 页。

体，加之中国政治制度上的社会主义和意识形态上的马克思主义，这些在美国金融大亨和政客们的眼里，都将成为对其行使霸权构成严重威胁的理由。随着中国综合国力的上升，尤其是人类命运共同体理念的深入人心和"一带一路"国际合作的推进，美国越发产生可能被中国超越的恐惧和被取而代之的担心。中美两个大国之间应该具有的互利合作关系现在已经被美国《国防战略报告》所认定的战略竞争关系取代。

国际社会必须清醒地认识到，在当前国际关系中，以美国为首的现代西方世界观在很大程度上发挥着霸权世界观的作用。霸权世界观是一种深具威胁的力量，是以美国软化和压制世界其他民族文化样态、世界观、政治制度的多样性的主要途径和武器。国际社会之所以要批判、抵制和反抗这种霸权世界观，就在于要通过维护世界观的多样性，进而维护整个世界"文化星丛"的丰富性和多样性。

第八章　包容性绿色发展：人类命运共同体的社会安全之路

社会安全的逻辑，生发于以和平共处等原则为主要内容的新型国际关系和人类共同价值的本质要求中；蕴含于公正、合理的国际政治与经济新秩序中，彰显于长期致力于人类命运共同体建设的实践中，遵循了包容性绿色发展的时代要求。以包容性绿色发展促进人类命运共同体的社会安全，应该坚持共同安全，反对各自为政；注重综合治理，避免舍本逐末；追求持续安全，防止短视行为。对美国悖逆国际社会安全的政策和行为进行批判，同样是以包容性绿色发展促进人类命运共同体社会安全的题中之义。

一、社会安全的逻辑内涵

（一）社会安全的逻辑，生发于和平共处原则支撑的新型国际关系中

20 世纪 50 年代，中国与印度、缅甸等国家共同倡导了对世界发展影响深远的和平共处五项原则。这一原则是周恩来在 1953 年 12 月会见印度代表团时首次提出的，1954 年 6 月在访问印度和缅甸期间，周恩来与两国总理作出共同倡导，1955 年 4 月万隆亚非会议期间周恩来以"互相尊重主权和领土完整"代替"互相尊重领土主权"，并最终确定和平共处五项原则的表述。至今历经半个多世纪的严峻考验，和平共处五项原则产生了广泛而深远的国际影响，并在全球化时代越发凸显其强大的影响力，成为指导国家之间建立正常关系和进行交往与合作时应该遵循的基本准则，被公认为规范国际关系的普遍准则和国际法的基本原则。比如 1955 年

亚非万隆会议《关于促进世界和平与合作的宣言》就是对和平共处五项原则的引申和强调。1972 年《中日联合声明》、1978 年《中日和平友好条约》、1979 年中美《建交公报》、1982 年中美《八一七公报》等，都是以承认和接受和平共处五项原则为根基和前提的。不论是从文字表述或精神实质上看，和平共处五项原则都体现和反映出新型国际关系的本质要求，秉持和高扬了《联合国宪章》的宗旨和原则，与《联合国宪章》的精神是高度一致的。

习近平主席提出的 12 字"全人类共同价值"，一反"普世价值"的抽象规定，在汲取和平共处五项基本原则精神实质的基础上突出体现《联合国宪章》原则的精要，构成世界不同族群之间彼此交流、合作共赢、共同发展、普遍安全的观念基础。之所以把国际社会称为一个"社会"，是因为这个"社会"的成员应该拥有、信奉、分享一些主要的、共同的理念，如价值、规则、制度、规范等，即成员国之间具有"共同价值"。一些最基本、最重要、最真切、最具体的价值，比如国际法、《联合国宪章》等，都属于"共同价值"的范畴。《联合国宪章》和联合国各项公约所规定的原则、规范都是人类共同价值，它不仅关涉到不同族群的生存和福祉，而且也是整个人类社会存在和延续的法律、法治保障。由于当今世界存在着各种全球性的问题，人类最低限度的这些价值，比如国际道德、国际民主等，有的学者称之为关系到国家安全的"难得的或者稀缺的价值"①。社会安全的逻辑，就生发于这些以和平共处等原则为主要意涵的"难得""稀缺"的价值之中，蕴含着鲜明的包容性绿色发展意蕴。包容性绿色发展理念正是以上述"难得""稀缺"的价值为导引，是全人类共同价值在发展观上具体而集中的表达。

"互相尊重主权和领土完整"，强调的是国家主权和领土完整是不容分割和侵犯的。国家主权包含对内的属地权与对外的独立主权两个方面。倘若有的国家侵犯他国主权，奉行大国沙文主义而对别国颐指气使，强迫他国听从自己，国际社会的安全便会受到威胁。尊重即意味着包容，强迫、颐指气使则意味着轻蔑和藐视，是一种非包容的做派，更谈不上对全人类共同价值的遵守。

"互不侵犯"，强调的是在国与国的交往中，不能使用武力或以任何其他方式侵犯他国主权、领土完整和政治独立，不能以任何借口发动侵略战

---

① 庞中英：《建设中国与世界的价值关系》，《南方都市报》2004 年 7 月 19 日。

争。武装侵略是最严重的国际犯罪，是对社会安全的最严重挑衅。国家之间出现了矛盾和问题，应该秉持具有包容性的平等相待、互商互谅的原则协商解决，决不能诉诸武力或以武力相威胁。

"互不干涉内政"，强调的是不能以任何借口或方式强迫其他国家接受强权国家的意识形态或社会制度，或以经济、政治、军事等措施强迫他国屈从，或煽动、组织和资助旨在以暴力手段推翻他国政权的恐怖、颠覆活动。在目前波诡云谲的国际政治经济形势下，"不干涉内政"原则已上升为和平共处五项原则的核心，因为它突出反映了国际社会在维护社会安全方面至关重要的包容性绿色发展理念，即各国人民决定自己命运的权利，如自主选择社会制度的权利，自主选择发展道路的权利等，都必须受到尊重，都应该得到切实的维护。

"平等互利"，强调的是国家之间不分大小、贫富、强弱应一律平等，在国际事务中平等发挥其应有的作用，而不允许以强凌弱、以大压小、以富欺贫；"互利"强调的是各国交往中不得以损害他国的利益来满足自身的利益，不得以榨取或牺牲他国利益为手段而获利。"平等互利"最直接地体现出包容性绿色发展理念的要求，为国际社会的安全和稳定规定了日常交往应该遵守的准则。

"和平共处"，是前四项原则的总目标和总结论，是国际社会实现安全稳定的根本准则。与《联合国宪章》所强调的"彼此以善邻之道，和睦相处"以及《亚非会议最后公报》中所规定的各国"彼此实行宽容、和平相处"等规定是完全一致的。五项原则冠之以"和平共处"之名，足见"和平共处"的主题和核心地位。"和平共处"与"社会安全"近乎同义，五项原则中包含四个"互"字、一个"共"字，凸显包容性绿色发展理念所强调的"和平""共同""包容""公平""互利""共享"等意涵。

总之，和平共处五项原则全面阐述了国际社会实现安全稳定所必须遵守的普遍准则，铺就了一条以追求全人类共同价值为取向的富含包容性绿色发展理念的全球社会安全道路。中国作为和平共处五项原则的积极倡导者和坚定实践者，把这一原则写入作为国家根本大法的宪法，成为对外交往政策的基石。在和平共处五项原则发表60周年纪念大会上，习近平总书记提出了鲜明体现全人类共同价值和包容性绿色发展理念所要求的"坚持主权平等""坚持共同安全""坚持共同发展""坚持合作共赢""坚持包容互鉴""坚持公平正义"的"六个坚持"原则[1]，对于推动国际关系的民主化、法治化、合理化发展，具有重大的现实指导意义。

　　还应指出，人类命运共同体理念较和平共处五项原则具有更为丰富的内涵和更高的建设要求，因为人类命运共同体理念不仅仅局限于民族国家之间的"和平共处"，还注重"共治""共建""共享""共赢"，寄托着国际社会大家庭共同发展、共同进步的诉求。就人类命运共同体"社会安全"这一个层面的建设目标来说，若这个地球上的每一个国家都能严格遵守和平共处五项原则，秉持这一原则处理双边或多边关系，那么国际社会的安全就不是一个多么需要或值得人们担心的话题。

（二）社会安全的逻辑，蕴含于公正合理的国际政治经济新秩序中

　　目前的国际政治经济秩序，基本上还是二战后由美西方少数发达国家主导建立的，其本质特征表现为霸权主义、强权政治和不平等待遇，其各项法规的制定、大多国际机构的组成和运作多为少数欧美发达国家所控制。这种秩序只是在维护发达资本主义国家的特权和利益，如此建立起来的世界秩序自然是不平等的。比如在国际货币基金组织（IMF）中，美国尊享一票否决权。也就是说，IMF 的改革竟然要取决于个别国家的国内法；"巴黎统合会"的存在则意味着不允许向社会主义国家出口高技术产品。但当中国个别技术赶超美国时，却出现了类似"孟晚舟事件"的"政治追杀"。"300 年来的世界政治就是这样走过来的，其历史简单且明了，那就是不平等的世界秩序。"[2] 国际社会长期存在的这种不公正、不合理的政治经济秩序，严重阻碍着世界的政治稳定和经济发展，造成世界政治经济关系的严重失调、南北差距的日益扩大，部分发展中国家经济停滞或倒退、政治动荡不安，致使非包容性的交往和非绿色化的发展俯拾皆是。尤其是美国在不再拥有那么绝对的领先地位而倍感焦虑，并急不可耐地撕下伪装变成一个纯粹的利益抢劫者的情况下，世界秩序面临严重失序甚或有坍塌的征兆。这与世界上大多数发展中国家所期待的、以和平共处五项原则为基础的国际关系准则和国际秩序相去甚远。

　　那么，公正、合理的国际政治经济新秩序该如何建立？对国际社会的

　　[1]　习近平：《论坚持推动构建人类命运共同体》，北京，中央文献出版社 2018 年版，第 130~134 页。

　　[2]　杨光斌：《看世界政治要避免浪漫主义》，《环球时报》2019 年 1 月 8 日；《马克思主义文摘》2019 年第 2 期。

安全稳定是否能起到促进作用？在这方面，邓小平首倡的以和平共处五项原则为准则建立国际政治经济新秩序的主张，得到国际社会的普遍赞同。针对多年来美国戕害国际政治经济秩序的做法，参考学界研究成果①，本课题认为，从以下几个方面致力于建立国际政治经济新秩序，突出包容性绿色发展理念在建立国际政治经济新秩序中的价值取向，对国际社会安全稳定将起到显著促进作用。

　　一是以经济关系的平等参与和交往促社会安全。也就是说，国家不论大小贫富，都有权以平等身份参与经济交流和合作，有权选择适合本国国情的经济发展模式，其他国家不得把自己的意志强加给他国。这方面，国际社会应该汲取"华盛顿共识"给国际社会带来的"水土不服"等危及广大发展中国家社会安全方面的教训。二是以经济活动的自主自决促社会安全。即每一个国家都拥有在自然资源和经济活动上的完全自主权。发达国家没有理由利用先发优势高傲自大、强买强卖，应充分尊重和照顾发展中国家利用自身优势追求经济发展的权利，在提供援助时不要附加其他政治条件。这方面，国际社会应该汲取少数西方大国在对待援助国方面因政治附加所造成的不安定教训。三是以经济援助促社会安全。第三世界国家的贫困和落后面貌，其主要原因是长期遭受霸权主义的殖民统治和掠夺造成的。基于这一基本事实，在对待发展中国家的资金匮乏和巨额外债上，美国以及国际金融机构理应增加对发展中国家的资金流入，这是发达国家义不容辞的责任，说得更直白一些，这是理应作出的"赔偿"。这方面，国际社会应该谴责美西方少数大国在对外债务问题上的为富不仁，以及在对外资金援助上的吝啬和自私。美国既然是相信基督教"原罪说"的，那么为什么却没有一点儿原罪的意识呢？四是以贸易的自由化和便利化促社会安全。发达国家理应抛却贸易保护主义情结，鼓励、支持而非限制、拒斥发展中国家获得稳定的出口收入。这方面，国际社会应谴责少数西方大国得了便宜还贼喊捉贼的做派。五是以技术交流的自由化和便利化促社会安全。美国理应帮助发展中国家提高科技能力，减免技术转让税费，取消高新技术转让限制，大力促进世界范围内的技术交流。这方面，国际社会必须谴责美国打压别国科技创新和能力提升、限制与发展中国家的技术交流等技术壁垒做派。

---

　　① 赵理海：《建立以和平共处等项原则为基础的国际政治经济新秩序》，《中外法学》1992年第6期；郑显涛：《和平共处五项原则与国际政治经济新秩序》，《毛泽东思想研究》2002年第2期。

以上 5 个方面，平等参与、自主自决、经济援助、贸易的自由化便利化和技术交流的自由化便利化，凸显包容性绿色发展所倡导的平等参与、协调发展的理念，是建设公平合理的国际政治经济新秩序的正确而有效的途径，是谋求和实现国际社会的安全稳定与和平发展的必然要求。

（三）社会安全的逻辑，彰显于构建人类命运共同体的现实实践中

可持续安全的新观念，应该在国际社会长期促进人类命运共同体建设的现实实践之中得以彰显。人们应该清醒地看到，尽管愿景美好，但由于世界上固有的以及不断产生的各种矛盾，由于可以预测到的和不能预测到的各种因素，作为人类社会的百年大计、千年大计的人类命运共同体建设可谓任务艰巨，前程复杂，道路漫长而曲折，甚或会有大的反复，遭遇意料不到的困难与挑战。比如，2020 年至今全球新冠疫情的冲击，尤其是疫情之下美国社会治理的丛生乱象。可见，人类命运共同体建设的长期性和艰巨性，内在地蕴含可持续安全的价值追求。

不可阻挡的全球化趋势，给世界各国提出了以长期合作谋求可持续安全的客观要求。全球化时代你中有我、我中有你的程度日益加深，蝴蝶效应愈加明显，可谓一荣俱荣、一损俱损，这就给世界各国提出必须长期合作的时代课题。尤其是在世界经济面临诸多不确定、不稳定因素的情况下致力于人类命运共同体建设，各国必须做到坚持不懈地秉持长期合作、综合治理的理念，联合应对各种问题和挑战，才能实现国际社会的可持续安全。

首先，当下国际金融和经济危机的深层次影响依然存在。如主要发达经济体的结构性问题并未解决，而新兴市场经济体面临的外部风险和压力也在增大，世界经济增速依旧缓慢，新冠疫情的冲击致使经济出现断崖式下坠。其次，各种单边主义和贸易保护主义粉墨登场，花样迭出。美国作为金融危机的策源地，不仅不思悔过，还变本加厉祸害世界经济，拱火俄乌冲突坐收渔利便是现实版例证。再者，地区热点问题按下葫芦又起瓢，军备竞争、恐怖主义、网络侵害等传统和非传统安全威胁互相纠缠，维护世界和平、促进共同发展的人类课题任重而道远。这种严峻现实向国际社会提出了长期合作、综合应对的客观要求。只有在长期合作、综合应对之中致力于促进人类命运共同体建设的不懈努力，才能实现包容性绿色发展理念在可持续安全上的追求。

中国致力于人类命运共同体建设的具体实践和瞩目成就，为社会安全提供了国际社会能够真切感受到的"中国力量"，中国也成为国际社会交口称赞的最安全国度。在中国"驻华使节走进中国部委"等活动的使节眼中，在联合国秘书长和各国参加维和行动人员的眼中，中国一向是"维护世界安全稳定的重要力量"。

二、以包容性绿色发展促进人类命运共同体的社会安全

社会安全的逻辑内涵昭示，以包容性绿色发展促进人类命运共同体的社会安全，国际社会必须做到以下几个方面。

（一）坚持共同安全，反对各自为政

生发于以和平共处等原则为主要内容的新型国际关系和人类共同价值中的社会安全的逻辑内在地要求：以包容性绿色发展促进人类命运共同体的社会安全，应该坚持共同安全，反对各自为政。

共同安全是进入新时代以来中国根据国际社会新的安全形势提出的社会治理理念。2013年3月，习近平主席访问莫斯科并发表讲话，指出在错综复杂的国际安全威胁之下，既不能单打独斗，也不能迷信武力，解决国际安全威胁问题的正确抉择，只能走合作安全、集体安全和共同安全的道路①。这是他对"共同安全"的初步阐述。2014年5月21日，在上海举行的亚信峰会上习近平主席强调，"应该积极倡导共同、综合、合作、可持续的亚洲安全观"②。这是在中日甲午战争120周年和第一次世界大战100周年之际，中国领导人在全面审视全球化时代亚洲安全局面和国际社会安全形势的基础上，以充分反映和彰明《联合国宪章》精神的人类命运共同体思想为根本依据，在国际社会率先提出的谋求国际社会安全的"新安全观"。2015年9月，在联合国大会的讲话中习近平主席重申国际社会必须摒弃形形色色的冷战思维，树立共同、综合、合作、可持续安全的"新安全观"。他同时强调，要坚决支持联合国和安理会充分发挥在止战维和方面的权威和核心作用，采取和平解决争端、强制性行动两种举措双管齐下，止战息战；要坚定促进经济、社会等层面的合作，对于传统和非传

① 习近平：《论坚持推动构建人类命运共同体》，北京，中央文献出版社2018年版，第7页。
② 习近平：《论坚持推动构建人类命运共同体》，北京，中央文献出版社2018年版，第111页。

统安全威胁要做到统筹应对，防战祸于未然①。从"新安全观"得到越来越多国家的高度认同来看，中国倡导的这一"新安全观"已不仅局限于亚洲，而成为对于全球安全具有普遍指导意义的安全观念。

这一"新安全观"，首先突出了"共同安全"的意涵。习近平总书记指出："共同，就是要尊重和保障每一个国家安全。"②"共同安全"原则具有普遍性、平等性和包容性等核心要求。共同安全的普遍性，指的是国际社会的每一个成员国都要安全，而不是这个国家安全而那个国家不安全，也不是这部分国家安全而那部分国家不安全，更不是为了自身安全而牺牲其他国家的安全。既然北约以防御性"初衷"而建立，那么针对俄罗斯的几番围堵，不仅是对"初衷"的背弃，更是牺牲他国安全的行径。可见，共同安全的普遍性是对整天喊着自家"第一""优先"等安全观的超越和批判。共同安全的平等性，要求每一个成员国都能够平等参与国际安全事务，并在这种平等参与之中担负起维护国际社会安全的义务和职责。由此，共同安全的平等性就是对那种整天以单边主义行动企图垄断国际安全事务等做派的超越和批判。共同安全的包容性，其本身就是对包容性绿色发展理念的直接彰明。这一原则要求所倡导的是，要尊重每一个成员国在选择社会制度、发展道路上的自主性，尊重各国合理的安全关切，反对强化一切有悖于共同安全或针对第三方的任何形式的军事同盟，并强调要把各民族国家的差异性转化为推动全球安全合作的动力，恪守联合国宪章主权独立、平等和完整以及互不干涉内政等基本准则。总之，共同安全的普遍性、平等性和包容性的要求，排除了那种在国际社会安全问题上各自为政、单打独斗的单边思维定式，要求在谋求自己国家安全的同时也要保障其他国家的安全，致力于建立更加安全、平等和均衡的新型全球化。新型全球化时代国家之间荣损与共的关联效应也充分说明，国际社会已不可能存在所谓的绝对安全，安全问题上企望独善其身是难以做到的，也不可能幻想仅凭一己之力"洁身自好"。命运共同体其实质之一就是一种在风险社会压力驱动下的安全共同体。在高度一体、深度关联的全球安全形势下，国际社会必须警惕在社会安全领域那种一味企求独善其身的安全心结，旗帜鲜明地反对各自为政、唯我独享的不合作做派，大力倡导凸显包容性绿色发展

---

① 习近平：《论坚持推动构建人类命运共同体》，北京，中央文献出版社2018年版，第255页。

② 习近平：《论坚持推动构建人类命运共同体》，北京，中央文献出版社2018年版，第111页。"新安全观"的"共同安全"原则，与俄罗斯倡导的"不可分割安全"原则异曲同工，但由于"共同安全"原则处于"共同、综合、合作、可持续"的安全体系之中，因而具有更为全面而辩证的意涵。

理念的共同安全观，做到同舟共济、和衷共济，努力发展伙伴关系，关注国际社会的共同安全关切，致力于建设一个共同安全的地球家园。

（二）坚持综合治理，避免舍本逐末

蕴含于公正、合理的国际政治经济新秩序中的社会安全的逻辑内在地要求：以包容性绿色发展促进人类命运共同体的社会安全，应该注重综合治理，避免舍本逐末。

当前存在于国际政治经济秩序中的诸多不公正、不合理现象，是不断产生的众多不安全事件的总根源。环顾周遭，这个星球上几近天天都在发生各种形式和性质的恐怖袭击事件，没有多少国度能够置之度外。这种危如累卵的安全局势向国际社会昭示，恐怖主义已经成为全人类的敌人，反恐斗争是国际社会各个国家不容丝毫懈怠的共同职责。基于人性中最素朴的情愫和良善，人们用恶魔、畜生、野兽、疯子、反人类等诅咒话语来指认那些恐怖分子及其恶行，可是，为什么却不能或不愿意去思考如何釜底抽薪地破解发生恐怖袭击的根子呢？多年来全球反恐实践一再给予人们的启示是，国际社会必须建立包容性的综合施治的理念，力避粗枝大叶、颠倒轻重、混淆主次等舍本逐末的短视和狭隘做法。

习近平主席尖锐地指出：表面上看起来是一个单纯的安全问题，其实并不能以简单的态度和方法对待，不能头痛医头、脚痛医脚。他拿恐怖主义做例子，指出恐怖主义的滋生和蔓延，并非如人们平常所认为的那样是因为恐怖分子好似天生与这个世界有仇，而是受到经济发展机会、地缘政治环境、宗教文化情结等众多因素的长期影响，因而决不能单纯对待，期望可以用一种手段从根本上解决[①]。因此，不论是在维护地区安全还是在维护全球安全的问题上，都必须抱着综合施策、多管齐下的态度，搞清楚安全问题的现实经纬、事情本身的是非曲直等历史脉络并予以通盘考虑，避免治标不治本。比如，越反越恐的"戈尔迪斯之结"的破解，只能依靠标本兼治、综合治理，再也不能只顾镇压而不愿疏导，否则只能是沿袭多年来的被动应对和越反越恐局面。也就是说，必须彻底改变存在于国际政治经济交往中的诸多不公正、不合理现象。比如，再也不能否认和蔑视客观存在的多元的价值、多样的文化，再也不能死抱冷战思维和对抗情结，

---

① 习近平：《坚持合作创新法治共赢　携手开展全球安全治理——在国际刑警组织第八十六届全体大会开幕式上的主旨演讲》，《光明日报》2017年9月27日。

再也不能一任天悬之隔的贫富分化继续下去，再也不能麻木地看待人们在起码公平上的渴求、对起码身份的认同，再也不能以"老子天下第一"的唯我独尊去示人，再也不能动辄狂轰滥炸造成难民危机却又甩锅塞责。多年来种种严重违背包容性绿色发展理念的舍本逐末等做派，不去致力于剔除恐怖主义生成的文化、历史、社会、心理等土壤却整天叫嚣严厉打击，如此除了蓄积怨恨、加剧暴恐之外，对于反恐大业来说几无益处，甚至南辕北辙。

需要着重指出的是，对社会安全问题的综合治理造成严重阻碍的，当数美国在反恐问题上采取的双重标准。这是严重违背包容性绿色发展理念要求的反恐举措，只能导致越反越恐。全球化时代恐怖主义具有的跨国界、跨地域、跨文化等特征，决定国际社会各个国家面临着共同的反恐职责，因而针对恐怖主义的国际联合治理就显得十分必要。但是，美国在反恐问题上的双重标准却对恐怖主义的全球治理形成了严重阻碍，甚至是助纣为虐。对恐怖袭击事件进行选择性地解读或有选择地采取应对措施，导致对恐怖分子传递出"错误信号"，乃至被恐怖组织所利用，如此反而阻碍了国际反恐合作，给国际反恐事业埋下诸多隐患。比如，2005年7月7日伦敦恐袭发生后，西方各国几乎一个口径地指认这是恐怖分子的"残忍罪行""惨无人道的暴行""野蛮而残忍的恐怖袭击"等，而对非西方世界的恐袭如在"藏独"、"东突"、叙利亚、俄罗斯车臣等问题上，却颠倒黑白地认为属于其各自内部长期累积的民族与宗教问题。据观察者网时政组编辑张广凯报道，叙利亚总统巴沙尔·阿萨德在巴黎遭受严重恐袭时非常大度地向法国表示哀悼，但他也悲愤地反诘西方："法国今天遭受的野蛮恐怖袭击，是叙利亚人民在过去5年中一直都在经历的。"叙利亚副外长穆克达德也谴责法国承认反对派全国联盟为叙利亚唯一合法政权等严重干涉内政的"不道德"行径，认为法国在"支持杀戮，支持恐怖分子，并鼓励叙利亚瓦解"。俄罗斯总统普京秉持公正立场，其在给时任法国总统奥朗德的慰问电中指出，恐袭是"向人类文明发出挑战"，"突显恐怖主义残暴本质"，只有整个国际社会真正联合起来才能与恐袭这一恶势力开展有效斗争[①]。叙利亚和俄罗斯面对恐怖主义，表明了其主张在恐怖主义问题上需要整个国际社会的真正联合和综合施治的态度。西方一些国家必须反思它们

---

① 张广凯：《叙利亚总统阿萨德：巴黎今天遭遇的，叙利亚人民已经忍受了5年》，参见观察者网，2015年11月14日，https://www.guancha.cn/europe/2015_11_14_341324.shtml。

严重违背包容性绿色发展要求的那种"双重标准"对国际反恐事业的掣肘和戕害。

（三）坚持持续安全，防止短视行为

彰显于人类命运共同体建设实践中的社会安全的逻辑内在地要求：以包容性绿色发展促进人类命运共同体的社会安全，应该追求持续安全，防止短视行为。

"新安全观"又叫"可持续安全观"。"可持续安全观"的主要内涵即"共同、综合、合作、可持续"四原则。共同安全的原则，要求尊重和保障每一个国家安全，强调国际社会在安全上的普遍性、平等性和包容性；综合安全的原则，又称总体安全原则，注重传统和非传统安全的统筹性；合作安全的原则，强调通过对话与合作，消除猜疑、增进互信，反对动辄使用武力或武力威胁、任性挑起事端；可持续安全的原则，要求同时注重安全与发展，继而实现长期的、持久的安全。"可持续安全观"已经成为当下全球社会安全的根本要求。习近平主席引用"求木之长者，必固其根本；欲流之远者，必浚其泉源"来诠释"发展是安全的基础，安全是发展的条件"等理念，强调国际社会要联合起来努力打造区域经济合作与安全合作齐头并进、良性互动的崭新局面，从而实现以可持续的发展来促进可持续的安全的理想局面。由此，"可持续安全观"已成为继提出和平共处五项原则半个多世纪之后，中国再度倡导的具有全球意义的重要战略原则。

"可持续安全观"具有鲜明的包容性绿色发展意味，体现出强烈的现实针对性，具有长远的实践指导意义。"可持续安全观"要求国际社会必须以有所作为的主体姿态对待全球整体安全治理的重大时代课题，抛却那种把恐怖主义与特定文明、宗教、组织或民族国家等简单勾连的别有用心的做法，抛却在反恐问题上皂白不分、无的放矢和"合则用、不合则弃"的极端实用主义的做法。如果继续采用粗暴打击的方式去满足于一时的、暂且的安全，那么这只是暂时推后了更大的、更血腥的恐怖威胁和危机的到来；如果在邻居出了问题的时候只是想着如何去扎好自家的篱笆，如建隔离墙、搞什么旨在阻止外国恐怖分子进入国内的"限穆令"等所谓国家保护计划，甚或幸灾乐祸地看别人的笑话，那么就等于为自家埋下了暴恐隐患；如果出台的社会政策不能架起地球村族群间相互沟通的桥梁，反而加剧族群间的心理闭锁和隔绝，那么最终也必将给自家带来安全隐忧。人

类命运共同体建设的社会安全之路,不允许任由悖逆可持续安全观的短视做派横行于世。

鉴于此,可持续安全的实现,必须依靠包容性绿色发展所倡导的有效机制来保障。首先,国际社会安全理念应该跟上时代前进的步伐,不能身子跨进了 21 世纪的大门,而脑袋却停滞在 20 世纪的冷战和对抗思维上。那种头痛医头、脚痛医脚的短视行为是导致社会安全不可持续的陈腐做法,国际社会必须毫不犹豫地加以抵制和反对。其次,要充分发挥联合国等国际安全组织的斡旋作用,和平与强制两手施治,两手都要硬朗坚定。事实证明,企图明着或暗里绕开联合国,通过追求绝对的军事优势或倚赖军事同盟进行恫吓以对别国形成遏制效应,或任性发动先发制人的军事打击,不仅不能确保自家的安全,还将造成安全成本的上升,并搅得国际社会不得安宁。再者,还要建立全球范围内针对落后国家和地区在经济发展和社会安全方面的辅助和支援机制等。全球化时代全球社会安全的问题绝不是"各人自扫门前雪"所能解决的,即便一时靠所谓严厉打击解决了一些问题,也会为后续的安全埋下太多的隐患。

2022 年 4 月 21 日,在博鳌亚洲论坛 2022 年年会开幕式上,习近平总书记作题为《携手迎接挑战,合作开创未来》的视频致辞时提出了"六个坚持"的全球安全倡议,强调"人类是不可分割的安全共同体"①。"六个坚持"的全球安全倡议,从可持续的安全观、和平共处五项原则、联合国宪章宗旨和原则、安全不可分割原则、对话协商的和平解决争端方式、统筹传统和非传统安全等方面阐述了中国对国际社会安全问题的看法,再次彰明了新时代东方大国的负责任形象。习近平总书记在党的二十大报告中重申,中国愿同国际社会一道,努力落实全球发展倡议和全球安全倡议②。

三、美国悖逆社会安全政策批判

美国悖逆社会安全的政策和行为,表现在对以和平共处五项原则为主要内容的新型国际关系普遍准则的践踏、对不公正不合理的国际政治经济

---

① 习近平:《携手迎接挑战,合作开创未来——在博鳌亚洲论坛 2022 年年会开幕式上的主旨演讲》,《光明日报》2022 年 4 月 22 日。

② 习近平:《高举中国特色社会主义伟大旗帜 为全面建设社会主义现代化国家而团结奋斗——在中国共产党第二十次全国代表大会上的报告》,北京,人民出版社 2022 年版,第 62 页。

秩序的顽固坚持，以及由之所必然造成的对国际社会共同安全和可持续安全的危害等方面。

（一）美国悖逆社会安全政策扫描

以和平共处五项原则为主要内容的新型国际关系，是世界各国人民共同的追求。然而，美国倚仗其超强的经济、科技和军事实力，屡屡违背和践踏和平共处五项原则，漠视和危害以该原则为主要内容的新型国际关系准则。

历数美国在处理国际关系问题上的政策和做派，在和平共处五项原则方面，世人难以看到美国有几个遵守的例证，而其漠视和任意践踏的现象却举不胜举。即便有些例外的情况，美国也是出于其"暂且"的策略考量。包括对待盟友，也是实行胡萝卜加大棒的政策，恩威并施，狡诈多端。学界总结道：美国霸权主义打着所谓自由、民主的旗号，在世界上采取顺美国者生、逆美国者亡，类美国者生、异美国者亡，弱美国者生、强美国者亡等手段，其霸权主义和强权政治的野心表现得淋漓尽致。以下从美国背弃和平共处五项原则的视域略举数例。

背弃"互相尊重主权和领土完整"。进入20世纪以来，尽管美国一般不以占领他国领土为直接目的，但在蔑视和践踏他国主权方面却肆无忌惮，花样迭出。人们能够轻易地看到，只要美国觉得有利益的地方，都能看到其身影，或赤膊上阵玩制造分裂，或经济制裁搞坐收渔利，或拉起圈子玩政治孤立。尤其是在中东阿拉伯地区，美国把一个个主权国家搅得昏天黑地、天怒人怨。打伊拉克、打阿富汗、打利比亚、打叙利亚、制裁伊朗、围堵中国、包围俄罗斯等，其他国家的主权在美国政府的眼里好似不值一提。

背弃"互不侵犯"。如美国1999年对南斯拉夫发动袭击，致使南斯拉夫最终解体。2011年，联合国安理会授权成员国在利比亚设置禁飞区，然而在美国的领导下却最终演变为国家动乱和政权更迭。2003年，美国以一小瓶洗衣粉示人，声称伊拉克拥有大规模杀伤性武器，于是悍然入侵伊拉克，把一个主权国家打得乱象频仍，民不聊生。再如2018年4月13日晚，时任美国总统特朗普假借叙利亚实施化学武器袭击而宣布对叙利亚进行军事打击。此后美国及其英法盟友利用飞机和舰船对叙利亚首都大马士革发动导弹袭击。美英法联军对叙利亚大约10个目标进行了打击。

背弃"互不干涉内政"。这方面美国可谓是满世界插手，满地球伸手，唯恐天下不乱。美国每每以对他国所谓人道主义灾难的关切为由，恣意干涉他国内政。远的不说，美国公开表示支持以色列迁都耶路撒冷，并正式承认以色列对戈兰高地的主权，这种毫无资格却只顾插手的火上浇油、蓄意挑起国际社会动乱的行径，冒天下之大不韪、毫无国际道德底线的做派，以一个国家的总统权力强行把另一个国家的主权"划拨"给第三方国家的"任性"，可谓犯了"干涉瘾"。其他如公开支持委内瑞拉反对派领袖瓜伊多，资助反对派屡屡毁坏委内瑞拉电力设施；插手中国香港、新疆事务，资助颜色革命，蓄意抹黑中国等。据中央广电总台报道，身为国务卿的蓬佩奥竟在多个场合言之凿凿地宣称委内瑞拉总统马杜罗要坐飞机准备逃往古巴，只是由于俄罗斯的叫停才未能成行。这番言论立即遭到马杜罗和俄罗斯的批驳。马杜罗说，蓬佩奥先生，你嘴里还能有点儿实话吗？俄罗斯外交部发言人扎哈罗娃指出，蓬佩奥此举是在散播假消息，是美国政府信息战的一部分，目的是打击委内瑞拉军队的士气[①]。可以想见，一个国家的国务卿如此信口雌黄，其信誉何在呢？

背弃"平等互利"。仅仅从美国挑起贸易战这一个方面，便可以看出美国对"平等互利"原则的蔑视和践踏。美国以其多方面的强大实力，动辄制裁这个制裁那个，明目张胆地掠夺和剥削全世界，哪里有一点儿平等互利的意念。可话又回来，真正做到了平等互利，还会有历史上和现实中"第一""超级""优先"的美国吗？依靠剥削和祸害全世界而登上"第一""超级""优先"的美国，又会与谁讲平等互利呢？关于中美贸易摩擦，一个最简单的事实是：中美之间的经贸交流是双方优势互补的自然而然的过程，也就是说，尽管贸易顺差反映在中国这里，然而"利益顺差"却留在了美国。早已心知肚明的美方却装蒜似的假货物贸易赤字而兴师问罪，对美方具有巨大优势的服务贸易采取掩饰和遮蔽的做法。这不仅是赤裸裸的贸易霸凌主义，更是毫无大国气度和尊严的强权嘴脸。特朗普政府单方挑起的中美贸易摩擦，其实质就是要中国完全按照美国的一厢之思行事，以非对称的方式对美方开放中方市场，为的是确保美方从中美贸易交流中单方面攫取更大的经贸利益。这种拙劣的讹诈伎俩，有丝毫平等互利的意识吗？

背弃"和平共处"。有了上述有恃无恐和一意孤行，美国与他国之间

---

① 据 2019 年 5 月 1 日中央广播电视总台第 13 频道《国际时讯》栏目报道："委内瑞拉局势马杜罗要逃往古巴？美说法遭驳斥。"

的"和平共处"也就不存在了。类似拱火俄乌冲突这样的浑水摸鱼、乱中取胜，是美国屡用不爽的把戏。IMF原总裁拉加德指出，世界贸易体系的"关税之殇"就是因美国频繁且轻率地发动贸易战造成的。英国央行行长卡尼认为，美国像藤蔓一样疯狂生长的贸易霸凌主义，早晚会把全球经济拉进衰退而难以复苏的泥淖①。美国一次次任性破坏贸易规则，严重搅乱了世界政治经济的公平交流秩序，严重悖逆了包容性绿色发展所要求的社会安全之路。

美国背弃和平共处五项原则以及以该原则为主要内容的新型国际关系准则的种种行径，在性质上是综合性的，如攻打南联盟、伊拉克等，就是对五项原则的全面漠视和背弃。1776年建国的美国，在迄今247年的历史上，没有对外用兵的时间只有16年，足见美国对国际安全的践踏程度。

（二）美国悖逆社会安全政策的实质

1.唯恐天下不乱的强盗伎俩

仅就中美经贸摩擦这一问题来说，中美双方都应该本着实事求是和对人对己负责的姿态，协商解决双方遇到的问题。但是美国却把中国的忍让和积极的、建设性的意见当作软弱，变本加厉，蓄意制造事端，在涉及中国核心利益的问题上不断加码，玩弄战略讹诈把戏，挑衅国际规则红线。但是，中美作为两个最大的经济体，两国关系上的任何"蝴蝶扇翅"都有可能对地区乃至全球政治经济秩序造成风暴性的影响和冲击。如此不顾国际安全稳定的任性而为，可以想见以和平共处五项原则为主要内容的新型国际关系普遍准则、和平与发展的历史大势，在美国政府眼里还有多少分量呢？

对待伊核协议问题，美国唯恐天下不乱的伎俩表现得尤其明显。对于美国前总统特朗普宣布退出伊核协议并恢复对伊朗的制裁这件事，美国国家安全顾问博尔顿在回应国际社会的责问时竟然表示：我们并不是第一次退出已签署的协议。博尔顿这话其言外之意可谓昭然若揭：美国对于其签署的各类国际协议，随时随地都可以不认账。国际社会众多媒体评论说，这岂非无赖之举！对此，即便是美国的铁杆盟友们，也对特朗普政府的行为感到不可思议。英法德三国首脑通过电话一致表示，对美国的决定感到遗憾且担忧，认为现在国际社会打击核扩散的机制岌岌可危。三国宣布，

---

① 《美国升级贸易战是霸凌主义对世界的挑衅》，《中国中小企业》2018年第8期。

不愿意与美国立场相同，将会继续遵守相关协议的内容①。

唯恐天下不乱的伎俩还体现在毫无底线地贩卖假新闻上。这真是应了曾经当过中情局（CIA）局长的蓬佩奥在得州农工大学演讲时的那句地球人都知道的"厚黑学"：我们撒谎、欺骗、偷窃，这才是美国的荣耀②。蓬佩奥还骄傲地强调，这就是他的"为人之道"。国际社会看到，为了遏制中国发展，美国政客不断编造关于香港和新疆的弥天大谎；为了掠夺伊拉克的石油，国务卿科林·鲍威尔竟然在联合国大会上煞有介事地手捏一小瓶洗衣粉来冒充大规模杀伤性武器；为了栽赃叙利亚，资助"白头盔"组织摆拍叙利亚使用化学武器的视频……至于新冠疫情发生以来太多的事情，更加显示出美国"有一门课程专门来教"诸如撒谎、欺骗、偷窃的成绩单是很"优异"的，不愧为国际社会中学习这门课程的"课代表"。其实早在20世纪40年代，CIA就实施了收买媒体捏造假新闻的"知更鸟计划"，CIA曾承认该计划收买了至少400名记者、25个大型媒体组织。2014年，德国《法兰克福汇报》记者伍尔夫科特出版《被收买的记者》一书，揭露了CIA操纵包括自己在内的别国记者制造假新闻的历史，指出许多西方媒体都是CIA的提线木偶。

2022年6月18日中央广播电视总台《24小时》栏目报道，近些年来，美国以虚假信息为武器攻击中国，早已打造成一种"涉华谎言产业链"，即政府企业提供"黑金"—智库学人炮制"黑论"—政客媒体充当"黑嘴"—国会政府出台"黑法"。比如美国国家民主基金会，在2004年至2020年，已向境外维吾尔分裂组织提供了近900万美元，堪称"东突"等暴恐分裂组织的最大幕后金主。曾参与策动伊拉克战争的美国前高官劳伦斯·威尔克森毫不避讳地承认："所谓新疆问题是中情局从内部搞乱中国的战略阴谋。"美国驻广州总领事馆经济政治部负责人、领事戈明希指出："美国政府希望美国商人能够'理解'，新疆没有问题，但利用新疆炒作强迫劳动、种族灭绝、攻击人权问题是一种'角力'，也是一种'有效手段'，最终目的是让中国政府'彻底深陷泥潭'。"

中国知名军事问题专家杜文龙、美国问题专家金灿荣均指出，美国唯

---

① 2020年1月14日，英国、法国和德国发布联合声明，宣布启动伊朗核协议框架下的争端解决机制。这又反映出西方发达国家的"一致对'外'"。学界早就指出，伊核协议存废的关键在美伊，欧洲只是一个"打酱油"或"跑龙套"的角色。

② 蔺紫鸥：《撒谎、欺骗、偷窃——揭穿美国情报部门的真面目》，《光明日报》2021年8月26日。

恐天下不乱而浑水摸鱼的强盗做派旨在一箭双雕：散布的假新闻如果没有发生，美国政客就会说，这是他们的新闻起到了震慑作用使然；而如果真的被其"促成"，即真的发生了，则美国政客又有了理由对相关国家实施侵略和制裁。俄罗斯总统普京一针见血地指出，乌克兰只是美国的一个工具，美国以此"把俄罗斯拖入某种武装争端"，之后在欧洲盟友的帮助下便实施对俄罗斯的严厉制裁，从而达到遏制俄罗斯的目的。据统计，美国迄今对俄罗斯实施的制裁已逾万次。在北京冬奥会期间倡导全球停战并有193个成员国附议的背景下，美国依旧我行我素，一意孤行地拱火和贩卖战争，令人错愕地做着地缘政治春秋大梦。

学界以"天下熙熙皆为利来，天下攘攘皆为利往"解读美国的霸权主义和强权政治，认为美国的一切霸道行径都是为了"利益"二字，都是为了美国自身的利益。这是一语中的，抓住了问题的实质。美国一向是以无道德的实用主义为指导思想的国度。尤其是冷战结束以后，由于一超多强的国际关系格局难以形成对美国力量的有效制约，于是作为最大受益国的美国，在经济实力再度领先的基础上，其霸权野心任性膨胀。只有把世界搞乱，美国才会有以所谓救世主身份干涉他国内政、以所谓人道主义借口插手他国事务的说辞，才可能从售卖军火中牟利，才可能实现对石油、天然气等大宗资源的把控，才可以支撑美元的世界流通并借此来薅全世界的羊毛。

2. 自私狭隘的交往"秉性"

美国"零和博弈"的思维窠臼集中反映出其自私狭隘的"秉性"。在当代，国际关系的表现形式相较于近现代而言呈现出更加文明的样态，然而美国这样的超级大国其外交政策仍然死守"零和博弈"的思维窠臼而不思改观。即便对待自己的盟友也是如此，"看似笙磬同音，但在现实行动中还会'以邻为壑'，只是力求自身利益最大化，许多看似无解的事件即源于此"[①]。如此只能是加剧国际关系的紧张与恐慌，给国际社会的安全稳定带来隐患。

有网友在其博客中写道：整整一个世纪，美国不但可以任意对某个主权国家挥舞封锁和制裁的大棒，还可以随意颠覆某个主权国家的政权；美国不但可以任意废黜某个主权国家的元首，还可以出兵直接逮捕某个主权国家的总统并拉到美国审判；美国不但可以利用联合国的名义干涉某个

---

① 段虹：《人类命运共同体思想的原创性贡献》，《光明日报》2019 年 4 月 4 日。

主权国家内政，还可以擅自对某个主权国家发动远程军事打击，甚至直接出兵发动武装侵略；美国不但可以派间谍飞机到任何一个国家进行军事侦察，还可以任意在某个主权国家设立禁飞区；美国不但可以单方面废弃国际条约，还可以对全世界进行核讹诈……总之，美国这是随心所欲地将自己的意志强加于全世界。如今的美国，事实上已经变成集国际立法机关、国际原告、国际警察、国际法官、国际陪审团、国际刽子手等角色于一身的唯一一国家。美国随心所欲、我行我素、横行霸道、无法无天，堪称国际社会的麻烦制造者。

说到"麻烦制造者"，日本《每日新闻》2020年1月8日的社论说道："美国优先"或导致世界失序。社论指出，自特朗普在就职仪式上说出"美国优先"将成为"原则"之后，美国政府选择"退出"已成常态，这分明是在与国际主义作出诀别！布热津斯基曾对特朗普时代及其之后的发展趋势作出断言：世界将陷入严重的无秩序状态[1]。这不仅是特朗普政府治理下的美国，多年来美国的所作所为一直在为这种断言作出生动注脚。

学界明确指出：美国之所以称霸世界，其奥秘就在于美元这一世界中心货币地位赋予其在国际社会中一种极不对称的货币权力，从而达到公然赖账的目的[2]，达到操控国际垄断资本肆意剥夺世界劳工的目的。美国如此不择手段地攫取利益，完全违背了"君子爱财取之有道""天下为公"等人间正道和人类存续的公德，可谓悖逆天理人伦。"大道之行也，天下为公。"古代亚里士多德的人类"和谐生活"，近代欧洲一些启蒙学者的"世界主义"[3]，印度前总理尼赫鲁的"世界一家"等，都在倡导"天下为公"理念。而这些人类共同价值对于美国来说，看似恍如隔世，实乃明知故犯。

3. 冒天下之大不韪的一意孤行

追求安全是世界上一切有良知的人们的不懈追求。但是，当下世界又走到了一个关节点，对此国际社会应该建立起"高度共识"[4]，即在"后西

---

① 《"美国优先"或导致世界失序》，《参考消息》2020年1月15日。

② 黄卫平：《看不懂的世界经济》，北京，经济日报出版社2008年版，第18页。

③ 本课题3次引用"世界主义"概念，但由于其大相径庭的意涵，根据被引用观点的具体语境，前两次好似把"世界主义"定义为"一种宣扬漠视民族传统、民族文化的思想"。而在这里一般是指"'世界国家'的信念、民族间的和平与宽容、通过经济合作消灭战争"等意涵。

④ 邹治波：《从历史和全局看美国的霸凌主义》，《人民论坛》2018年第24期。

方"扑面而来、实力下滑、世界霸主地位衰落等情势下，美国有可能以战略冒险谋求其世界霸权的延续。美国不仅因与中国、俄罗斯等举足轻重的国家在发展理念、发展战略上相左而表现出发生对抗的倾向，也与社会制度和价值观相同的盟国存在着鲜明的而又是各自"心照不宣"的利益冲突。美国穷兵黩武的基因如此难以改变，将给国际社会的安全带来长期的、严峻的挑战。

学界评论指出，"历史性、诡随性、贪婪性、欺骗性，是美国国家利益之霸权主义更深层次的特征。"①学界还列出美国危害国际社会安全的"七宗罪"：肆意干涉别国事务，严重威胁国际社会政治安全；肆意挥动制裁大棒，严重威胁国际社会经济安全；一味沉迷冷战思维，严重威胁国际社会军事安全；故意阻碍减排进程，严重威胁国际社会生态安全；强硬推行文化霸权，严重威胁国际社会文化安全；恣意实施网络监控，严重威胁国际社会数据安全；有意破坏抗疫合作，严重威胁国际社会卫生健康安全。总之，正如古巴外长罗德里格斯所严正指出的：美国一贯地极端不负责任的霸凌做派，是当下国际社会在和平和安全上的最大威胁②。

得道多助，失道寡助。美国唯恐天下不乱和在全球社会安全上的极端自私做派，那种非要改"天下为公"为"天下为己"的唯我独尊，能否随了其心，如了其愿？显然，只有国际社会联合起来，秉持"共同、综合、合作、可持续"的可持续安全观，致力于以包容性绿色发展所强调的社会安全机制的建设，才能有效制约并切实遏制美国的一意孤行和满世界兴风作浪。

---

① 石光荣：《论美国国家利益之霸权主义特征》，《华中理工大学学报》（社会科学版）1997年第4期。

② 参见《美国威胁全球安全"七宗罪"》，《光明日报》2020年11月2日。

第九章　包容性绿色发展：人类命运共同体的生态共建之路

生态共建的逻辑，生发于"同一个地球"所昭示的"命运相连，休戚与共"的主体关系中，蕴含于自然界是人类"无机的身体"这一马克思主义的基本观点中，彰显于联合国相关系列倡议及全球砥砺践行中，遵循了包容性绿色发展的要求。以包容性绿色发展促进人类命运共同体的生态共建，应该倡导责任担当，反对推诿塞责；倡导天人合一，遏制资本逻辑；力推发展议程，反对消极作为。对美国悖逆生态共建的政策和行为进行批判，同样是以包容性绿色发展促进人类命运共同体生态共建事业的题中之义。

一、生态共建的逻辑内涵

（一）生态共建的逻辑，生发于"命运相连，休戚与共"的主体关系中

2008 年北京奥运会，中国推出"同一个地球，同一个梦想"的口号。这个口号用在对生态共建的逻辑内涵的阐释上，再合适不过了。因为这句口号鲜明地表达了作为未来世界生态文明新时空的"类"（唯一的人类）与其"无机的身体"——"球"（唯一的地球）的"'类''球'一体"关系①。这种"'类''球'一体"的关系，在党的二十大报告中被郑重地表述为："大自然是人类赖以生存发展的基本条件。"②而对"同一个地球，同

---

① 张孝德：《生态文明立国论——唤醒中国走向生态文明的主体意识》，石家庄，河北出版传媒集团、河北人民出版社 2014 年版，第 197 页。

② 习近平：《高举中国特色社会主义伟大旗帜　为全面建设社会主义现代化国家而团结奋斗——在中国共产党第二十次全国代表大会上的报告》，北京，人民出版社 2022 年版，第 49 页。

一个梦想"这句口号的诠释，则是人们在看过热播电影《流浪地球》之后的追问：人类还能等到地球要流浪的时候才想起来去努力建设人类命运共同体吗？[①] 那么，对"同一个"应该如何理解呢？

"同一个"具有不可分割的两方面含义。第一，"同一个地球"中的"一个"，不言而喻是"唯一""单一""独自一个""没有第二个"等意思。霍金曾提出一个"平行宇宙"的猜测，设想在地球之外能够找到人类的第二个赖以栖身的星球。只是这个猜测连假说也算不上，何谈愿望和目标的实现呢？而中国天眼所发现的地外文明可疑信号，即便被证明为"可信"或成为事实，人类有这个本事离开地球而他顾吗？[②]

从自然界的科学史来看，人们对地球这个人类唯一可以依赖的家园的认识逐渐深化，深刻认识到地球本质上是一个尤为复杂的生态系统，这是20世纪最重大的科学发现之一。这一认识最深刻地、最显著地改变着人类对地球家园及人类文明发展的根本态度和看法。自"日心说"以其相对的科学性而代替"地心说"，人们才普遍地不得不承认地球作为一颗普通行星的判断。但是，随着近年来科学技术的飞速发展，对太阳系其他行星的探索结果令人类彻底改变了对所谓地球只是"普通"行星的看法：人类原来竟然没有想到，地球的这个"普通"背后，原本却极其特殊，是一个独一无二的"特殊星体"。地球这一极其"特殊"的特殊性，具体体现在哪些方面呢？

长期以来，人们认为地球表面适宜人类生存的环境条件是"特意""专门"为满足生命的存续才出现的，至少认为地球上具备能满足生命活动的条件与生命活动的要求之间是一种偶然的"巧合"，即地球的特殊性在于它具备其他星体所不具备的物理、化学状态。然而，早在1873年之前，人类就已经意识到自身的活动对环境的巨大影响。意大利地质学家安东尼·奥斯托帕尼把人类自身活动对环境的巨大影响定义为"人类世时代"。"人类世时代"是"一个全新的地球力量，世界将被这种更伟大的能量主宰"[③]。所谓"人类世"，并不是指有人类以来的地球历史，而是指人

---

① 参见王义桅：《时代之问　中国之答：构建人类命运共同体》，长沙，湖南人民出版社2021年版，第100页。

② 据《科技日报》2020年6月14日报道，"中国天眼"发现几例来自地球之外可能的技术痕迹和地外文明候选信号，这是几个不同于以往的窄带电磁信号。

③ 参见百度百科词条"人类世"。

类主导地球的历史[①]。对地球的"新认识认为,地球的特殊性在于它具有别的星体所不具备的生命和生命活动"[②];地球表层竟是一个以生物圈为主导的、倚赖生命的过程来不断地调适、控制、再调适并能够不断保持下去的,远离天体物理学的平衡的、复杂的开放系统。

其实,把上述在特殊性的表达上表现出看似相互矛盾的两种地球观相结合,便形成一种统一的新地球观,即若地球没有产生生命的条件,生命何谈诞生?而若没有倚靠生命来捕获、转换并不断地储存太阳的辐射能量,倚靠催化和驱使在地球浅层(尤其是表层)的各种物质元素的不断循环,倚靠这种生物的巨量生命活动和过程来调适、掌控,并不断地保持地球远离天体物理学的平衡而复杂的开放系统——巨量生物的生命存续,那么地球何以存续下去呢?[③] 但这怎么也推不出,人类为了自身生命的存续,可以肆无忌惮地以其所谓"更伟大的能量"去主宰地球,去不计后果地任性为之!

迄今人类科学技术的发展和文明的进步,总是伴随着对这个唯一适合人类生存的星球的侵害。在过去的300年里,这个星球承载着增加10倍的人口数量,目前已达78亿。科学家估算,130年后这个星球上的总人口就将超过地球生态承载极限。目前,这个星球近一半的陆地资源已经被人类占用或毁坏,另有时刻保持着的近14亿头家畜所产生的甲烷对热带雨林的侵蚀,导致二氧化碳的增加和物种灭绝的速率不断提升。据统计,人类对地表土地的所谓开发利用所带来的侵害比自然速度要快15倍之多,人类对水资源的消费量比百年前增加9倍,各种能源的消耗量增加了16倍……随着工业化的一路狂奔,地球上的能源、资源被疯狂地毁坏和耗费,地球的绿色外衣被戕害得破烂不堪,有害垃圾、有害气体充斥于地球肌体内。地球上,江河因人类的过度开垦而断流失色、沙尘因人类恣意砍伐森林而肆虐、水土因人类活动的无节制僭越而加速流失、物种因人类的高傲和不包容行为而快速灭绝、气候因人类的过分享受而逐渐变暖[④]。可

[①] 常杰、葛滢等:《生态文明中的生态原理》,杭州,浙江大学出版社2017年版,第2页。

[②] 张昀:《新自然观与人类文明》,《哲学研究》1991年第10期。

[③] 必须指出,对"人类世"的概念和理论不能盲目信奉,要持辩证否定的态度。这是因为若把地球诞生至今的时间长度比作一天的24个小时,那么人类也只是存在了最后19秒而已,何谈"主导"地球呢?因此基于人类对地球时间跨度的认知,就应对"人类世"等概念保持清醒的警惕态度,否则岂非在鼓励或放任人类的自我膨胀?但这也并非否认人类对气候变化产生的影响,更非漠视眼下危如累卵的生态形势。

[④] 据联合国政府间气候变化专门委员会(IPCC)最新估算,21世纪地球温度将升高1.4℃~5.8℃,较多的有毒物质将被释放到自然环境中。即便是一些无毒的物质也严重戕害人类生存环境,例如氯氟化碳会导致南极臭氧层的空洞等。

见，地球正面临着前所未有的干旱、荒漠化、水资源短缺、土壤贫瘠、气候恶化等严重的生态生存危机，地球这个人类的母亲在哭泣，她背负着难以甩掉的、严重的环境负担。如果一任这种状况延续下去，早晚有一天会造成地球表层系统类似金星、火星的状态演化。这方面地球大陆一些区域的沙漠化和石漠化，早已给予人类足够的警示。

由此可以得出结论：人类怎么也不能如此在漠视自然、怠慢地球的情势下恣意妄为地"创造"什么所谓的社会文明了，人类的文明或文化系统必须被限制和圈定在地球生态系统的承受力之内，人类文明的进步和文化的演化必须与地球生态系统的演化相一致，而决不能僭越地球生态系统的承受力①。所以，地球上每一个人、人类社会的每一个成员都必须懂得并牢记："仰望夜空，繁星闪烁。地球是全人类赖以生存的唯一家园。"② 既然是唯一，而非"两个""三个"，既然人类难以僭越地球的拥抱，那么，人类就必须像保护自己的眼睛一样去保护地球的生态系统，像对待自身的生命一样去对待地球的生态环境。只有团结起来共同构筑人类社会的生态文明之基，坚定走上以包容性绿色发展为主旨的生态文明之路，人类才能免遭自家家园的轰然倒塌，才能避免万劫不复的结局。

第二，"同一个地球，同一个梦想"中的两个"同"字，昭示出人类主体之间"命运相连，休戚与共"的关系。

"休戚与共"的解释是：形容彼此之间关系密切，利害一致，同欢乐共悲哀，共同承担危险和困难。正因为只有"一个"，所以人们之间才是"命运相连，休戚与共"的关系，才是唇亡齿寒、安危与共、守望相助的关系，才是你中有我、我中有你、美美与共的关系。一言以蔽之，即"山川异域，风月同天"！生态共建的逻辑，也就生发于这种"环球同此凉热"的关系之中。生态建设决不仅仅是某一个国家、某一个地区的事情，而是国际社会大家庭中全体地球人的事情，是大家共同的事情，是需要大家共同建设的事情。

2020年10月29日的《光明日报》推出一篇题为《通往未来世界的素养——以教育满足社会进步对人的新需求》的文章。文章指出，2020年在全世界流行的新冠疫情犹如未来在今天的预演，在世人面前呈现出人类社会未来发展的不确定性、脆弱性和复杂的系统性。而教育所应该起到

① 张昀：《新自然观与人类文明》，《哲学研究》1991年第10期。
② 习近平：《共谋绿色生活，共建美丽家园——在2019年中国北京世界园艺博览会开幕式上的讲话》，《光明日报》2019年4月29日。

的作用并不在于降低或逃避这样的风险与不确定性，而在于培养人们积极准备进入未知社会的意识，即调动人类特有的引以为傲的理性和创造模式，将未来社会的和谐发展视为构建当下人类科学生活方式的资源，以之促使和倒逼人类的每一个成员以更加科学而合理的自觉自为、积极有为的姿态，去应对当下和未来的不确定性和脆弱性。世间万物本为"一体性"的关系，要以"与世界共生共进"的理念来替代人类中心主义等价值观，让人们清晰地认识到一种"模糊"理念，即在接踵而来的日常生活中，人与物、主体与客体的界限并不是，也不能被分得那么清晰的，这犹如"庄周梦蝶"。"清晰"与"模糊"的辩证法能够促使人类走进一个否定之否定的辩证发展的阶段中，即"庄周梦蝶"的现在进行时。文章最后说，由此，生态意识、生态正义较之人文主义、社会正义则理应更为合适①。鉴于此，可以预见的是，致力于建立起地球人自觉自为的生态意识、生态正义，将能够以人类与地球"休戚与共"、人与人之间的"休戚与共"的自觉自为，去应对未来社会的不确定性和脆弱性，把未来对当下的启示视为"建设当下"的资源和法则。

在"命运相连，休戚与共"的理念阐释上，从"人的命脉在田，田的命脉在水，水的命脉在山，山的命脉在土，土的命脉在树"到"统筹山水林田湖草沙系统治理"，从"一条命运与共的大船"到"一部复杂精巧、有机一体的机器"，从"人与自然和谐共生的地球家园"到"地球生命共同体"，习近平生态文明思想高瞻远瞩、阐幽发微。因而习近平主席昭告世界：中国愿意同各国一起，共同建设美丽的地球家园②。"命运相连，休戚与共"的主体关系，内在地要求生态上的主体共建，反对生态建设上我行我素的单边做派。

（二）生态共建的逻辑，蕴含于马克思主义"无机的身体"等基本观点中

把自然界视为人类的"无机的身体"③，这是马克思主义的基本观点，是马克思主义对人与自然关系的高度概括。"无机的身体"这一精辟论述

---

① 沈伟：《通往未来世界的素养——以教育满足社会进步对人的新需求》，《光明日报》2020年10月29日。

② 习近平：《共谋绿色生活，共建美丽家园——在2019年中国北京世界园艺博览会开幕式上的讲话》，《光明日报》2019年4月29日。

③ 《马克思恩格斯文集》第1卷，北京，人民出版社2009年版，第161页。

具有以下多层含义。

第一，"人靠自然界生活"①。为人类的存续提供可能性的，只能是自然界的先在性，即马克思在《1844 年经济学哲学手稿》中指出的，如果没有自然界，"工人什么也不能创造"②。一方面，自然界提供劳动资料，人的劳动才可能进行下去；另一方面，自然界也提供生活资料，成为维持劳动者的肉体存续的手段。在《德意志意识形态》中，马克思恩格斯则以更加直白和鲜明的话语进一步指出，从事实际活动的人，他的"一切历史的第一个前提"就是"生产物质生活本身"③。于是，从发生学视域来看待自然界，自然界则成为马克思主义经典作家所说的"第一个前提"的"前提"，成为人类的"一切历史的基本条件"④的先决"条件"。鉴于此，人类的任何一个个体、任何一个民族或国家，还有什么理由不对自身的这个"无机的身体"倍加珍惜呢？还有什么理由不联合起来进行生态环境的共建呢？只有共建，才能共享。任何只"享"不"建"、推诿塞责的态度，都是极端褊狭自私和不负责任的。尤其是先行走上工业化道路和过上富裕生活的发达国家，更应该带头呵护人类共同的"无机的身体"。

第二，也是最重要的一个方面，马克思主义经典作家鲜明地指认了人与自然的同一性。显然，这是"无机的身体"的核心意旨。马克思指出，"人直接地是自然存在物"⑤，人与自然界之间的关系直接地就是自然界与自身的关系，如恩格斯所说，人们连同其肉、血、头脑等都是属于自然界的，并且也只能是在自然界之中才可以存在的⑥。马克思辩证地分析了人作为有生命的"能动的自然存在物"与作为"受制约的和受限制的"受动的存在物这两种属性，并强调作为人，"他的欲望的对象是作为不依赖于他的对象而存在于他之外的"⑦。在《自然辩证法》中，恩格斯根据 19 世纪中叶达尔文等人的进化论、拉普拉斯的天体力学等理论，精细地阐发和描画了自然的演变、生物的进化与人的生成之间"一体"的、"同一"的历史共生和逻辑共进的进程。在对有关"一体"的、"同一"的历史进程，有关人从自然界中生成的历史进程等作出详细"记录"和再现之后，恩格斯

---

① 《马克思恩格斯文集》第 1 卷，北京，人民出版社 2009 年版，第 161 页。
② 《马克思恩格斯文集》第 1 卷，北京，人民出版社 2009 年版，第 158 页。
③ 《马克思恩格斯文集》第 1 卷，北京，人民出版社 2009 年版，第 531 页。
④ 《马克思恩格斯文集》第 1 卷，北京，人民出版社 2009 年版，第 531 页。
⑤ 《马克思恩格斯文集》第 1 卷，北京，人民出版社 2009 年版，第 209 页。
⑥ 《马克思恩格斯文集》第 9 卷，北京，人民出版社 2009 年版，第 560 页。
⑦ 《马克思恩格斯文集》第 1 卷，北京，人民出版社 2009 年版，第 209 页。

以其对人类在自然界中生成的"惊喜"和人类在自然界中生成之后的"忘乎所以"这两种情感的"合璧",写出了极具启示意义的话语,即"自然界获得了自我意识,这就是人"①。既然如此,那些把有关物质与精神之间、自然与人类之间、肉体与灵魂之间等关系简单对立起来的反自然的观点怎么还能成立?人类还有什么理由不爱惜自己的"无机的身体"?人们还有什么理由漠视人与自然的和谐共生、一体发展、共进共退?可见,任何"老子天下第一"的心态,都是对人与自然的一体性属性的悖逆。

第三,"无机的身体"其品质的好坏将直接关涉到"有机的身体"的好坏。因为人们从"无机的身体"中获取的生产、生活资料的多寡、优劣乃至先后,都将直接取决于自然资源和生态环境的状况,都将直接地影响人的"有机的身体"。"无机的身体"的"品质"越好,"有机的身体"可获得的生存资料就越丰富、品质就越好。反之,"无机的身体"即自然环境遭到破坏,那么"有机的身体"所能够获取的生活资料就越贫乏、越低劣。"无机的身体"对于"有机的身体"这种"前置性"的、"前提性"的、"先在性"的地位说明,人类的活动必须遵循作为人的"无机的身体"的自然界的运动规律来行事,要时刻按照"无机的身体"的"喜怒哀乐"来行事,要时刻看着"无机的身体"的"脸色"来行事。如恩格斯所谆谆告诫的,所谓自由,不是摆脱自然规律的独立,而是指要认识自然规律,并在遵循自然规律的前提下实现为人类的愿望服务的目的。

自然界这个"人的无机的身体"是人类共同的"身体",不是某一个国家或某几个国家的人们的"身体"。由此从万国"一体"、地球人的"一体"中逻辑地推出的,只能是生态共建的逻辑。否则,某一个国家或某一个人损害了人类共同的"无机的身体",遭殃的只能是人类整体,而绝非只有施害者自己。

中国政府致力于保护人的"无机的身体"的绿色环保意识,在北京这个世界第一座双奥之城的"绿色办奥"理念中得到全面体现,"绿色"成为 2022 年北京冬奥会最鲜亮的底色。北京冬奥会、冬残奥会所有新建设的冰上项目场馆、非竞赛场馆等都实现了绿色建筑的三星标准达标,全部竞赛场馆使用的都是绿色电力,直送各比赛场馆的冬奥物资使用的全部是新能源运输工具,大大减少了物流和碳排放。比如 4 个冰上项目场馆采用的全部是目前世界上最环保的制冰技术——新型二氧化碳制冷剂,碳排放

① 《马克思恩格斯文集》第 9 卷,北京,人民出版社 2009 年版,第 420~421 页。

量趋近于零。从一些细节报道中，北京"绿色办奥"的理念可见一斑：奥委会专家细致入微地考察延庆赛区的生态保护，感到"十分满意"，认为这是目前地球生物多样性保护中的"天然标志"；冬奥会开幕前的2021年，北京的城市轨道交通客运量已达30.7亿人次，同比增长34%，绿色出行已经成为市民的首选；点火仪式一改奥运会百年历史上火炬台熊熊大火燃烧数天的形式，代之以惊艳世界的手握式火把的"微火"形式，成为奥运会环保历史上一座最为醒目的里程碑。国际奥委会副主席小萨马兰奇盛赞道：2022年的北京冬奥会是一届"最绿色"的奥运会[①]。显然，这也正是被广泛赞誉的中国"30·60计划"或"30·60承诺"——中国履行向联合国气候变化框架公约秘书处2030年碳达峰、2060年碳中和承诺的坚定而清晰的足迹。20世纪末以来，全球气候变化大会尤其是2012年哥本哈根大会以来，对低碳生产和生活方式的追求成为显性话题。中国于2009年才超过美国成为二氧化碳最大排放国，但作为发展中国家，中国在如此短促的时间便承诺要实现碳达峰和碳中和，相形已经实现工业化数百年的少数西方发达国家的推诿塞责，尤其是在其自身当下还在过度地消费资源环境，却不依不饶地指责广大发展中国家的发展方式的境况下，中国生态保护的意识、生态共建的决心、生态责任的担当，可谓昭日月、感天地。所谓得道多助而失道寡助，从国际舆论被北京冬奥会一次次惊艳住的报道中可以看出，地球村中所有善良的人们，都有着自己的判断标尺。

（三）生态共建的逻辑，彰显于联合国系列倡议及其全球砥砺践行中

多年来，联合国出台一系列文件，为世界可持续发展作出顶层设计，精心谋划发展路径。如本课题在前言中提到的1992年的《21世纪议程》。这是人类主动制定的21世纪行动蓝图，是一部全球视域下的可持续发展行动计划和综合行动"宣言"。再如2016年的《2030年可持续发展议程》，把经济、社会、环境三个领域作为支柱性内容，致力于消除全球性的贫困，促进包容性的可持续发展[②]。尽管《2030年可持续发展议程》的17个大目标并不是悉数指向生态，但几乎每一个目标都与地球的生态问题具有关联性。

① 马邦杰、黄玥、张骁、杨帆：《冬奥之光照亮人类前行之路——以习近平同志为核心的党中央关心体育事业和北京冬奥会、冬残奥会筹办工作纪实》，《光明日报》2022年2月1日；朱竞若、贺勇：《北京：双奥之城 绿色发展》，《人民日报》2022年2月2日。

② David Griggs, et al., "Policy: Sustainable Development Goals for People and Planet", Nature, Vol. 495, No. 7441, December, 2013, pp. 305~307.

其中第 6、7、9、11~17 这 10 项相关度最强。时任联合国秘书长潘基文强调，《2030 年可持续发展议程》的可持续发展目标必须被视为全人类的共同愿景，也必须被视为各成员国的领导人与其国民之间所达成的不折不扣、不容怠慢的社会契约和行动清单，如此才能既造福人类，也造福地球。

那么生态共建的逻辑，就只能也必然地要彰明于国际社会各成员国对联合国系列倡议的坚定遵循和砥砺践行之中。既然是"社会契约"，那么全球各国就必须义无反顾地遵照执行；既然是"行动清单"，那么全球各国就应该不折不扣地砥砺践行。在这方面，中国作为负责任的大国，在以包容性绿色发展促进人类命运共同体的生态共建方面，以自身生态环境保护的历史性、转折性、全局性变革，以及提前 10 年完成《2030 年可持续发展议程》所规定的"社会契约"和"行动清单"，为共建人类美好家园作出了突出贡献。不仅如此，中国政府还以其博大的全球胸怀和高度的历史自觉，力推重振国际社会落实联合国 2030 年议程的全球合作。2022 年 5 月 9 日，中国外长王毅出席"全球发展倡议之友小组"高级别视频会议开幕式。他在致辞中说，在世纪疫情与百年变局共振叠加，世界经济复苏困难，南北差距不断拉大，国际合作动能趋弱的境况下，国际社会必须联合起来，唤起人们对减贫、发展、生态等问题的重视，为 2030 年议程目标的实现注入不竭的动能。全球发展倡议旨在加快发展的政治共识之建立，发展合作的公共平台之架设，发展经验的互相借鉴之推进，协同合作的国际合力之提升，一经提出便得到 100 多个国家的积极响应，其中 53 个国家已加入"全球发展倡议之友小组"，充分说明这一倡议是顺应历史发展的方向的，是符合各国发展需要的，是人心所向和不可阻挡的。在这次会上，王毅外长还提出推动倡议走实走深的 4 个方面倡议，其中强调要在联合国系统的核心和引导作用的充分发挥下，促进各方坚守 2030 议程的国别承诺，努力如期实现议程所列示的 17 项目标[①]。

二、以包容性绿色发展促进人类命运共同体的生态共建

生态共建的逻辑内涵昭示，以包容性绿色发展促进人类命运共同体的

---

① 《王毅出席"全球发展倡议之友小组"高级别会议开幕式并发表致辞》，《人民日报》2022 年 5 月 10 日。

生态共建，国际社会必须做到以下几个方面。

（一）倡导责任担当，反对推诿塞责

生发于"同一个地球"所昭示的"命运相连，休戚与共"主体关系中的生态共建的逻辑内在地要求：以包容性绿色发展促进人类命运共同体的生态共建，应该倡导责任担当，反对推诿塞责。

提到"命运相连，休戚与共"，自然使人想起达尔文在其《物种起源》中描画的"猫与三叶草"的故事。这个故事如此经典，以致有一位德国生物学家继续演绎该故事，把英帝国海军的强大归结为英国的猫。而英国博物学家赫胥黎则作出了令人捧腹但却好似具有"相连""与共"意味的继续演绎，他把英帝国海军的强大最后归结为英国爱养猫的老小姐们。这个故事及其演绎，生动地刻画了地球生态系统的环环相扣、福祸相依。

生物系统如此，人类文化发展的规律同样如此。澳大利亚学者彼得·伊利亚德在其对"飞船文化"与"牛仔文化"的对比研究中，鲜明地提出从"牛仔文化"到"星球文化"历史进程中的价值观嬗变，充分表达了共同生活在同一个星球上的人们（人类）要想既"充满劳绩"而又能"诗意地栖居"于这个球体上，就必须超越诸如"存在的空虚"、"凝固的时空"、"单一的颜色"、"喧嚣的孤独"以及"彻底的空白"等一切囿于褊狭文化视野的意识[①]。鉴于此，在包容性绿色发展理念指引下构建人类命运共同体的突出意涵，自然指向了"命运相连，休戚与共"的价值取向。既然生活在同一个星球下的同一片天地，面临同样经历下的同样的危机、同样挑战下的同样的机遇，那么，人类的每一个个体、每一个民族或国家就应该恪守"命运相连，休戚与共"的责任共同体意识。这"当是人类追求进步的不二法门"[②]。多年来，为优化全球生态，联合国牵头召开多次高端会议、提出数不清的倡议、制定几乎不计其数的文件，同时还设立多个与生态环境保护有关的节日。这说明，包容性绿色发展视域下的生态共建，内在地要求整个国际社会都要建立和弘扬责任共同体意识，即全球所有成员国的责任共担。国际社会应该旗帜鲜明地反对一些国家在绿色发展上的责任推诿，奖掖勇于担当者，并以制度和机制建设推进和保障责任的执行，对推诿行为进行制约，为有困难的发展中国家提供绿色发展上的帮助。

---

① 李梦云：《建设人类命运共同体的文化构想》，《哲学研究》2016 年第 3 期。

② 范溢婵、李洲：《生态文明启示录：危机中的嬗变》，北京，中国环境出版社 2016 年版，第98 页。

以包容性绿色发展促进生态共建，必须把责任共担作为根本保障性机制。天下兴亡，匹夫有责；地球安危，人人有份。仅就气候变暖一例来看：美国华盛顿邮报网站 2020 年 1 月 15 日报道，2019 年为全球有记录以来最热的 10 年画上了一个暂时的阶段性分号。报道称仅过去 1 年就发生了一连串在科学家看来因气候变化而加剧的灾难，如澳大利亚致 30 亿动物死亡的森林火灾。除非全球温室气体排放开始大幅下降，否则今后发生这类灾难的可能性只会变得更大[①]。法国《回声报》网站 2020 年 1 月 16 日报道，气候变暖将在今后 30 年造成重大社会经济冲击，"某些国家和地区赖以创造财富的经济活动将全面崩溃"，"越来越频繁、强度也越来越大的热浪不仅有造成生产力损失的风险，还会对拉美、撒哈拉以南非洲、东南亚和澳大利亚西部这些本来就高温的地区火上浇油"。[②] 另据来自中外 11 个机构的 14 名科学家联合发布的海洋观测数据显示，继 2017年、2018 年海洋创纪录地变暖之后，2019 年海洋升温再创新高，已成为人类自有现代海洋观测记录以来最暖的一个年度。同时，过去 5 年还是人类有现代观测记录以来海洋最暖的 5 年，过去 10 年同样是最暖的 10 年。记录这一观测结果的论文，已发表于《大气科学进展》。美国有线电视新闻网 2020 年 1 月 13 日报道，海洋变暖的速度相当于过去 25 年里每秒向海洋投放 5 颗广岛原子弹[③]。2022 年 4~5 月，世界各大媒体报道：55℃~60℃，印度遭遇 122 年"最强热浪"。日益严重的生态危机说明，全球生态治理方面出现了严重的赤字，全球生态公共产品有可能出现"断供"的风险。可见，不论是从共同掌握地球生态命运、共同完善保护地球生态规则上看，还是从共同创造有利于共同发展的地球生态环境、共同应对全球生态风险上看，地球村的每一个国度、每一个村民，都应该坚定地承担起生态共建的责任，尽自己所能履行生态义务。在这方面，一些全球和地区性大国理应在共担责任方面起到模范带头作用，切实完成各自的"2030年国别计划"，而非唯我独尊以甩锅面相示人。把责任共担作为根本保障性机制，增强供给全球生态公共产品的责任和义务，必须把充分强化和发挥联合国的作用作为首要机制，让联合国的权威和宪章、相关系列文件的基本原则得到维护和尊重。否则，任何责任共担的建议和设想，都很难得到有效执行。另外，还要坚定遵循"共同但有区别的责任"（CDR）原

---

① 《过去十年成为地球最热十年》，《参考消息》2020 年 1 月 17 日。
② 《专家预测气候变暖将冲击社会经济》，《参考消息》2020 年 1 月 18 日。
③ 《2019 年海洋温度刷新历史纪录》，《参考消息》2020 年 1 月 16 日。

则①。在全球绿色发展的道路上，西方发达国家必须充分考虑到自己所走过的发展道路对全球绿色发展的巨大欠账，承担起历史性的责任，坚定兑现减排承诺，并助力发展中国家的减排工作；发展中国家也应在力所能及之下不断推进本国绿色发展实践。相信"共同但有区别的责任"原则在得到国际社会实质性的贯彻之下，以包容性绿色发展促进生态共建的道路便会越走越宽广。

（二）倡导天人合一，遏制资本逻辑

蕴含于自然界是人类的"无机的身体"这一马克思主义生态哲学基本原理中的生态共建逻辑内在地要求：以包容性绿色发展促进人类命运共同体的生态共建，应该倡导天人合一，遏制资本逻辑。

如前所述，人与自然之间的"物质变换"思想是马克思生态哲学思想的重要内容。人与自然之间持续不断的、健康的物质变换构成两者之间的循环发展、和谐共进。而如果这种物质变换发生断裂，那么将不可避免地导致自然生态循环的崩塌以致社会发展的分裂，将不可避免地发生生态危机或经济社会危机。马克思指出，资本逻辑导致的异化劳动现象中，人们自觉不自觉地对自然界这个人类的"无机的身体"实施了破坏行为，人与自然界的统一性被资本逻辑所冲破。马克思对物质变换断裂现象的揭示，确认了生态问题与资本逻辑的内在相关性。资本主义生产方式的"绝对规律"，就是生产剩余价值，就是永无止境地靠剥削赚钱②，就是为了攫取越来越多的利润，于是驱使着资本家不断扩大再生产，无限度地提高生产率。由此，18 世纪末大工业以来便开始了"一个像雪崩一样猛烈的"冲击③，不仅自然界不能幸免于难，而且"产业越进步，这一自然界限就越退缩"④。不到 300 年的工业文明与资本逻辑的联姻，致使工业革命前那少有被侵害的"人的无机的身体"变得百病缠身。不仅如此，资本利润最大化的原则把各种自然物都变成商品化的"资源"，并不断地被集中到大

---

①　这一原则的基本含义是：由于地球生态的整体性和导致全球环境退化的不同因素，各国对保护环境富有共同但是又有区别的责任。在出席 2021 年 4 月的领导人气候峰会时，中国国家主席习近平强调：共同但有区别的责任原则是全球气候治理的基石。要充分肯定发展中国家应对气候变化所作的贡献，照顾其特殊困难和关切。发达国家应该展现更大雄心和行动，切实帮助发展中国家加速绿色低碳转型。

②　《马克思恩格斯文集》第 5 卷，北京，人民出版社 2009 年版，第 714 页。

③　《马克思恩格斯文集》第 5 卷，北京，人民出版社 2009 年版，第 320 页。

④　《马克思恩格斯文集》第 5 卷，北京，人民出版社 2009 年版，第 589 页。

大小小的资产者那里，用来满足其狭隘自私的贪欲，但是资源消耗和环境污染的灾难性后果却不得不由社会全体成员来承受。综上可见，人的"无机的身体"遭到破坏的全球生态问题只是一种表象，而资本统治的逻辑才是问题的真相和实质。

资本统治的逻辑还体现在对人的"无机的身体"造成毁灭的核军备竞赛上。据报道，第二次世界大战期间，科学家爱因斯坦曾写信给美国总统罗斯福，鼓动他抓紧研制核武器。如果纳粹德国抢先研制出核武器，那么二战的进程与结局就很难被预料了。自1942年年底和1945年7月美国分别建成第一座核反应堆、成功爆炸第一颗原子弹，人类便开始进入核时代，继之打开了美苏两个核军备竞赛的"魔盒"。晚年的爱因斯坦目睹核军备竞赛对人类生存的终极危害，对人类走向核毁灭的前景表达深深忧虑，并发出惊天警示：若发生第四次世界大战，交战双方使用的武器只能是也一定是石头和棍棒了。爱因斯坦的警示也太乐观了，到那时，哪里还有人类生命的踪迹呢？迄今为止，无论哪个国度的科学家对核打击进行的大型推演所得出的结论都是一致的，即无论核打击的发起者是谁，无论有多少次核打击，其结果只能是4个字："共同灭亡"[①]。这已经不是什么对人的"无机的身体"的损害，也不是什么物质变换的断裂，而是"无机的身体"的毁灭，是物质变换的终结。

鉴于此，包容性绿色发展理念指引下的人类命运共同体的生态共建之路，就应该对资本逻辑主导下的"物质变换"实施限制和遏制，使之尽可能地被限制在生态环境许可的合理范围内。中华优秀传统文化中有关"天人观"的命题恰似跨时空地早早就预设了人类与其"无机的身体"的物质变换所应有的合理状态。如《老子》的"见素抱朴""道法自然"，荀子的"制天命而用之"，《易传》的"裁成辅相"，庄子的"天人和谐"以及庄子、张载的"天人合一"等，均包含有包容性绿色发展所期望的合理物质变换的要求和境界，对于促进绿色发展生态体系在生态共建实践中的作用发挥具有重要启示意义。

（三）力推发展议程，反对消极作为

彰显于联合国相关系列倡议及全球砥砺践行中的生态共建逻辑内在地

---

① 转引自刘建飞：《引领推动构建人类命运共同体》，北京，中共中央党校出版社2018年版，第36页。

要求：以包容性绿色发展促进人类命运共同体的生态共建，应该力推发展议程，反对消极作为。

联合国2030议程是全球各国走向包容性绿色发展之路的非凡创举，它给全球的所有居民提供了一个鲜明而闪亮的灯塔，将促进人们团结一致、抱团行动，为人类长远大计而携手行动。面对这样一个鲜明而闪亮的灯塔，面对全球各国领导人与民众之间达成的这份"社会契约"，面对这样一个包容性绿色发展的宏伟计划，全球各成员国所应有的态度，就是积极响应，勇敢承担起各自国家的责任义务，协调推进2030议程的实施。首先，应该把落实联合国2030议程与执行本国发展议程等战略进行切实有效的对接，在全社会积极倡导并牢固树立尊重自然、顺应自然、保护自然的意识，坚持走绿色、低碳、循环、可持续发展的道路，积极应对环境恶化和气候变化风险的挑战，坚持不懈地推进议程的落实进程。其次，摒弃一切消极作为的观念和行为。消极作为在对待议程发展目标上有多种表现，如发达国家在国内问题上的不屑一顾和自以为是，在对外援助上的吝啬计较；发展中国家的畏缩不前和自甘落后，包括"等靠要"的意识等。这里有必要强调的是，对于后发国家来说，唯有立足于自力更生、艰苦奋斗，才是完成议程规划目标、实现自身可持续发展的根本立足点，中国方案、中国实践在这方面具有重要启示意义。中国国家扶贫办早在2016年就很自信地宣布，联合国2030议程所规定的减贫目标，中国能够提前10年独立自主地完成。再者，国际社会还必须联合起来，一致批判和抵制单边主义行径，倡导可持续的、共建共享的理念和全球行动。应该清醒地认识到，对单边退群等行径的缄默同样是一种可怕的消极作为，其实质便是放任了霸凌气焰，对推进实施2030议程的负面影响同样是不可估量的，于国际社会的生态共建事业有百害而无丝毫益处。

三、美国悖逆生态共建政策批判

（一）美国悖逆生态共建政策扫描

1.美国悍然退出《巴黎协定》

恰似一种"巧合"：在新华社按事件发生时间先后为序评出的2017年国际十大新闻中，排在首位的是："人类命运共同体"写进联合国决议^①。而排在第二位的是："美国优先"政策驱动美国"退群"。这一新闻条目指出：2017 年 6 月 1 日，时任总统特朗普宣布，美国将退出全球应对气候变化的《巴黎协定》。特朗普声称《巴黎协定》对美国"非常不公平"，导致美国工人失去工作、工资降低，美国的经济因此受到损害。新闻条目紧接着指出，古特雷斯秘书长表示，美国此举对于减少温室气体的排放、推进国际社会的安全等诸多努力来说，"极其令人失望"。《巴黎协定》是继《京都议定书》之后的第二份具有法律约束力的文件，被认为是世界各国决心联合构建全球气候新秩序的一个标志性成果。显然，特朗普政府宣布退出协定的行为将严重损害全球的多边合作体制，给全球治理造成不可低估的严峻挑战。

特朗普宣布退出《巴黎协定》，立即遭到美国国内有识之士的反对。据中国新闻网报道，就在宣布退出的 6 月 1 日下午，数百名民众聚集在白宫正门外，强烈抗议政府在气候治理问题上"开历史倒车"。前总统奥巴马当日也批评道，退出《巴黎协定》是让美国"加入了少数拒绝未来的国家行列"。加利福尼亚、华盛顿、纽约等州在 6 月 1 日当天便结成"美国气候联盟"，美国 61 个城市的市长于当日发表共同声明，宣布将对抗政府退出协定的决定。美国商界中包括谷歌、亚马逊、微软等在内的上百家企业纷纷表示反对退出决定，电动汽车公司特斯拉首席执行官埃隆·马斯克和迪士尼公司首席执行官罗伯特·艾格宣布从总统经济顾问委员会辞职。国际社会对特朗普宣布退出协定也纷纷表态，中国、德国、英国、意大利、加拿大、日本等国接连发声，对退出决定表示批评，感到"失望""遗憾"。德、法、意三国更进一步地强调，不会考虑重新协商《巴黎协定》。6 月 2 日，法国总统马克龙在爱丽舍宫发表公开演讲，称美国退出《巴黎协定》是一个错误的决定，是对全世界的背弃。

2. 美国肆无忌惮地出口洋垃圾，把发展中国家视为垃圾处理厂

所谓"洋垃圾"，只是一种俗称，一般特指固体废物。"洋垃圾"对环境的污染和对民众的健康存在着潜在的、长期性的、不可估量的不良影响，相应的治理和治疗成本是其回收得到利润的数千倍。

---

① 《2017 国际十大新闻》，《人民日报》2017 年 12 月 30 日。这一新闻条目指出：2017 年 2 月 10 日，"人类命运共同体"理念在联合国社会发展委员会会议上首次被写入联合国决议。此后，这一理念又被写入联合国安理会、人权理事会和联合国大会第一委员会的多项决议，中国理念成为国际共识。中国的国际影响力、感召力、塑造力进一步提高，中国特色大国外交为世界和平与发展作出了新的突出贡献。

美国国家科学、工程和医学学院发布的报告显示，美国是目前全球最大的塑料垃圾制造国。报告指出，1960 年至今，美国产生的塑料垃圾总量逐年增多，2016 年达到 4200 万吨。但美国却一直拒绝加入 1989 年 3 月世界环保会议通过的关于控制危险废物越境转移的《巴塞尔公约》等多边环境保护条约，并千方百计地设置障碍阻挠全球固体废弃物治理进程。不仅如此，美国政府恣意妄为，向发展中国家大肆倾倒危险废物，这是明显违背《巴塞尔公约》的违法行为，是极其不道德、不光彩的行为，是悖逆包容性绿色发展的生态共建逻辑要求的。《巴塞尔公约》是全球第一部规范危险废物逾越国界转移以及旨在对环境进行无害化管理的国际法律条文，它明确规定：遏止越境转移危险废料，特别是向发展中国家出口和转移危险废料。目前，发展中国家"不当垃圾场"意识的觉醒，是当下国际社会生态环境保护意识的巨大进步。

不仅是出口垃圾，美国发动战争和作为地球上最大的军火商对地球家园的戕害，同样是严重破坏地球生态的行为。美国、澳大利亚在各自国家森林大火的救灾上表现得极其懈怠，有钱也不舍得花在森林火灾的扑救上，这与出口"洋垃圾"和制造天量军火的性质是一样的，是在"出口"严重的空气污染，是对全球生态环境的任性糟蹋。

（二）美国悖逆生态共建政策的实质

1. 因资本逻辑而利令智昏，因自私狭隘而枉顾全球

布热津斯基在其以资本主义卫道士的口吻对社会主义百般诘难的《大失控与大混乱》一书中也曾坦言，世人对生态问题这个最终将威胁到整个人类生存的非常严重的问题忽视得实在太久了，"必须正视这一事实：迄今是发达国家对生态造成了最严重的破坏"[①]。他还带有预言意味地指出，"在人类较富裕的一部分人中，随着时间的推移，对生态的关注将变成一种促进力量，促使他们在更大程度上认识到，不仅需要从哲学上对自己的生活方式重新进行评估，而且需要对社会经济不平等现象这一棘手问题予以较多的注意。"[②] 然而，美国那些"人类较富裕的一部分人"，包括作为巨富的特朗普本人，竟然用一句"全球变暖是个骗局"，就把国际社会历

----

① ［美］兹比格涅夫·布热津斯基：《大失控与大混乱》，潘嘉玢、刘瑞祥译，北京，中国社会科学出版社 1994 年版，第 197~198 页。

② ［美］兹比格涅夫·布热津斯基：《大失控与大混乱》，潘嘉玢、刘瑞祥译，北京，中国社会科学出版社 1994 年版，第 199~200 页。

时数年磋商终于达成旨在减少碳排放的里程碑式的《巴黎协定》，以及在"低碳"共识和方向上的治理努力给轻易地甩掉了。这究竟是为什么？

马克思在《资本论》第一版序言中的一段话，恰成对上述这个"为什么"的针对性回答。马克思指出，"英国高教会派宁愿饶恕对它的三十九个信条中的三十八个信条进行的攻击，而不饶恕对它的现金收入的三十九分之一进行的攻击。"[①] 可见，对于像美国这样的资本帝国来说，人们可以对气候治理和生态保护高谈阔论，但是其前提是不能影响到垄断资本家和财阀们的资本收益。一旦气候治理影响到美国精英派哪怕很少一部分利益，那么，他们便会义无反顾地对《巴黎协定》弃之不顾。人们不禁要问，所谓"让美国重新变得伟大"，难道其实现路径就是坚持要在全球"空气"这块"公地"上不受约束地野蛮排放吗？美国的优先和强大还要继续建立在其率先和加倍损害全球气候生态之上吗？地球人都生活在这个小小的星球上，都呼吸着同样的空气，都珍视孩子们的未来，这是国际社会的共同心声。所谓"全球变暖是个骗局"，不过是为了掩饰能够让资本垄断集团继续较少付出生态治理成本但却要追逐超额剩余价值的心态而已。这种"美国强大""美国优先"，实质上就是一种彻头彻尾的唯我独尊和霸凌主义，是对全球气候治理应有责任的一种任性逃避。枉顾人类共同利益、只顾自家眼前好处的行径，哪里还有一点儿包容性绿色发展的生态共建意识呢？

可以想见的是，美国政府退出《巴黎协定》将为全球气候治理的努力和前景带来难以预计的变数，如对国际环境法的发展、《联合国气候变化框架公约》的贯彻落实等产生极为严重的影响，使得在 21 世纪末把全球平均气温升幅控制在工业化前水平以上低于 2℃之内，以及努力将气温升幅限制在工业化前水平以上 1.5℃之内等目标的实现面临重大的挑战和不确定性。这是美国政府霸道拒绝履行国际义务的恶果。

历史的辩证法告诉人们，事物都是有其两面性的。一方面，美国打击国际社会在控制气候方面的决心和信心，它自觉占到了便宜；另一方面，世界人民也看清了美国利令智昏、唯我独尊、拿世界人民的共同福祉当儿戏的极端不负责任的面孔。这哪里还有一丁点儿大国的样子？得道自然多助，失道必然寡助。美国资本逻辑只顾自身眼前而严重践踏全球生态治理大业的背信弃义的行径就是一本生动且很有说服力的教科书，时刻在教育

[①] 《马克思恩格斯文集》第 5 卷，北京，人民出版社 2009 年版，第 10 页。

着这个星球上有正义感的人们。

2. 只许州官放火不许百姓点灯的霸凌面相

共和党的特朗普总统是这样，民主党的奥巴马总统又是怎样的呢？

有一个广为流传的事例：据澳大利亚的《澳大利亚人》报纸报道，时任美国总统奥巴马曾在白宫接受专访时说，如果超过十亿的中国居民按照美国和澳洲人现在的生活消费方式去过活，那么这个地球上的所有人都不得不被拖入十分尴尬和无奈的资源供给拮据之境，那将是这个星球所无法承受的，是很悲催的一个结果。《澳大利亚人》的这篇文章称，显然，奥巴马认为中国人不应该或没资格像美国人、澳洲人一样享受那样高消费的生活。这种典型的唯我独尊、唯我独享的优越感，可谓"悠悠万事唯己为大"。看来新教伦理的资本主义山巅情结在这位笑起来十分灿烂的美国第一位非洲裔黑人总统脑袋里，竟然也是那么根深蒂固。这是在资本逻辑面前所上演的"民主与共和齐声，前任共继任一色"。设想一下：布热津斯基看到奥巴马的这种优越感，是怀疑自己"不仅需要从哲学上对自己的生活方式重新进行评估，而且需要对社会经济不平等现象这一棘手问题予以较多的注意"的预言失败了呢，还是需要更正自己的预言来为其民主党的后辈奥巴马鼓与呼呢？综上可见，美国既没有包容性的国际交往意识，更没有世界整体上绿色发展的理念；既没有生态上的共享意识，更没有生态上的共建理念。口口声声影响到美国自身利益的说辞，显示一副十足的只许州官放火不许百姓点灯的霸凌面相。

第十章　"包容性绿色发展"与中国话语体系"走出去"

标识性概念或话语在记录宏大理论和实践叙事中具有其他非标识性概念难以比拟的重要作用，如突出或深化讨论主题的作用、提纲挈领的叙事引领作用、矫正讨论路径和方向以达到统一思想和实现共识的作用、寄托人们的美好希冀以促进人们实现对事物理想形态的认知的作用等。

从概念生成、出场视角以及概念外延所涵盖的多层面关系看，"包容性绿色发展"作为标识性概念具有十分鲜明的融通性。正是因为这种鲜明的融通性，作为标识性概念的"包容性绿色发展"，超越了"西方中心论""中国威胁论""中国崩溃论""现代化就是西方化""历史终结论"等为代表的美西方标识性对抗话语，使这些长期以来拥有绝对或广泛传播度的话语在国际交往中面临巨大的话语信任危机。以"包容性绿色发展"这一标识性概念为引领，促进中国话语体系"走出去"，具有厚重的中华优秀传统文化支撑力、现实实践的说服力、促进命运共同体建设的建构力以及建设美好生活的力量聚合力等鲜明而突出的优越性。

一、标识性概念或话语在记录宏大理论和实践叙事中的作用

概念是人们思维的基本要素之一，它与判断（命题）、推理等一样都是人们借以进行逻辑思维的基本形式。辩证唯物主义在批判继承人类思维经验和概念理论的基础上，强调概念不是人的头脑凭空产生的，也非什么"天赋观念"，而是对客观事物的本质、规律的能动反映。概念的生成，标示人类思维已从原始思维形态或阶段跨越到逻辑思维形态或阶段，即运用

概念进行判断和推理的概念思维或理论思维阶段。在此阶段，"通过概念所做的劳动"才能够获得"真正的思想""科学的洞见""完满的知识"①。也就是说，如果要"把人类理性呈现其活动的必需形式和原则自觉地表现出来"，就必须"把这些形式和原则从原始的知觉、感情和冲动的形式转化为概念的形式"②。总之，"概念熔铸着人类对现实生活的理性思辨与生命体验，是世界观、认识论、历史观、价值观、人生观内在统一的产物"，"人们以概念的形式来把握和表征世界，实则就是赋予思想以必然性、规律性、确定性、客观性。"③

而标识性概念或话语不仅赋予思想以必然性、规律性、确定性、客观性，同时在一种理论或思想中起着标志性、代表性和典型性的作用。"标识"可以理解为具有画龙点睛、提纲挈领和一语中的之效，是能够把理论或思想体系"多样性的统一"的内涵完全纳入其中的一种"具体概念"，即能够提高主体对对象的具体同一性和具体普遍性的认识的概念。根据马克思主义的辩证逻辑理论，就概念与客观现实的关系来说，概念具有摹写现实的作用，也具有规范现实的作用。"摹写"是指概念对客观现实的反映，以人的思维活动的创造性来揭示事物的本质，即"概念来自本质，而本质来自存在"④；"规范"指的是以概念的内涵和外延为标准去衡量、辨识和"矫正"客观对象。故而，或可把标识性概念或话语在宏大理论和实践叙事中的作用与特点概括为以下几个方面。

其一，突出或深化讨论主题的作用。作为理论体系或叙事体系的"眼睛"，人们以凝练标识性概念来表征和诠释所讨论的主题，突出事物现象背后的本质内涵，以赋予思想的真理性。即标识性概念作为"眼睛"具有聚焦作用，能够类似于聚光灯的作用，把人们对人与自然、人与社会、人与他人以及人与自我等关系的认知"逻辑性地"凝练或提升为"真知"，赋予客观事物、现象或未来以"灵魂"或方向。

其二，提纲挈领的叙事引领作用。一般来说，关涉人类发展理念、发展道路和实践的重大课题，其场面宏阔辽远、涉及面广泛、内容繁复。尤

① 黑格尔:《精神现象学》(上册)，贺麟、王久兴译，北京，商务印书馆1979年版，第54页。
② ［德］文德尔班:《哲学史教程——特别关于哲学问题和哲学概念的形成和发展》(上卷)，罗达仁译，北京，商务印书馆1987年版，第18页。
③ 王海峰:《打造当代中国马克思主义哲学的标识性概念——基于新中国成立以来学术史的考察》，《哲学动态》2020年第4期。
④ 列宁:《哲学笔记》，北京，人民出版社1974年版，第187页。

其是对于重大现实课题的评议申说，可谓各抒己见，信息芜杂，如果以标识性概念来引领人们的宣讲、评判和辨正，就能起到提纲挈领之效。尤其是对一些宏大的理论或实践叙事的阐释，这种提纲挈领的引领作用显得更为突出。

其三，规范、调整或矫正讨论路径和方向以达到统一思想和实现共识的作用。这是从马克思主义认识论视角来看待概念规范现实的作用，即这种规范体现人类认识的选择性。因人们的认识过程始终渗透着主体的目的性、计划性和选择性，标识性概念对客观对象的规范正是这种认识过程的外化和建构。

其四，寄托人们的希冀、属望或蓝图、理想，促进人们实现对事物的理想形态的认知。马克思主义辩证逻辑理论认为，具体概念是具有理想形态的概念，即概念（或概念体系）体现了对象发展的规律性和人的目的、意愿的有机结合，体现了人的本质力量，渗透了人的情感，并且或多或少形象化地勾画出了对象发展的图景①。

标识性概念或话语的上述几方面作用与特点，正是"包容性绿色发展"这一本课题的核心概念发挥其规范作用的理论支撑。然而，"包容性绿色发展"作为标识性概念或话语能够促进中国话语"走出去"的个性因素和品质，则是其鲜明的融通性。

二、"包容性绿色发展"作为标识性概念的融通性

"融通"一词，《现代汉语词典》的解释是：融会贯通，如融通古今；使融洽、相互沟通、融合通达，如融通感情。包容性绿色发展理念倚仗其在构建人类命运共同体中所担承的经济共赢、政治自主、文化互融、社会安全和生态共建等多方面的引领和支撑作用，达到了对当代全球治理理念和机制的多种规定性的统一，实现了对全球治理理念和机制各方面要求的具体性、多样性的统一认识，表现出鲜明而浓重的融通性。这种融通性，是"包容性绿色发展"概念能够担当起超越西方标识性对抗话语并引领中国话语体系"走出去"这一时代话语使命的内在支撑。

---

① 彭漪涟：《概念论——辩证逻辑的概念理论》，上海，学林出版社1991年版，第227页。

（一）从概念生成和出场视角看"包容性绿色发展"的融通性

1.概念生成的马克思主义哲学基础突显其融通性

首先，马克思恩格斯的经典唯物史观是"包容性绿色发展"概念生成的最深厚的哲学理论基因。如经典唯物史观关于社会历史发展主体的思想，是"包容性绿色发展"追求"所有人的参与""所有人的发展""所有人的共享"的理论依据；经典唯物史观关于社会有机体、人与自然的关系等理论，是"包容性绿色发展"谋求"健康有序的发展"的理论依据；经典唯物史观关于社会公平、正义的思想是"包容性绿色发展"秉持"机会平等""利益共享"的理论依据。由此，包容性绿色发展理念对所有人的参与、发展和共享的追求，对健康有序的发展的期许，对机会平等和利益共享的渴盼，便赋予了"包容性绿色发展"概念最为博大的融通性。

其次，中国化马克思主义普惠哲学提出的文化、理论、历史和现实等方面的背景和依据表明，普惠哲学的出场本身，极其鲜明地包蕴并预示了"包容性的""绿色化的"这两方面人类发展的理想路径，成为"包容性绿色发展"概念生成的理论依据。如中国化马克思主义普惠哲学以全体人民的福祉为中心的"一个都不能少"的价值理念，在处理对外关系方面所坚守的普惠、共赢等原则立场、政策目标、战略策略，以及在超越"西方中心论""普惠文明论"等方面，均体现出导引当代世界发展的"包容性的"和"绿色化的"人类发展的理想路径、价值理念和时代功能，成为"包容性绿色发展"概念诠释中国发展道路和其世界意义，以及世界文明多样性和统一性、文明互鉴等思想的理论支撑。由此，包容性绿色发展理念以其对普惠性价值取向的追求，便赋予和支撑起"包容性绿色发展"概念最为广泛的融通性。

最后，马克思主义生态哲学有关人与自然的辩证一体性关系这一理论主旨，为"包容性绿色发展"概念的生成奠定"包容性的"和"绿色化的"发展取向的理论基因。人类"包容性的"和"绿色化的"发展取向，其实质即马克思主义生态哲学的当代境遇问题，或者说是马克思主义在当代的生态使命问题。人与自然的紧张关系，归根结底是因为人与人关系的异化而产生的。马克思主义经典作家对人类社会发展规律的探讨，是以对"人和自然之间、人和人之间"这两对矛盾的关注为主线，以实现"人类同自然的和解"以及"人类本身的和解"为理论旨归的。"包容性绿色发展"概念的生成、出场和包容性绿色发展的制度设计，只能走在致力于实现"人类同自然的和解""人类本身的和解"这一人与自然、人与人的辩证统一关系的人类解放道路之上。由此,包容性绿色发展理念旨在实现"两个和解"的价值旨归,便彰明了"包容性绿色发展"概念时空双维的立体的融通性。

2.概念出场的中国化马克思主义理论彰明其融通性

中国化马克思主义理论,尤其是习近平新时代中国特色社会主义思想关于构建人类命运共同体的思想、五大发展理念和生态文明思想等,成为"包容性绿色发展"概念出场的直接理论支撑,赋予概念以现实的融通性。

首先,本课题较早地把人类命运共同体理念称为"包容性绿色发展"概念出场的"国际(层面)版本",并在此之后得到学界诸多观点的支撑。构建人类命运共同体理念在以下两个方面形成对概念出场的呼唤:一是构建人类命运共同体理念包含关涉人类社会发展的经济、政治、社会、文化、生态等全要素领域浓重的包容性发展内涵和取向;二是在全球绿色时代浪潮之下,构建人类命运共同体理念所关涉的人类社会发展的经济、政治、文化、社会、生态等全要素领域所必然包含的"共同的绿色价值理念"。鉴于此,"包容性绿色发展"概念便突显对人类社会发展的全要素领域的融通性。

其次,本课题较早地把五大发展理念称为"包容性绿色发展"概念出场的"国内版本",并在此之后同样得到学界相同观点的响应。五大新发展理念不论在各自的内涵上或整体价值取向上,都包含着极其鲜明的"包容性"和"绿色化"两个方面的价值取向,从而为概念的出场提供了直接理论支撑,而中国对五大发展理念的坚定践行,则是其实践依托。由此,"包容性绿色发展"理念在促进"一体坚持、一体贯彻"[①]五大新发展理念并使之"相互联系、相互贯通、相互促进"方面,便表现出"包容性绿色发展"概念极具归约而辩证性质的融通性。

最后,习近平生态文明思想的主要内涵——"六项原则"及其所蕴含的民生情怀、使命担当和全球视野,成为新时代中国推进生态文明建设的根本遵循,成为国际社会可资借鉴的谋求绿色化发展的中国智慧、中国方案。包容性绿色发展理念以"六项原则"及其所蕴含的民生情怀、使命担当和全球视野为直接理论依据,显然赋予了"包容性绿色发展"概念在全球绿色发展中厚重的融通性。

---

① 《习近平在重庆调研时强调　落实创新协调绿色开放共享发展理念　确保如期实现全面建成小康社会目标》,《人民日报》2016年1月7日。

3.概念生成和出场的时代意蕴彰显融通性

"包容性绿色发展"概念的生成和出场体现出鲜明的时代意蕴:包容性绿色发展是全球治理的核心议题,是全人类共同价值的时代彰显,并成为当代中国特色社会主义政治经济学和国际发展经济学学科的研究主线和时代标杆。由此,"包容性绿色发展"概念将以其丰富而开放的时代意蕴,彰明具有时代标杆意义的融通性。

首先,作为当下世界最显性的话语,"包容性的"和"绿色化的"发展无可争辩地成为全球治理的核心议题,由此突显"包容性绿色发展"概念在参与全球治理讨论时的广泛适用性。习近平总书记关于破解当下世界在雅尔塔体系下西方中心主义所必然造成的"四种治理赤字"[①]的论述,其间每一种"赤字"的破解,都必然要以"包容性的"和"绿色化的"发展理念为价值导引,并高度涵盖了中国共产党所倡导的"全人类共同价值"的时代意涵。不论是持续蔓延的非传统安全威胁、多边机制受到冲击等治理赤字问题的破解,还是明显呈上升之势的国际竞争摩擦、日益加重的地缘博弈色彩以及不断受到侵蚀的国际社会合作等信任赤字问题的消除,或是持续不断的局部战争和地区冲突、依然肆虐的恐怖主义等和平赤字问题的消解,或是还在发酵的逆全球化思潮、日益凸显的保护主义负面影响以及云泥之别的收入和财富的两极分化、极不平衡的发展空间等发展赤字问题的破除,有哪一个能够离开包容性绿色发展的价值导引呢?

其次,包容性绿色发展理念把具有纲领性、战略性、引领性且管根本、管全局、管长远的五大发展理念熔铸于一身,包含着对中国乃至世界发展内容、性质和规律的具体性认识和时代高度的把握,由此凸显"包容性绿色发展"概念深远而辩证的融通性。不可否认的是,当今人们在讨论任何一个领域或社会生产、生活部门的包容性发展时,怎么也难以割舍绿色发展,并且必然以绿色发展为主题。比如创新、协调、开放和共享4个方面发展理念所导引的任何一个领域或社会生产、生活部门,都必须以时代发展所要求的绿色发展为价值取向和主体形态;反之,人们对任何一个领域或社会生产、生活部门绿色发展的讨论和践行,又必然是包含浓浓的包容性发展取向的。

最后,包容性绿色发展理念的贯彻较为全面地反映了中国特色社会主

[①] 《习近平著作选读》第2卷,北京,人民出版社2023年版,第251~253页。

义政治经济学的一系列重大原则，在国际发展经济学有关国际发展研究①这一反映现实世界变化的研究方向上发挥着时代导引作用，具有学科的研究主线和时代标杆意义，由此凸显"包容性绿色发展"概念学科理论上的融通性。中国特色社会主义政治经济学关于科技领先性持续原则、民生导向性生产原则、公有主导型产权原则、劳动主体型分配原则、国家主导型市场原则、绩效优先型增速原则、结构协调型平衡原则和自立主导型开放原则②，在以包容性绿色发展推进经济社会发展方面能够得到较为全面的贯彻和坚守，从而彰显"包容性绿色发展"概念在中国特色社会主义政治经济学理论体系中的融通性。换言之，包容性绿色发展理念以对马克思主义发展观的时代创新为路向，充分展现了中国特色社会主义政治经济学在面对包容性、绿色化发展两大最强音的姿态上明显不同于西方主流经济学的广阔视野、开放内涵和独特视角，将启发和引领国际发展经济学趋向于包容性绿色发展的学科演进方向，支撑起国际发展经济学保卫地球家园和造福人类的学科使命。

（二）从概念涵盖的多层面关系看"包容性绿色发展"的融通性

1. 融通"五位"，辩证一体

习近平总书记特别强调，全面深化改革不能东边一榔头西边一棒子，而是"要突出改革的系统性、整体性、协同性"③。他强调必须反对形而上学的思想方法，要坚持发展地、全面地、系统地、普遍联系地观察事物，反对静止地、片面地、零散地、单一孤立地观察事物。这种系统性、整体性、协同性思维，成为新时代我们党治国理政的鲜明特征。

在重大国际场合论述构建人类命运共同体的理念时，习近平总书记总是从经济、政治、文化、社会和生态五大方面进行论述，这一思路自然是与国内统筹推进经济建设、政治建设、文化建设、社会建设、生态文明建设"五位一体"总体布局同曲同工、一脉相承的。之所以说"包容性绿色发展"这一具体概念在较全面而辩证的意义上整合了人类走向命运共同体的经济、政治、文化、社会、生态等全要素彼此交融、综合实现和多主体

① 参见孙靓莹、戴绪龙：《"一带一路"背景下国际发展经济学学科综述》，《中国发展》2020年第1期。
② 参见程恩富：《中国特色社会主义政治经济学八个重大原则》，《唯实》2017年第1期。
③ 《习近平在中共中央政治局第二十次集体学习时强调　坚持运用辩证唯物主义世界观方法论提高解决我国改革发展基本问题本领》，《光明日报》2015年1月25日。

建设的发展模式和路向，就是因为"包容性绿色发展"融通了人类社会发展的全要素领域，使中国"五位一体"总体布局的治国智慧闪亮地走向世界，成为全球治理的"五位一体"结构方案。这一结构方案意味着，经济、政治、文化、社会、生态这"五位"只有成为一个彼此促进、有机统一的整体，才有可能促进人类社会的可持续发展和全面发展。由此足见"包容性绿色发展"作为发展经济学的具体概念的全要素融通性。

从人类社会的发展历史以至各国经济社会发展的历程来看，不同领域的推进一般是很难齐头并进或完全相向而行的，而且对其所带来的负面影响，也只有到了发展的特定历史阶段才有可能被人们清晰地意识到。比如，一些国家制造业的空心化问题，一些资源型国家单一地依靠出售资源获得国民收入的问题等。如果说构建人类命运共同体理念关于人类社会的全要素发展取向使国际社会较快地明确了"五位一体"整体统筹推进的本质要求，那么在五大发展理念对"包容性的""绿色化的"两大发展方向的追寻之下，"五位一体"整体统筹推进的本质要求就必然会作为包容性绿色发展理念的主要意涵而得以明确确立并得到较广泛的认可。由此，"包容性绿色发展"概念融通"五位"、辩证一体的时代特点，就像中国在"包容性的""绿色化的"发展上突出的理论和实践贡献催生和呼唤出"包容性绿色发展"并上升为表征中国理论、中国道路的一方面标识性概念一样，现实的人类命运共同体的实践，必然地要依照包容性绿色发展理念来推进，继而进一步充实和丰富包容性绿色发展的时代内涵和价值。

2. 融通"东西"，和平发展

"东""西""南""北"在汉语中是用来表述方位的，但却早已被赋予概括国际关系的所有大的方面内涵的职能。"东"即东方，一般在历史或文化的内涵上指的是亚洲，而在国际关系中又常常指称社会主义国家。"西"即西方，主要指欧美，在国际关系中又常常指称发达的资本主义国家。于是，一般用"东西"标示社会主义国家同发达资本主义国家之间的关系，"东西"问题又叫和平问题。在和平与发展的时代主题和百年未有之大变局之下，"东西"问题是世界上一切爱好和平的国家和人士强烈关注的重大问题。"包容性绿色发展"的融通性，突出体现在作为当今最大的社会主义国家的中国，其包容性绿色发展的理论和实践对融通"东西"、和平发展的不懈追求之中。关于"东西"问题即和平问题的讨论，因中国的快速崛起和逐渐走向世界舞台的中心位置而在较大层面上转变为对"中西"问题的讨论。

　　吴晓明先生曾在《中国社会科学》杂志上撰文，从历史上"有识见的观察家、评论家和哲学家"中选择 3 位极具代表性、典型性和说服力的"证人"，用以证明他们异口同声地赞成"中华民族的传统是确定无疑的和平主义"，证明中国的和平主义传统是贯彻历史演进的始终的①。

　　一是 400 多年前的意大利传教士利玛窦，在反复考察了长达 4000 多年的中国历史后他十分自信地指出，中国的皇上和人民"从未想过要发动侵略战争"，他们"没有征服的野心"②。二是日本学者桑原骘藏，他认为除了先天的气质以外，中国人温和、文弱等特点其根由就在于其和合理念，如孔子把军备放在立国之本的末位，孟子主张"仁者无敌"，老子主张"不争"，墨子主张"兼爱"。桑原骘藏还强调，比起那些盲目的好战情结，中国的温和、文弱更应该为世界和平所珍视③。三是生活在 19 世纪下半叶和 20 世纪初叶的世界著名社会学家马克斯·韦伯。韦伯认为，中国进入历史时代与其逐渐生成的和平主义转向是步调一致的，汉代之后的中国就一直是一个"和平化的世界帝国"④。韦伯还具体分析了中国的和平主义传统在诸如内政、外交、意识形态等重要领域的突出表现。

　　古代中国的历史、文化、传统是和平主义的，中国近代、现当代的历史和文化同样是和平主义的。落后挨打的历史或不能言说，因为失去了起码的称霸国力而备受欺凌，何谈什么"中国威胁论"。自 1949 年中华民族站起来之后，又什么时候表现过穷兵黩武呢？从毛泽东的深挖洞、广积粮、不称霸的教导和关于"三个世界"的划分理论，到邓小平的"中国永远不称霸，现在不称霸，将来实现了四个现代化，成为强大的社会主义国家，也决不称霸"⑤，到江泽民、胡锦涛对"永远不称霸"的宣示，再到习近平总书记在党的百年庆典上所指出的，"中国共产党关注人类前途命运，同世界上一切进步力量携手前进"⑥，无不说明中国的复兴之路走的是一条和平发展之路，是一条抛却对外扩张和殖民的包容性绿色发展之路。

---

　　① 吴晓明：《论中国的和平主义发展道路及其世界历史意义》，《中国社会科学》2009 年第 5 期。

　　② ［意大利］利玛窦、［比利时］金尼阁：《利玛窦中国札记》，何高济、王遵仲、李申译，北京，中华书局 2010 年版，第 58~59 页。

　　③ 参见［日］桑原骘藏：《中国人的文弱与保守》，载何兆武、柳卸林编：《中国印象——外国名人论中国文化》，北京，中国人民大学出版社 2011 年版，第 547~562 页。

　　④ ［德］参见马克斯·韦伯：《儒教与道教》，洪天富译，南京，江苏人民出版社 1995 年版，第 30~38 页。

　　⑤ 《邓小平年谱（1975—1997）》（上），北京，中央文献出版社 2004 年版，第 411 页。

　　⑥ 《在庆祝中国共产党成立 100 周年大会上的讲话》，北京，人民出版社 2021 年版，第 16 页。

由此便赋予"包容性绿色发展"概念在和平发展上的"东西"融通性。

3. 融通"南北",合作共荣

"南"即南半球(也包括北半球南部的部分国家和地区),属于第三世界、广大发展中国家、贫穷国家,"南"大体上等同于前文的东方;"北"即北半球,属于第一世界和部分第二世界国家,一般指发达国家、富裕国家,"北"大体上等同于前文的西方。"南北"问题一般指的是发展问题。在和平与发展的时代主题和百年未有之大变局之下,"南北"问题是世界上一切谋求发展的国家和人士强烈关注的重大问题。"包容性绿色发展"概念首先因发展问题而生成,那么概念的融通性,也必须依托对发展问题的讨论而彰显,尤其需要在对占世界人口 70% 以上的第三世界国家的发展问题的讨论中彰明。关于"南北"问题即发展问题的讨论,因中国的快速崛起和逐渐走向世界舞台的中心位置而在较大层面上转变为同时对"南南"问题、"中西"关系问题的讨论。

战后在南北经济关系问题上所出现的严峻两立局面,成为世界经济发展的重大障碍。这种两立局面当然有着深刻的历史根源,但不应否认,战后长期以来世界经济交往中严重缺失合理而有效的调节机制①,应该是一方面主要原因。这种合理而有效的调节机制,从和平与发展成为时代主题的层面上说,只能是饱含包容性绿色发展理念的机制。由于缺少制度的规范和调节,在自由放任式的国际市场上,一些发达国家如美国凭借其超强的经济实力,对发展中国家进行毫无节制的经济压榨和剥削,广大发展中国家在经济上不得不"依附"于发达国家。随着 21 世纪的到来,世界经济发展在经济全球化、经济信息化、经济一体化或区域经济集团化、世界经济格局的多极化等交互作用之下,并未使得前述不合理的南北经济关系出现多少改观,甚至在一些如逆全球化、贸易保护主义等杂音叫嚣之下,南北差距现象反而出现了不同程度的扩大趋势。尽管人们总是习惯于以摩根索所谓"最后的语言就只能是国家利益"来聊以自慰,用考察人类数千年经济运行关键要素的国家利益作说辞来宽慰自己,但是,在全球化的今天,在蝴蝶效应越发凸显的"后西方"时代,也正是美国这种只顾自己国家利益的"优先"和"第一"所秉持的唯我独尊、利令智昏,越发上升为危及人类共同利益的首要因素。2008 年的金融和经济危机给世界经济发

---

① 杨哲英:《世界经济发展趋势与南北经济关系调整》,《辽宁大学学报》(哲学社会科学版)1999 年第 6 期。

展带来的萎靡不振至今仍在持续，而新冠疫情更是大大加剧了南北经济交往的不合理现象。鉴于此，必须把发展问题即融通"南北"、合作共荣上升到构建人类命运共同体的高度，上升到人类社会整体发展进步的高度来认识。因为世界矛盾的焦点就在"南北"问题和"南北"关系上，发展乏力是人类面临的最主要的挑战，也是人类社会存续和发展的首要问题。

在"南北"问题和"南北"关系上，国际社会必须达成一个广泛的问题认知共识，即衡量世界经济发展的尺度是什么？是发达国家的发展水平？显然不是。木桶原理告诉我们，只有那条最短的短板才是木桶容量的决定因素。也就是说，只有第三世界国家的发展水平和发展方式，才是衡量世界经济发展水平和健康与否的标尺。从这个意义上说，世界经济发展的成败，只能取决于第三世界国家的发展状况。在人们津津乐道的全球性问题上，"难道有任何一个全球性问题能够离开第三世界发展问题吗？有任何一个全球性问题能够不被最终归结为第三世界发展问题吗？""第三世界的无论是绝对还是相对的停滞、倒退和反发展，都不仅是第三世界而且是整个人类的悲剧和耻辱"①。

由此可以得出一个基本结论，即融通"南北"的问题，不仅是反对和制约一些发达国家严重悖逆包容性绿色发展理念而只顾自己国家利益的自私自利行为的问题，更是一个致力于帮助第三世界的发展中国家健康快速发展的问题。即融通"南北"的问题，同时包含着作为矛盾主要方面的融通"南南"的问题。融通"南南"的问题的解决，将有效促进融通"南北"问题的有效解决。

中国以包容性绿色发展促进融通"南北"、合作共荣的发展，走的正是这样一条道路。一方面，在融通"南北"经济发展方面，中国作为负责任的大国，近15年来以年均30%以上的贡献率为世界经济发展助力，超过美欧日经济体的贡献率之和，居全球首位。另一方面，中国致力于融通"南南"经济发展，为广大第三世界国家的发展作出了突出贡献。这便是中国倡导和推动的、从一开始实施便如火如荼的"一带一路"建设。"一带一路"朋友圈的不断扩容，就是中国以包容性绿色发展促进融通"南南"的鲜明而有力的例证。

为避免重复论述，这里不是对"一带一路"国际合作成果的重复罗列，而是交代"一带一路"国际合作战略设想与融通"南南"的关系、中

---

① 卫建林：《东西南北和第三世界发展理论（上）》，《高校理论战线》1997年第8期。

国在融通"南南"方面的合作和发展理念以及发展中国家对中国包容性绿色发展融通性的反应。首先，在"一带一路"国际合作战略设想与融通"南南"即全球南南合作的内在逻辑关系上，学界和国际社会有一个共识，即"一带一路"是新时代南南合作政策和外交政策的一个创新方向和大胆试验，是中国融通"南南"实践的典范，因此，学界和国际社会的有识之士把习近平主席提出的"一带一路"战略思想作为"第三世界发展的新政"，作为"全球发展的一项新理论"①。其次，中国在融通"南南"方面，在与广大发展中国家的经济交流中，始终本着"真实亲诚"的理念和政策，集中反映出中国秉持的正确义利观。习近平总书记指出，中国人就是要重义轻利、舍利取义，绝不能唯利是图、斤斤计较②。本着这种义利观，中国在融通"南南"、合作共荣上作出了令国际社会一致赞赏的突出贡献。最后，在发展中国家对中国包容性绿色发展融通性的反应方面，本课题借重政论专题片《大国外交》第六集的一段现场解说词，来为发展中国家的这种反应以及中国以包容性绿色发展所展现的融通"南南"、和平发展的融通性作出注脚：2015年12月，津巴布韦总统罗伯特·加布里埃尔·穆加贝在中非合作论坛约翰内斯堡峰会上曾有一段精彩的脱稿发言，他指着坐在主席台上的习近平主席向出席大会的数千听众说：让我们为他鼓掌，鼓掌。他是个男子汉，他是个男子汉！他代表一个曾经贫穷的国家，一个从未殖民他国的国家。他现在就在这里，他正在做我们曾经期待殖民者做的事。如果当年的殖民者有耳朵，请他们也听听。我们会说，他是上帝派来的人。愿上帝保佑中国和她的人民。

　　总之，中国在实现自身包容性绿色发展的基础上，向国际社会贡献出具有最大公约数性质、最广泛共识和最具融通性的包容性绿色发展理念，为人类命运共同体事业贡献了中国方案和中国智慧，这是新时代中国为全世界提供的最具时代价值的公共产品，从而也成就了新时代的中国最具标志性的国际话语权，并可望为全人类走向命运与共的永续发展与和谐发展孕育出文明新形态。

---

　　① 《习主席战略思想是第三世界发展新政——联合国秘书长南南合作特使周一平访谈》，《管理观察》2015年第5期。

　　② 转引自王毅：《坚持正确义利观　积极发挥负责任大国作用》，《人民日报》2013年9月10日。

三、"包容性绿色发展"对西方标识性对抗话语的超越

世纪之交尤其是进入新世纪以来，美西方针对中国的各种标识性对抗话语可谓一个又一个、一串又一串、一茬又一茬，各类兴讹造讪、舆论标签可谓林林总总，有"棒杀"也有"捧杀"，其主旨就是要把中国置于被世界拷问和攻讦的中心地带。必须对西方针对中国的各种标识性对抗话语进行深入辨正，以正视听。其中，能够在国际场合实现这种深入辨正并达到以正视听之效的办法，就是找到一种超越西方标识性对抗话语的概念、范畴或话语体系，一种易于为国际社会所接受的概念、范畴和话语体系。这应该是"讲好中国故事"的基本点。而"包容性绿色发展"概念正是因其其他概念所不具有的多方面的融通性，才当仁不让地担当起超越西方标识性对抗话语的时代使命。

（一）超越"西方中心论"等西方标识性对抗话语

以中国理论、中国实践为支撑的"包容性绿色发展"概念，超越了"西方中心论"等鼓吹西方文明引领世界的标识性对抗话语，使"西方中心论"这一拥有绝对信任度的话语出现巨大的话语信任危机。

与"西方中心论"相类似的还有"西方榜样论"等，不一而足。这些概念反映的是最先走上现代化道路、最先享受到现代化成果的美西方那种无比的优越感。于是，美西方世界的一些人其"山巅之城""上帝的选民"等情结便自觉或不自觉地升腾起来：我们西方为什么如此富庶？还不是因为我们的制度是最优越的。不仅如此，西方的文化也是最先进的，西方的价值观也是普世的，西方才是世界的中心、榜样，是人类的"精英俱乐部"，代表着人类未来的发展方向。各个国家必须按照西方的社会制度和发展模式来进行改造，否则西方就要干预，就要骂人，就要强制给它贴上"邪恶轴心国"或"流氓国"的标签，就要对之进行和平演变和颜色革命。基辛格曾在中美比较中不经意间道出了美国的这种"中心"和"优越"情结。他认为，中国自认为与众不同，基本上自己管自家的事；美国也认为自己是独一无二的"例外"，他相信自己在道义上有义务超越国家利益，

在世界上传播自己的价值观①。

显而易见，这是典型的傲慢和偏见，是没有自我反思的唯我独尊情结罢了。如果"西方中心主义"等上述标识性话语是符合实际的，那么为什么作为当今国际战略与安全领域最重要的论坛之一的慕尼黑安全会议在2017年召开的第53届年会，要以"后真相、后西方、后秩序？"为主题呢？2008年国际金融危机极大地加剧了西方发达国家的分裂和分化，一边是资本和金融大亨其财产疯狂增长、坐享渔翁之利，一边是社会中下层民众的切身利益和起码生存条件受到严峻挑战，西方社会其所谓"榜样"的制度弊端越发凸显，其适应全球化发展的步履蹒跚踯躅，这还谈得上什么"中心"呢？要说"精英俱乐部"，倒是很恰切，但这只是金融寡头和亿万富翁们的"俱乐部"，哪里是什么整个社会的所谓俱乐部呢。

有学者指出，审视一下长期以来由西方发达资本主义国家所搭台唱戏的一些反映全球治理秩序的平台或框架，不论在经济、政治还是文化方面，这些"西式版本"所展示给世人的，都是"竞争逻辑""对抗思维""零和博弈"占据优先地位，而不是以"对话思维""合作思维""美人之美"为价值指向。踯躅于西方的思维怪圈，显然不利于世界走向合作共赢为旨归的人类命运共同体，也不利于中国国家话语权的谋划和改观②。

余晓葵先生指出，或许"后西方"这一概念或话语并不一定是对近些年世界格局的一种最科学表达，但是，它确实浓缩了西方一些主要发达国家对当下国际秩序的诸多困惑和失落。笔者认为这种困惑和失落，正可谓吴敬梓在其《儒林外史》中所说的"三十年河东，三十年河西"，又可谓"芳林新叶催陈叶，流水前波让后波"。"后西方"国际话语的出现，与人类社会进入21世纪以来国际社会一系列重大变化密切相关，尤其是与以新兴市场国家崛起为标志的国际格局的显著变化密切相关。如2008年国际金融危机之后，七国集团这一全球经济治理最重要的平台已被二十国集团取而代之，金砖国家等新兴经济体的发言权和影响力明显提升。尤其是中国倚赖包容性绿色发展使经济体量逐渐增大，合作共赢、亲诚惠容的包容姿态，使与西方对抗性话语截然相反的中国方案和中国经验得到国际社会的广泛认同，使"西方中心论""西方榜样论""精英俱乐部"等西方对抗性标识话语出现全球范围内的信任危机。

---

① ［美］亨利·基辛格：《世界秩序》，胡利平、林华、曹爱菊译，北京，中信出版集团2015年版，第294页。

② 卢黎歌：《新时代推进构建人类命运共同体研究》，北京，人民出版社2019年版，第337页。

（二）超越"中国威胁论"等西方标识性对抗话语

以中国理论、中国实践为支撑的"包容性绿色发展"概念，超越"中国威胁论""中国渗透论""国强必霸论"等美西方标识性对抗话语，打破所谓不可改变的"修昔底德陷阱"的魔咒，走出了一条和平主义的复兴之路。

伴随中国综合国力的增长，世界上各种形式的"中国威胁论"可谓你方唱罢我登场。这种"国强必霸"的理论推演，确实有长期以来的实践经验佐证。西方大国崛起的过程，就是不断发动侵略战争血腥对抗、掠夺他国的过程，当新兴大国崛起之后被认为"挑战"了守成大国主导的国际秩序、权力平衡和运行机制时，守成大国总是通过发动战争来谋求霸权和垄断利益，这也就是国际社会流布久远的"修昔底德陷阱"，是美西方少数国家崛起怎么也难以割舍的"路径依赖"。鉴于此，当中国"两弹一星"、太空开发、GDP第二等成就展现在世人面前的时候，担心可能逐渐丧失优势地位的美国自然把中国想要"取而代之"看作如此合乎逻辑，以致无论如何也走不出所谓的"修昔底德陷阱"这一国际关系的"铁律"，也就不足为奇了。正是对可能逐渐丧失竞争优势的担心，美国才难以容忍中国的发展，于是"中国威胁论""中国渗透论""国强必霸论"便粉墨登场。

比如，较有代表性的有两人，一个是作为新马克思主义者的哈维（D. Harvey），一个是以其《文明冲突论》而著称于世的亨廷顿（Samuel P. Huntington）。哈维认为，中国正趋向于另一种类型的"帝国主义实践"，即中国在寻求摆脱"自身资本剩余的途径"[①]。而"国强必霸"的窠臼竟然也使得亨廷顿作出"中国的崛起则是核心国家大规模文明间战争的潜在根源"[②]等判断。如果仅如哈维一样的机械类比也就罢了，这属于逻辑错谬或用词不当，可亨廷顿竟然认为中国的历史、文化、传统、规模、经济活力和自我形象等都将驱使它在东方谋求霸主角色，这就是地地道道的偏见了。因为事实胜于雄辩，5000多年中一向追求和平、和睦、和谐的中华

---

① ［美］大卫·哈维：《"新帝国主义之新"新在何处》，《国外马克思主义研究报告（2008）》，北京，人民出版社2008年版，第431页。

② ［美］萨缪尔·亨廷顿：《文明的冲突与世界秩序的重建》，周琪、刘绯、张立平等译，北京，新华出版社1998年版，第230页。

民族的血液中,"没有侵略他人、称王称霸的基因"①。这种源自古老中国"和而不同"的"和合"文化加上社会主义中国的根本制度性质,决定中国不可能蹈向西方国强必霸、霸极必衰的老路。老祖宗留给中国人民的理念,早已成为这个星球上众多国度的人们与中国交往的重要桥梁,成为人类通往命运共同体道路上的核心理念和鲜明路标。那种认为"怎么能指望中国和美国行事不同?"的疑问,那种发出"中国人比我们更有原则、更有道德?中国人不那么民族主义?"并作出否定式回答的褊狭思维,那种认为中国要"寻求作亚洲的地区霸主"的小人之心②,只能送给他"以小人之心度君子之腹"这句话了。小人之心岂能理解泱泱中华大国的包容胸襟和世界情怀。

习近平主席在中法建交50周年纪念大会上曾提出新的"狮子论",指出中国这头睡狮已经醒来,但这是一只和蔼的、可亲的、文明的狮子。"中国人民历经苦难,所以更珍视和平"③。中国包容性绿色发展的理论和实践,揭穿了"中国威胁论""中国渗透论""国强必霸论""修昔底德陷阱"等西方标识性对抗话语对世界人民别有用心的蛊惑。因此,讲好中国经济社会包容性绿色发展的故事,能够揭穿"中国威胁论"等西方标识性对抗话语对世界人民的蛊惑。

(三)超越"中国崩溃论"等西方标识性对抗话语

与"中国威胁论""中国渗透论""国强必霸论"等相反,西方标识性对抗话语的另一个极端是"中国崩溃论"以及由此而引申出的"下一个苏联论"等西方标识性对抗话语。

除20世纪90年代苏联解体、东欧剧变引发的"中国崩溃论"以外,学界公认的鼓噪"中国崩溃论"的代表性人物是美籍华裔律师章家敦。2001年7月,他因出版了登上《纽约时报》畅销书排行榜的《中国即将崩溃》而声名鹊起。他在书中断言:"中国现行的政治和经济制度最多只能维持五年",北京奥运会前中国经济"开始崩溃!"随着所谓预言成为

---

① 习近平:《在庆祝中国共产党成立100周年大会上的讲话》,北京,人民出版社2021年版,第16页。

② [美]约翰·米尔斯海默:《大国政治的悲剧》,王义桅、唐小松译,上海,上海人民出版社2015年版,第400页。

③ 《共倡开放包容 共促和平发展——在伦敦金融城市长晚宴上的演讲》,《光明日报》2015年10月23日。

笑柄，他又把中国崩溃的时间调整到 2010 年、2011 年、2016 年……在一次一次地被事实打脸后，章家敦照样从"认'麦'作父"^①的禀性出发信口开河。像这样固执地、一味地巴不得中国马上崩溃的人，不愧为这个星球上的"搞笑大师"，更是做人上的无良典型。《环球时报》社评曾指出：章家敦的所有言论早已被个人偏执的价值观绑架。

另外一些人拿中国与苏联进行机械类比，得出中国即将崩溃的结论。如曾像苏联一样具有超高速增长经历的中国"也有着与前苏联类似的扭曲，它可以避免同样的突然崩溃的宿命吗？"^②等发问。另外，有的美国学者鼓噪中国有太多"令人震惊"的问题，如收入上的不平等、严重的腐败、严重的生态、社会不稳定、言论不自由、民主赤字严重等等，并指认这些都将作为"中国模式"的附属品而存在，因此"中国模式"被认为比美国更加不可持续^③。这种认为中国难以避免苏联突然崩溃的宿命等认知，哪里能够懂得中国包容性绿色发展的成功所倚仗的领导核心的强大和发展制度的优越！这些人更不懂苏联共产党高层对马克思主义的抛弃，而中国共产党能、中国特色社会主义好，归根结底是因为我们这个党所信奉的马克思主义行。至于说收入上的不平等、严重的腐败、严重的生态、社会不稳定、言论不自由、民主赤字严重等，请问这位美国学者自己的国家哪一条不比中国更严重呢？至于说到对自由、民主、人权的理解，那就更不能机械类比了。抗击新冠疫情中美国反对戴口罩好似是让人们"自由"了，但却把逾百万人的生命给整没了。说到社会是否稳定，中美对比后，那就更不言而喻了。上述机械类比，究竟是因为这些学者们学不会简单的形式逻辑思维呢，还是因为其他什么难以言说的心结或原因？显然，意识形态上的偏见和过度情绪化的心理倾向，才让上述章家敦们妒火中烧，发烧说胡话，以致反复闹出国际笑话。

细察其详，鼓噪"中国崩溃论"者，大致有以下情结或心态。或笃信

---

① "认'麦'作父"即把麦卡锡主义视为"祖训"之意。章家敦的无知、无良和无耻，犹如央视国际锐评对蓬佩奥的评价一样，早已"突破做人的底线"，同样会"留下千古骂名"。本课题认为，对如此典型的、极端仇视社会主义中国的章家敦其人其事，必须大揭特揭、大批特批。这与揭批蓬佩奥一样，都是管控冲突尤其是反对和抵制在人类命运共同体建设中每每以意识形态划界等做派的必要的、有效的手段。

② ［美］乔纳森·安德森：《走出神话：中国不会改变世界的七个理由》，北京，中信出版社 2006 年版，第 165 页。

③ ［美］阿里夫·德里克：《"中国模式"理念：一个批判性分析》，《国外理论动态》2011 年第 7 期。

自由经济的西方教条主义者以非自由市场经济为标尺来剪裁中国，或唯我独尊的"政治正确"者认为奉行非西方民主便一定会崩溃的信条，或金融投机者以炒作中国崩溃来欺骗中小投资者，或霸权主义者通过炒作中国崩溃来吓阻国际资本流向中国，或如章家敦们一样的投机者为个人私利而迎合西方言论，等等。但是，正如古人所言："危言存国"。事实与"中国崩溃论"者的心愿却恰恰相反，章家敦们说中国的所有坏话，最后却都被事实给中国加了 buff。中国在包容性绿色发展上的突出贡献举世公认，中国因包容性绿色发展而强力支撑起经济持续高速发展，拥有 14 亿人口的国家能够保持社会长期持续稳定，历史性地解决了绝对贫困问题，在中华大地上全面建成小康社会，并在金融危机影响下给世界发展带来机遇，对世界经济的贡献率逾 30%，如此等等，这在人类社会发展史上尚无先例，何来什么崩溃？因此，以"包容性绿色发展"概念为引领讲好中国经济社会发展的故事，将成为超越"中国崩溃论"等西方标识性对抗话语的最佳话语选择。

（四）超越"现代化就是西方化"等西方标识性对抗话语

长期以来，这个星球上的人们好似形成了一种认知定式，那就是"现代化就是西方化"，以至"全球化就是西方化"。"西方式的现代化道路"仿佛成了一种神话，哪个国家要想实现现代化，那么它就要走西方的发展道路，或按照西方设计好的线路亦步亦趋。如果不是这样呢？

问题的实质首先在于对"西方式的现代化道路"的认知。纵观西方世界 500 年发展史，人们看到的是，这是一条资本主义的发展道路。在这条道路上，从羊吃人和荼毒土著生灵那种资本原始积累开始，就走上了一条血腥的扩张之路。如果离开了扩张，他们从哪里雇用生产剩余价值的工人？如果离开了扩张，他们的原材料如何从殖民地获取？如果离开了扩张，他们的过剩产品如何兜售，鸦片如何倾销？如此，西方发达国家中的所谓"文明人"对资本主义制度情有独钟、倾爱有加，也就不难理解了。以撒切尔夫人和里根这两位被国际社会戏称为"政治灵魂伴侣"为代表的资本主义政客的那句"除了资本主义，我们别无选择！"便是一语道破其心机。问题是，资本主义制度和其自由市场经济发展模式是否就是万应灵丹？举目环球，那些自觉或不自觉地把私有化、自由市场经济发展模式奉为圭臬的国家，又有几个出现过预期中的繁荣？有的国家即便出现过一时的繁盛，但却是进一步地陷入难以自拔的长期混乱之中。凡是被美英的颜色革命变了色调的国家，无论原来实行的是社会主义还是资本主义制度，如苏东大部分国家、中东一些国家，毋庸简单枚举，一概经济每况愈下、社会动乱不断，岂有两样的呢？就是西方主要发达国家，能否说人们就是在安居乐业？抗疫这面照妖镜，已然给出了答案：资本主义道路以至西式现代化道路，哪里是什么包治百病的通用"良方"？哪里是什么现代化的"唯一"呢？

中国现代化道路的选择，早已给出了鲜明的回答。中国人民翻身解放后，以毛泽东、周恩来、邓小平等为代表的党的领袖都对实现国家的现代化作出了符合中国特点的论述。1960年1月，毛泽东在上海提出，今后"八年的总目标是，基本实现四个现代化，建立起完整的工业体系，同时要基本上完成集体所有制到社会主义全民所有制的过渡，在分配制度上逐步增加共产主义的因素。"[1] 第三届、第四届全国人大政府工作报告中，都提出了在20世纪末实现四个现代化的构想。邓小平很明确地指出："我们搞的现代化不是西方的现代化，是中国式的现代化，就是小康社会的现代化。"[2] 习近平总书记强调："中国人民的成功实践昭示世人，通向现代化的道路不止一条，只要找准正确方向、驰而不息，条条大路通罗马。"[3] 这就说明，中国共产党和中国历届政府坚守现代化的发展方向是矢志不渝的，但通往现代化的道路却是可以根据国情自主选择的，甚至是必须自主选择的。没有毛泽东、邓小平等老一辈无产阶级革命家对中国工业化和现代化的不懈追求，哪里有新时代中国作为世界第一工业制造大国的地位呢？哪里还有中国式现代化新道路和新文明形态在世界上的典范和借鉴资格呢？

中国富含包容性绿色发展理念的现代化道路和伟大社会变革，不是国外现代化发展的翻版，而是有其鲜明的中国特色和显著的制度优势的。如在中国式的现代化道路上，中国坚持党的集中统一领导，坚持人民当家作主和全面依法治国，坚持公有主体型所有制制度和劳动主体型分配制度，坚持用社会主义制度引导市场经济发展，积极参与全球治理，为人类命运共同体的建设事业作出了突出贡献。显然，中国式的现代化道路与所谓的"华盛顿共识"等是完全相反的，包容性绿色发展的话语体系超越了"现

---

① 《毛泽东年谱（1949—1976）》第4卷，北京，中央文献出版社2013年版，第303页。

② 《邓小平年谱（1975—1997）》（下），北京，中央文献出版社2004年版，第816页。

③ 习近平：《开放共创繁荣　创新引领未来——在博鳌亚洲论坛2018年年会开幕式上的主旨演讲》，《光明日报》2018年4月11日。

代化就是西方化""全球化就是西方化"等标识性对抗话语，开辟了发展中国家走向现代化可资借鉴的发展路向，为各国走向现代化展现出一种与西方现代化迥然有别的发展理念和发展道路，提供了具有崇高道义而非以剥削、侵略和扩张等路径依赖而走向现代化的全新选择。

（五）超越"历史终结论"等西方标识性对抗话语

以中国理论和实践为支撑的"包容性绿色发展"概念，超越"历史的终结"等西方标识性对抗话语，打破西方文明终结社会历史的魔咒，为人类社会展示出一条以社会主义为定向和前景的"人类文明新形态"[①]。

"历史的终结"的始作俑者是日裔美籍学者福山。20世纪80年代末和90年代初，在东欧剧烈变动之际，福山出版了《历史的终结及最后之人》。该书鼓吹"历史的终结"，并笃信在当代"找不出比自由民主理念更好的意识形态"[②]。福山认为，在事实上，自由民主制度作为一种政体，已经战胜世袭的君主制、法西斯主义以及近代的共产主义。福山断言，人类社会最美好的或最后的社会制度就是西方资产阶级的自由市场经济和民主自由制度，西方的资本主义发展模式是人类历史的最后一个阶段，接下来不会再有其他什么社会制度了，因为苏联等十多个社会主义国家不是分崩离析了吗？

事实上，正如人们所看到的，历史发展的脚步并没有按照福山所想象的那样走下去。在《历史的终结及最后之人》的封底，出版商推介的话是："您今年（1993）所阅读到的最吸引人、最富挑战性、最深刻而且最重要的书！""最吸引人""最重要"这两点是做到了，与章家敦们一样的别有用心，靠维护资本主义制度、唱衰社会主义制度而博取眼球，这是美西方发达社会的政客们最喜欢看到的事情；"最富挑战性"这一点也做到了，因为历数这样的挑战，每每以打脸和失败而"终结"。新世纪伊始福山自己对"历史的终结"的被迫终结，即不得不承认西方资本主义制度

① 习近平：《在庆祝中国共产党成立100周年大会上的讲话》，北京，人民出版社2021年版，第14页。

② ［美］弗朗西斯·福山：《历史的终结及最后之人》，北京，中国社会科学出版社2003年版，代序第1页。

的衰落，这不正是最好的注脚吗①；而说到"最深刻"，不若说"最肤浅"：仅就其论说逻辑来说，可谓既没有理论基础支撑，更缺乏实践验证。资本主义在与封建主义的殊死搏斗中，出现过多少次王朝复辟？而苏东社会主义国家的这一次（即仅仅是一次）"折腾"，怎么就成了"历史的终结"？

首先，马克思主义的唯物史观所揭示的人类社会历史的发展规律，给了"历史终结论"以起底批判。人类社会的历史演进并不是以某些人的主观愿望或设计而演进的，而是以社会基本矛盾运动为根本动力的。自由民主制度作为上层建筑，其发展演进最终是由其经济基础所决定的，而经济基础则最终决定于最具革命性的生产力状况。一旦生产力实现了巨大变革，那么经济基础和上层建筑也将最终不得不适应这种生产力发展的变革，而且这种变革，是不以人的意志为转移的。这就说明，哪里有不可改变的或作为"历史的终结"的什么经济制度或社会意识形态呢？西方资产阶级的自由市场经济和民主自由制度绝不是人类社会历史的"终结"，更不是人类社会的"最后阶段"或"最高阶段"。

其次，中国在坚持中国特色社会主义道路的过程中对包容性绿色发展理念的接纳和践行，中国包容性绿色发展的成功和贡献，如前文所述作为全球实施联合国议程旗舰和表率角色的《中国 21 世纪议程》，以自身别具特色的发展道路，丰富了世界各国谋求发展道路的多样性选择②；"一带一路"在成为促进中国更高水平的对外开放平台的同时，还担负着一种时代使命，即强力导引新型全球化的发展，展现出人类整体作为"命运共同体"的现实道路和广阔前景；凝聚人类命运共同体建设力量的亚投行，成为携手各国打造利益、责任和命运共同体的历史性推手；中国 2030 国别方案展示出兼济天下的世界情怀，主要指标如减贫提前十年得以完成。这一切均表现出对与西方自由市场经济和民主自由制度迥然有别的人类社会发展道路的选择，彰明了社会主义制度的巨大优越性和无比光明的前景。这正是中国共产党领导人民在对更好社会制度的探索中能够提出获得国际

---

① 其实，只要看看福山在书的结尾部分，即第 381~382 页，把人类比作"奔驰在同一条道路上的一辆辆马车"，全书尾句对这些马车在到达一个新的环境后"会再把目光投向一个新的、更遥远的征途"的描画，加上福山对黑格尔、马克思均断言过"会有'历史的终结'阶段"的误读等，便可以得出结论：福山对其"世界普遍史"的表白是很不自信的，他在对"历史的终结"的表述上更是充满逻辑矛盾的。由于福山脑袋中与唯物史观相背离的、以"追求精神承认"为始原的抽象人性史观作祟（陶富源语），2020 年疫情期间福山竟然又重蹈覆辙，做出"美国应对疫情不如中国，不是体制的错""疫情或使自由民主制度重现生机"等言论。可谓睁眼做梦、一厢之思也。

② 郭日生：《〈21 世纪议程〉：行动与展望》，《中国人口·资源与环境》2012 年第 5 期。

社会认同和赞誉的中国方案的信心和底气所在。

四、"包容性绿色发展"引领中国话语"走出去"的可行性优越性

（一）中国话语"走出去"的路径选择

2015 年 12 月，习近平总书记在全国党校工作会议上指出：目前我们"挨骂"问题还没有得到根本解决。争取国际话语权是我们必须解决好的一个重大问题。在党的二十大报告中，习近平总书记强调，要"加快构建中国话语和中国叙事体系，讲好中国故事、传播好中国声音，展现可信、可爱、可敬的中国形象"；要"加强国际传播能力建设，全面提升国际传播效能，形成同我国综合国力和国际地位相匹配的国际话语权。"[①] 可见，争取话语权，改变处于"无语"或"失语"的状态，把国家的综合实力、发展的优势等尽快地转化为在话语权上的优势，是时代赋予中国共产党人的光荣使命。争取国际话语权，必然要关涉一些标识性概念或话语的使用问题。一定的话语体系总是表现为一定数量的、具有鲜明标识性作用的概念、范畴或命题按照一定的议题或议程进行排序的一个组合体。而习近平总书记所说的争取国际话语权，就表现在一定的议题或议程的组合体对概念、范畴或命题的使用上，比如使用的概念或范畴能否被国际社会听懂、接纳，受众是否喜爱、仿效，影响范围和深度如何，等等。于是如何争取国际话语权的问题，就转变为如何选择和使用具有标识性的概念、范畴或命题的问题。

马克思主义辩证逻辑的概念理论认为，任何概念或范畴都不是凭空生造的，也不是在概念或范畴产生之后便束之高阁的。马克思主义认识论描画了概念和范畴摹写现实的生成路径，并深入探讨了概念或范畴规范和改造现实的实践价值和作用。参照学界研究成果[②]，选择和使用概念或范畴，让中国话语"走出去"，争取国际社会的理解和接纳，并逐渐为国际社会

---

① 习近平：《高举中国特色社会主义伟大旗帜 为全面建设社会主义现代化国家而团结奋斗——在中国共产党第二十次全国代表大会上的报告》，北京，人民出版社 2022 年版，第 46 页。

② 张峰：《打造融通中外的概念范畴 中国争取国际话语权的要诀在哪》，《人民论坛》2016 年第 19 期。

所运用,不外乎以下 3 种方法。其一,从自身传统文化中挖掘,从自己现实生活中提取,从自我切身实践中挑寻。这是一种立足于自身文化传统和现实实践选择标识性概念或范畴的方法,选择的概念或范畴具有鲜明的民族特色。以这一方法达到"走出去"的目的,一般情况下,需要较长的认知周期和接纳过程,才可能被国际社会所接受。其二,从国际话语中挖掘,从世界通用中寻觅,从全球实践中挑选。这是一种立足于最具世界广泛影响的标识性概念或范畴来实现"为我所用"的方法,选择的概念或范畴应是被赋予了更有说服力的新论据、更具阐释力的新逻辑、更显融通性的新内涵,并一定具有快捷的辨识性、广泛的接纳度、高度的认同度。也正因为如此,要达到"走出去"的目的,尽快改变在整个国际社会范围内中国话语权"西强我弱"的格局,这种办法自然被学界指认是一种"重点选择"[①]。其三,兼具以上两种方法优点的方法。本课题推出的"包容性绿色发展"概念,不仅是这种"重点选择"的结果,还是在中国自身当下所使用的概念中挑选的结果。也就是说,兼具以上两种"选择路径"的性质和优势。王义桅在其系列专著中指出,作为一种"新的长征","一带一路"堪称"第二次地理大发现",它正在重塑人类文明史与全球化话语权[②],体现出中国崛起后对人类共同命运的天下担当。而"一带一路"国际合作,所秉持的最基本的理念便是"包容性绿色发展"。

本文把"包容性绿色发展"作为中国话语"走出去"的"重点选择"概念或典型概念,也是遵照习近平总书记 2013 年 10 月在全国宣传思想工作会议上的讲话精神而生发的思维理路。习近平指出,为了向国际社会宣传好中国发展的故事,把中国的智慧和方案传播出去,就要着力打造能够融通中外的新概念。只有对世界形势的发展变化,对新思想、新观点、新知识加强宣传报道,并凝练成标识性概念或话语,赋予标识性概念或话语更丰富的内涵,才能使这些概念或范畴充分反映中国遵循人类共同价值的新方案和新贡献,以使其逐步产生有利于宣传中国和扩大影响的作用。这当然是为我所用。

(二)以"包容性绿色发展"概念引领中国话语"走出去"的可行性

类似以兼具上述两种"选择路径"性质和优势的概念引领中国话语

---

① 张峰:《打造融通中外的概念范畴　中国争取国际话语权的要诀在哪》,《人民论坛》2016 年第 19 期。

② 王义桅:《回应关于"一带一路"的十种声音》,天津,天津人民出版社 2020 年版,第 27 页。

"走出去"的话语叙事，在中国是有诸多先例可循的，中国共产党在长期的理论和实践的宏大叙事中，已经创造出很多成功的范例①。比如在"自由""平等""民主""科学""人权""市场经济""包容性发展"等标识性概念上十分成功的话语叙事。

关于"自由""平等"等概念。人所共知的是，"自由、平等、博爱"在世界近代史上是代表西方资产者社会的三位一体的标牌，早被供奉为"普世价值"。但这一"普世价值"在1848年被第一次载入法兰西第二共和国宪法之前，就已经成为用来欺世盗名的"甜美的酒浆"，并且是"用被杀害者的头颅做酒杯"②，即1848年宪法是在资产阶级残酷镇压巴黎无产阶级"六月起义"之后制定出来的，足见其反封建的色彩早已丧失殆尽，已完全成为资产阶级反革命两手策略的装饰品③。登上历史舞台后的资产阶级，象征美国的自由女神像其右手举起的火炬和左手执着的《独立宣言》继续向世人念叨着"自由、平等、博爱"，然而现实的一幕幕景象却是，人们很难正确说出在几十届美国总统中，没有出兵对外侵略他国的究竟是哪一届的哪一个总统，但却很容易正确说出发动侵略战争的有哪一届总统。大卫·哈维尖锐指出，以少数个人利益为基础的所谓"自由"，必然要成为私有业者最大限度地控制社会层面的自由，成为资产者剥削民众的自由。比如，2020年以来抗疫期间资产者大发国难财的自由，而美国普通民众呢，有的只是逾百万生灵陨灭的"自由"。中国人民同样向往自由，但中国人民深知，同样是"自由"这两个字，其含义大相径庭。中国必须牺牲诸如不戴口罩等一时的"自由"，而得到的却是普遍的活着的自由，是国际上疫情严峻时刻在中国的建党百年庆典20万人、西安全运会数万人不戴口罩的潇洒的自由，是2021年上半年国内18.71亿人次畅心旅游的自由，总之是更长久、更安心的自由。至于说到"平等"，美国总统曾毫不掩饰、一语成谶：在2020年3月18日的白宫记者会上，一记者提出为什么有钱的大亨们即便没有新冠病症也能得到优先检测？特朗普说，这种现象是存在的，"这也许就是人生吧"。看来，在美国只有资本和白人疯狂欺压有色族裔的自由，哪里有平民和穷人的自由？只有金融资本和资产者寡头在金钱上的平等，哪里有什么工人阶级的平等？美国逾

① 张峰：《打造融通中外的概念范畴 中国争取国际话语权的要诀在哪》，《人民论坛》2016年第19期。

② 《马克思恩格斯文集》第2卷，北京，人民出版社2009年版，第691页。

③ 陈崇武：《"自由、平等、博爱"口号究竟是何时提出？》，《历史研究》1978年第12期。

百万逝去的疫病患者，绝大多数是中下层民众，他们与资本大亨们平等了吗？华尔街的金融大鳄们愿意与还在不得不"走向"那个百万逝者行列的中下层民众一样平等吗？而中国的抗疫，则是不遗漏一个感染者，不放弃每一位病患，全部免费治疗。而今，"自由平等公正法治"在中国早已演变为社会主义核心价值观在社会层面的基本要求和理念表达，成为中国共产党为之努力奋斗的核心价值理念，从而使中国在"自由""平等"等范畴上的国际话语权得到显著提升。从中国人民在疫情期间所享受到的"自由""平等"权利上，国际社会深切地感受到"自由""平等"在中国的货真价实。在类似"我得了新冠就想到中国去治疗"的向往中，"自由平等公正法治"等社会主义核心价值观已渐渐被国际社会所接受。

关于"民主""科学"。自五四爱国运动举起"民主""科学"的大旗至今，"民主""科学"这两个概念早已随着历史的演进而改换了其初始内涵。尽管这两面旗帜反映了五四时期中国社会发展的要求，强力推动着新文化运动的开展，促进了新思想、新理论尤其是马克思主义理论的广泛传播，但是这两面旗帜毕竟属于资产阶级旧民主主义性质的范畴，其阶级局限和时代局限性是显而易见的。如在对待中西文化及其关系上，"民主""科学"等口号违背唯物史观，难以实现与最广大的工人运动相结合等。经过中国共产党人的百年实践和运用，目前中国的"民主"，既吸收了西方民主中的合理成分以使之有益于丰富人民当家作主的内涵，又大大扩展了民主的时代风貌，如多党合作和政治协商制度、人民代表大会制度、民族区域自治制度、协商民主制度、全过程人民民主制度等与时俱进而又符合国情的时代内涵。"科学"范畴在中国，也早已成为推动中国式现代化的"第一生产力"、不断创造人民美好生活的助推器以及中国作为负责任大国维护世界和平与发展的"大国重器"。因此，中国在"民主""科学"概念上的国际话语权随着中国民主进程和科学事业的发展得以不断提升。而反观西方部分国家，作为所谓现代科学的发源地，科学反而成为给世界带来隐患和灾难的达摩克利斯之剑，如疫情肆虐期间抵制戴口罩的反智现象、打压防疫专家现象，甚至防疫期间总统竟然能够说出诸如口饮消毒水可以防疫等荒谬绝伦的反科学言论，而且当社会出现因饮用消毒水致死的事件时，总统便以甩锅塞责了事。

关于"人权"概念。曾几何时，"人权"这一概念是西方一些国家用来打压、攻击和诽谤广大发展中国家尤其是社会主义国家的屡试不爽的工具。这一借口其实质是以污名化他国以至孤立和推翻社会主义制度为目的的。

那么中国究竟能否使用"人权"这一概念？中国共产党是不是要一直回避"人权"这一"敏感"概念？如果使用会不会落入美西方反华势力设置的圈套？中国共产党通过首先提出和宣示自己的人权思想内涵，即人权具有普遍性原则，更具有具体性原则，"人权"概念因国情不同，内涵和核心要义则不同，比如中国等发展中国家最大的人权只能是人民的生存权和发展权等，为"人权"概念的使用开拓了一条宽广大道。除此之外，中国共产党和中国政府对尊重和保障人权的责任作出明确规定，并在此基础上，第十届全国人大第二次会议通过的宪法修正案首次明确写入"国家尊重和保障人权"这一命题。经过多年的努力，在积极开展国际人权领域交流与合作、发表中国人权状况和人权事业白皮书以及与自诩为"人权卫士"的美国进行针锋相对的斗争中，中国在"人权"概念的使用上早已变被动为主动，极大地增强了中国在"人权"概念上的国际话语权，得到了国际社会的高度赞赏，同时也展现出一个负责任大国的良好形象。尤其是在 2020 年以来的新冠疫情中，超强的生命权保障力彰显了中国在人权状况上的高大形象。

关于"市场经济"概念。"市场经济"概念的使用和"社会主义市场经济理论的话语体系"[①] 的形成，亦是如此。在中国改革开放初期，人们观念中的计划经济是社会主义的代名词，而"市场经济"则是资本主义的代名词，甚至几乎所有的马克思主义学者与西方资产阶级学者一样，都抱着这种"代名词"的观念。可见，中国目前把社会主义市场经济体制上升为社会主义基本经济制度，经历了一个多么复杂和艰难的思想嬗变历程。在这一过程中，邓小平起到了关键的引领作用。党的十一届三中全会之后不到一年，邓小平就指出："说市场经济只存在于资本主义社会，只有资本主义的市场经济，这肯定是不正确的。社会主义为什么不可以搞市场经济，这个不能说是资本主义。"[②] 在邓小平等人的努力下，中国社会在对市场经济的认识上逐渐升华，实现了计划或市场只是经济手段而非根本社会制度范畴、中国以市场为取向的经济体制改革有利于发展社会主义社会的生产力等思想共识。党的十四大召开前，邓小平在南方谈话中更是明确地指出："计划经济不等于社会主义，资本主义也有计划；市场经济不等于资本主义，社会主义也有市场。计划和市场都是经济手段。"[③] 在南方谈话精神的指引下，建立社会主义市场经济体制的改革目标终于在党的十四大被明确

---

① 参见卢国琪：《马克思主义中国化的十大创新话语体系》，《马克思主义研究》2013 年第 4 期。
② 《邓小平年谱（1975—1997）》（上），北京，中央文献出版社 2004 年版，第 580~581 页。
③ 《邓小平年谱（1975—1997）》（下），北京，中央文献出版社 2004 年版，第 1343 页。

提出。与此同时，在社会主义市场经济理论的科学建立和健康发展的过程中，刘国光、于祖尧、程恩富等现代马克思主义著名经济学家也作出了持续的前瞻性理论分析和政策建言[①]，说明"马克思主义理论家为马克思主义的发展提供理论准备"[②]也是一种必要的学术贡献。中国从高度集中的计划经济体制逐渐走向充满活力的社会主义市场经济体制的过程，正是中国在"市场经济"话语体系上逐渐提升国际话语权的过程。尤其是党的十九届四中全会把社会主义市场经济体制上升为社会主义基本经济制度范畴，凸显了中国在"市场经济"话语权上的高度自信和强大定力。

　　关于与"包容性绿色发展"概念密切相关的"包容性增长"、"包容性发展"以及"绿色发展"等概念。这是用中国概念同时也是国际社会通用的概念或范畴来争取中国话语权扩大的典型例证，同时也为以"包容性绿色发展"概念引领中国话语"走出去"的"可行性"提供了最直接的支撑。如前所述，"包容性绿色发展"概念的提出，经历了由"包容性增长"（"共享式增长"）到"包容性发展"和"绿色发展"，再到"包容性绿色发展"的演进过程。在这一过程中，中国学者率先提出并阐发"包容性增长"概念，时任国家主席胡锦涛在国际重要场合多次倡导"包容性增长"，中国实践为"包容性发展"概念的提出奠定了最重要最典型的实践基础，中国政府积极倡导"包容性发展""绿色发展"，突显中国政府对包容性发展的高度重视。作为发展中的大国，中国在科学发展的道路上把自身的发展与国际社会倡导[③]的包容性发展密切关联起来，主动积极地与世界"建立具有进取性、认同性和共享性的价值关系"[④]，并通过这种价值关系尤其是巨大实践贡献而影响世界，极大地丰富和拓展了包容性绿色发展理念的时代意涵，同时也促使中国成为掌握"包容性绿色发展"概念话语权的主角，彰明了可亲、可敬、可信、可爱的国家形象。

---

　　① 张扬：《论现代马克思主义经济学家对构建社会主义市场经济理论的重要贡献》，《当代经济研究》2018年第12期。

　　② 梁树发：《马克思主义发展的本质与形态》，《中国高校社会科学》2021年第1期。

　　③ 这里的"国际社会倡导"，指的是"包容性发展"概念一词几乎同时出现于世界银行增发会在2008年出版的《增长报告》和中国学者对《和谐》一书的阐释中。作为联合国重要组成部分的世界银行是在非联合国机构的亚洲开发银行于北京会议中国学者提出"包容性增长"概念的基础上才提出"包容性发展"一词的。而且《增长报告》是以中国实践和中国学者的贡献为主要依托的。学界认为，对于人文社会科学而言，一种思想的首倡或"知识产权"归属，一般应该具备"标志性的核心概念""系统性的思想体系""公开发表并在思想史上具有先在性"。由此，足见中国在"包容性绿色发展"概念上具有无可争议的发明权和知识产权。

　　④ 庞中英：《建设中国与世界的价值关系》，《南方都市报》2004年7月19日。

综上所述，选择"包容性绿色发展"这一兼具两种"选择路径"的性质和优势的概念作为引领中国话语体系"走出去"的标识性概念，其可行性是显而易见的。

（三）以"包容性绿色发展"概念引领中国话语"走出去"的优越性

以"包容性绿色发展"概念引领中国话语"走出去"的优越性，指的是在中国话语"走出去"的过程中，"包容性绿色发展"概念在发挥引领作用中所体现的其他标识性概念难以比拟的支撑力、说服力、建构力和聚合力。这可以从概念的生成即摹写现实的视角和概念的出场即规范现实的视角进行分析。

1. 从概念的生成即摹写现实的视角看

（1）概念的生成倚靠优秀传统文化"人能群"和马克思主义"人必群"理念，因而具有厚重的文化支撑力。"包容性绿色发展"概念的生成倚靠中华优秀传统文化"人能群"所昭示的"和而不同"等包容共生的古老根脉，因而把"包容性绿色发展"概念作为引领中国话语体系"走出去"的标识性概念，便凸显厚重的优秀传统文化支撑力。中国文化之所以能成为世界唯一一支没有中断的文化，其根本支撑点就在于中国古老的"和合"文化。道家讲究与天和，儒家注重与人和，佛家在意与己和。这种天人合一、万物和合的"太和"，还被刻画在中国皇宫的主殿之上，足见中国文化早已把"和"字推崇到至高无上的位置[1]。梁漱溟曾追问唯中国始终以其自创文化绵永其独立之民族生命至于今日，寿命称最久[2]之根由，其间奥秘即作为中华优秀传统文化精髓的"和而不同"。当下，"和而不同"已经被世界上一切爱好和平的民族和人们公认为中华文化的代名词。

古代有"人能群""和而不同"，当代有"美人之美、美美与共"。1990年12月，社会学泰斗费孝通先生在为祝贺其八十诞辰召开的"东亚社会研究"讨论会上的发言中，提出"各美自美""美人之美"等人类学者的应有共识[3]，继而总结出了"各美其美，美人之美，美美与共，天下大同"的16字"箴言"。只有这16字"箴言"而不是其他什么表述，能

---

[1] 边芹：《谁在导演世界》，北京，中央编译出版社2013年版，总序第6页。

[2] 参见《漱溟最近文录》，中华正气出版社1944年版，第9~14页；《大刚报》（衡阳）1943年6月号。

[3] 费孝通：《缺席的对话——人的研究在中国——个人的经历》，《读书》1990年第10期。

够与"和而不同"相媲美。"各美其美"指的是文化和发展模式的多样化，"美人之美"指的是要尊重其他民族的文化和发展道路；"美美与共"作为16 字"箴言"的核心和实质，指的是实现"和而不同"和"天下大同"的必然路径，是世界文化繁荣、各国各民族和睦相处的必然要求。学界认为：先是发现自身之美，然后是发现、欣赏他人之美，再到相互欣赏、赞美，最后达到一致和融合，这便是 16 字"箴言"的所有奥秘所在。由此可见，只有中国人才能够说出古老的"和而不同"，也只有中国人才能够说出当代的"美美与共"，相隔数千年的心有灵犀，是对"包容性的"这一贯穿民族整个历史的伟大品格和文化基因的最精彩的彰明。

说起"绿色化的"内涵，古老中国的"天人合一"便足以说明。张岱年先生认为，天人合一是中国哲学的精湛思想。"天人合一"也就是主张"人与自然的统一"，或如恩格斯所说"人与自然的一致"。"天人合一"理念对于促进世界的绿色发展将发挥永恒的指引作用。

马克思主义"人必群"思想，前文已有多方面详细阐述，这里从略。综上所述，包容性绿色发展理念所倚靠的最深厚的优秀传统文化"人能群"和最深刻的马克思主义"人必群"等理论基因说明，在引领中国话语"走出去"方面，"包容性绿色发展"概念以其厚重的支撑力而支撑起引领中国话语"走出去"的巨大优越性。

（2）概念的生成倚仗新时代具有宏大叙事气场的"中国实践"，因而具有真切的现实说服力。中国包容性绿色发展的宏大叙事和成功实践，在前文已作出详细交代，尤其是中国积极响应联合国议程的《中国 21 世纪议程》的实施，"一带一路"的伟大倡议和实践，中国 2030 国别方案的实施等，不仅在中国坚定恪守和践行包容性绿色发展中，而且在促进世界的包容性绿色发展中起到了旗舰角色和榜样作用，因而以"包容性绿色发展"概念为引领促进中国话语"走出去"，具有真切的现实说服力。以下仅对中国脱贫攻坚的实践作出简要叙述。

在多年脱贫实践的基础上，党中央再三强调"决不能落下一个"。自2013 年闪亮提出"精准扶贫"理念及工作机制后，党中央又接续提出"六个精准""五个一批"，发出脱贫攻坚战总攻令。2017 年，党的十九大把"精准脱贫"作为三大攻坚战之一作出全面部署。2020 年，中央强调在抗击疫情的同时做好"加试题"、打好收官战。经过全党全民的努力，在临近建党百年庆典时刻，中国脱贫攻坚战取得全面胜利，区域性整体贫困得到解决,消除绝对贫困的艰巨任务得以完成[①]。绝对贫困问题的历史性解决,标志着第一个百年目标即全面建成小康社会伟大目标的实现,标志着中国创造出又一个彪炳史册的人间奇迹。

关于绿色发展,习近平总书记把坚持绿色发展视为发展观的一场深刻革命,他倡导的"两山"理论深入人心,获得国际社会的广泛赞誉。党的十八大以来,习近平总书记关于"贯彻新发展理念,推动形成绿色发展方式和生活方式"的思想不断深化。如2013年4月在海南考察工作结束时指出,生态环境保护的成败,归根结底取决于经济结构和经济发展方式,要加快构建绿色生产体系。2014年12月在中央经济工作会议上指出,生态环境问题归根到底是经济发展方式问题,蓝天净水是利国利民利子孙后代的重要工作。2015年5月在华东七省市党委主要负责同志座谈会上指出,协调发展、绿色发展既是理念又是举措,务必政策到位、落实到位。要把良好的生态环境治理视为人民群众生活质量的增长点和彰显国家良好形象的发力点。2016年5月在两院院士大会上强调,绿色发展是科技进步、产业变革的方向,生态文明建设必然要求做到绿色发展。必须用科技创新来破解绿色发展的难题,打造人与自然和谐发展的美好前景。2017年5月中央政治局集体学习时指出,要把绿色发展方式和生活方式的形成作为发展观上的革命性变革来看待,充分认识其重要性、紧迫性、艰巨性,像保护眼睛一样保护生态环境。绿色发展思想的不断深化,强力推动中国绿色发展实践取得重大成果。

综上可见,包容性绿色发展理念所倚靠的最深厚的理论基因和中国包容性绿色发展的成功实践说明,在引领中国话语"走出去"方面,"包容性绿色发展"概念以其厚重的文化支撑力和真切的现实说服力,体现出鲜明的优越性。

2. 从概念的出场即规范现实的视角看

(1)"五位一体"的顶层设计,凸显"包容性绿色发展"概念的全要素建构力。"包容性绿色发展"的出场,首先表现在包容性绿色发展理念以中国"五位一体"总体布局实践方略为借鉴,促进人类命运共同体"五位一体"建设的经济共赢、政治自主、文化互融、社会安全和生态共建的现实实践之上。这是人类命运共同体建设的顶层设计,显示出包容性绿色发展理念强大的全要素建构力。国际社会是由200多个国家和地区、数

---

① 习近平:《在全国脱贫攻坚总结表彰大会上的讲话》,《光明日报》2021年2月26日。

千个民族组成的，国家大小强弱、民族生活习俗均不可能整齐划一，但对于命运共同体的建设来说，"五位一体""五个坚持"的建设路向作为"四梁八柱"，是各个国家和地区经济社会发展不可或缺或偏废的，是各民族国家经济社会发展的全面性和协调性所必然要求的。这种全要素的建构力，是"包容性绿色发展"概念丰富的涵括力的体现。

（2）把各种发展理念熔铸于一身，凸显"包容性绿色发展"概念的高度聚合力。"包容性绿色发展"的出场，还表现在以包容性绿色发展理念为导引和路向，能够最大限度地聚合人类建设美好生活的力量。恩格斯关于"无数个力的平行四边形"的"合力论"①，在这方面具有重要指导意义。如前所述，恩格斯的"合力论"，同样是包容性绿色发展理念的理论基础。如果要问，如何避免或尽可能减少"许多单个的意志的相互冲突"？如何让众多有着"许多特殊的生活条件"的民族或人群都能够走向他们所向往的美好生活？如何让"无数互相交错的力量"或"无数个力的平行四边形"产生出"合力"，即让它们"融合为一个总的平均数，一个总的合力"②？在包容性绿色发展理念生成和出场之前，尚未发现其他什么理念能够解决上述诸多"如何"。马克思主义理论是无产阶级争取自由和解放的理论，以马克思主义理论为建设人类命运共同体的理念导引，在目前这个资本主义国家占绝大多数的国际社会是需要慎重考量的。而以新自由主义为主导的经济体多年来增长的乏力和乱象丛生的社会局面，已经证明了新自由主义的破产。在现阶段，抛开意识形态"零和"对抗的偏见和情结，求大同存小异，共建共生共荣，才是一条具有最大公约数、最具可行性的发展方案和建设路向。而这个最大公约数，目前看来，恐怕非包容性绿色发展理念莫属。因为包容性绿色发展理念及其建设路向把人类社会谋求发展的诸多理念汇聚于非意识形态之争的氛围之下，尽可能地把益贫式发展、可持续发展、包容性发展乃至以绿色发展为主轴、以共享发展为归结点的新发展理念等熔铸于一身，成为在目前"东西"交往中冷战思维抱残守缺、"南北"发展中贫富差距天悬之隔的情况下，国际社会各方、各国、各民族抛却隔阂、合力共进的一种发展理念和路向。由此，便凸显"包容性绿色发展"概念在人类美好生活建设力量上的高度聚合力。

以上所述厚重的文化支撑力、真切的现实说服力、全要素的建构力和

---

① 《马克思恩格斯文集》第10卷，北京，人民出版社2009年版，第592页。
② 《马克思恩格斯文集》第10卷，北京，人民出版社2009年版，第593页。

对人类美好生活建设力量的高度聚合力，支撑起"包容性绿色发展"概念在引领中国话语体系"走出去"方面的显著优越性。

（四）以"包容性绿色发展"概念为引领讲好中国故事

进入 21 世纪以来，尤其是 21 世纪第二个 10 年以来，中国逐渐承担起推动世界包容性绿色发展的第一主体角色。之所以这样说，其根据自然来自多年来世界舞台上的中国给国际社会所留下的整体印象，所扮演的靓丽角色。新世纪前两个 10 年之交，时任国家主席胡锦涛多次倡导包容性发展，强调"中国是包容性增长的积极倡导者，更是包容性增长的积极实践者"[①]。进入新时代，习近平主席先后 3 次出席联合国大会一般性辩论，每次都发表了引起国际社会巨大共鸣、产生重大影响的讲话。2015 年 9 月 28 日在第七十届联合国大会上习近平主席指出：中国将一如既往，努力做这个世界的"和平建设者""发展贡献者""秩序维护者"；2020 年 9 月 22 日在第七十五届联合国大会（视频会议）上，习近平主席对上述 3 个角色作出进一步的阐释；2021 年 9 月 21 日在第七十六届联合国大会（视频会议）上，习近平主席在上述 3 个角色的基础上进一步提出中国始终是国际"公共产品的提供者"[②]。习近平主席 3 次出席联合国大会都提到世界舞台上的中国角色，并且每次都郑重宣布支持联合国和国际社会富含包容性绿色发展实践的相关重大决定，充分说明中国在推动世界包容性绿色发展第一主体角色上的当之无愧。

讲好中国故事是一种境界、一种艺术、一种修养，还是一种文化自觉。讲好中国故事，还是为了讲好世界故事[③]。长期以来尤其是进入新时代以来，中国作为推动世界包容性绿色发展的第一主体角色，显著地促进了"包容性绿色发展"概念超越西方标识性对抗话语的那种信任危机而成为国际社会易于接受和乐于接受的话语体系的历史进程。换言之，"包容性绿色发展"概念的支撑力、说服力、建构力和聚合力所体现的引领中国话语"走出去"的可行性和优越性，正是因为世界舞台上中国的负责任角色才得到最充分的彰明："包容性绿色发展"概念生成所倚靠的中华优秀传统文化"人能群"和马克思主义"人必群"支撑起中国"世界和平的

---

① 《胡锦涛文选》第 3 卷，北京，人民出版社 2016 年版，第 435 页。

② 习近平：《坚定信心 共克时艰 共建更加美好的世界——在第七十六届联合国大会一般性辩论上的讲话》，《光明日报》2021 年 9 月 22 日。

③ 王义桅：《世界是通的："一带一路"的逻辑》，北京，商务印书馆 2016 年版，自序第 9 页。

建设者"形象，进而使"包容性绿色发展"作为引领中国话语体系"走出去"的标识性概念具有了厚重的支撑力；"包容性绿色发展"概念生成所倚仗的中国包容性绿色发展的成功实践支撑起中国"全球发展的贡献者"形象，进而使"包容性绿色发展"作为引领中国话语体系"走出去"的标识性概念具有了现实的说服力；"包容性绿色发展"概念出场所凸显的"五位一体"的顶层设计支撑起中国"国际秩序的维护者"① 形象，进而使"包容性绿色发展"作为引领中国话语体系"走出去"的标识性概念具有了全要素的建构力；把各种发展理念熔铸于一身的内涵涵括力支撑起中国"公共产品的提供者"形象，进而使"包容性绿色发展"作为引领中国话语体系"走出去"的标识性概念具有了对人类美好生活建设力量的高度聚合力②。由此，世界舞台上中国的"建设者""贡献者""维护者""提供者"形象，为以"包容性绿色发展"概念为引领而促进中国话语体系"走出去"的伟大事业奠定了"可信、可爱、可敬的中国形象"③。

长期研究中西话语交锋的边芹女士曾指出，话语早已成为民族国家在全球化时代的"生存重器"，一向在考问一个国家上层建筑层面的自我意识，考问一个民族的思想智慧，成为一种文明将成为"统治者"或"被统治者"的试金石④。针对中国因"挨揍受欺"而反映在文化上的"丧魂落魄"以及因"膜拜西方"而反映在文化软实力上的"丢魂失魄"，学界面对新时代呼喊："魂兮归来，重返中国！"强调只有在文化上站起来的中华民族才能真正实现伟大复兴⑤。以"包容性绿色发展"概念为引领促进中国话语体系"走出去"，正是这种"在文化上站起来"即文化自信"重返中国"并闪亮走向世界的一个切点、基点和定点要素。

---

① 这里主要指的是"包容性绿色发展"概念的出场对人类命运共同体"五位一体""四梁八柱"等建设路向的设计，以及在全球发展赤字治理方面的贡献。

② 由于"包容性绿色发展"概念博大的内涵和多方面的实践指向，这种关于概念的支撑力、说服力、建构力和聚合力的区分只具有相对的意义。也就是说，必须从马克思主义整体性思维上去综合看待这4种"力"，才能对以"包容性绿色发展"概念引领中国话语"走出去"的可行性和优越性有一个辩证—体性的认识，进而才能对以"包容性绿色发展"概念为引领讲好中国故事产生高度自信。

③ 《习近平在中共中央政治局第三十九次集体学习时强调　把中国文明历史研究引向深入　推动增强历史自觉坚定文化自信》，《光明日报》2022年5月29日。

④ 《边芹：谁在主导世界的真实与话语？》，参见观察者网，2021年3月26日，https://baijiahao.baidu.com/s?id=1695247989714865851&wfr=spider&for=pc。

⑤ 边芹：《谁在导演世界》，北京，中央编译出版社2013年版，总序第9页。

第十一章　研究回溯　研究结论　研究展望

研究回溯、研究结论和研究展望将以简明扼要的阐释，对课题研究过程和思维进路进行逻辑追踪、对研究结论作出更为简洁的概括、对后续可能拓展的研究路向和研究内容作出前瞻性判断。这既是遵照项目立项时专家的意见和建议而作出的追加阐释和主题提升，也是为了拓展阐释中国理论、中国实践在包容性绿色发展这一人类社会时空双维发展取向上的全方位、多领域的贡献。

一、研究回溯

"研究回溯"并不是对研究思路的简单重复，而是紧扣"包容性绿色发展的中国贡献"这一研究主题，进一步阐释章节结构尤其是几大板块安排的理路和根据：对"包容性绿色发展的生成和出场"（第三章、第四章）的阐释，旨在彰明中国在这一理念和概念上的所有权或"知识产权"，是一种概念或范畴的"中国话语权宣示"，以彰明中国在包容性绿色发展上的"首要贡献"，是"中国贡献"这一课题主题的"首要内涵"，为"以包容性绿色发展促进人类命运共同体建设的现实路向"（第五章至第九章）这一中国在包容性绿色发展上的"主体贡献"即课题的"主体内涵"的阐释奠定坚实基础。而对"以'包容性绿色发展'概念为引领促进中国话语体系'走出去'"（第十章）的阐释，则是在"生成、出场"和"现实路向"的基础上对课题主题的提升和引申，是以上两大板块逻辑发展的必然，是"中国贡献"这一课题主题的"对象化要求"和课题研究的归结点。

（一）"包容性绿色发展"概念的生成和出场

"包容性绿色发展"概念的生成和出场，经历了"包容性增长"—"包容性发展"—"绿色发展"—"包容性绿色发展"的演进过程。这一过程主要发生在中国，大致可分为进入新时代前后两个阶段，并包括对概念辩证性的阐释、对理念的时代意蕴的阐释、对理念发挥指导和规范作用的机理阐释、对以包容性绿色发展促进人类命运共同体建设的实践方略的概括性阐释等。

以下遵照逻辑的阐释与历史的演进相一致的辩证思维要求作出课题结项成果内容铺陈上的逻辑进路阐释。

1. 概念演化和提出阶段的理论阐发与实践奠基

中国学者率先提出并阐发"包容性增长"概念

→① 时任国家主席胡锦涛在国际重大场合多次倡导"包容性增长"

→中国实践为提出"包容性发展""绿色发展"理念奠基

→中国政府积极倡导并进一步推进中国的包容性发展和绿色发展实践

2. 概念意涵的丰富和发展倚仗新时代的中国理论、中国实践

进入新时代，中国对"包容性绿色发展"概念意涵的丰富和发展，表现为一个理论与实践交促互补、螺旋式上升的过程：

人类命运共同体理念为包容性绿色发展理念打造"国际版本"

→"一带一路"等构建人类命运共同体实践的"催生"

→五大发展理念为包容性绿色发展理念创设"国内版本"

→五大新发展理念的中国实践的"催生"

→包容性绿色发展理念得以生成和靓丽出场

这里强调说明，正因为习近平新时代中国特色社会主义思想对"两个版本"的打造，才使得"包容性绿色发展"概念的内涵和外延获得了前所未有的丰富性、具有了鲜明的时代性、表现出清晰的现实指向性，从而获得了世界历史性事件的地位，取得了世界历史性意义。

3. "包容性绿色发展"概念辩证性和"出场学"理路的阐释

在对"包容性绿色发展"概念的内涵、外延的阐释，以及在内涵、外延理解上项目立项时专家提出的需要说明的相关问题进行深入辨正的基础上，阐述了"包容性绿色发展"概念作为马克思主义辩证逻辑的具体概念

---

① 本章以"→"标示承接前文所要阐释的"下一步"，或标示"蕴含""推出"之意。

的辩证性质。这部分内容既是第二章相关内容（即包容性绿色发展理念的马克思主义整体性思维、"以得自现实之道还治现实"等方法论倚仗）的应笔，同时也是为阐释包容性绿色发展理念的出场所体现出的时代意蕴以及这一理念发挥指导和规范作用设下的伏笔，即为阐释"还治现实"的作用机理埋下伏笔。具体铺陈逻辑如下：

"包容性绿色发展"作为反映对象多样性统一的具体概念何以可能

→"包容性绿色发展"作为具体概念的鲜明特征

→以时代意蕴"实现对现实生活世界问题的'在场'超越"[1]

→包容性绿色发展理念发挥指导和规范作用的运行机理

也就是说，对时代意蕴的揭示，是联结"生成"和"出场"的"中介"，正是因为具有这样的时代意蕴，包容性绿色发展理念才能发挥其指导和规范现实的作用，才能"还治"构建人类命运共同体的伟大实践。阐释时代意蕴后，就是对这一理念发挥指导和规范作用的机理的阐释。之所以如此安排，是因"出场学"视域下包容性绿色发展理念的"还治现实"，必然要倚仗其内在的见之于对象世界的运行机理（即对象化的内在依据），即以下紧密关联的 3 个步骤：

第一步，建立起面向"实践之内"的人类命运共同体建设的实践意识，包括马克思主义哲学关于"实践意识"的理论阐释、从"中国的一域"走向"世界的全域"的实践意识的生成阐释、建立"全人类共同价值"的价值共识阐释；

第二步，以"化理论为方法、化理论为德性"为运行机制推动形成包容性绿色发展理念与实践的"互动"（即辩证运动）；

第三步，谋划包容性绿色发展理念见之于"行动"的实践方略。

（二）以包容性绿色发展促进人类命运共同体建设的实践方略和路向阐释

从科学决策的程序上看，对实践方略的阐释就是对实践方案的谋划。这是在集中阐释"现实路向"前的最后一步工作，是理念从"生成、出场"走向"还治现实"的承上启下的环节。然后便是第五章至第九章对"中国贡献"这一课题主题的"主体内涵"或"主体内容"的阐释。

其具体阐释思路是：

理念倚仗整体性思维要求而决定人类命运共同体的全方位实践场域

---

① 曹典顺：《出场学的存在与逻辑》，《江海学刊》2014 年第 2 期。

　　→以包容性绿色发展促进人类命运共同体建设的全要素实践方略

　　→遵循包容性绿色发展时代要求的"经济共赢""政治自主""文化互融""社会安全""生态共建"的"内在逻辑"，决定了各自在构建人类命运共同体中的现实建设路向

　　→针对美国悖逆包容性绿色发展要求的种种政策和表现，分别作出起底批判和实质揭示

（三）以"包容性绿色发展"概念为引领促进中国话语体系"走出去"

　　这是第十章的内容，是对"包容性绿色发展的中国贡献"这一课题主题的提升，是对研究对象进行研究后所要达到的研究目的，属于"中国贡献"这一课题主题的"对象化要求"和课题研究的归结点。其思维进路可以铺陈如下：

　　标识性概念或话语在记录宏大理论和实践叙事中的作用

　　→"包容性绿色发展"作为标识性概念的融通性

　　→"包容性绿色发展"概念对西方标识性对抗话语的超越

　　→以"包容性绿色发展"概念引领中国话语"走出去"的可行性

　　→以"包容性绿色发展"概念引领中国话语"走出去"的优越性

　　→以"包容性绿色发展"概念为引领讲好中国故事

　　以上六个步骤，第一步旨在阐释"被哲学所表征"的概念引领作用的"普遍性"理论依据，以为"包容性绿色发展"作为标识性概念引领中国话语体系"走出去"寻找马克思主义辩证逻辑的概念理论支撑。第二步旨在阐释"包容性绿色发展"概念本身赖以发挥引领作用的"特殊性"内在支撑，即概念本身的融通性。第三步旨在阐释"包容性绿色发展"概念倚赖其内在的融通性所实现的对美西方标识性对抗话语的多方面超越。第四步旨在阐释"包容性绿色发展"概念倚赖其超越性和路径选择而凸显的引领中国话语"走出去"的可行性。第五步旨在阐释"包容性绿色发展"概念倚赖其超越性和路径选择而凸显的引领中国话语"走出去"的优越性。最后落脚于对以"包容性绿色发展"概念为引领讲好中国故事的阐释。

（四）遵照课题立项专家意见进行的调整和补充

　　课题立项时，"专家五"提出应该阐述包容性绿色发展对人类社会发展的多方面深远影响，而不是仅限于对人类命运共同体建设的阐释。目前已经以添加副标题——"以构建人类命运共同体为阐释视域"的方式向

国家社科规划办提出申请并得到批准。遵照专家建议或意见，现在对建设人类命运共同体"以外"的"包容性绿色发展的中国贡献"等方面议题进行展望式的阐释。限于篇幅，仅对立项时专家提出的以下方面的理论和实践问题作出简要阐释①。

1. 包容性绿色发展全方位、全要素地改变人类社会的发展理念

首先，这种改变不是仅仅对经济、政治、文化、社会、生态等某一个方面的发展理念的改变，而是全方位、全要素的整体性的改变。这是由包容性绿色发展理念的深邃内涵和"全要素""多领域"外延所决定的，是由"包容性绿色发展"概念摹写现实的广博性和规范现实的人类社会发展全要素的全面性所决定的，是由概念超越联合国千年计划简仓结构以及概念基于多层面的制度机制和辩证逻辑结构体系所决定的。如果把包容性绿色发展仅仅限定在经济、社会领域，而排斥政治、文化领域，甚或认为生态领域只适合"绿色的"发展而与"包容性的"发展无涉，那就过于褊狭和形而上学了。

其次，包容性绿色发展理念所蕴藏的理论创造潜力，将以其全新的发展意涵，一改多年把发达国家发展经验奉为圭臬的倾向，超越新自由主义和华盛顿共识等长期统治、祸害整个世界经济社会发展的状况，为国际发展经济学学科建设和中国特色社会主义政治经济学的创新发展，擘画出清晰的学科发展主线，树立起鲜明的学科时代标杆。

2. 包容性绿色发展将继续深刻改变世界经济社会的发展格局

这种改变，即对旧的世界政治经济秩序的动摇，对新的世界政治经济秩序的建构。尽管只是现在进行时，但亦初见端倪。集中表现在以作为第二大经济体的中国为代表的众多新兴经济体的崛起；"一带一路"倡议超越想象力的快速推进和蓬勃发展；人类命运共同体理念在国际社会的深入人心；"东西南北"作为全球经济、政治发展格局的松动；"后西方"社会的到来，等等。

3. 包容性绿色发展在解决世界共同难题上的贡献

目前，世界共同难题主要有贫富分化问题、以气候变暖为主要表征的生态环境问题、单边主义横行问题、恐怖事件频发问题、经济发展动力不足问题、全球抗疫中的甩锅塞责和疫苗民族主义问题等。包容性绿色发展

---

① 这种阐释，也是遵照课题立项时的专家建议而作出的研究展望。但为了突出下文的"21世纪马克思主义观照下的包容性绿色发展问题"这一"研究展望"，便把这一部分列为专家要求的追加阐释内容。其实深究起来，这些追加阐释的内容基本上没有"僭越"人类社会"五位一体"的全要素视域。

在解决这些世界共同难题上具有关键性和针对性作用。之所以说关键，是因为这些全球问题的症结多在于不包容的和非绿色化的性质，而针对这一症结进行"对症下药"，正是包容性绿色发展发挥规范作用的指向。如中国对历史性贫困难题的解决，正是有针对性地实施包容性绿色发展的结果①。由此，本课题主题的"主体内涵"——以包容性绿色发展促进人类命运共同体的"五位一体"全要素建设的路向阐释，便具有了旨在解决世界共同难题的时代意涵。这也正是中国人民创造的中国式现代化和人类文明新形态②所彰明的人类社会健康发展的必由之路。比如，在解决脱贫难题方面，习近平总书记所总结的脱贫攻坚经验，就是值得国际社会其他民族国家结合自身实际借鉴的中国方案和中国经验。如必须有坚强的政治和组织保证包容性举措的实施，必须坚定不移地走共同富裕道路，必须发挥制度优势和效能形成共同意志、共同行动，必须坚持精准扶贫方略，必须切实激发脱贫内生动力，必须营造整个社会在济困扶危方面浓厚的包容理念和参与氛围，必须较真碰硬真扶贫等富含包容性绿色发展意味的举措。尤其是中国制度优势所彰明的新文明形态，愈加显示时代视域下解决世界共同难题的针对性和有效性。

4. 包容性绿色发展对人类生存方式、生活方式的改变和对未来的期许

其实，在对"中国贡献"这一课题主题的阐释上，已经多方面地关涉到这一问题。概括地说：本课题在申报书中所强调的以中华优秀传统文化的"人能群"和马克思关于生产关系（经济基础）的"不以他们的意志为转移"③的"人必群"为思想奠基的包容性绿色发展理念中，经济的共赢共济、政治的自主自决、文化的互融互鉴、社会的共同持续安全、生态的共建共享，便是改变人类生存方式、生活方式的最主要路向，是涵盖人类生存方式、生活方式全要素、全领域的现实的、可操作的路向。

比如在经济的共赢共济方面，国际社会越发认识到像"一带一路"这样的互联互通和合作共赢之于自身开放性发展的重要性。目前除美国以及被其给忽悠到"沟沟里"的少数盟友之外，世界上绝大多数国家都是"一

---

① 决不能以非此即彼的思维方式来看待这种表述。因这一表述丝毫没有否认"上下同心、尽锐出战、精准务实、开拓创新、攻坚克难、不负人民"的脱贫攻坚精神和其强大推动作用的意味。对事物某一方面性质或特征的突出强调，不是也不应该被指认为对其他因素的地位和作用的排斥或否认。

② 习近平：《在庆祝中国共产党成立100周年大会上的讲话》，北京，人民出版社2021年版，第14页。

③ 《马克思恩格斯文集》第2卷，北京，人民出版社2009年版，第591页。

带一路"的合作伙伴。即便是美国的盟友，也有不少国家积极地参与到"一带一路"国际合作实践中来。除前文所说的截至 2021 年已有 170 多个国家或组织与中国签署 200 多份合作共建文件，推动建立 90 多个双边合作机制之外，现在举出两个具体细节方面的例子以为佐证①。

一是 2021 年作为中国"十四五"的开篇之年，尽管受到全球新冠疫情的严重影响，"一带一路"合作建设同样成就斐然。上半年中国与"一带一路"沿线多个国家货物贸易总额已超 8 万亿美元，同比增长近 4 成。同期中国对"一带一路"沿线国家的投资保持持续增长态势，前 8 个月，中国对"一带一路"沿线国家非金融类的直接投资额达到 129 亿美元，同比增长 1 成，在沿线国家新签署的承包工程合同总额逾 700 亿美元。二是中欧班列的多拉快跑。由于受到全球疫情的严重影响，国际海运方面出现"一舱难求""一箱难求"的局面，而运输时间相对更稳定、更快捷的中欧班列，成了外贸企业家们的"抢手货"。据统计，疫情期间，2021 年 1~9 月，中欧班列开行的数量、质量呈现出逆势增长的态势。2021 年 5 月份以后的 4 个月每月开行逾 1300 列，并首次实现"不停车"快速通关。中国国家铁路集团有限公司数据显示，2023 年 1~4 月份，中欧班列累计开行 5611 列，运送货物 60.9 万标箱，同比分别增长 17%、32%。在"一带一路"沿线国度快速流动起来的货物，还催生出令人惊诧的跨境电商"中欧班列 + 海外仓"这样一种崭新的业态。显然，最具包容性绿色发展理念的"一带一路"建设实践，在不断地、显性化地改变着沿线国家人民的生存和生活方式。在津巴布韦总统穆加贝的眼里，"一带一路"就是非洲人民曾经期待殖民者做的事情，而且对非洲人民来说是很重要、很重要的事情，但是，新老殖民者们没有谁去做过。

在政治的自主自决方面，中国坚定维护联合国的权威，恪守联合国宪章，尤其是以反法西斯战争胜利 75 周年为契机，中国联合俄罗斯等一切爱好和平的国家和人民，对旨在销蚀联合国权威，否定中国、俄罗斯等国家在反法西斯战争中的巨大牺牲和重大贡献的倒行逆施进行了针锋相对的斗争，在国际事务中树立了敢于担当的负责任大国形象，国际社会在中国、俄罗斯的感召下，在与美国"老子天下第一"、哪怕你是盟友也要宰你一刀等霸凌做派的比较中，逐渐认识到政治自主的极端重要性，这将显

---

① 参见中央广播电视总台 2021 年 10 月 3 日《新闻联播》栏目头条新闻:《在习近平新时代中国特色社会主义思想指引下：高质量共建"一带一路"硕果惠及世界》。

著地改变国际社会各民族国家选择自身政治发展道路的观念。一个最切近的例子是，美国竟然肆意妄为，截胡法国与澳洲的合作订单，一下子让法国损失几百亿美元的订单，这种赤裸裸的捅刀朋友的做法，对待盟友有利则用无利则弃的"单边中的单边"做派，令法国大为光火。法国不仅取消庆祝美国独立日的活动，还作出250多年历史上第一次撤回大使的决定。法国还决定自己领头重启伊朗核问题谈判，并不愿意喊着美国参加，声称要和伊朗展开多方面合作，绕开美国邀请俄罗斯加入G7会议等。法国如此，欧洲整体上也在渐渐醒悟。马克龙总统一句欧洲已经"脑死亡"，一些欧洲国家（如法国和德国）多次提出要组建自己的部队，都是这种政治自主意识的鲜明表征。目前一个法国、一个德国，作为欧洲最具领导力的两个国家都明显地产生要摆脱美国控制的想法。总之，欧洲作为美国最大盟友其逐渐觉醒的独立意识，充分说明包容性绿色发展所倡导的政治自主观念在国际社会的影响力。那么美国是否会痛改前非、果断放下霸凌主义而拥抱多边主义和多极化的时代大潮呢？本课题坚定地认为，没有谁能够拯救美国，因为根子在于其已经不能适应时代发展的根本制度，在于其资本大亨和前台的政客们占惯了便宜而不可能收手的类似赌徒的心态。可话又说回来，世界大势浩浩荡荡，又有谁能够逆历史潮流而长动呢？

在文化的互融互鉴方面，最值得一提的，就是2021年9月24日至26日在敦煌如期举办的"敦煌行·丝绸之路"国际旅游节。坐落于丝绸之路的敦煌，被国际社会尊誉为世界文明之窗口、人类文明之圣殿。唯一以"一带一路"国际文化交流为主题的综合性博览会——敦煌文博会的会址永久落户于敦煌，连续举办四届已经取得了一系列显著的文化乃至经济、政治成果，如助推"一带一路"国际合作，推动丝绸之路沿线国家的文化交流互鉴、旅游合作共赢、民心相通相知，多视角、多方位展现了丝绸之路的灿烂文化，展现出中国对外开放的良好形象，成为引领中国文化"走出去"的"中国品牌"，折射出中国在世界文化互融互鉴上的重要贡献。这种富有浓厚的包容性绿色发展意味的文化交流机制和形式，丰富了世界人民的文化生活，为丝绸之路沿线各国在文化等方面的合作交流提供了重要的平台。仅从以推动文化交流为主题的首届敦煌文博会（2016年）来看，来自100多个国家或地区、国际组织的3300多名嘉宾与会，人们在论坛上凝聚交流互鉴的共识、文化展览中丝路精品荟萃一堂、各国的文艺演出谱写出交流互融的华章，成为互融互鉴的全球文化盛会。

在社会的共同安全方面，习近平总书记所强调的"共同、综合、合作、可持续"的安全观，正在给国际社会带来深刻的、积极的影响。尽管这一"可持续安全观"的第一次提及是在亚洲层面，但自 2015 年 9 月习近平在第七十届联合国大会上再次提出时，这一"可持续安全观"便被赋予了全球意义。2017 年 1 月习近平主席在联合国日内瓦的主旨演讲，赋予这一安全观在全球领域构建人类命运共同体的历史使命。这是中国共产党继提出和平共处五项原则半个多世纪后提出的又一个中国方案，并以其在国内、国际两个安全大局，传统、非传统两大安全领域"规范现实"、指导现实的博大意涵和现实观照度，成为新时代中国特色大国外交思想在全球安全福祉上的重要表征，成为继和平共处五项原则后中国再度倡导的具有全球意义的重要战略原则，彰显了中国方案的重大贡献。比如，强调尊重世界各国整体的、全面的安全诉求，强调坚持通过经济上的合作共赢、政治上的平等对话、文化上的互融互鉴等和平的、合作的方式来谋求实现全球范围内的共同安全，切实打造既富含公道正义又彰显共建共享的可持续安全格局，彰显科学性、时代性、实践性和可行性。长期以来，中国一以贯之、不遗余力地履行大国责任，为全球治理提供了可持续的新动能，在反恐、核安全、外空、气候等领域作出了新的贡献。总之"可持续安全观"打破了西方"国强必霸"的标识性对抗话语的过时逻辑，彰显与西方那种"排他性安全观"等话语截然不同的治理理念，成为维护全球社会安全的中国药方，为人类社会指明了符合时代要求的正确方向。

在生态的共建共享方面，崇尚包容性绿色发展的中国是当之无愧的全球生态文明建设的参与者、贡献者和引领者。中国在生态共建上的努力，显著地改善了全球生态。前文曾经指出，地球的表层是一个以生物圈为核心、倚赖生命的过程不断地调适并能够不断保持下去的，远离天体物理学的平衡的、复杂的开放系统。中国是最早签署 1992 年联合国环发大会《生物多样性公约》（CBD）文件的国家之一，一向把"生物多样性保护"放在生态文明建设极其重要的位置。尤其是中国共产党站在人类可持续发展的历史高度，提出了共建地球生命共同体、海洋命运共同体等旨在破解人类发展困境和全球生态问题的重大理念。尤其是进入新时代以来，中国政府以健全生物多样性保护体制机制、加强生物多样性就地与迁地保护、持续推进山水林田湖草沙系统修复与治污、促进生物多样性可持续利用、深度参与全球生物多样性治理等中国行动，为共建地球生命共同体作出了突出贡献。中央广播电视总台 2021 年 10 月 4 日《新闻联播》栏目以"保护多样性 共建人与自然生命共同体"报道了中国的努力和贡献：

目前的中国在生物多样性的保护上属于世界上最有成就的国家之一，其丰富性名列前茅，已记录陆生脊椎动物 2900 多种，占全球种类总数的 10%以上；有高等植物 3.6 万余种，居全球第三。如比大熊猫还珍稀的野生动物绿孔雀，5 年间种群数量从 56 只增长到 130 只左右；亚洲象，从 20 世纪 80 年代的 150 头左右增加到当下 300 多头；高黎贡球兰、白旗兜兰等一个个极小种群植物也在人们的呵护下得以保存和增长；云南仅 2020 年一年就发现新物种、新记录种 235 种。有舆论报道，目前，有越来越多的极小种群物种在云南实现"逆天改命""绝处逢生"。

　　一个最值得提及也是受到国际社会交口称赞的案例是，2021 年 4 月一群亚洲象离开传统栖息地北上，历时 110 多天，途经云南 3 个市州 44 个村组，行程 600 多公里而平安返回传统栖息地。沿线政府和百姓对之呵护有加，无人机天空拍照护送，如转播马拉松比赛一样全程直播，给世界人民带来了太多的慰藉和快乐。报道还指出，今日中国生物多样性保护持续稳步推进。划定生态保护红线，占陆域国土面积 25%，覆盖所有生物多样性保护生态功能区；积极开展野生动植物保护及栖息地保护修复，有效保护了 90% 的植被类型和陆地生态系统类型；通过扩繁和迁地保护向野外回归 206 种濒危植物，一些极小种群野生植物已初步摆脱灭绝风险。生物多样性成就生态之美，人与自然和谐共生的美丽画卷在广袤国土铺展开来。上述"中国样本"和中国实践，正在改变着全球生态环境面貌，丰富了全球的生态共建机制。这种对全球生态的向好影响是泽被后世的。当国际社会对云南大象的北上南归以"远方的故事"传颂，当恰似天上之水的长江黄河流域披上郁郁葱葱的外衣，当地球上人口最多的发展中国家宣示以最短时间实现从碳达峰到碳中和……那么在世界人民的心目中，中国式现代化新道路所秉持的"绿水青山就是金山银山"等富含包容性绿色发展的生态理念和果敢笃定，便为人类树立起一种新的文明标杆。

二、研究结论

（一）关于研究主题

　　以中国理论、中国实践为支撑的包容性绿色发展理念以其宏大的理论统摄、价值导引和实践叙事，在显著推动中国自身包容性绿色发展的历史进程的同时，也为世界的包容性绿色发展提供着可感触、可借鉴、可信赖的具象典范，作出了引领性的和历史性的贡献，成为"发展共同体的命运性选择"①。以下从四个方面作出总结。

1. 倚仗中国理论、中国实践，包容性绿色发展理念得以生成和出场

这是"包容性绿色发展的中国贡献"的首要内涵。具体表现在：

理论上最为主要的是，习近平新时代中国特色社会主义思想这一当代中国马克思主义、21世纪马克思主义理论中，关于人类命运共同体的思想成为包容性绿色发展理念生成的"国际版本"，五大新发展理念成为包容性绿色发展理念生成的"国内版本"。不能把包容性绿色发展理念的生成和出场排斥在"中国贡献之外"，否则整个课题框架则无所依附。

实践上最为主要的是，中国担负全球实施《21世纪议程》的"旗舰"角色；中国2030国别方案成为全球实施联合国2030可持续发展议程的表率；中国"一带一路"合作倡议和发起成立的亚投行、丝路基金等成为成功推进人类命运共同体建设的历史性实践；中国历史性地彻底地解决绝对贫困问题，为全球减贫事业贡献巨大；中国生态环境保护发生历史性、转折性、全局性变革，成为世界生态文明建设的重要参与者、主要贡献者和理念引领者；中国提出共建地球生命共同体、海洋命运共同体等理念，为全球生物多样性保护等提供中国方案，作出突出贡献；中国致力于人类卫生健康共同体建设，无可争议地成为全球抗疫的中流砥柱和最大贡献者，对国际社会包括疫苗在内的抗疫物资的倾力支援，护佑着世界亿万民众的生命。

2. 倚仗中国理论、中国实践，人类命运共同体建设的现实路向得以科学谋划

这是"包容性绿色发展的中国贡献"的主体内涵。以包容性绿色发展促进人类命运共同体建设的人类社会全要素彼此交融、综合实现和多主体建设的现实路向，即人类命运共同体经济共赢、政治自主、文化互融、社会安全、生态共建的全要素、综合性、多主体的建设道路谋划，根本上源于中国"五位一体"总体布局的宏大理论和实践叙事。

3. "包容性绿色发展"概念必然承担中国话语体系"走出去"的时代话语使命

这是从"包容性绿色发展的中国贡献"中得出的必然结论，是课题主

---

① 陈忠：《城市社会：文明多样性与命运共同体》，《中国社会科学》2017年第1期。

题的"对象化要求"和课题研究的归结点。"包容性绿色发展"概念是遵照习近平总书记关于"着力打造融通中外的新概念新范畴新表述"①的要求而获得的具有标志性意义的标识性概念。这一标识性概念因其多层面的融通性，已经上升为百年未有之大变局下中国的"生存重器"（边芹语，见前文注释），能够担当起超越美西方标识性对抗话语的时代话语使命；这一标识性概念所具有的引领中国话语体系"走出去"的现实可行性，以及厚重的文化支撑力、真切的现实说服力、全要素的建构力、多主体的聚合力等优越性特质，能够显著提升中国方案、中国经验、中国理论、中国实践的世界认知度、认同度和向往度；这一标识性概念和话语体系将以"讲好中国故事"为基点，引领人类命运共同体的全球建设大业不断开拓前进。

4. 由课题主题所必然生发的学术创新或理论创新场域

这一点既是对课题主题"中国贡献"所必然引起学术创新或理论创新的一种前瞻，同时从对课题主题的总结上来说，也是属于"中国贡献"的三大块内容即"首要内涵""主体内涵""研究归宿"（"研究归宿"即时代话语使命担承）之后的第四大块内容。即应在"全面提升国际传播效能"的过程中促成包容性绿色发展理念与习近平新时代中国特色社会主义思想的辩证运动，以实现当代中国马克思主义、21世纪马克思主义与时俱进的发展场域的新开拓。具体观点有：马克思主义经典作家的异化劳动理论和"两个和解"的思想，早早"历史地"预设了具有时空双维的包容性绿色发展理念生成和出场的"伏笔"。而包容性绿色发展理念因包括"两山"理论和实践在内的中国理论、中国实践而生成和出场，继而"逻辑地"成为异化劳动理论和"两个和解"思想在21世纪的"应笔"。这种"应笔"，必将孕育出当代中国马克思主义、21世纪马克思主义与时俱进的新的发展契机和发展场域。

（二）关于研究方法

课题研究以马克思主义整体性思维方法、"经济问题哲学分析，经济问题政治解决"的方法、实践唯物主义"以得自现实之道还治现实"的方法为指导；否则，没有理由和路径对"中国贡献"的三大块内容进行阐释。

包容性绿色发展的中国贡献是一种在中国的新时代所展现出的宏大的理论和实践叙事，这就决定了在阐释"中国贡献"这一主题时，必须以

---

① 习近平：《论党的宣传思想工作》，北京，中央文献出版社2020年版，第17页。

马克思主义整体性思维和"经济问题哲学分析，经济问题政治解决"的致思路向为指导，否则难以阐释清楚"中国贡献"的方方面面。而在阐述以包容性绿色发展促进人类命运共同体建设的经济共赢、政治自主、文化互融、社会安全和生态共建之路时，包括在阐释"包容性绿色发展"这一标识性概念的融通性，以及引领中国话语"走出去"的可行性和优越性时，则必须以实践唯物主义"以得自现实之道还治现实"的方法论为指导，否则难以阐释清楚"得自客观现实"的"包容性绿色发展"概念为什么能够和如何实现"还治现实"即促进人类命运共同体建设的问题，也难以阐释清楚这一概念为什么能够和如何实现对西方对抗性话语的超越，继而如何担当起引领中国话语体系"走出去"的时代话语使命等问题。

三、研究展望：包容性绿色发展理念与当代中国和 21 世纪马克思主义的辩证运动

研究展望主要阐释在习近平新时代中国特色社会主义思想这一当代中国马克思主义、21 世纪马克思主义的引领之下，包容性绿色发展理念与之相互砥砺、相互促进、相互支撑的辩证运动。要阐明两者之间的辩证运动，需要首先对包容性绿色发展理念与习近平新时代中国特色社会主义思想的契合度、关联度等进行分析。

（一）包容性绿色发展理念与习近平新时代中国特色社会主义思想的契合度关联度分析

契合度、关联度分析，一般指的是确认现象之间因果关系或关联程度的一种逻辑分析方法。如果在被研究现象出现的若干不同场合中有一个情况是共同的或有一定关联度的，那么这个共同的或有一定关联度的情况，就可能与被研究现象之间具有因果或其他方面的必然联系。契合度或关联度越高，被研究现象之间的联系就越紧密。尽管这种联系的性质因时、因地、因客观对象的具体情况不同而有所不同，但现象之间的契合性或关联性却是能够在一定程度上被确认的。包容性绿色发展理念与习近平新时代中国特色社会主义思想的契合度或关联度，在此作如下重点列示。

两者在最根本的指导思想（理论基因）和思想方法上是具有高度契合度和高度关联度的。两者都以马克思主义的唯物史观为最根本的指导思想

和最根本的理论基因，都以马克思主义唯物辩证法所昭示的辩证思维为科学思维方法和思想方法。在指导思想上，两者都体现出对"人"这一社会主体的尊重，对自然界这个"人的无机的身体"的呵爱，对公正平等理念的尊崇等。比如，习近平新时代中国特色社会主义思想在辩证思维方法上的高远境界自不必说，而从辩证思维上看包容性绿色发展理念的生成和出场（即摹写现实、规范现实）、概念的内涵和外延、这一理念内在的逻辑结构、理念所透露出的对整个国际社会的影响力等，均透射出对辩证思维方法的多方面综合运用。若用习近平总书记所说的"五大发展理念是不可分割的整体，相互联系、相互贯通、相互促进，要一体坚持、一体贯彻"①来解读包容性绿色发展理念，同样是很恰切的。

两者在对中华优秀传统文化渊薮的倚仗上，同样是具有高度契合度和高度关联度的。两者都是以"和合""和而不同""天人合一"为理论渊薮的，都表现出"美人之美""天下大同"的世界情怀。正因为如此，包容性绿色发展理念才彰显其走向世界的博大胸襟，才最容易被国际社会所认可和接受，才受到国际社会前所未有的欢迎和拥护。

两者都致力于人类命运共同体的建设，并且在建设理念和建设路向上具有高度的契合度和关联度。包容性绿色发展理念的博大内涵，本身就源于习近平人类命运共同体思想和五大发展理念。

需要特别指出的是，在全球抗疫的2020~2022年，两者的主题主旨，对人类共同价值的尊崇和践行，以及国际社会整体所给予的礼遇和回报，达到了高度契合和高度关联。这方面集中表现在对人的生命的尊重和呵护，表现在致力于人类卫生健康共同体建设实践中。无论如何，那种不顾新冠疫情这个"全人类共同的敌人"的威胁而只顾搞党争、疫苗民族主义、甩锅推责等而至逾百万人生命陨落的事实，哪里有一点儿包容性绿色发展的影子？如此，遑论指望这样的国家政府做到"以人民为中心"并与国际社会一道建设人类卫生健康共同体。

（二）习近平新时代中国特色社会主义思想观照下的包容性绿色发展进程

习近平新时代中国特色社会主义思想观照下的世界包容性绿色发展的

---

① 《习近平在重庆调研时强调　落实创新协调绿色开放共享发展理念　确保如期实现全面建成小康社会目标》，《光明日报》2016年1月7日。

历史进程，具体表现为：一方面是包容性绿色发展理念对习近平新时代中国特色社会主义思想的尊崇、弘扬和突出彰明，另一方面是习近平新时代中国特色社会主义思想对包容性绿色发展理念内涵的"预设"和"规范"。两个方面的有机统一，成就了两者相互砥砺、相互促进、相互支撑的辩证运动。

1. 包容性绿色发展理念对习近平新时代中国特色社会主义思想的尊崇、弘扬和突出彰明

从世界观、方法论视角来看[①]，包容性绿色发展理念的这种尊崇、弘扬和彰明，最突出地体现在党的二十大报告所阐发的、贯穿习近平新时代中国特色社会主义思想的"六个必须坚持"[②]的立场观点方法上。

（1）对"人民至上""自信自立""守正创新"等立场观点方法的尊崇、弘扬和突出彰明。这里仅从五大发展理念视角进行分析。包容性绿色发展理念把五大发展理念的内涵熔铸于一身，并以其经过"重点选择"的话语特质，极其显著地推进了五大发展理念在国际社会的传播速度和认同程度。就现实意义而言，学界认为五大发展理念既是对中国发展经验教训的科学总结，也是对世界各国在发展经验教训上的汲取和反思；既把握了中国特色社会主义发展进步的特殊规律，也体现了世界发展进步的共同规律[③]，成为中国共产党思考人类社会发展问题的中国智慧和方案。把五大发展理念熔铸于一身的包容性绿色发展理念，在海外传播的过程中不仅彰明了五大发展理念的科学性、辩证性和前瞻性，还遵循和弘扬了五大发展理念的立场观点方法。

包容性绿色发展理念追求的是"所有人的参与""所有人的发展"，这是一种"益贫式"的、"共享式"的、"一个都不能少"的发展理念。尤其是在新时代，在作为中国话语体系的"典型"话语而走向世界舞台的过程中，包容性绿色发展理念对作为五大发展理念归结点和归宿点的"共享发展"意涵的弘扬，对"共享发展"把"共同富裕理解为制度优势和竞争竞

---

① "研究展望"只是提出问题。为避免重复，这里仅从根本层面即世界观方法论视角作出简要阐释。

② 习近平：《高举中国特色社会主义伟大旗帜　为全面建设社会主义现代化国家而团结奋斗——在中国共产党第二十次全国代表大会上的报告》，北京，人民出版社2022年版，第18~21页。

③ 冯俊：《五大发展理念是对科学发展观的新突破新发展》，《中国浦东干部学院学报》2016年第1期。

赛优势"①致思取向的汲取，尊崇了马克思主义的人民主体思想，彰明了"以人民为中心"的发展理念，十分鲜明地体现出习近平新时代中国特色社会主义思想"必须坚持人民至上"的立场观点方法。正因为如此，在包容性绿色发展理念的海外传播中，国际社会就能够真切地了解中国共产党的初心使命，了解中国共产党真真切切的执政宗旨，从而在对比中认清美西方"有钱活命无钱上吊"②的现实，进而才能使"包容性绿色发展"成为国际社会所喜爱、所认同、所拥有的话语。

包容性绿色发展理念体现的是一种海纳百川有容乃大的发展策略和胸襟，尊崇和弘扬了新发展理念的"开放发展"意涵。进入新时代以来，我们党顺应全球化发展的历史趋势，开放的步伐越迈越大，与国际社会交往的广度和深度逐渐拓展。不论是"一带一路"合作倡议"超越想象力"的发展势头和发起成立的亚投行、丝路基金，还是一届接着一届的中国国际进口博览会（CIIE）的成功举办；不论是中国作为全球实施《21世纪议程》的"旗舰"角色并成为全球实施联合国2030可持续发展议程的表率，还是为全球可持续发展提供强大动力③的"六个坚持"的全球发展倡议④，乃至"具有重大现实意义和深远历史意义的三件大事"，都在国际社会中树立起自信自立的高大形象。包容性绿色发展理念倚仗开放发展理念和实践的多层面启示而生成和出场，也必然在海外传播的"走出去"过程中突出彰明习近平新时代中国特色社会主义思想"必须坚持自信自立"的立场观点方法。

从前文对包容性绿色发展理念内涵的阐述中可以看出，包容性绿色发展理念充分体现出对习近平新时代中国特色社会主义思想"必须坚持守正创新"的世界观和方法论的尊崇和弘扬。在"守正"方面，包容性绿色发展理念遵循自然发展规律、经济发展规律、社会发展规律、人自身发展规律，汲取和平发展、可持续发展、科学发展、包容性发展、绿色发展以至高质量发展等发展理念或模式的精髓，同时又凸显其对"创新"的孜孜追求。在包容性绿色发展理念的中国实践中，不论是脱贫攻坚还是生态文明

---

① 程恩富、伍山林：《促进社会各阶层共同富裕的若干政策思路》，《政治经济学研究》2021年第2期。

② 《马克思恩格斯全集》第5卷，北京，人民出版社1958年版，第363页。

③ 成欣：《〈全球发展报告〉：为全球发展事业提供智力支持》，《光明日报》2022年6月21日。

④ 习近平：《坚定信心　共克时艰　共建更加美好的世界——在第七十六届联合国大会一般性辩论上的讲话》，《光明日报》2021年9月22日。

建设，都全面贯彻了新发展理念的"创新发展"，从而取得了举世瞩目的发展成就。倚仗创新发展理念和实践多层面的启示而生成和出场的包容性绿色发展理念，也将在海外传播的"走出去"过程中，进一步弘扬和彰明作为习近平新时代中国特色社会主义思想的世界观和方法论重要体现的"守正创新"。

（2）对"问题导向""系统观念""胸怀天下"等立场观点方法的尊崇、弘扬和突出彰明。习近平新时代中国特色社会主义思想直面新时代改革发展稳定存在的深层次问题、人民群众急难愁盼的问题、国际变局中的重大问题以及党的建设所面临的突出问题，不断提出能够真正解决在实践中遇到的新问题的新理念新思路新办法，体现出鲜明而强烈的问题意识。包容性绿色发展理念既然以五大发展理念和人类命运共同体理念为直接理论倚仗，自然地也就借重和遵循了习近平新时代中国特色社会主义思想的"问题导向"的方法论思想。进入 21 世纪，人类社会非包容性的发展对绿色发展的侵蚀以及非绿色化的发展对包容性发展的掣肘，从来也没有这般严峻，2008 年国际金融和经济危机的爆发与全球气候变暖等环境问题，把环境与发展二者深度融会、协调一致的发展要求推至地球村落的"集体聚焦"[①] 和整个人类共同体的"命运性选择"的地步。包容性绿色发展理念的这种问题意识在习近平新时代中国特色社会主义思想的立场观点方法的启示下，得到了进一步的强化。

包容性绿色发展理念一方面倚仗人类命运共同体理念"五位一体""五个坚持"的系统发展观而生成，继而成就了一条经济、政治、文化、社会、生态等全要素彼此交融、综合实现的人类命运共同体的多主体建设路径；另一方面把五大发展理念集于一身，凸显鲜明的辩证色彩。也就是说，摹写现实的广博性和规范现实的全面性，表明"包容性绿色发展"概念已经超越联合国千年计划的简仓结构的片面性，体现出概念内涵上多层面的制度机制设计和辩证逻辑结构体系。包容性绿色发展理念得自人类命运共同体理念又还治构建人类命运共同体实践的建设路径和辩证色彩，以其凸显时代发展主题的视域的前瞻性、谋划的全局性和推进的整体性，突出彰明了习近平新时代中国特色社会主义思想"必须坚持系统观念"的立场观点方法。

党的二十大报告指出，中国共产党不仅是为中国人民谋幸福、为中华

---

① 甘绍平：《寻求共同的绿色价值》，《哲学动态》2017 年第 3 期。

民族谋复兴的党，同时也是为人类谋进步、为世界谋大同的党。习近平新时代中国特色社会主义思想"深刻洞察人类发展进步潮流，积极回应各国人民普遍关切，为解决人类面临的共同问题作出贡献"，体现出鲜明的天下胸怀，其集中体现就是提出构建人类命运共同体的中国方案和"一带一路"等推动建设更加美好的世界的全球实践。包容性绿色发展理念尊崇习近平新时代中国特色社会主义思想"美人之美""天下大同"的世界情怀，为构建人类命运共同体提供了"五位一体"的全要素发展路向，彰显了走向世界的博大胸襟，尤其是在全球抗疫的 2020~2022 年，包容性绿色发展理念以主张对人的生命的尊重和呵护、致力于人类卫生健康共同体的建设实践而为国际社会所高度认同，凸显出习近平新时代中国特色社会主义思想"必须坚持胸怀天下"的立场观点方法。

概而言之，"包容性绿色发展"概念的提出，这一理念的生成、出场及时代意蕴，均体现出对习近平新时代中国特色社会主义思想"六个必须坚持"的立场观点方法的尊崇、弘扬和突出彰明。尽管这种尊崇、弘扬和彰明凸显马克思主义为指导的社会主义意识形态特征，但"包容性绿色发展"概念并不以意识形态的宣扬或"划界"为初心，不以意识形态的性质为交往准则。鉴于此，以"包容性发展"为标识性和标志性概念引领中国话语体系的海外传播，必然能够拓展国际社会了解和感知习近平新时代中国特色社会主义思想的兴致，提升和助推中国话语的国际传播力，继而对于后续传播话语的选取、传播议程的谋划、传播机制的设计等，也将具有显著的建构力和启示作用。

2. 习近平新时代中国特色社会主义思想对包容性绿色发展理念意涵的"预设"和"规范"

包容性发展概念的提出较习近平新时代中国特色社会主义思想要稍早一些，然而两者的孕育过程却几乎是同步的，即在新时代的"中国的一域"是同频共振的辩证运动过程。从概念摹写现实、规范现实的范围的广狭、作用的大小乃至理论的科学性和先进性等方面来看，包容性绿色发展理念都是要受到习近平新时代中国特色社会主义思想这一当代中国马克思主义和 21 世纪马克思主义的"管辖"和"覆盖"的。正因为如此，习近平新时代中国特色社会主义思想才能在诸多方面对包容性绿色发展理念起到统摄、预设和规范作用。

（1）"五位一体"总体布局对包容性绿色发展理念关乎人类社会发展全要素彼此交融、综合实现和多主体建设路向的"预设"和方法论"规范"。首先，中国特色社会主义"五位一体"总体布局预设了以包容性绿色发展促进人类命运共同体建设的总布局总路径。"五位一体"总体布局是在党的十八大报告中提出来的，党的十九大报告把这一总体布局纳入习近平新时代中国特色社会主义思想的"八个明确"之中。在国际场合阐述人类命运共同体理念的内涵时，习近平总书记以国内"五位一体"总体布局的成功实践为"蓝本"，把"五位一体"总体布局的思想内涵"迁移"到人类命运共同体"五位一体"总布局、"五个坚持"总路径的思想意涵之中，预设了包容性绿色发展的"国际版本"，对包容性绿色发展规范现实的指向性和实践场域，作出了人类社会发展全方位的路向指引。

其次，作为习近平新时代中国特色社会主义思想"八个明确"之一的中国特色社会主义"五位一体"总体布局，为以"包容性绿色发展"为代表的中国话语体系的建构，预设和规定了以"包容性绿色发展"概念解构和替代"西方话语"所必须把握的多重关系。如在当代视野中关于文明多样性与定于一尊的关系，在未来视野上民族主体与人类主体、社会主义意识形态与资本主义意识形态的关系[1]，表征和肯定"中国道路"民族意义的中国话语与已渐失对世界支配权的"西方话语"的关系等问题，为"包容性绿色发展"概念的海外传播提供了科学思维方法的指引。

（2）五大发展理念和"两山"理论为包容性绿色发展理念较早地预设和规定了符合时空双维时代潮流的理论意涵。首先，"两山"理论实现了绿色发展大潮即将到来时人类社会对资本逻辑主导下的"物质变换"的扬弃和超越，从而预示着"两个和解"的解决之道，孕育着习近平新时代中国特色社会主义思想新的发展场域。从马克思"物质变换"思想视角来解读"两山"理论可以看出，物质变换的两端，一头是绿水青山，另一头就是金山银山。作为"人的无机的身体"的绿水青山，显然是劳动发挥作用的对象，是劳动促进经济社会发展进步的前提和基础。"绿水青山"作为"人的无机的身体"的先在性，其数量、质量、状态如何，在根本约束力上制约着人们的劳动所能获取的物质生活资料的好坏和多寡。而劳动的成果当然指的是"金山银山"。若只要"绿水青山"，人何以成其人？若只要"金山银山"，"犹缘木而求鱼也"[2]。因此，必须"既要金山银山，又要

---

① 参见田鹏颖：《在解构"西方话语"中建构中国话语体系》，《马克思主义研究》2016年第6期。

② 孟子著，方勇译注：《孟子》，北京，中华书局2010年版，第13页。

绿水青山"①。由此，"两山"理论启示人们要把"绿水青山"与"金山银山"之间的物质变换限制在生态环境许可的合理范围内，实现了对资本逻辑主导下的"物质变换"的扬弃和超越，并预示着"两个和解"的解决之道。即"人类本身的和解"的包容性进步，能够大大促进"人类与自然的和解"的"绿色化"实现；反之，"人类与自然的和解"的"绿色化"的发展实践，同样能够促进"人类本身的和解"的包容性进步。正是从这个意义上说，马克思主义经典作家的异化劳动理论和"两个和解"的思想，早早"历史地"预设了具有时空双维的包容性绿色发展理念生成和出场的"伏笔"。而包容性绿色发展理念也因包括"两山"理论和实践在内的中国理论、中国实践而生成和出场，继而"逻辑地"成为异化劳动理论和"两个和解"思想在21世纪的"应笔"。这一世纪"应笔"，必将孕育出习近平新时代中国特色社会主义思想这一当代中国马克思主义、21世纪马克思主义与时俱进的新的发展契机和发展场域。

其次，"两山"理论强力支撑起"包容性绿色发展"概念承担引领生态文明建设的中国话语体系海外传播的时代话语使命，并为寻找和打造与这一概念相得益彰的标识性新概念，拓开新的学术讨论的致思场域。美西方一些发达国家在走了数百年"先污染后治理"的发展道路之后，却在全球生态环境保护和治理上患得患失、斤斤计较、推诿塞责、我行我素。它们既不愿意承认自己因数百年的污染而理应承担的更大份额的全球生态责任，也不积极地为后发国家的绿色发展提供资金、技术的补偿和协助，反而在一些重大议案上对后发国家颐指气使，不依不饶，一副上游的豺狼要吃掉下游的小羊的面相。比如，国际社会为人类免受气候变暖的戕害而制定的《京都协议书》，正是因为以美国为首的少数发达国家总是拿后发国家说事，绑架后发国家，才造成这一协议的命运多舛。比如，中国作为后发国家，碳排放问题一直广受发达国家的围攻。鉴于此，积极主动地建构生态文明的中国话语体系，便成为中国话语海外传播不容懈怠的时代话语使命②。"两山"理论及其现实实践无疑适应了这一时代话语使命的需要和要求，肩负着完成这一时代话语使命的职责。"两山"理论与五大新发展理念尤其是"绿色发展"理念一道，极大地促进了中国的生态文明建设，以无可置疑的生态治理成就表达了中国应对全球气候变暖等环境问题的坚

① 习近平：《干在实处　走在前列》，北京，中共中央党校出版社2006年版，第197~202页。
② 参见《"两山"重要思想在浙江的实践研究》，杭州，浙江人民出版社2017年版，第359页。

定决心、坚强信念和积极态度，如作出"30·60计划"即碳达峰、碳中和的庄严承诺。"两山"理论提出十几年来，显著地促进了中国一系列生态环保举措的制定和落实，促进了以绿色发展为"主体"和"主轴"的五大发展理念的提出和落实，促进了包容性绿色发展理念的生成和闪亮出场。中国生态环境保护所发生的历史性、转折性和全局性的巨大变革，日益美丽的中国为共建人类美好家园作出的积极贡献，也以其事实逻辑强力支撑并承担起以"包容性绿色发展"概念为代表的标识性概念引领中国话语体系海外传播的时代话语使命。同时，也将为寻找和打造与"包容性绿色发展"概念相得益彰的"新概念新范畴新表述"拓开一个广阔的学术讨论的致思场域。

综上，可以预见的是，包容性绿色发展理念对习近平新时代中国特色社会主义思想的尊崇、弘扬和彰明，以及习近平新时代中国特色社会主义思想对包容性绿色发展理念的统摄、预设和规范，已经并将继续展现出两者相互砥砺、相互促进、相互支撑的辩证运动：一方面，习近平新时代中国特色社会主义思想将在"包容性绿色发展"这一标识性和标志性概念引领中国话语体系的海外传播中，对世界包容性绿色发展的实践发挥富含中国智慧、中国力量的引领和示范作用，继而为寻找和打造与其相得益彰的"新概念新范畴新表述"，拓开广阔的学术讨论的致思场域；另一方面，包容性绿色发展将继续站在历史正确的一边和人类进步的一边，对构建人类命运共同体全球大业发挥顺应时代发展潮流的促进作用，继而为习近平新时代中国特色社会主义思想这一当代中国马克思主义、21世纪马克思主义创设新的与时俱进的发展场域。

（3）中国式现代化道路及其创造的人类文明新形态，"预设"了包容性绿色发展理念多方面的理论内涵，规定了国际发展经济学学科建设的包容性绿色发展主题。习近平总书记在党的百年庆典大会上的讲话中指出，我们坚持和发展中国特色社会主义，推动"五个文明"协调发展，创造了中国式现代化新道路，创造了人类文明新形态[1]。在党的十九届六中全会上的讲话中他强调，这些前无古人的创举，不仅是历史性的，而且是世界性的，它破解了人类社会发展的诸多难题，摒弃了西方现代化的老路，拓展了发展中国家走向现代化的途径，为人类对更好社会制度的探索提供了

---

① 《习近平著作选读》第2卷，北京，人民出版社2023年版，第483页。

中国方案[①]。党的二十大报告进一步阐述了中国式现代化的本质特征，突出了全体人民共同富裕、物质文明和精神文明相协调、人与自然和谐共生、走和平发展道路等基本内涵。可见，中国共产党和中国人民的"两个创造"，在较全面的层面"预设"了包容性绿色发展理念的内涵。换言之，中国式现代化道路和人类文明新形态的重大论断，充分反映出中国共产党百年奋斗历程对于世界发展进步事业的重大历史意义，尤其是在世界百年未有之大变局下对于促进广大发展中国家探索各自民族现代化发展道路以及以包容性绿色发展推动构建人类命运共同体的时代意义，同时也规定了国际发展经济学学科包容性绿色发展的主题和学科演进方向，拓展了包容性绿色发展理念的时代意涵和实践场域。

---

① 《习近平著作选读》第 2 卷，北京，人民出版社 2023 年版，第 553 页。

参考文献

一、经典著作

[1]《马克思恩格斯全集》第 1~3、20、23、31、46 卷，北京，人民出版社 1956~
1974 年版。

[2]《马克思恩格斯文集》第 1~5、8~10 卷，北京，人民出版社 2009 年版。

[3]《列宁全集》第 21 卷，北京，人民出版社 1990 年版。

[4]《列宁专题文集》5 卷本，北京，人民出版社 2009 年版。

[5] 列宁:《哲学笔记》，北京，人民出版社 1974 年版。

二、党的文献

[6]《毛泽东文集》第 7 卷，北京，人民出版社 1999 年版。

[7]《毛泽东选集》第 1~4 卷，北京，人民出版社 1991 年版。

[8]《毛泽东年谱（1949—1976）》第 4 卷，北京，中央文献出版社 2013 年版。

[9]《邓小平文选》第 3 卷，北京，人民出版社 1994 年版。

[10]《邓小平年谱（1975—1997）》上、下，北京，中央文献出版社 2004 年版。

[11]《江泽民文选》第 2 卷，北京，人民出版社 2006 年版。

[12]《胡锦涛文选》第 2~3 卷，北京，人民出版社 2016 年版。

[13]《习近平著作选读》第 1~2 卷，北京，人民出版社 2023 年版。

[14]《习近平新时代中国特色社会主义思想的世界观和方法论专题摘编》，北京，
党建读物出版社、中央文献出版社 2023 年版。

[15]《习近平谈治国理政》第 1~4 卷，北京，外文出版社 2014~2022 年版。

[16] 习近平:《论坚持推动构建人类命运共同体》，北京，中央文献出版社 2018
年版。

[17] 习近平:《论党的宣传思想工作》，北京，中央文献出版社 2020 年版。

[18] 习近平:《在全国党校工作会议上的讲话》，《求是》2016 年第 9 期。

[19] 习近平:《干在实处　走在前列——推进浙江新发展的思考与实践》，北京，中
共中央党校出版社 2006 年版。

[20]《十八大以来重要文献选编》上、中、下，北京，中央文献出版社 2014~

2018 年版。

［21］《十九大以来重要文献选编》上、中，北京，中央文献出版社 2019、2021
年版。

［22］《中共中央关于党的百年奋斗重大成就和历史经验的决议》，北京，人民出版
社 2021 年版。

［23］《中共中央关于制定国民经济和社会发展第十三个五年规划的建议》，《光明日
报》2015 年 11 月 4 日。

［24］《中共中央关于制定国民经济和社会发展第十四个五年规划和二〇三五年远景
目标的建议》，《光明日报》2020 年 11 月 4 日。

［25］中共中央宣传部：《习近平总书记系列重要讲话读本》，北京，学习出版社、人
民出版社 2014 年、2016 年版。

［26］中共中央宣传部：《习近平新时代中国特色社会主义思想学习纲要》，北京，学
习出版社、人民出版社 2019 年版。

［27］中共中央宣传部：《习近平新时代中国特色社会主义思想学习问答》，北京，学
习出版社、人民出版社 2021 年版。

［28］中共中央文献研究室：《习近平关于实现中华民族伟大复兴的中国梦论述摘
编》，北京，中央文献出版社 2013 年版。

［29］中共中央文献研究室：《习近平关于社会主义生态文明建设论述摘编》，北京，
中央文献出版社 2017 年版。

［30］中共中央文献研究室：《习近平关于社会主义文化建设论述摘编》，北京，中央
文献出版社 2017 年版。

三、专著编著

［31］《爱因斯坦文集》第 3 卷，北京，商务印书馆 2009 年版。

［32］边芹：《谁在导演世界》，北京，中央编译出版社 2013 年版。

［33］北京师范大学经济与资源管理研究院：《2013 中国绿色发展指数报告——区域
比较》，北京，科学出版社 2013 年版。

［34］蔡荣鑫：《"益贫式增长"模式研究》，北京，科学出版社 2010 年版。

［35］常杰、葛滢等：《生态文明中的生态原理》，杭州，浙江大学出版社 2017 年版。

［36］陈锡喜：《平易近人：习近平的语言力量》，上海，上海交通大学出版社 2014
年版。

［37］陈岳、蒲俜：《构建人类命运共同体》，北京，中国人民大学出版社 2018 年版。

［38］《程恩富选集》，北京，中国社会科学出版社 2010 年版。

［39］财新传媒编辑部：《"一带一路"引领中国》，北京，中国文史出版社 2015 年版。

[40] 范溢婢、李洲:《生态文明启示录:危机中的嬗变》,北京,中国环境出版社 2016 年版。

[41] 冯契:《逻辑思维的辩证法》,上海,华东师范大学出版社 1996 年版。

[42]《冯契文集》第 1、10 卷,上海,华东师范大学出版社 2016 年版。

[43] 韩庆祥、黄相怀:《中国道路能为世界贡献什么》,北京,中国人民大学出版社 2017 年版。

[44] 韩庆祥:《强国时代》,北京,红旗出版社 2018 年版。

[45] 韩庆祥、张艳涛:《论“四个伟大”》,北京,北京联合出版公司 2018 年版。

[46] 胡延风、王桂泉:《当代中国马克思主义方法论》,沈阳,辽宁人民出版社 2011 年版。

[47] 黄润华:《人口·资源·环境·可持续发展》,北京,人民教育出版社 2001 年版。

[48] 黄卫平:《看不懂的世界经济》,北京,经济日报出版社 2008 年版。

[49] 林毅夫、庄巨忠、汤敏、林暾:《以共享式增长促进社会和谐》,北京,中国计划出版社 2007 年版。

[50] 李佐军:《中国绿色转型发展报告》,北京,中共中央党校出版社 2012 年版。

[51] 联合国环境与发展大会·里约热内卢:《21 世纪议程》,国家环境保护局译,北京,中国环境科学出版社 1993 年版。

[52]《“两山”重要思想在浙江的实践研究》,杭州,浙江出版联合集团、浙江人民出版社 2017 年版。

[53] 刘大椿:《岩佐茂环境思想研究》,北京,中国人民大学出版社 1998 年版。

[54] 刘德海:《绿色发展》,南京,江苏人民出版社 2016 年版。

[55] 刘建飞:《引领推动构建人类命运共同体》,北京,中共中央党校出版社 2018 年版。

[56] 卢俊卿、仇方迎、柳学顺:《第四次浪潮:绿色文明》,北京,中信出版社 2011 年版。

[57] 卢黎歌:《新时代推挤你人类命运共同体研究》,北京,人民出版社 2019 年版。

[58] 鲁品越:《社会主义对资本力量:驾驭与导控》,重庆,重庆出版集团 2008 年版。

[59] 彭漪涟:《概念论——辩证逻辑的概念理论》,上海,学林出版社 1991 年版。

[60] 人民日报评论部:《习近平讲故事》,北京,人民出版社 2017 年版。

[61] 人民日报评论部:《习近平用典》,北京,人民日报出版社 2015 年版。

[62] 人民日报社理论部:《“五大发展理念”解读》,北京,人民日报出版社 2015 年版。

［63］田应奎：《2049：中国治理》，北京，中共中央党校出版社 2019 年版。

［64］王庆五：《共享发展》，南京，江苏人民出版社 2016 年版。

［65］王义桅：《回应关于"一带一路"的十种声音》，天津，天津人民出版社 2020 年版。

［66］王义桅：《世界是通的："一带一路"的逻辑》，北京，商务印书馆 2016 年版。

［67］王义桅：《时代之问　中国之答：构建人类命运共同体》，长沙，湖南人民出版社 2021 年版。

［68］王义桅：《"一带一路"：机遇与挑战》，北京，人民出版社 2015 年版。

［69］王公龙等：《构建人类命运共同体思想研究》，北京，人民出版社 2019 年版。

［70］王彤：《世界与中国：构建人类命运共同体》，北京，中共中央党校出版社 2019 年版。

［71］苏长河：《大国治理》，北京，人民日报出版社 2018 年版。

［72］杨春贵：《中国共产党人的战略思维》，北京，中国社会科学出版社 2018 年版。

［73］姚洋：《中国道路的世界意义》，北京，北京大学出版社 2011 年版。

［74］张进蒙：《马克思恩格斯生态哲学思想论纲》，北京，中国社会科学出版社 2014 年版。

［75］张维为：《中国震撼——一个"文明型国家"的崛起》，上海，上海人民出版社 2011 年版。

［76］张孝德：《生态文明立国论——唤醒中国走向生态文明的主体意识》，石家庄，河北出版传媒集团、河北人民出版社 2014 年版。

［77］赵建军：《绿色发展的动力机制研究》，北京，北京科学技术出版社 2014 年版。

［78］赵阳、林园：《中国梦研究》，青岛，中国海洋大学出版社 2015 年版。

［79］中国外文局融媒体中心：《命运共同体：18 国大咖点赞中非合作》，北京，人民出版社 2019 年版。

［80］中国国际经济交流中心课题组：《中国实施绿色发展的公共政策研究》，北京，中国经济出版社 2013 年版。

［81］中国科学院可持续发展战略研究组：《2014 中国可持续发展战略报告——创建生态文明的制度体系》，北京，科学出版社 2013 年版。

［82］中国环境与发展国际合作委员会秘书处：《中国环境与发展国际合作委员会发展政策报告（2013）：面向绿色发展的环境与社会》，北京，中国环境出版社 2014 年版。

［83］［德］A. 施密特：《马克思的自然概念》，欧力同、吴仲昉译，北京，商务印书馆 1988 年版。

［84］［德］奥斯瓦尔德·斯宾格勒：《西方的没落》，齐世荣等译，北京，商务印书

馆 1995 年版。

［85］［德］马丁·海德格尔：《荷尔德林诗的阐释》，北京，商务印书馆 2000 年版。

［86］［美］汉斯·摩根索：《国家间的政治：为权力与和平而斗争》，杨岐鸣译，北京，商务印书馆 1993 年版。

［87］［美］查尔斯·P. 金德尔伯格：《世界经济霸权 1500—1990》，高祖贵译，北京，商务印书馆 2003 年版。

［88］［美］迈克尔·H. 亨特：《意识形态与美国外交政策》，储律元译，北京，世界知识出版社 1999 年版。

［89］［美］萨缪尔·亨廷顿：《文明的冲突与世界秩序的重建》，周琪、张立平、刘绯、王圆译，北京，新华出版社 1998 年版。

［90］［美］约翰·贝拉米·福斯特：《马克思的生态学》，刘仁胜等译，北京，高等教育出版社 2006 年版。

［91］［美］兹比格涅夫·布热津斯基：《大失控与大混乱》，潘嘉玢、刘瑞祥译，北京，中国社会科学出版社 1994 年版。

［92］［美］约翰·米尔斯海默：《大国政治的悲剧》，王义桅、唐小松译，上海，上海人民出版社 2014 年版。

［93］［日］池田大作、［英］阿·汤因比：《展望 21 世纪——汤因比与池田大作对话录》，苟春生、朱继征、陈国梁译，北京，国际文化出版公司 1999 年版。

［94］［意大利］翁贝托·梅洛蒂：《马克思和第三世界》，高铦等译，北京，商务印书馆 1981 年版。

［95］［意大利］利玛窦、［比利时］金尼阁：《利玛窦中国札记》，何高济、王遵仲、李申译，北京，中华书局 2010 年版。

［96］［英］阿诺德·汤因比：《历史研究》，上海，上海人民出版社 2000 年版。

［97］［英］罗素：《一个自由人的崇拜》，胡品清译，长春，时代文艺出版社 1988 年版。

［98］［英］罗素：《中国问题》，秦悦译，上海，学林出版社 1996 年版。

四、期刊论文

［99］蔡昉：《全球化的政治经济学及中国策略》，《世界经济与政治》2016 年第 11 期。

［100］陈金美：《论整体主义》，《湖南师范大学社会科学学报》2001 年第 4 期。

［101］陈劭锋、刘扬、李颖明：《中国资源环境问题的发展态势及其演变阶段分析》，《科技促进发展》2014 年第 3 期。

［102］陈曙光、杜利娟：《中国复兴与西方标识性话语的解释危机》，《求索》2018 年

第 6 期。

[103] 陈锡喜：《"人类命运共同体"视域下中国道路的世界意义再审视》，《毛泽东邓小平理论研究》2017 年第 2 期。

[104] 陈学明：《人类超越资本不但是必要的，而且是可能的——读梅扎罗斯的〈超越资本〉一书》，《天津行政学院学报》2007 年第 3—4 期。

[105] 陈忠：《城市社会：文明多样性与命运共同体》，《中国社会科学》2017 年第 1 期。

[106] 程恩富：《马克思主义政治经济学理论体系多样化创新的原则和思路》，《中国社会科学》2016 年第 11 期。

[107] 程恩富：《论马克思主义研究的整体观——基于十二个视角的全方位分析》，《马克思主义研究》2021 年第 11 期。

[108] 程恩富：《论新常态下的五大发展理念》，《南京财经大学学报》2016 年第 1 期。

[109] 程恩富、夏晖：《美元霸权：美国掠夺他国财富的重要手段》，《马克思主义研究》2007 年第 12 期。

[110] 狄英娜：《冷战后"人道主义干涉"与美国霸权》，《思想理论教育导刊》2017 年第 11 期。

[111] 丁大琴：《"文明冲突论"内核与是非探析》，《淮北师范大学学报》（哲学社会科学版）2016 年第 3 期。

[112] 房广顺、苏里：《美国外交的霸权战略不会改变——以特朗普外交"新面孔"为例》，《世界社会主义研究》2017 年第 5 期。

[113] 费孝通：《缺席的对话——人的研究在中国——个人的经历》，《读书》1990 年第 10 期。

[114] 冯俊：《五大发展理念是对科学发展观的新突破新发展》，《中国浦东干部学院学报》2016 年第 1 期。

[115] 冯颜利、唐庆：《习近平人类命运共同体思想的深刻内涵与时代价值》，《当代世界》2017 年第 11 期。

[116] 甘绍平：《寻求共同的绿色价值》，《哲学动态》2017 年第 3 期。

[117] 高杨文：《标识性概念的演变与中国马克思主义新闻观的发展》，《传媒》2017 年第 16 期。

[118] 顾海良：《新发展理念与当代中国马克思主义经济学的意蕴》，《中国高校社会科学》2016 年第 1 期。

[119] 管永前：《"五大发展理念"是当代马克思主义中国化的新篇章》，《晋中学院学报》2015 年第 6 期。

[120] 郭日生：《〈21 世纪议程〉：行动与展望》，《中国人口·资源与环境》2012 年

第 5 期。

[121] 郭日生:《全球实施〈21 世纪议程〉的主要进展与趋势》,《中国人口·资源与环境》2011 年第 10 期。

[122] 郭因:《〈中国 21 世纪议程〉与绿色文化、绿色美学》,《安徽大学学报》(哲学社会科学版)1994 年第 3 期。

[123] 韩庆祥、刘雷德:《论普惠哲学》,《江海学刊》2019 年第 1 期;《新华文摘》2019 年第 10 期。

[124] 韩庆祥:《世界多样与普惠哲学——构建引领新时代发展的马克思主义哲学》,《学术月刊》2018 年第 9 期。

[125] 韩振峰:《五大发展理念是中国共产党发展理论的重大升华》,《思想理论教育导刊》2016 年第 1 期。

[126] 金碚:《论民生的经济学性质》,《中国工业经济》2011 第 1 期;《新华文摘》2011 年第 8 期。

[127] 金惠敏:《价值星丛:超越中西二元对立思维的一种理论出路》,《探索与争鸣》2015 年第 7 期。

[128] 金惠敏:《文化自信与星丛共同体》,《哲学研究》2017 年第 4 期。

[129] 李炳炎、孙然:《转变经济增长方式扩展为转变经济发展方式的理性思考》,《河北广播电视大学学报》2009 年第 1 期。

[130] 李虹:《生态贫困的研究综述》,《东方企业文化》2012 年第 7 期。

[131] 李辽宁:《"美国优先"的实质是美国霸权》,《红旗文稿》2018 年第 16 期。

[132] 李梦云:《建设人类命运共同体的文化构想》,《哲学研究》2016 年第 3 期。

[133] 李毅嘉:《卡尔·马克思和西方文明优越论》,《东岳论丛》2005 年第 2 期。

[134] 李章泽:《当代世界发展中的文明冲突、意识形态冲突与利益冲突》,《马克思主义与现实》1997 年第 3 期。

[135] 李振全:《从文化价值观透视美国的对外政策传统》,《南京师大学报》(社会科学版)2000 年第 3 期。

[136] 刘宝:《文化与"文化星丛"》,《中国图书评论》2017 年第 7 期。

[137] 刘培哲:《〈中国 21 世纪议程〉与生态学的发展》,《中国人口·资源与环境》1995 年第 4 期。

[138] 刘勇、王怀信:《人类命运共同体:全球治理国际话语权变革的中国方案》,《探索》2019 年第 2 期。

[139] 刘勇、王怀信:《全球治理制度变革的中国方案优势》,《江西师范大学学报》(哲学社会科学版)2019 年第 3 期。

[140] 彭宝珍:《汤因比与亨廷顿文明论比较研究》,《黑龙江史志》2010 年第 13 期。

［141］亓光：《当代西方转型正义话语批判》，《马克思主义与现实》2018年第3期。

［142］祁新华等：《贫困与生态环境相互关系研究述评》，《地理科学》2013年第
　　　 12期。

［143］邱耕田：《"文明冲突论"的发展哲学解读》，《中共中央党校学报》2014年第
　　　 6期。

［144］任保平、王新建：《论包容性发展理念的生成》，《马克思主义研究》2012年第
　　　 11期；中国人民大学复印报刊资料《经济社会发展比较》2013年第3期。

［145］荣跃：《跨世纪梦寻——〈中国21世纪议程〉出台内幕》，《中国质量万里行》
　　　 1995年第2期。

［146］邵宜航、刘雅南：《从经济学再到政治经济学：理解包容性增长》，《经济学家》
　　　 2011年第10期。

［147］石光荣：《论美国国家利益之霸权主义特征》，《华中理工大学学报》（社会科学
　　　 版）1997年第4期。

［148］史友：《二战后美国对外用兵档案》，《世界知识》1998年第18期。

［149］《漱溟最近文录》，中华正气出版社1944年版；《大刚报》（衡阳）1943年
　　　 6月号。

［150］宋婧琳、张华波：《国外学者对"人类命运共同体"的研究综述》，《当代世界
　　　 与社会主义》2017年第5期。

［151］孙敬鑫：《"一带一路"对外话语体系建设的问题与思考》，《当代世界》2019
　　　 年第1期。

［152］孙敬鑫：《借"中国方案"提升国际话语权》，《理论视野》2016年第4期。

［153］孙敬鑫：《借"中国关键词"讲好中国故事》，《对外传播》2016年第2期。

［154］谭震：《命运共同体与国家战略传播——2016中国战略传播论坛综述》，《对外
　　　 传播》2016年第6期。

［155］陶文昭：《论中国学术话语权提升的基本因素》，《中共中央党校学报》2016年
　　　 第5期。

［156］田鹏颖：《论唯物史观视野中的"可持续发展"》，《哲学研究》2009年第3期。

［157］王延吾：《发展观的变革与思维方式特征》，《青海社会科学》2005年第2期。

［158］王义桅：《超越和平崛起——中国实施包容性崛起战略的必要性与可能性》，
　　　 《世界经济与政治》2011年第8期。

［159］吴强：《美国与贸易保护主义》，《红旗文稿》2009年第10期。

［160］吴晓明：《论中国的和平主义发展道路及其世界历史意义》，《中国社会科学》
　　　 2009年第5期。

［161］吴晓明：《"中国方案"开启全球治理的新文明类型》，《中国社会科学》2017

年第 10 期。

[162] 吴元梁:《唯物史观:科学发展观的理论基础》,《哲学研究》2005 年第 7 期。

[163] 夏建平:《美国文化的霸权主义渊源和文化霸权主义》,《孝感学院学报》2001 年第 5 期。

[164] 许东涛:《略论美国霸权主义的形成与新发展》,《福建广播电视大学学报》2004 年第 6 期。

[165] 徐贵权:《论价值理性》,《南京师大学报》(社会科学版)2003 年第 5 期。

[166] 颜晓峰:《中国特色社会主义发展规律的新认识》,《中国特色社会主义研究》2016 年第 1 期。

[167] 杨光斌:《看世界政治要避免浪漫主义》,《马克思主义文摘》2019 年第 2 期。

[168] 杨玲玲:《美国霸权主义的演变及其实质》,《中共中央党校学报》2002 年第 3 期。

[169] 张继龙:《国内学界关于人类命运共同体思想研究述评》,《社会主义研究》2016 年第 6 期。

[170] 张康之:《全球化时代的正义诉求》,《浙江社会科学》2012 年第 1 期。

[171] 张端:《逆全球化的实质与中国的对策》,《马克思主义研究》2019 年第 3 期。

[172] 张颐武:《中国崛起的文化内涵》,《科学中国人》2010 年第 1 期。

[173] 赵理海:《建立以和平共处等项原则为基础的国际政治经济新秩序》,《中外法学》1992 年第 6 期。

[174] 郑杭生:《让"包容"牵手"和谐"——包容性增长里的中国智慧》,《决策探索》(下半月)2011 年第 3 期。

[175] 钟和:《美国推行霸权主义的种种表现》,《科学社会主义》1999 年第 3 期。

[176] 邹治波:《从历史和全局看美国的霸凌主义》,《人民论坛》2018 年第 24 期。

五、报纸论文

[177] 程恩富:《近十年我国政治经济学的两大理论成就》,《中国社会科学报》2012 年 8 月 24 日。

[178] 陈先达:《哲学是普惠的学问》,《人民日报》2017 年 6 月 12 日。

[179] 陈先达:《占据真理和道义制高点的马克思主义》,《光明日报》2018 年 5 月 14 日。

[180] 庞中英:《建设中国与世界的价值关系》,《南方都市报》2004 年 7 月 19 日。

[181] 刘文宗:《论人权与主权》,《人民日报》1993 年 6 月 13 日。

[182] 冉继军、孙咏:《一场失理失利失节的演说》,《光明日报》2018 年 10 月 14 日。

[183] 唐大山:《提炼学术标识性概念》,《西藏日报(汉)》2016 年 5 月 28 日。

[184] 王义桅：《共建"一带一路"推进新型全球治理》，《辽宁日报》2019年4月30日。

[185] 王利民：《提炼"标识性概念" 设置"创新性议题"》，《中国社会科学报》2016年12月27日。

[186] 吴晓明、祁涛：《我们这个时代"唯一不可超越的哲学"》，《文汇报》2018年11月9日。

[187] 叶初升、张凤华：《发展经济学视野中的包容性增长》，《光明日报》2011年3月18日。

[188] 余晓葵：《超越"后西方"语境 关注人类共同命运》，《光明日报》2017年3月7日。

[189] 张斌、[美]斯蒂芬·罗奇、赵江林、张海冰、[德]约尔根·米歇尔：《中国经济新常态，正向溢出效应可观》，《人民日报》2014年11月11日。

[190] 钟声：《践行对〈联合国宪章〉的坚定承诺》，《人民日报》2015年9月15日。

[191] 周宗敏：《人类命运共同体理念的形成、实践与时代价值》，《学习时报》2019年3月29日。

索　引

说明：本索引为名词索引，分为两部分。第一部分是与研究主题、研究内容密切相关的重要名词索引；第二部分为其他重要名词索引。

一

21世纪马克思主义　7，9，10，11，12，15，16，35，91，119，253，259，260，261，266，269

B

包容性发展　5，6，11，13，17，18，20，34，35，39，42，43，44，45，46，47，48，51，52，53，56，70，71，72，73，74，77，85，86，91，93，94，95，96，97，98，99，107，130，220，221，239，242，246，247，250，265，266，278

包容性绿色发展　2，3，5，6，7，8，9，10，11，12，13，14，15，16，17，18，19，20，21，23，24，25，26，27，28，29，33，34，35，36，37，38，39，40，41，42，51，53，54，56，58，59，60，61，63，65，66，67，69，70，71，73，74，78，79，82，83，84，85，86，87，88，89，90，91，92，93，94，95，96，97，98，99，100，101，102，103，104，105，106，107，108，109，110，113，114，115，116，117，118，119，120，123，128，129，130，131，132，133，134，136，137，140，142，143，144，146，148，149，150，159，166，168，169，171，179，180，181，183，184，185，186，187，188，189，190，193，197，198，201，206，207，208，209，210，211，213，214，216，218，219，220，221，222，223，224，225，226，227，228，229，230，231，232，233，234，235，236，237，238，242，243，244，245，246，247，248，249，250，251，252，253，254，255，256，257，258，259，260，261，262，263，264，265，266，267，268，269，286

标识性概念　7，9，14，15，17，19，90，216，217，218，223，237，238，239，243，248，252，260，269，276，279，280

二

后　记

本书是笔者主持完成的国家社会科学基金后期资助一般项目"包容性绿色发展的中国贡献研究——以构建人类命运共同体为阐释视域（19FKSB046）"的结项成果，遵照国家社科规划办要求出版成书的。其中，阶段性成果1篇次获省政府哲学社会科学优秀成果一等奖，2篇次分别获市厅级社科优秀成果二、三等奖。发表权威期刊论文2篇，CSSCI期刊论文8篇，人大复印资料转载3篇。

课题组成员按项目申报书排序和在项目研究中的贡献依次为：王梦哲（淮阴师范学院，助理研究员），姜强强（淮阴师范学院，副教授），张启鹏（杭州市教育局，讲师），田光锋（宁夏社会科学院，编审），李建忠（重庆工商大学，讲师），邹琪（淮阴师范学院，教授），李惠然（江苏淮阴中学教育集团，中学二级教师）。另有史献芝教授（南京邮电大学）参与了前期相关研究。

党的二十大报告指出，十九大以来的5年极不寻常、极不平凡。5年来，我们党团结带领人民，攻克了许多长期没有解决的难题，办成了许多事关长远的大事要事，推动党和国家事业取得举世瞩目的重大成就。项目获批是2019年10月，而遵照立项专家的意见，要尽可能把记录十九大以后尤其是立项后国家发展前进的脚步作为主要内容。于是，立项书稿所阐释的内容目前已被新的内容替换4/5，并增加了7万字的内容，因而相应地增加了课题研究的工作量。在此，对课题组各位成员的努力表示感谢！

课题的研究和本书的出版得到了多方面的支持与指导：我国著名经济学家、中国社会科学院学部委员程恩富教授悉心指导，给了课题研究多方面启迪；中国政治经济学会顾问、世界政治经济学会常务理事、中国社会科学院世界社会主义研究中心常务理事李炳炎教授欣然为本书作序；中央社会主义学院原副院长张峰教授，中国人民大学国际关系学院国际事务研究所所长、欧盟研究中心主任王义桅教授等学界师长的研究成果，给了我们较多的研究启发；延安大学段学慧教授、复旦大学高建昆博士等学者在百忙中审阅了部分书稿，并提出宝贵意见；学习出版社欣然接受本书的出版，责任编辑老师认真细致地编辑、修改书稿，付出了长时间劳作，在此谨表由衷谢忱！

本书因笔者学识所限而存在的错谬或不足，恳切期待学界专家批评指正。

浙江越秀外国语学院马克思主义学院　王新建
2023 年 10 月 31 日于镜湖校区